Carlos Castaneda
Die Kunst des Pirschens

S. Fischer

Aus dem Amerikanischen
von Thomas Lindquist

Titel der amerikanischen Originalausgabe:
»The Eagle's Gift«
Erschienen bei Simon and Schuster, New York 1981

Lektorat Willi Köhler
Umschlaggestaltung Hannes Jähn
Satz und Druck Georg Wagner, Nördlingen
Einband Hans Klotz, Augsburg
Printed in Germany 1981
ISBN 3 10 010205 3

Inhalt

Prolog

Ich bin zwar Anthropologe, aber dies ist keine anthropologische Arbeit im strengen Sinn. Dennoch wurzelt sie in der Kulturanthropologie, denn sie begann vor vielen Jahren als Feldforschung im Rahmen dieser Disziplin. Damals ging es mir darum, den Gebrauch medizinisch wirksamer Pflanzen bei den Indianern im Südwesten und Norden Mexikos zu untersuchen.
Im Lauf der Jahre aber wurde aus meinem Forschungsprojekt, infolge seiner eigenen Logik wie meiner Entwicklung, etwas ganz anderes. Die Untersuchung der medizinischen Pflanzen wurde abgelöst durch das Studium eines Glaubenssystems, das die Grenzen von mindestens zwei Kulturen zu überschneiden schien.
Verantwortlich dafür, daß der Schwerpunkt meiner Arbeit sich in diese Richtung verschob, war ein Yaqui-Indianer aus Nordmexiko, Don Juan Matus, der mich später mit Don Genaro Flores bekanntmachte, einem Mazatek-Indianer aus Zentralmexiko. Beide waren sie Praktiker einer alten Lehre, die in unserer Zeit gemeinhin als Zauberei bezeichnet wird und als eine primitive Form von medizinischer oder psychologischer Wissenschaft gilt, die aber in Wirklichkeit eine Überlieferung extrem selbstdisziplinierter Praktiker und einer ungemein komplizierten Praxis ist.
Jene beiden Männer wurden eher meine Lehrer als meine Informanten, aber ich versuchte dennoch irgendwie, meine Aufgabe als ein anthropologisches Forschungsvorhaben aufzufassen; Jahre verbrachte ich damit, die kulturelle Matrix dieses Systems zu erkunden, eine Taxonomie, ein Klassifikationsschema, eine Hypothese über seinen Ursprung und ihre Verbreitung zu erarbeiten. All dies waren vergebliche Bemühungen angesichts der Tatsache, daß am Ende die zwingenden inneren Kräfte dieses Systems meinen intellektuellen Vorsatz entgleisen ließen und mich zu einem Beteiligten machten.

Unter dem Einfluß dieser beiden mächtigen Männer wandelte meine Arbeit sich zu einer Autobiografie – insofern, als ich seit dem Augenblick, als ich ein Beteiligter wurde, berichten muß, was mir widerfährt. Es ist eine seltsame Autobiografie, denn ich berichte nicht, was mir im Alltagsleben als einem alltäglichen Menschen widerfährt, und ich berichte auch nicht über meine subjektiven, durch das tägliche Leben bedingten Erfahrungen. Vielmehr berichte ich über jene Ereignisse, die in meinem Leben infolge der Tatsache eintreten, daß ich ein fremdes System von miteinander verknüpften Ideen und Verfahrensweisen übernommen habe. Mit anderen Worten, das System, das ich studieren wollte, schluckte mich auf, und um meine Forschungsarbeit fortsetzen zu können, muß ich jeden Tag einen extremen Preis entrichten: mein Leben als Mensch in dieser Welt.

Aufgrund dieser Umstände stehe ich jetzt vor dem besonderen Problem, erklären zu müssen, was ich denn eigentlich tue. Ich bin sehr weit entfernt von meinem Ausgangspunkt als durchschnittlicher Mensch des Westens oder als Anthropologe, und vor allem muß ich noch einmal beteuern, daß dies kein Werk der Fiktion ist. Was ich schildere, ist uns fremd; daher erscheint es unwirklich.

In dem Maß, wie ich tiefer in die schwierigen Zusammenhänge der Zauberei eindringe, erweist sich das, was mir anfangs als ein System primitiver Glaubenslehren und Praktiken erschien, inzwischen als eine ungeheure und in sich komplizierte Welt. Um mich mit dieser Welt vertraut zu machen und von ihr zu berichten, muß ich mich selbst auf immer komplexere und ausgefallenere Weise einsetzen. Was mir widerfährt, ist nicht mehr etwas, das ich voraussagen könnte, oder etwas, das sich mit dem decken würde, was andere Anthropologen über die Glaubenssysteme der Indianer Mexikos wissen. Ich befinde mich folglich in einer schwierigen Situation: Ich kann unter diesen Bedingungen nichts anderes tun, als das, was mit mir geschieht, so darzustellen, wie es geschieht. Ich kann keine andere Sicherheit bieten als meinen guten Glauben; als die Beteuerung, daß ich kein Doppelleben führe und daß ich mich verpflichtet habe, den Prinzipien von Don Juans System in meinem alltäglichen Leben zu folgen.

Nachdem Don Juan Matus und Don Genaro Flores, die beiden mexikanisch-indianischen Zauberer, die meine Lehrer waren, mir ihr Wissen soweit erläutert hatten, daß sie es zufrieden waren, sagten sie mir Lebewohl und verließen mich. Ich begriff, daß es von nun an meine Aufgabe war, allein zusammenzufügen, was ich von ihnen gelernt hatte.

In meinem Bemühen, diese Aufgabe zu erfüllen, kehrte ich nach Mexiko zurück und entdeckte, daß Don Juan und Don Genaro noch neun weitere Schüler der Zauberei gehabt hatten: fünf Frauen und vier Männer. Die älteste der Frauen hieß Soledad; es folgten Maria Elena, mit dem Spitznamen »la Gorda« gerufen, und die anderen drei Frauen, Lydia, Rosa und Josefina, die jünger waren und zusammen »die Schwesterchen« genannt wurden. Die vier Männer waren, in der Reihenfolge ihres Alters, Eligio, Benigno, Nestor und Pablito; die letzteren drei wurden »die Genaros« genannt, weil sie Don Genaro sehr nahe gestanden hatten.

Daß Nestor, Pablito und Eligio, der inzwischen verschwunden war, Schüler waren, hatte ich schon gewußt. Aber man hatte mich in dem Glauben gelassen, daß die vier Mädchen Pablitos Schwestern wären, und Soledad ihre Mutter. Im Lauf der Jahre hatte ich Soledad besser kennengelernt, und ich hatte sie stets respektvoll »Dona Soledad« genannt, da sie Don Juan dem Alter nach näher stand. Auch Lydia und Rosa waren mir vorgestellt worden, aber unsere Bekanntschaft war zu kurz und zu beiläufig, als daß ich begriffen hätte, wer sie wirklich waren. La Gorda und Josefina kannte ich nur dem Namen nach. Benigno hatte ich kennengelernt, aber ich hatte keine Ahnung, daß er mit Don Juan und Don Genaro in Verbindung stand.

Aus mir unbegreiflichen Gründen hatten sie anscheinend alle irgendwie auf meine Rückkehr nach Mexiko gewartet. Sie klärten mich auf, daß sie von mir erwarteten, ich solle Don Juans Stelle als ihr Führer, ihr »Nagual«, einnehmen. Sie erzählten mir, daß Don Juan und Don Genaro vom Antlitz der Erde verschwunden seien, und Eligio ebenfalls. Die Frauen und die Männer glaubten, daß die drei nicht gestorben wären – vielmehr seien sie in eine andere Welt eingegangen, eine Welt von besonderer Art, anders als die Welt unseres alltäglichen Lebens, doch ebenso wirklich.

Mit den Frauen, vor allem mit Dona Soledad, hatte ich von unserer ersten Begegnung an heftige Zusammenstöße. Gleichwohl erschienen sie mir wie Instrumente, die bei mir eine Katharsis bewirkten. Mein Kontakt mit ihnen löste einen rätselhaften Aufruhr in meinem Leben aus. Vom ersten Augenblick an, als wir uns begegneten, ergaben sich dramatische Veränderungen in meinem Denken und Begreifen. All dies geschah aber nicht auf bewußter Ebene – immerhin fühlte ich mich nach meinem ersten Besuch bei ihnen verwirrter denn je, und doch fand ich mitten im Chaos eine überraschend feste Basis. Unter dem Einfluß unseres Zusammentreffens entdeckte ich in mir Kräfte, die zu besitzen ich nicht geahnt hatte.

La Gorda und die Schwesterchen waren vollendete »Träumerinnen«; sie gaben mir bereitwillig Anleitung und führten mir ihre unglaublichen Leistungen vor. Don Juan hatte die Kunst des »Träumens« als die Fähigkeit bezeichnet, die eigenen alltäglichen Träume zu nutzen und sie zu kontrollierter Bewußtheit zu führen, und zwar kraft einer speziellen Art der Aufmerksamkeit, die er und Don Genaro als die »zweite Aufmerksamkeit« bezeichneten.

Ich erwartete daher, daß die drei Männer mir ihre Errungenschaften in einem anderen Aspekt der Lehren Don Juans und Don Genaros zeigen würden, nämlich der »Kunst des Pirschens«. Die Kunst des Pirschens war mir als ein System von Vorkehrungen und Einstellungen vorgestellt worden, das einen befähigte, aus jeder vorstellbaren Situation das beste zu machen. Doch was die drei Genaros mir über das Pirschen erzählten, war nicht von jener inneren Logik und Gereimtheit, die ich erwartet hatte. Ich schloß daraus, daß die Männer entweder keine echten Praktiker der Kunst waren, oder daß sie damals einfach nicht mit mir darüber sprechen oder sie mir vorführen wollten.

Ich gab es also auf, weiter Fragen zu stellen, um allen Gelegenheit zu geben, mit mir vertraut zu werden; doch sie alle, die Männer wie die Frauen, ließen es dabei bewenden und waren der festen Überzeugung, daß ich, da ich keine Fragen mehr stellte, endlich wie ein Nagual handelte. Jeder von ihnen verlangte zuversichtlich meine Führung und meinen Rat.

Um ihrem Verlangen nachzukommen, war ich gezwungen, alles, was Don Juan und Don Genaro mich gelehrt hatten, von Grund auf neu zu überdenken, um noch tiefer in die Kunst der Zauberei einzudringen.

Erster Teil

DAS ANDERE SELBST

1. Die Fixierung der zweiten Aufmerksamkeit

Es war spät am Nachmittag, als ich da eintraf, wo la Gorda und die Schwesterchen wohnten. La Gorda war allein, sie saß vor der Tür und starrte zu den Bergen hinüber. Sie erschrak, als sie mich sah. Sie erklärte, daß sie in eine Erinnerung vertieft gewesen und einen Moment lang drauf und dran gewesen sei, sich an etwas Unbestimmtes zu erinnern, das mit mir zu tun hätte.

Später am Abend, nach dem Essen, saßen la Gorda, die drei Schwesterchen, die drei Genaros und ich auf dem Fußboden in la Gordas Zimmer. Die Frauen hockten nebeneinander.

Aus irgendeinem Grund hatte ich, obwohl ich mit ihnen allen gleich lange zusammengewesen war, la Gorda als einzige Empfängerin all meiner Anteilnahme ausersehen. Es war, als ob die anderen für mich nicht existierten. Ich vermutete, daß es deshalb so war, weil la Gorda mich an Don Juan erinnerte, die anderen aber nicht. Mit ihr zusammen fühlte ich mich sehr unbefangen, aber diese Unbefangenheit lag wohl weniger an ihrem Verhalten als an meinen Gefühlen ihr gegenüber.

Sie wollten wissen, was ich in der Zwischenzeit gemacht hatte. Ich erzählte ihnen, daß ich gerade in Tula, im Staat Hidalgo, gewesen war, wo ich mir archäologische Ruinen angesehen hatte. Am meisten hatte mich eine Reihe von vier kolossalen, säulenähnlichen Steinfiguren beeindruckt, »die Atlanter« genannt, die auf der flachen Spitze einer Pyramide stehen.

Jede dieser beinahe kreisrunden Figuren, die fünfzehn Fuß in der Höhe und drei Fuß im Querschnitt messen, ist aus vier einzelnen Basaltblöcken zusammengefügt und in einer Weise behauen, daß die Archäologen vermuten, sie stellen Tolteken-Krieger in ihrer Kriegsrüstung dar. Zwanzig Fuß hinter jeder dieser vorderen Figuren findet sich auf dem flachen Gipfel dieser Pyramide eine weitere Reihe von vier flacheren, rechteckigen Säulen von gleicher Höhe und Breite wie die ersten, ebenfalls aus vier einzelnen Blöcken zusammengefügt.

Der ehrfurchtgebietende Eindruck, den diese Atlanter hervorriefen, wurde noch gesteigert durch das, was ein Freund, der mich durch die Anlage führte, mir über sie erzählt hatte. Er sagte, ein Wächter dieser historischen Ruinen habe ihm verraten, daß man die Atlanter nächtens habe umherwandern hören, wobei der Boden unter ihnen bebte.

Ich befragte die Genaros nach ihrer Meinung über das, was mein Freund mir erzählt hatte. Sie taten verlegen und kicherten. Ich wandte mich an la Gorda, die neben mir saß, und fragte ganz direkt, was ihre Ansicht sei.

»Ich habe noch nie solche Figuren gesehen«, sagte sie. »Ich bin nie in Tula gewesen. Schon die bloße Vorstellung, in diese Stadt zu fahren, macht mir Angst.«

»Warum macht es dir Angst, Gorda?« fragte ich.

»In den Ruinen von Monte Alban, in Oaxaca, ist mir mal etwas passiert«, sagte sie. »Früher trieb ich mich gerne bei diesen Ruinen herum, auch nachdem der Nagual Juan Matus mir gesagt hatte, ich dürfe keinen Schritt auf dieses Gelände tun. Ich weiß nicht warum, aber ich liebte diesen Ort. Jedesmal, wenn ich in Oaxaca war, ging ich hin. Weil Frauen, wenn sie allein sind, immer belästigt werden, ging ich meistens mit Pablito, der sehr mutig ist. Einmal aber ging ich mit Nestor hin. Ich *sah* ein Glitzern am Boden. Wir gruben ein Stück weit in die Tiefe und fanden einen seltsamen Stein, der genau in meine hohle Hand paßte. In den Stein war säuberlich ein Loch gebohrt. Ich wollte meinen Finger durchstecken, aber Nestor hinderte mich daran. Der Stein war glatt und machte meine Hand ganz heiß. Wir wußten nicht, was wir damit anfangen sollten. Nestor legte ihn in seinen Hut, und wir trugen ihn, als ob er ein lebendiges Tier wäre.«

Alle fingen an zu lachen. Was la Gorda mir erzählt hatte, schien irgendeinen geheimen Witz zu enthalten.

»Wohin habt ihr ihn gebracht?« fragte ich sie.

»Wir brachten ihn hierher, in dieses Haus«, antwortete sie, und diese Feststellung riß die anderen zu hemmungslosem Gelächter hin. Sie husteten und keuchten vor Lachen.

»Dieser Witz geht auf la Gorda«, sagte Nestor. »Du mußt wissen, sie ist starrköpfig wie ein Maulesel. Der Nagual hat ihr immer gesagt, sie dürfe nicht mit Steinen oder Knochen oder irgendwel-

chen anderen, im Boden vergrabenen Dingen herumtändeln. Aber sie tat es immer heimlich hinter seinem Rücken und schleppte allen möglichen Mist an.
Damals in Oaxaca bestand sie darauf, dieses schreckliche Ding mitzunehmen. Wir stiegen damit in den Bus und nahmen es bis in diese Stadt mit, bis in dieses Zimmer.«
»Der Nagual und Genaro waren fort, auf Reisen«, sagte la Gorda. »Da wurde ich vorwitzig, steckte meinen Finger durch das Loch, und ich merkte, daß der Stein so zurechtgehauen war, daß man ihn in der hohlen Hand halten konnte. Sofort spürte ich das Gefühl dessen, der diesen Stein irgendwann einmal in der Hand gehalten hatte. Es war ein Kraft-Stein. Meine Stimmung schlug um. Ich bekam es mit der Angst. Irgend etwas Schreckliches lauerte in der Dunkelheit, irgend etwas, das keine Form oder Farbe hatte. Ich konnte nicht mehr allein sein. Ich erwachte schreiend, und nach ein paar Tagen konnte ich nicht mehr schlafen. Alle leisteten mir abwechselnd Gesellschaft, Tag und Nacht.«
»Als der Nagual und Genaro wiederkamen«, sagte Nestor, »schickte der Nagual mich mit Genaro zusammen los, um den Stein genau an die Stelle zu bringen, wo er vergraben gewesen war. Genaro arbeitete drei Tage lang, um die Stelle zu finden. Und er schaffte es.«
»Was geschah danach mit dir, Gorda?« fragte ich sie.
»Der Nagual begrub mich«, sagte sie. »Neun Tage lang lag ich in einem Sarg aus Erde.«
Wieder brachen sie in explosionsartiges Gelächter aus.
»Der Nagual hat ihr gesagt, sie dürfe nicht heraus«, erklärte Nestor. »Die arme Gorda mußte in ihren Sarg pissen und scheißen. Der Nagual steckte sie in einen Kasten, den er aus Zweigen und Lehm gemacht hatte. An der Seite gab es ein kleines Türchen für Nahrung und Wasser. Ansonsten war er versiegelt.«
»Warum begrub er sie?« fragte ich.
»Das ist das einzige Mittel, um jemanden zu schützen«, sagte Nestor. »Sie mußte unter dem Erdboden liegen, damit die Erde sie heilen konnte. Es gibt keinen besseren Heiler als die Erde. Außerdem mußte der Nagual das Gefühl dieses Steines abwehren, das auf la Gorda ausgerichtet war. Der Sand wirkt wie eine Membran, die nicht alles durchläßt. Der Nagual wußte, daß es

nicht schlimmer werden konnte mit ihr, wenn sie neun Tage begraben blieb; es konnte nur besser werden. Und das wurde es.«

»Was war das für ein Gefühl, so begraben zu liegen, Gorda?« fragte ich.

»Ich wurde fast verrückt«, sagte sie. »Aber das kam nur daher, weil ich mich gehenließ. Hätte der Nagual mich nicht da hineingesteckt, dann wäre ich gestorben. Die Kraft dieses Steines war zu groß für mich. Sein Besitzer war ein sehr großer Mann gewesen. Ich spürte, daß seine Hand zweimal so groß wie meine gewesen sein mußte. Er hielt sich an diesem Stein ums liebe Leben fest, und am Ende tötete ihn jemand. Seine Angst erschreckte mich. Ich spürte, wie etwas immer näher kam, um mein Fleisch zu verzehren. Das war's, was dieser Mann gespürt hatte. Er war ein mächtiger Mann, aber ein noch mächtigerer machte ihm den Garaus.

Wenn man einen solchen Gegenstand besitzt, so sagte der Nagual, bringt er nur Verhängnis, denn seine Kraft läßt sich auf Machtproben mit anderen solchen Gegenständen ein, und der Besitzer wird entweder zum Verfolger oder zum Opfer. Der Nagual sagte, es sei die Art solcher Gegenstände, miteinander Krieg zu führen, denn jener Teil unserer Aufmerksamkeit, der sich auf sie richtet und ihnen Kraft verleiht, ist ein sehr gefährlicher, kriegerischer Teil.«

»La Gorda ist sehr habgierig«, sagte Pablito. »Sie meinte, wenn sie irgend etwas fände, das bereits eine Menge Kraft enthielte, könnte sie eine Gewinnerin werden, weil heutzutage niemand ein Interesse an Machtproben hat.«

La Gorda bestätigte dies mit einem Kopfnicken.

»Ich wußte nicht, daß man außer der Kraft, die die Gegenstände haben, auch noch andere Dinge einfangen kann«, sagte sie. »Als ich zum erstenmal meinen Finger durch das Loch steckte und den Stein festhielt, wurde meine Hand heiß, und mein Arm fing an zu zittern. Ich fühlte mich wirklich groß und stark. Ich bin gerissen, darum merkte niemand, daß ich den Stein in der Hand hatte. Nachdem ich ihn ein paar Tage festgehalten hatte, fing der wahre Horror an. Ich spürte, daß irgend jemand hinter dem Besitzer des Steines her war. Ich spürte seine Angst. Er war zweifellos ein sehr mächtiger Zauberer, und wer immer hinter ihm her sein mochte, wollte ihn nicht nur töten, sondern auch sein Fleisch essen. Das machte mir wirklich Angst. Ich hätte den Stein damals wegwerfen sollen, aber das Gefühl, das ich hatte, war so neu für mich, daß ich den Stein wie eine verdammte Närrin in der Hand behielt. Als ich ihn schließlich fallenließ, war es zu spät. Irgend etwas in mir hing fest. Ich hatte Visionen von Männern, die zu mir kamen, Männer in seltsamen Kleidern. Ich spürte, wie sie mich bissen, wie sie mir mit scharfen kleinen Messern und mit ihren Zähnen das Fleisch von den Beinen rissen. Ich fing an zu toben!«

»Wie erklärte Don Juan diese Visionen?« fragte ich sie.

»Er sagte, daß la Gorda keine Abwehr mehr hat«, sagte Nestor. »Und deswegen konnte sie die Fixierung dieses Mannes einfangen, seine zweite Aufmerksamkeit, die in diesen Block eingedrungen war. Als er getötet wurde, hielt er diesen Stein fest, um all seine Konzentration zu versammeln. Der Nagual sagte, die Kraft dieses Mannes sei aus seinem Körper in diesen Stein eingegangen. Er wußte, was er tat, er wollte nicht, daß seine Feinde einen Vorteil davon hätten, daß sie sein Fleisch verzehrten. Der Nagual sagte, daß diejenigen, die ihn töteten, dies wußten, darum aßen sie ihn auch bei lebendigem Leib, um soviel Kraft zu bekommen, wie noch übrig war. Den Stein begruben sie wahrscheinlich, um irgendwelche Schwierigkeiten zu vermeiden. Und la Gorda und ich fanden ihn, und wie zwei Narren gruben wir ihn aus.«

La Gorda nickte drei- oder viermal bestätigend. Ihr Gesicht war sehr ernst.

»Der Nagual sagte uns, daß die zweite Aufmerksamkeit die wildeste Sache ist, die es gibt«, sagte sie. »Wenn sie sich auf Objekte konzentriert, gibt es nichts Fürchterlicheres als diese.«

»Das Schreckliche ist, daß wir festhängen«, sagte Nestor. »Der Mann, der den Stein besaß, hing an seinem Leben und an seiner Kraft, und darum war er so sehr entsetzt, als er merkte, daß sein Fleisch aufgegessen wurde. Der Nagual sagte, wenn der Mann sich von seinem Besitzgefühl losgesagt und sich seinem Tod überlassen hätte, wie immer er ihn ereilen mochte, dann hätte es für ihn keine Furcht gegeben.«

Das Gespräch verebbte. Ich fragte die anderen, ob sie noch etwas zu sagen hätten. Die Schwesterchen starrten mich an. Benigno kicherte und verbarg sein Gesicht hinter seinem Hut.

»Pablito und ich sind in den Pyramiden von Tula gewesen«, sagte er schließlich. »Wir sind in allen Pyramiden gewesen, die es in Mexiko gibt. Wir lieben sie.«

»Warum habt ihr all die Pyramiden aufgesucht?« fragte ich.

»Ich weiß wirklich nicht, warum wir hingegangen sind«, sagte er. »Vielleicht war es deshalb, weil der Nagual Juan Matus uns verboten hatte, es zu tun.«

»Und wie steht's mit dir, Pablito?«

»Ich bin hingegangen, um zu lernen«, antwortete er mürrisch und lachte. »Ich habe in der Stadt Tula gelebt. Ich kenne diese Pyramiden wie meine Handfläche. Der Nagual hat mir erzählt, daß auch er einmal dort gelebt hat. Er wußte alles über die Pyramiden. Er war selber ein Tolteke.«

Jetzt erkannte ich, daß es mehr als Neugier gewesen war, die mich veranlaßt hatte, die archäologische Fundstätte in Tula aufzusuchen. Der Hauptgrund, warum ich die Einladung meines Freundes damals annahm, war, daß la Gorda und die anderen, als ich sie zum erstenmal besuchte, mir etwas erzählt hatten, das Don Juan mir gegenüber nie erwähnt hatte, nämlich daß er sich selbst für einen kulturellen Nachfahren der Tolteken hielt. Tula war einst das alte Epizentrum des Toltekenreiches.

»Was haltet ihr davon, daß die Atlanter in der Nacht umherwandern?« fragte ich Pablito.

»Klar wandern sie in der Nacht umher. Diese Dinger sind schon seit Jahrhunderten da. Niemand weiß, wer die Pyramiden gebaut hat. Der Nagual Juan Matus hat mir selbst gesagt, daß die Spanier sie nicht als erste entdeckten. Der Nagual sagte, daß es vor ihnen schon andere gab. Gott allein weiß wie viele.«

»Was, meinst du, stellen diese vier Steinfiguren dar?« fragte ich.

»Sie sind keine Männer, sondern Frauen«, sagte er. »Diese Pyramide ist das Zentrum von Ordnung und Stabilität. Diese Figuren sind ihre vier Ecken. Sie sind die vier Winde, die vier Himmelsrichtungen. Sie sind die Grundlage, die Basis der Pyramide. Sie müssen Frauen sein, männliche Frauen, falls du sie so nennen willst. Und du weißt ja selbst, daß wir Männer nicht so fest sind. Wir sind ein gutes Bindemittel, ein Leim, der die Dinge zusammenhält, aber das ist auch alles. Der Nagual Juan Matus sagte, daß das Geheimnis der Pyramide in ihrer Struktur liegt.

Die vier Ecken sind an die Spitze versetzt. Die Pyramide selbst ist der Mann, der von seinen Kriegerinnen getragen wird, ein Mann, der seine Stützen an die höchste Stelle erhoben hat. Verstehst du, was ich meine?«

Mein Gesicht mochte einen perplexen Ausdruck zeigen. Pablito lachte. Es war ein höfliches Lachen.

»Nein. Ich versteh nicht, was du meinst«, sagte ich. »Aber es ist wohl deswegen, weil Don Juan mir niemals etwas davon gesagt hat. Das Thema ist völlig neu für mich. Bitte, erzähle mir alles, was du weißt.«

»Die Atlander sind das *Nagual;* sie sind *Träumer.* Sie stellen die Ordnung der zutage getretenen zweiten Aufmerksamkeit dar, und das ist der Grund, warum sie so grimmig und geheimnisvoll sind. Sie sind Geschöpfe des Krieges, aber nicht der Zerstörung.

Die andere Reihe von Säulen, die rechteckigen, stellen die Ordnung der ersten Aufmerksamkeit dar, das *Tonal.* Sie sind Pirscher, und das ist der Grund, warum sie mit Inschriften bedeckt sind. Sie sind sehr friedlich und weise, im Gegensatz zur vorderen Reihe.«

Pablito unterbrach sich und sah mich beinahe trotzig an, dann breitete sich ein Lächeln über sein Gesicht aus.

Ich glaubte, er würde fortfahren und mir erklären, was er gesagt hatte, aber er schwieg, als warte er darauf, daß ich etwas sagte.

Ich sagte ihm, wie verwundert ich sei, und drängte ihn, weiterzusprechen. Er schien unentschlossen, starrte mich eine Weile an und holte dann tief Luft. Er hatte kaum angefangen zu sprechen, als sich die Stimmen der anderen in einem Protestgeschrei erhoben.

»Der Nagual hat uns das alles doch schon erklärt«, sagte la Gorda ungeduldig. »Was hat es denn für einen Sinn, es ihn wiederholen zu lassen.«

Ich versuchte ihnen klarzumachen, daß ich wirklich keine Ahnung hatte, wovon Pablito sprach. Ich drang in ihn, mit seiner Erklärung fortzufahren. Wieder brandeten alle Stimmen gleichzeitig auf. Nach der Art zu urteilen, wie die Schwesterchen mich anstarrten, waren sie sehr wütend, vor allem Lydia.

»Wir haben keine Lust, über diese Frauen zu reden«, sagte la

Gorda in unversöhnlichem Ton zu mir. »Der bloße Gedanke an diese Frauen von der Pyramide macht uns ganz nervös.«

»Was ist bloß mit euch los?« fragte ich. »Warum benehmt ihr euch so seltsam?«

»Wir wissen es nicht«, erwiderte la Gorda. »Es ist nur so ein Gefühl, das wir alle haben, ein sehr beunruhigendes Gefühl. Wir fühlten uns gut, bis vorhin, als du anfingst, deine Fragen über diese Frauen zu stellen.«

La Gordas Worte wirkten wie ein Alarmsignal. Alle standen auf und näherten sich mir in drohender Haltung, wobei sie mit lauter Stimme sprachen. Ich brauchte eine Weile, um sie zu beruhigen und sie dahin zu bringen, sich wieder zu setzen. Die Schwesterchen waren sehr aufgebracht, und ihre Stimmung schien sich auf la Gorda zu übertragen. Die drei Männer schienen beherrschter. Ich wandte mich an Nestor und bat ihn rundheraus, mir zu erklären, warum die Frauen sich so aufregten. Offenbar tat ich ungewollt irgend etwas, das sie erbitterte.

»Ich weiß wirklich nicht, was es ist«, sagte er. »Ich bin sicher, keiner von uns hier weiß, was mit uns los ist, nur daß wir alle sehr traurig und nervös sind.«

»Ist es vielleicht, weil wir über die Pyramiden sprechen?« fragte ich.

»Das muß es wohl sein«, antwortete er düster. »Ich selbst wußte gar nicht, daß diese Figuren Frauen sind.«

»Natürlich wußtest du es, du Idiot!« fuhr Lydia ihn an.

Nestor schien über ihren Ausbruch verärgert. Er lehnte sich zurück und lächelte mich blöde an.

»Vielleicht wußte ich es«, gab er zu. »Wir machen eine sehr seltsame Phase unseres Lebens durch. Niemand weiß mehr etwas mit Bestimmtheit. Seit du in unser Leben getreten bist, sind wir unserer selbst unsicher.«

Nun verbreitete sich eine sehr gedrückte Stimmung. Ich beharrte darauf, das einzige Mittel, sie zu vertreiben, bestünde darin, über diese geheimnisvollen Säulen auf den Pyramiden zu sprechen.

Die Frauen protestierten hitzig. Die Männer blieben stumm. Ich hatte den Eindruck, daß sie im Prinzip den Frauen recht gaben, insgeheim aber das Thema diskutieren wollten, genau wie ich.

»Hat Don Juan euch sonst noch etwas über die Pyramiden gesagt, Pablito?« fragte ich.
Meine Absicht war, das Gespräch von dem eigentlichen Thema der Atlanter fortzulenken und doch im Auge zu behalten.
»Er sagte, daß eine bestimmte Pyramide dort in Tula ein Führer sei«, antwortete Pablito eifrig.
Aus dem Ton seiner Stimme konnte ich schließen, daß er wirklich sprechen wollte. Und die achtsame Bereitschaft der anderen Lehrlinge überzeugte mich, daß sie insgeheim alle einen Meinungsaustausch wünschten.
»Der Nagual sagte, sie sei ein Führer zur zweiten Aufmerksamkeit«, fuhr Pablito fort, »daß sie aber geplündert und alles zerstört worden sei. Er erzählte mir, daß manche der Pyramiden gigantische Beispiele von Nicht-Tun seien. Daß sie keine Behausungen waren, sondern Orte, wo Krieger ihr *Träumen* verrichteten und ihre zweite Aufmerksamkeit übten. Was sie taten, wurde in Zeichnungen und Diagrammen festgehalten, die die Wände bedeckten.
Dann müssen andere Krieger gekommen sein, Krieger, die nicht einverstanden waren mit dem, was die Zauberer von der Pyramide mit ihrer zweiten Aufmerksamkeit machten, und sie zerstörten die Pyramide mit allem, was sich darin befand.
Der Nagual glaubte, daß es Krieger der dritten Aufmerksamkeit gewesen sein mußten, wie er selbst einer war, Krieger, die sich von der Bosheit der Fixierung auf die zweite Aufmerksamkeit abgestoßen fühlten. Die Zauberer von der Pyramide befaßten sich zu eifrig mit ihrer Fixierung, um noch zu erkennen, was vor sich ging. Als sie es erkannten, war es zu spät.«
Pablito fand gespannte Zuhörer. Jeder im Raum, auch ich selbst, war fasziniert von dem, was er sagte. Ich verstand die Gedanken, die er vortrug, weil Don Juan sie mir erklärt hatte.
Don Juan hatte gesagt, daß unser ganzes Sein aus zwei wahrnehmbaren Teilen zusammengesetzt sei. Der erste sei der vertraute physische Körper, den wir alle wahrnehmen könnten; der zweite sei der leuchtende Körper, ein Kokon, den nur Sehende wahrnehmen können, ein Kokon, der uns das Aussehen von riesigen leuchtenden Eiern verleiht. Er hatte auch gesagt, daß es eines der wichtigsten Ziele der Zauberei sei, den leuchtenden Kokon zu erlangen; einen Kokon, der durch die Kultivierung des

»Träumens« und durch rigorose systematische Anstrengungen vervollkommnet wurde, nannte er »Nicht-Tun«. Er definierte das »Nicht-Tun« als einen befremdlichen Akt, der unser ganzes Sein erfaßt, indem er es zwingt, seines leuchtenden Teils gewahr zu werden. Um mir diese Vorstellungen zu erläutern, unterteilte Don Juan unser Bewußtsein in drei ungleiche Teile. Den kleinsten nannte er die »erste Aufmerksamkeit«, und er sagte, dies sei das Bewußtsein, das jeder normale Mensch entwickelt, um sich mit der alltäglichen Welt auseinanderzusetzen; dazu gehöre auch das Gewahrwerden des physischen Leibes. Einen weiteren, größeren Teil nannte er die »zweite Aufmerksamkeit«, und er bezeichnete sie als jene Aufmerksamkeit, die wir brauchen, um unseren leuchtenden Kokon wahrzunehmen und um als leuchtende Wesen zu handeln. Die zweite Aufmerksamkeit, so sagte er, bleibe für die Dauer unseres Lebens im Hintergrund, bis sie durch absichtliches Training oder ein zufälliges Trauma zutage trete, und sie umfasse auch das Gewahrwerden des leuchtenden Körpers. Den dritten Teil, den größten, nannte er die »dritte Aufmerksamkeit« – ein unwägbares Bewußtsein, das undefinierbare Aspekte des Gewahrwerdens der physischen und der leuchtenden Körper mobilisiere.
Ich fragte ihn, ob er selbst die dritte Aufmerksamkeit erfahren habe. Er sagte, daß er sich noch an der Schwelle zu ihr befinde und daß ich, wenn er jemals ganz in sie eingehen sollte, dies sofort merken würde, weil er ganz und gar das werden würde, was er wirklich war, ein Ausbruch von Energie. Er fügte hinzu, daß das Schlachtfeld der Krieger die zweite Aufmerksamkeit sei, so etwas wie ein Übungsfeld, um die dritte Aufmerksamkeit zu erreichen. Diese sei ein sehr schwer zu erreichender Zustand, der aber, einmal erlangt, sehr fruchtbar sei.
»Die Pyramiden sind schädlich«, fuhr Pablito fort. »Besonders für ungeschützte Zauberer wie uns. Noch schlimmer sind sie für formlose Zauberer wie la Gorda. Der Nagual sagte, es gibt nichts Gefährlicheres als die böse Fixierung auf die zweite Aufmerksamkeit. Wenn Krieger lernen, sich auf die schwache Seite der zweiten Aufmerksamkeit zu konzentrieren, kann sich ihnen nichts in den Weg stellen. Sie werden Jäger der Menschen, Ghule. Selbst wenn sie nicht mehr am Leben sind, können sie ihre Beute über die Zeit hinweg erreichen, als ob sie hier und jetzt

anwesend wären. Denn wir werden für sie zur Beute, sobald wir in eine jener Pyramiden gehen. Der Nagual nannte sie Fallen der zweiten Aufmerksamkeit.«

»Was genau, sagte er, würde passieren?« fragte la Gorda.

»Der Nagual sagte, wir könnten vielleicht einen Besuch bei den Pyramiden aushalten«, erklärte Pablito. »Beim zweiten Besuch würden wir eine seltsame Traurigkeit empfinden. Es würde sein wie ein kalter Windhauch, der uns lustlos und schlapp macht; eine Müdigkeit, die sich bald in Unglück verwandelt. Und unversehens würden wir verhext sein; alles mögliche würde uns zustoßen. Ja, der Nagual sagte, daß unsere Pechsträhnen dadurch bedingt sind, daß wir diese Pyramiden mutwillig, gegen seinen Rat, aufgesucht hätten.

Eligio zum Beispiel war dem Nagual nie ungehorsam. Niemals ließ er sich dort erwischen, auch nicht dieser Nagual hier, und sie hatten immer Glück, während wir anderen verhext waren, besonders la Gorda und ich. Wurden wir nicht sogar vom gleichen Hund gebissen? Und faulten nicht die gleichen Balken der Küchendecke zweimal durch und fielen uns auf den Kopf?«

»Das hat der Nagual mir nie erklärt«, sagte la Gorda.

»Natürlich tat er es«, beharrte Pablito.

»Wenn ich gewußt hätte, wie schlimm es werden wird, hätte ich nie den Fuß an diese verfluchten Orte gesetzt«, protestierte la Gorda.

»Der Nagual hat uns allen die gleichen Dinge erklärt«, sagte Nestor. »Die Schwierigkeit liegt nur darin, daß keiner von uns aufmerksam zuhörte, oder vielmehr hörten wir alle ihm auf unsere Weise zu, und wir hörten das, was wir hören wollten.«

Der Nagual sagte, daß die Fixierung der zweiten Aufmerksamkeit zwei Aspekte hat. Der erste und einfachste Aspekt ist das Böse. Es tritt ein, wenn *Träumer* ihr *Träumen* benutzen, um ihre zweite Aufmerksamkeit auf die Dinge der Welt zu fixieren, etwa auf Geld oder auf Macht über Menschen. Der andere Aspekt ist am schwersten zu erreichen, und er tritt ein, wenn *Träumer* ihre zweite Aufmerksamkeit auf Dinge konzentrieren, die nicht in oder von dieser Welt sind, wie etwa die Reise in das Unbekannte. Krieger brauchen unermeßliche Makellosigkeit, um diesen Aspekt zu erreichen.«

Ich erklärte ihnen, ich sei mir sicher, daß Don Juan einigen von uns gewisse, ausgewählte Dinge verraten habe, und anderen andere Dinge. Ich konnte mich zum Beispiel nicht daran erinnern, daß Don Juan jemals mit mir über den bösen Aspekt der zweiten Aufmerksamkeit gesprochen hätte. Ich erzählte ihnen, was Don Juan mir über die Fixierung der Aufmerksamkeit im allgemeinen gesagt hatte.
Er hielt mir vor, daß alle archäologischen Ruinen in Mexiko, besonders aber die Pyramiden, für den modernen Menschen schädlich wären. Er bezeichnete die Pyramiden als Ausdrucksformen eines uns fremden Denkens und Handelns. Er sagte, daß jede Einzelheit, jedes Muster an ihnen ein berechnetes Bemühen sei, Aspekte einer Aufmerksamkeit festzuhalten, die uns zutiefst fremd seien. Für Don Juan enthielten nicht nur die Ruinen vergangener Kulturen ein gefährliches Element; alles, was Gegenstand eines zwanghaften Interesses war, enthielt ein schädliches Potential.
Dies hatten wir einmal sehr ausführlich diskutiert. Von ihm aus geschah es als Reaktion auf meine Bemerkung, ich wisse nicht, wo ich meine Feldnotizen sicher aufbewahren könne. Ich hatte ein sehr starkes Besitzverhältnis zu ihnen und war besessen von der Vorstellung, sie in Sicherheit zu wissen.
»Was soll ich tun«, fragte ich ihn.
»Genaro hat dir einmal eine Lösung gezeigt«, antwortete er. »Aber wie immer dachtest du, er mache Witze. Er macht nie Witze. Er sagte dir, du solltest mit deiner Fingerspitze schreiben, statt mit dem Bleistift. Du nahmst es ihm damals nicht ab, weil du dir nicht vorstellen kannst, daß dies das Nicht-Tun des Notizenmachens ist.«
Ich wandte ein, daß sein Vorschlag als Witz gemeint gewesen sein müsse. Meine Vorstellung von mir selbst war die eines Sozialwissenschaftlers, der alles, was gesprochen wurde, aufzeichnen mußte, um zu verifizierbaren Schlüssen zu gelangen. Für Don Juan hatte das eine nichts mit den andern zu tun. Ein ernsthafter Wissenschaftler zu sein, hatte nichts mit Besitzdenken zu tun. Ich selbst sah keine Lösung; Don Genaros Vorschlag erschien mir witzig, nicht aber als reale Möglichkeit.
Don Juan beharrte auf seinem Standpunkt. Er sagte, daß es beim Notizenmachen darum ginge, die erste Aufmerksamkeit für die

Aufgabe des Erinnerns einzusetzen und daß ich mir Notizen machte, um mich daran zu erinnern, was gesagt und getan wurde. Don Genaros Empfehlung sei aber kein Witz gewesen, denn das Schreiben mit der Fingerspitze auf ein Stück Papier – als Nicht-Tun des Notizenmachens – würde mich zwingen, meine zweite Aufmerksamkeit auf das Erinnern zu konzentrieren, und dann brauchte ich keine Papierzettel mehr zu sammeln. Das Ergebnis, so meinte Don Juan, wäre schließlich exakter und überzeugender als beim Notizenmachen. Die Sache war noch niemals ausprobiert worden, soweit er wußte, aber das Prinzip erschien ihm vernünftig.

Er drängte mich, es eine Weile zu versuchen. Ich war beunruhigt. Das Notizenmachen diente mir nicht nur als mnestisches Hilfsmittel, sondern es beruhigte mich auch. Es war meine nützlichste Krücke. Das Sammeln von Papierzetteln gab mir ein Gefühl der Zielrichtung und des Gleichgewichts.

»Wenn du dich sorgst, was du mit deinen Blättern anfangen sollst«, erklärte mir Don Juan, »dann konzentrierst du einen sehr gefährlichen Teil deiner selbst auf sie. Wir alle haben diese gefährliche Seite dieser Fixierung. Je stärker wir werden, desto tödlicher ist diese Seite. Daher die Empfehlung für Krieger, *keine* materiellen Gegenstände bei sich zu tragen, auf die sich ihre Kraft konzentrieren könnte, sondern sie auf den Geist, auf den wahren Flug ins Unbekannte und nicht auf banale Schilde zu konzentrieren. In deinem Fall sind deine Notizen dein Schild. Sie lassen dich nicht in Frieden leben.«

Ich war aufrichtig der Meinung gewesen, daß es mir ganz unmöglich wäre, mich von meinen Notizen zu trennen. Don Juan dachte sich dann eine Aufgabe für mich aus, anstelle des eigentlichen Nicht-Tuns. Bei einem so auf Besitz eingestellten Menschen wie mir, so sagte er, bestünde das geeignetste Mittel, mich von meinen Notizbüchern zu befreien, darin, sie zu enthüllen, sie offen darzulegen, ein Buch zu schreiben. Damals fand ich, dies sei ein noch größerer Witz als das Notizenmachen mit der Fingerspitze.

»Dein Zwang, Dinge zu besitzen und festzuhalten, ist gar nicht so einzigartig«, sagte er. »Jeder, der dem Weg der Krieger, dem Weg der Zauberer folgen will, muß diese Fixierung loswerden.

Mein Wohltäter erzählte mir, daß es einmal eine Zeit gab, als die Krieger materielle Gegenstände hatten, auf die sie ihre zwanghafte Besessenheit übertrugen. Daraus ergab sich die Frage, wessen Gegenstand mächtiger oder der mächtigste von allen wäre. Überbleibsel dieser Gegenstände sind noch immer in der Welt erhalten, es sind die Überbleibsel dieses Wettlaufs um Macht. Niemand weiß, welch eine Fixierung diese Gegenstände empfangen haben. Männer, die unendlich viel mächtiger waren als du, ließen alle Aspekte ihrer Aufmerksamkeit in sie eindringen. Du hast gerade erst begonnen, deine kleinlichen Sorgen auf deine Notizen zu übertragen. Du bist noch nicht zu anderen Stufen der Aufmerksamkeit vorgedrungen. Denk nur, wie furchtbar es wäre, wenn du dich am Ende deines Weges als Krieger wiederfändest, noch immer dein Bündel Notizen auf dem Buckel schleppend. Dann werden die Notizen lebendig sein, besonders wenn du gelernt hast, mit der Fingerspitze zu schreiben, und trotzdem noch immer Papierzettel aufhäufen mußt. Unter diesen Umständen würde es mich gar nicht überraschen, wenn jemand deine Papierbündel durch die Gegend laufen sähe.«

»Ich kann ganz leicht verstehen, warum der Nagual Juan Matus nicht wollte, daß wir Besitztümer haben«, sagte Nestor, nachdem ich dies alles erzählt hatte. Wir alle sind *Träumer.* »Er wollte nicht, daß wir unseren *Traumkörper* auf den schwachen Aspekt der zweiten Aufmerksamkeit konzentrieren.

Damals verstand ich seine Manöver nicht. Ich lehnte mich dagegen auf, daß er von mir verlangte, mich von allem zu trennen, was ich besaß. Ich fand, er sei unfair. Ich war davon überzeugt, daß er Pablito und Nestor davor bewahren wollte, mich zu beneiden, weil sie selber nichts hatten. Verglichen mit ihnen ging es mir gut. Damals hatte ich keine Ahnung, daß er meinen *Traumkörper* schützen wollte.«

Das »Träumen« hatte Don Juan mir auf verschiedene Arten geschildert. Die unverständlichste von allen scheint mir heute den Sachverhalt am besten zu definieren. Er sagte, das »Träumen« sei im wesentlichen das Nicht-Tun des Schlafes.

Eine der Grundvoraussetzungen des Nicht-Tuns, dazu bestimmt, das »Träumen« zu unterstützen, war das Nicht-Tun des Sprechens, bezeichnet als das »Anhalten des inneren Dialogs«. Beides gehört insofern zusammen, als das Anhalten des inneren Dialogs

den Praktikern die notwendige Ruhe und den Seelenfrieden verleiht und dies wiederum ihnen hilft, ihre Träume zu kontrollieren. Das »Träumen« als Nicht-Tun des Schlafes ermöglicht es den Praktikern, jenen Teil ihres Lebens zu nutzen, den sie schlafend verbringen. Es ist, als ob die »Träumer« nicht mehr schliefen. Aber dies hat keine Krankheit zur Folge. Den »Träumern« fehlt es nicht an Schlaf, sondern die Folge des »Träumens« ist anscheinend eine Zunahme der wachen Zeit, unter Nutzung eines angeblichen zusätzlichen Körpers, des »Traumkörpers«.
Don Juan hatte mir erklärt, daß der Traumkörper manchmal als »Doppelgänger« oder »der Andere« bezeichnet würde, weil er eine perfekte Nachbildung vom Körper des »Träumers« sei. Er sei im wesentlichen die Energie eines leuchtenden Wesens, eine weißliche, geisterhafte Emanation, die durch die Fixierung der zweiten Aufmerksamkeit als ein dreidimensionales Bild des Körpers projiziert wird. Don Juan erklärte, daß der Traumkörper kein Gespenst sei, sondern ebenso wirklich wie alles, womit wir es in der Welt zu tun haben. Er sagte, die zweite Aufmerksamkeit werde unvermeidlich angezogen, sich auf unser ganzes Sein als Energiefeld zu konzentrieren, und sie transformiere diese Energie in alles dafür Geeignete. Am leichtesten sei es natürlich, das Bild des physischen Körpers zu vergegenwärtigen, mit dem wir bereits im täglichen Leben durch den Gebrauch unserer ersten Aufmerksamkeit gründlich vertraut sind. Jene Kraft aber, die die Energie unseres gesamten Seins auflöst, um alles das hervorzubringen, was innerhalb der Grenzen des Möglichen liegt, bezeichnete er als den »Willen«. Don Juan konnte nicht angeben, welches diese Grenzen wären, und meinte nur, daß auf der Ebene der leuchtenden Wesen alle Maßstäbe so weit seien, daß es vergeblich wäre, überhaupt Grenzen ziehen zu wollen. Daher könne die Energie eines leuchtenden Wesens durch den »Willen« in alles Mögliche verwandelt werden.
»Der Nagual sagte, daß der *Traumkörper* sich engagiert und sich mit allem verbindet«, sagte Benigno. »Er hat keine Vernunft. Männer sind schwächer als Frauen, so sagte er mir, denn der Traumkörper eines Mannes ist besitzergreifender.«
Die Schwesterchen pflichteten dem unisono mit einem Kopfnikken bei. La Gorda sah mich an und lächelte.
»Der Nagual hat mir erzählt, daß du der König des Besitzstrebens

bist«, sagte sie zu mir. »Genaro sagte mir, daß du sogar deinen Kötteln Lebewohl nachrufst, bevor du die Spülung ziehst.«

Die Schwesterchen wälzten sich vor Lachen am Boden. Die Genaros waren sichtlich bemüht, sich zu beherrschen. Nestor, der neben mir saß, schlug mir aufs Knie.

»Der Nagual und Genaro haben immer so wilde Geschichten über dich erzählt«, sagte er. »Jahrelang amüsierten sie uns mit Erzählungen über einen ulkigen Kauz, den sie kannten. Jetzt wissen wir, daß du es warst.«

Ich war von Verlegenheit überwältigt. Es war, als hätten Don Juan und Don Genaro mich verraten, mich vor den Lehrlingen bloßgestellt. Selbstmitleid erfaßte mich. Ich fing an zu klagen. Laut warf ich ihnen vor, sie seien gegen mich voreingenommen gewesen und hätten mich für einen Narren gehalten.

»Das ist nicht wahr«, sagte Benigno. »Wir sind begeistert, daß du bei uns bist.«

»Sind wir's, ja?« warf Lydia bissig ein.

Jetzt gerieten sie alle in einen hitzigen Disput. Die Männer und die Frauen waren geteilter Meinung. La Gorda schloß sich keiner Partei an. Sie blieb neben mir sitzen, während die anderen aufgesprungen waren und sich anbrüllten.

»Wir machen eine schwierige Zeit durch«, sagte la Gorda mit leiser Stimme zu mir. »Wir haben eine Menge *geträumt,* und doch reicht es nicht aus für das, was wir brauchen.«

»Was braucht ihr denn, Gorda?« fragte ich.

»Wir wissen es nicht«, sagte sie. »Wir hatten gehofft, du würdest es uns sagen.«

Die Schwesterchen und die Genaros setzten sich wieder ordentlich hin, um zu hören, was la Gorda zu mir sagte.

»Wir brauchen einen Führer«, fuhr sie fort. »Du bist der Nagual, aber du bist kein Führer.«

»Es braucht eine gewisse Zeit, um ein vollkommener Nagual zu werden«, sagte Pablito. »Der Nagual Juan Matus erzählte mir, daß er selbst in seiner Jugend ein armer Wicht war, bis jemand kam und ihn aus seiner Gleichgültigkeit aufrüttelte.«

»Das glaube ich nicht!« schrie Lydia. »Mir hat er das nie erzählt.«

»Er sagte, daß er ein ganz lausiger Kerl war«, warf la Gorda leise ein.

»Der Nagual erzählte mir, daß er in seiner Jugend ein Pechvogel war, genau wie ich«, sagte Pablito. »Auch er war von seinem Wohltäter ermahnt worden, keinen Fuß auf diese Pyramiden zu setzen, und darum wohnte er praktisch dort, bis er von einer Gespensterschar vertrieben wurde.«

Anscheinend kannte niemand von den anderen diese Geschichte. Sie spitzten die Ohren.

»Ich hatte es fast ganz vergessen«, erklärte Pablito. »Erst jetzt gerade fällt es mir ein. Es war genau wie das, was mit la Gorda geschah. Einen Tag, nachdem der Nagual endlich ein formloser Krieger geworden war, begannen die bösen Fixierungen jener Krieger, die ihr *Träumen* und ihr sonstiges Nicht-Tun in den Pyramiden verrichtet hatten, ihn zu verfolgen. Sie fanden ihn, während er auf dem Feld arbeitete. Er erzählte mir, daß er eine Hand sah, die sich aus der lockeren Erde einer frischen Furche reckte und ihn am Hosenbein packte. Er dachte, es sei ein anderer Arbeiter, der versehentlich verschüttet worden war. Er versuchte ihn auszugraben. Dann aber merkte er, daß er in einen Erdsarg heineingrub; daß dort ein Mann begraben lag. Der Nagual sagte, daß der Mann sehr dünn und dunkelhäutig war und keine Haare auf dem Kopf hatte. Der Nagual versuchte verzweifelt, den Erdsarg wieder auszubessern, er wollte nicht, daß seine Arbeitskollegen ihn dabei erwischten, er wollte dem Mann nicht Schaden zufügen, indem er ihn gegen seinen Willen aus der Erde zerrte. Er arbeitete so wild, daß er nicht einmal bemerkte, daß die anderen Arbeiter sich um ihn geschart hatten. Inzwischen, so sagte der Nagual, war der Erdsarg zusammengebrochen und der schwarze Mann lag nackt auf der Erde. Der Nagual versuchte ihm aufzuhelfen und bat die anderen Männer, mit Hand anzulegen. Sie lachten ihn aus. Sie dachten, er sei betrunken und habe das Delirium tremens. Denn da war überhaupt kein Mann, kein Erdsarg oder etwas dieser Art auf dem Feld.

Der Nagual sagte, er sei erschüttert gewesen, aber er wagte nicht, seinem Wohltäter davon zu erzählen. Das war auch schon egal, denn in der Nacht war eine ganze Schar von Gespenstern hinter ihm her. Er ging, um die Haustür zu öffnen, nachdem irgend jemand angeklopft hatte, und da platzte eine ganze Horde nackter Männer mit funkelnden gelben Augen herein. Sie warfen ihn auf den Boden und wälzten sich auf ihn. Sie hätten ihm jeden

Knochen im Leibe zermalmt, wenn sein Wohltäter nicht so rasch gehandelt hätte. Er sah die Gespenster und zog den Nagual fort, in Sicherheit, in ein Loch im Boden, wie er es immer für alle Fälle hinter seinem Haus hatte. Dort begrub er den Nagual, während die Geister in der Runde hockten und auf ihre Chance warteten.

Der Nagual erzählte mir, er sei so verängstigt gewesen, daß er sich freiwillig jeden Abend zum Schlafen in seinen Erdsarg legte, noch lange nachdem die Gespenster verschwunden waren.«

Pablito hielt inne. Alle schienen im Begriff, aufzubrechen. Sie rückten hin und her und wechselten dauernd ihre Haltung, wie um anzudeuten, daß das Sitzen sie ermüdete.

Dann erzählte ich ihnen, daß ich sehr beunruhigt gewesen war, nachdem ich den Bericht meines Freundes über die umherstreifenden Atlanter gehört hatte. Bis zu diesem Tag war mir nicht klargeworden, wie tief ich alles, was Don Juan und Don Genaro mich lehrten, aufgenommen hatte. Ich erkannte, daß ich völlig auf mein eigenes Urteil verzichtet hatte, auch wenn mir in meinem bewußten Denken klar war, daß die Möglichkeit, daß diese kolossalen Steinfiguren laufen konnten, nicht ernsthaft in Betracht kommen konnte. Meine Reaktion überraschte mich selbst ganz und gar.

Ich erklärte ihnen ausführlich, daß die Vorstellung der in der Nacht umherlaufenden Atlanter ein deutliches Beispiel für die Fixierung der zweiten Aufmerksamkeit sei. Zu diesem Schluß war ich aufgrund folgender Überlegungen gelangt: Erstens, so überlegte ich mir, sind wir nicht nur das, was unser gesunder Menschenverstand uns glauben macht, daß wir seien. In Wirklichkeit sind wir leuchtende Wesen und fähig, uns unser Leuchten bewußt zu machen. Zweitens sind wir – als leuchtende Wesen, die sich ihres Leuchtens bewußt sind – in der Lage, verschiedene Aspekte unseres Gewahrwerdens, unserer Aufmerksamkeit, wie Don Juan es nannte, zu entfalten. Drittens geschieht dieses Entfalten durch absichtliche Bemühung, wie etwa, wenn wir versuchen einen Mord zu begehen, oder zufällig, durch ein körperliches Trauma. Viertens muß es eine Zeit gegeben haben, als die Zauberer absichtlich verschiedene Aspekte ihrer Aufmerksamkeit an materielle Gegenstände hefteten. Fünftens müssen die Atlanter, nach der ehrfurchteinflößenden Atmosphäre

ihres Standorts zu schließen, Fixierungsobjekte von Zauberern einer anderen Zeit gewesen sein.
Ich erklärte, daß der Wärter, der meinem Freund diese Mitteilung machte, zweifellos einen anderen Aspekt seiner Aufmerksamkeit entfaltet hatte. Vielleicht war er ungewollt, wenn auch nur für einen Augenblick, zum Empfänger der Projektionen der zweiten Aufmerksamkeit eines alten Zauberers geworden. Es erschien mir nicht allzu weit hergeholt, daß der Mann womöglich die Fixierung jener Zauberer geschaut hatte.
Falls diese Zauberer der gleichen kulturellen Tradition angehörten wie Don Juan und Don Genaro, mußten sie makellose Praktiker gewesen sein, und in diesem Fall waren dem, was sie durch die Fixierung ihrer zweiten Aufmerksamkeit bewirken konnten, keine Grenzen gesetzt. Wenn sie wollten, daß die Atlanter in der Nacht umherliefen, dann liefen die Atlanter in der Nacht umher.
Während ich noch redete, wurden die Schwesterchen sehr wütend und ungehalten gegen mich. Als ich geendet hatte, warf Lydia mir vor, ich täte nichts anderes als reden. Dann standen sie auf und gingen hinaus, ohne sich zu verabschieden. Die Männer folgten ihnen, aber immerhin blieben sie an der Tür stehen und schüttelten mir die Hand. La Gorda und ich blieben im Zimmer zurück.
»Irgend etwas stimmt nicht mit diesen Frauen«, sagte ich.
»Nein, du irrst dich. Sie sind nur des Redens leid«, sagte la Gorda. »Sie erwarten von dir irgendeine Tat.«
»Wieso sind die Genaros nicht des Redens leid?« fragte ich sie.
»Sie sind dümmer als die Frauen«, erwiderte sie trocken.
»Und du, Gorda?« fragte ich. »Bist du auch des Redens leid?«
»Ich weiß nicht, was ich bin«, sagte sie feierlich. »Wenn ich mit dir zusammen bin, bin ich's nicht leid; aber wenn ich mit den Schwesterchen zusammen bin, dann bin ich es unendlich leid, genau wie sie.«

Während der folgenden ereignisreichen Tage, die ich mit ihnen allen zusammen war, zeigte sich deutlich, daß die Schwesterchen mir durchaus feindlich gesinnt waren. Die Genaros duldeten mich gleichmütig. Nur la Gorda schien auf meiner Seite zu stehen. Ich begann mich zu fragen, warum wohl. Ich fragte sie danach, bevor ich nach Los Angeles aufbrach.

»Ich weiß nicht, wie es möglich ist, aber ich bin an dich gewöhnt«, sagte sie. »Es ist, als ob du und ich zusammengehörten, während die Schwesterchen und die Genaros in einer anderen Welt sind.«

2. »Zusammen sehen«

Nach meiner Rückkehr nach Los Angeles verspürte ich einige Wochen lang ein leichtes Unbehagen, das ich mir als Schwindelgefühl oder plötzliche Atemnot, bedingt durch physische Erschöpfung, hinwegerklärte. Es gipfelte eines Nachts darin, daß ich erschrocken aufwachte und nicht mehr atmen konnte. Der Arzt, den ich aufsuchte, diagnostizierte meine Schwierigkeit als Hyperventilation, wahrscheinlich durch innere Spannungen verursacht. Er verschrieb mir ein Beruhigungsmittel und empfahl mir, in eine Tüte zu atmen, falls der Anfall sich wiederholen sollte.

Ich beschloß nach Mexiko zurückzukehren, um la Gorda um Rat zu fragen. Nachdem ich ihr die Diagnose des Arztes mitgeteilt hatte, versicherte sie mir gleichmütig, daß es sich nicht um eine Krankheit handele, daß ich vielmehr endlich meine Schilde ablegte und daß das, was ich erlebte, der »Verlust meiner menschlichen Form« und der Eintritt in einen neuen Zustand der Loslösung vom menschlichen Alltagsleben sei.

»Kämpfe nicht dagegen an«, sagte sie. »Es ist unsere natürliche Reaktion auf so etwas, dagegen anzukämpfen. Wenn wir dies tun, vertreiben wir es. Löse dich von deiner Angst und verfolge Schritt für Schritt den Verlust deiner menschlichen Form.«

Bei ihr selbst, so fügte sie hinzu, hatte die Auflösung ihrer menschlichen Form in ihrem Unterleib begonnen, mit einem starken Schmerz und einem ungewöhnlichen Druck, der sich allmählich in zwei Richtungen verlagerte, die Beine hinunter und bis in den Hals hinauf. Die Folgen, so sagte sie, machten sich unmittelbar bemerkbar.

Ich hatte die Absicht, alle Abstufungen meines Eintretens in diesen neuen Zustand festzuhalten. Ich war bereit, alles aufzuschreiben, was kommen würde, aber zu meinem Leidwesen geschah nichts mehr. Nach etlichen Tagen der fruchtlosen Erwartung schob ich la Gordas Erklärung beiseite und kam zu dem

Schluß, daß der Arzt meinen Zustand richtig diagnostiziert hatte. Es schien mir völlig verständlich. Ich trug eine Verantwortung, die eine unerträgliche Spannung in mir erzeugte. Ich hatte die Führerrolle akzeptiert, welche die Lehrlinge mir zuschrieben, aber ich hatte keine Ahnung, wie ich sie führen sollte.
Der Druck, unter dem mein Leben stand, zeigte sich auch noch auf bedenklichere Weise. Mein gewohntes Maß an Energie wurde zunehmend schwächer. Don Juan hätte gesagt, ich verlöre meine persönliche Kraft und würde schließlich mein Leben verlieren. Don Juan hatte mich darauf vorbereitet, ausschließlich mit Hilfe der persönlichen Kraft zu leben, was ich als einen Daseinszustand begriff, als Ordnungsbeziehung zwischen dem einzelnen und der Welt – eine Beziehung, die nicht gestört werden kann, ohne daß es zum Tod des einzelnen führte. Da ich keine Möglichkeit sah, meine Situation zu verändern, war ich zu dem Schluß gelangt, daß mein Leben sich dem Ende zuneigte. Mein Gefühl, zum Untergang verurteilt zu sein, schien alle Lehrlinge zu verärgern. Ich beschloß daher, mich ein paar Tage von ihnen zu trennen, um meine düstere Stimmung und damit die Spannung der anderen zu vertreiben.

Als ich zurückkehrte, sah ich sie draußen vor der Haustür der Schwesterchen stehen, als hätten sie auf mich gewartet. Nestor kam zu meinem Wagen gelaufen, und noch bevor ich den Motor abstellen konnte, platzte er mit der Nachricht heraus, daß Pablito weggelaufen war. Er sei gegangen, um zu sterben, sagte Nestor, nach Tula, in die Stadt seiner Vorfahren. Ich war entsetzt. Ich fühlte mich schuldig.
La Gorda teilte meine Skrupel nicht. Sie strahlte und verströmte Zufriedenheit.
»Dieser kleine Lump hat es besser, jetzt da er tot ist«, sagte sie. »Wir alle werden von nun an harmonisch miteinander leben, wie wir es sollten. Der Nagual sagte uns, du würdest eine Veränderung in unser Leben bringen. Nun, das hast du getan. Pablito wird uns nicht mehr belästigen. Du bist ihn los. Sieh nur, wie glücklich wir sind. Wir sind viel besser dran ohne ihn.«
Ich war empört über ihre Gefühllosigkeit. Ich sagte mit allem Nachdruck, dessen ich fähig war, daß Don Juan uns alle sehr sorgfältig in der Ordnung für das Leben eines Kriegers unterwie-

sen hätte. Ich beteuerte, daß die Makellosigkeit des Kriegers von mir verlangte, daß ich Pablito nicht so einfach sterben ließ.
»Und was, meinst du, wirst du tun?« fragte la Gorda.
»Ich werde eine von euch dazu bringen, mit ihm zu leben«, sagte ich, »bis zu dem Tag, an dem ihr alle, einschließlich Pablito, von hier fortgehen könnt.«
Sie lachten mich aus, sogar Nestor und Benigno, die, wie ich geglaubt hatte, Pablito am nächsten standen. La Gorda lachte länger als alle anderen, offenbar wollte sie mich herausfordern.
Ich suchte moralische Unterstützung bei Nestor und Benigno. Sie blickten fort.
Ich appellierte an la Gordas bessere Einsicht. Ich flehte sie an. Ich führte alle Argumente ins Treffen, die mir einfielen. Sie sah mich mit höchster Verachtung an.
»Kommt, gehen wir«, sagte sie zu den anderen.
Sie schenkte mir ein ganz nichtssagendes Lächeln. Sie zuckte die Schultern und verzog mit einer unbestimmten Geste die Lippen.
»Du kannst gern mit uns kommen«, sagte sie, »vorausgesetzt, du stellst keine Fragen und redest nicht über diesen kleinen Lumpen.«
»Du bist eine formlose Kriegerin, Gorda«, sagte ich. »Das hast du mir selbst gesagt. Warum verurteilst du also Pablito?«
La Gorda antwortete nicht. Aber sie gab mir zu verstehen, daß ich sie getroffen hatte. Sie runzelte die Stirn und wich meinem Blick aus.
»La Gorda gehört zu uns!« schrie Josefina mit schriller Stimme.
Die drei Frauen drängten sich um la Gorda und zerrten sie ins Haus. Ich folgte ihnen. Auch Nestor und Benigno kamen herein.
»Was hast du vor, willst du eine von uns mit Gewalt zwingen?« fragte mich la Gorda.
Ich sagte ihnen allen, daß ich es für meine Pflicht hielt, Pablito zu helfen, und daß ich für jeden von ihnen das gleiche tun würde.
»Glaubst du denn wirklich, du könntest es abwenden?« fragte mich la Gorda, und ihre Augen funkelten vor Zorn.

Ich wollte wütend losbrüllen, wie ich es schon einmal in ihrer Gegenwart getan hatte, aber diesmal waren die Umstände anders. Ich konnte nicht.

»Ich werde Josefina mitnehmen«, sagte ich. »Ich bin der Nagual.«

La Gorda versammelte die drei Schwesterchen hinter sich und schirmte sie mit ihrem Körper ab. Sie schickten sich an, ihre Hände zu verschränken. Irgend etwas in mir wußte, daß, wenn sie dies täten, ihre vereinigten Kräfte ungeheuerlich gewesen wären und ich keine Aussicht gehabt hätte, Josefina mitzunehmen. Meine einzige Chance bestand darin zuzuschlagen, bevor sie Gelegenheit hatten, sich zu einer Gruppe zusammenzuschließen. Ich gab Josefina mit den flachen Händen einen Stoß, so daß sie in die Mitte des Zimmers taumelte. Bevor sie Zeit hatten, sich wieder zu vereinigen, schlug ich Lydia und Rosa. Sie krümmten sich vor Schmerzen. La Gorda trat mir mit einem Zorn entgegen, wie ich ihn noch nie bei ihr erlebt hatte. Es war wie der Angriff eines wilden Tieres. Ihre ganze Konzentration lag in einem Stoß ihres Körpers. Hätte sie mich getroffen, dann hätte es mich getötet. Sie verfehlte meine Brust nur um Zentimeter. Ich packte sie von hinten im Schwitzkasten, und wir stürzten zu Boden. Wir rollten hin und her, bis wir völlig erschöpft waren. Ihr Körper entspannte sich. Sie begann meine Hände zu streicheln, die fest vor ihrem Bauch verschränkt waren.

Dann bemerkte ich, daß Nestor und Benigno unter der Tür standen. Beide schienen nahe daran, sich übergeben zu müssen.

La Gorda lächelte schüchtern und flüsterte mir ins Ohr, sie sei glücklich, daß ich sie überwältigt hatte.

Ich nahm Josefina zu Pablito mit. Ich glaubte, sie sei die einzige unter den Lehrlingen, die wirklich jemanden brauchte, der für sie sorgte, und Pablito haßte sie am wenigsten von den Schwesterchen. Ich war mir sicher, daß seine ritterliche Art ihn zwingen würde, ihr die Hand zu reichen, denn sie würde Hilfe brauchen.

Einen Monat später kehrte ich wieder nach Mexiko zurück. Pablito und Josefina waren wiedergekommen. Sie lebten zusammen in Don Genaros Haus, das sie mit Benigno und Rosa teilten.

Nestor und Lydia lebten in Soledads Haus, und la Gorda lebte allein im Haus der Schwesterchen.
»Bist du über unser neues Arrangement des Zusammenlebens überrascht?« fragte mich la Gorda.
Meine Überraschung war mehr als offenkundig. Ich wollte ganz genau wissen, welche Konsequenzen diese neue Ordnung hätte. La Gorda teilte mir in lakonischem Ton mit, daß sie von keinerlei Konsequenzen wisse. Sie hatten beschlossen, in Paaren, aber nicht als Paare zu leben. Was immer ich glauben mochte, so fügte sie hinzu, sie waren dennoch makellose Krieger.
Diese neue Anordnung war recht angenehm. Alle wirkten völlig entspannt. Niemand hackte auf dem anderen herum, und es gab keine Ausbrüche von Rivalität mehr unter ihnen. Auch waren sie dazu übergegangen, sich nach der indianischen Tracht jener Gegend zu kleiden. Die Frauen trugen Kleider mit weiten, gerafften Röcken, die fast bis an den Boden reichten. Sie trugen dunkle Kopftücher und hatten das Haar in Zöpfen geflochten – außer Josefina, die immer einen Hut aufhatte. Die Männer waren in dünne, pyjama-ähnliche weiße Hosen sowie Hemden und Strohhüte gekleidet. Alle trugen selbstgemachte Sandalen.
Ich fragte la Gorda nach dem Grund für diese neue Art der Kleidung. Sie sagte, daß sie sich darauf vorbereiteten fortzugehen. Früher oder später würden sie, allein oder mit meiner Hilfe, dieses Tal verlassen. Sie würden in eine neue Welt, in ein neues Leben ziehen. Und wenn sie dies täten, dann wollten sie die Veränderung möglichst deutlich machen; je länger sie ihre Indianerkleidung trügen, desto drastischer wäre die Veränderung, wenn sie dann städtische Kleidung anlegten. Sie alle, so fügte sie an, hätten gelernt, in jeder Situation, in der sie sich gerade befanden, beweglich und zwanglos zu bleiben, und ich hätte doch das gleiche gelernt. Mir selbst kam es darauf an, mich ihnen gegenüber zwanglos zu verhalten, ganz gleich, wie sie sich zu mir verhielten. Ihnen dagegen kam es darauf an, ihr Tal zu verlassen und sich anderswo einzurichten, um herauszufinden, ob sie so beweglich sein könnten, wie Krieger es sein sollten.
Ich bat la Gorda, mir ehrlich zu sagen, was sie über unsere Aussichten des Gelingens dachte. Sie sagte, das Scheitern stünde uns allen ins Gesicht geschrieben.
Dann wechselte sie unvermittelt das Thema und erzählte mir, sie

habe bei ihrem »Träumen« erlebt, daß sie eine riesige enge Schlucht zwischen zwei gewaltigen runden Bergkuppen anstarrte; sie meinte, daß die beiden Berge ihr bekannt vorkämen, und wollte, daß ich sie in eine Stadt in der Nähe fuhr. Ohne zu wissen warum, glaubte sie, daß die zwei Berge sich dort befänden und daß die Botschaft ihres »Träumens« besagte, daß wir beide dorthin fahren sollten.

Bei Anbruch der Dämmerung fuhren wir los. Ich war schon früher einmal durch diese Stadt gekommen. Sie war sehr klein, und in der Umgebung war mir nie etwas aufgefallen, das auch nur annähernd la Gordas Vision entsprochen hätte. Es gab dort nur zerklüftete Hügel. Wir stellten fest, daß die zwei Berge nicht da waren oder daß wir sie, falls sie da waren, nicht finden konnten.

Doch während der zwei Stunden, die wir in dieser Stadt verbrachten, hatten wir beide das Gefühl, als wüßten wir irgend etwas Unbestimmtes, ein Gefühl, das manchmal zu einer Gewißheit wurde und dann wieder ins Dunkel versank, um sich nur als Ärgernis und Frustration bemerkbar zu machen. Der Aufenthalt in jener Stadt beunruhigte uns auf geheimnisvolle Weise; oder besser gesagt, aus Gründen, die wir nicht kannten, wurden wir sehr aufgeregt. Ich war in einem höchst unlogischen Konflikt gefangen. Ich konnte mich nicht daran erinnern, jemals in dieser Stadt haltgemacht zu haben, und doch hätte ich schwören können, daß ich nicht nur dort gewesen war, sondern sogar eine Weile dort gelebt hatte. Es war keine deutliche Erinnerung; ich konnte mich nicht an einzelne Straßen oder Häuser erinnern. Was ich empfand, war vielmehr eine unbestimmte, aber starke Ahnung, daß sich bald in meinem Denken etwas klären würde. Ich war mir nicht sicher, was es war – vielleicht eine Erinnerung. Manchmal wurde diese unbestimmte Ahnung beherrschend, vor allem als ich ein bestimmtes Haus erblickte. Ich parkte den Wagen davor. La Gorda und ich betrachteten es vielleicht eine Stunde lang vom Wagen aus, aber keiner von uns beiden machte den Vorschlag, auszusteigen und hineinzugehen.

Wir waren beide sehr angespannt. Wir fingen an, über ihre Vision von den zwei Bergen zu sprechen; unser Gespräch artete bald in einen Streit aus. Sie meinte, ich hätte ihr »Träumen« nicht ernst

genommen. Unsere Temperamente prallten aufeinander, und schließlich brüllten wir uns an, weniger aus Wut als aus Nervosität. Endlich fing ich mich wieder und machte der Sache ein Ende.
Auf dem Rückweg parkte ich den Wagen am Rand einer Sandstraße. Wir stiegen aus, um uns die Beine zu vertreten. Wir spazierten eine Weile umher. Es war zu windig, als daß wir Spaß daran gefunden hätten. La Gorda wirkte erregt. Wir gingen zum Wagen zurück und stiegen ein.
»Wenn du doch nur dein Wissen aufbieten wolltest«, sagte la Gorda in flehendem Ton. »Du würdest wissen, daß es, wenn man die menschliche Form verliert . . .«
Sie unterbrach sich mitten im Satz. Anscheinend hatte meine düstere Miene sie dazu gebracht, sich zu besinnen. Sie erkannte meinen inneren Kampf. Wäre da irgendein Wissen in mir gewesen, das ich bewußt hätte aufbieten können, dann hätte ich es doch längst schon getan.
»Aber wir sind leuchtende Wesen«, sagte sie im gleichen flehenden Ton. »Es kommt so sehr auf uns an. Du bist der Nagual. Auf dich kommt es noch viel mehr an.«
»Was meinst du denn, sollte ich tun?« fragte ich.
»Du mußt dich von deinem Wunsch lösen, dich festzuklammern«, sagte sie. »Mir ist genau das gleiche geschehen. Ich klammerte mich an alle Dinge, etwa an das Essen, das mir schmeckte, an die Berge, wo ich wohnte, an die Leute, mit denen ich gern redete. Am meisten aber klammerte ich mich an meinen Wunsch, geliebt zu werden.«
Ich sagte ihr, daß ihre Empfehlung mir sinnlos erschien, denn ich war mir nicht bewußt, mich an irgend etwas anzuklammern. Sie aber beharrte darauf, ich müsse wissen, daß ich Schranken gegen den Verlust meiner menschlichen Form errichtete.
»Unsere Aufmerksamkeit ist geschult, sich treu und brav zu konzentrieren«, fuhr sie fort. »Auf diese Weise halten wir die Welt in Gang. Deine erste Aufmerksamkeit hat gelernt, sich auf etwas zu konzentrieren, das mir ganz fremd, dir aber ganz vertraut ist.«
Ich erzählte ihr, daß meine Gedanken immer um Abstraktionen kreisten, die eigentlich nicht Abstraktionen etwa im Sinn der Mathematik waren, sondern Urteile der Vernunft.

»Jetzt ist des Zeit, dich von alledem zu lösen«, sagte sie. »Um deine menschliche Form zu verlieren, solltest du dich von diesem ganzen Ballast trennen. Du versuchst so stark gegenzusteuern, daß du dich selber lähmst.«
Mir war nicht nach Streiten zumute. Was sie das Verlieren der menschlichen Form nannte, war ein zu unbestimmtes Konzept, als daß wir es an Ort und Stelle hätten erörtern können. Mich beschäftigte, was wir in dieser Stadt erlebt hatten. La Gorda wollte nicht darüber sprechen.
»Es kommt einzig darauf an, daß du dein Wissen aufbietest«, sagte sie. »Du kannst es, wenn du mußt, wie damals, als Pablito fortging und du und ich aneinandergerieten.«
Was an diesem Tag geschehen war, so meinte la Gorda, war ein Beispiel dafür, wie man sein Wissen sammelt. Ohne daß ich eigentlich wußte, was ich tat, hatte ich komplizierte Manöver ausgeführt, die das »Sehen« voraussetzten.
»Du hast uns nicht einfach angegriffen«, sagte sie. »Du hast *gesehen.*«
Sie hatte irgendwie recht. Etwas ganz Ungewöhnliches hatte damals stattgefunden. Ich hatte in allen Einzelheiten darüber nachgedacht, es aber ins Reich der ganz privaten Spekulation verwiesen. Ich wußte keine zureichende Erklärung dafür, abgesehen davon, daß die emotionale Spannung des Augenblicks mich auf unbegreifliche Art beeinflußt hatte.
Als ich damals in ihr Haus kam und den vier Frauen gegenübertrat, wußte ich im Bruchteil einer Sekunde, daß ich meine gewohnte Art der Wahrnehmung verändern konnte. Ich sah vier amorphe Blasen von sehr intensivem, bernsteinfarbenem Licht vor mir. Die eine war sanfter, angenehmer. Die anderen waren unfreundlich, von einem scharfen, weißlichen Bernsteinglanz. Die sanfter leuchtende Blase war la Gorda. Und in diesem Augenblick ragten die drei unfreundlichen leuchtenden Blasen bedrohlich über ihr.
Die weißlich leuchtende Blase, die mir am nächsten stand – es war Josefina –, war ein wenig aus dem Gleichgewicht. Sie hing vornüber, darum stieß ich sie an. Die beiden anderen stubste ich mit dem Fuß in eine Vertiefung, die sie beide an der rechten Seite aufwiesen. Nicht daß ich bewußt gedacht hätte, ich sollte sie dort anstubsen. Ich fand einfach diese Delle einladend, irgendwie

forderte sie mich auf, meinen Fuß hineinzusetzen. Die Folgen waren verheerend. Lydia und Rosa fielen auf der Stelle in Ohnmacht. Ich hatte sie beide gegen den rechten Schenkel getreten. Es war kein Tritt, der ihnen am Ende die Knochen hätte brechen können – ich stieß nur leicht mit dem Fuß gegen die Lichtblasen vor mir –, und doch war es, als hätte ich ihnen einen wüsten Schlag gegen die verletzlichsten Körperteile versetzt.

La Gorda hatte recht. Ich hatte ein Wissen aufgeboten, von dem ich nichts wußte. Falls dies »Sehen« sein sollte, dann folgte daraus für meinen Verstand der logische Schluß, daß das »Sehen« ein körperliches Wissen sei. Das Überwiegen der visuellen Empfindungen beeinflußt dieses körperliche Wissen und gibt ihm den Anschein, als wäre es Blick-orientiert. Doch was ich erlebte, war alles andere als visueller Natur. Ich »sah« die Lichtblasen mit etwas anderem als meinen Augen, denn während der ganzen Zeit, die ich mich mit den vier Frauen beschäftigte, war mir bewußt, daß sie selbst sich in meinem Gesichtsfeld befanden. Es war nicht einmal so, als hätten die Lichtblasen ihre Gestalten überlagert. Die zwei Bilder waren voneinander getrennt. Was die Angelegenheit für mich komplizierte, war die Frage der Zeit. Alles war auf ein paar Sekunden zusammengedrängt. Wenn ich von einer Szene zur anderen wechselte, dann mußte dieser Wechsel so rasch vonstatten gehen, daß er bedeutungslos wurde; daher kann ich mich nur daran erinnern, zwei getrennte Szenen gleichzeitig wahrgenommen zu haben.

Nachdem ich die Lichtblasen getreten hatte, kam die sanftere – la Gorda – zu mir; sie kam nicht direkt zu mir her, sondern strebte links an mir vorbei, und zwar schon von dem Moment an, als sie sich in Bewegung setzte; offenbar beabsichtigte sie, mich zu verfehlen, und als daher das Leuchten an mir vorüberschwebte, griff ich danach. Während ich damit auf dem Boden umherrollte, hatte ich das Gefühl, als löste ich mich darin auf. Dies war der einzige Augenblick, da ich das Gefühl zeitlicher Kontinuität verlor. Ich wurde erst wieder meiner selbst bewußt, als la Gorda meine Hände streichelte.

»Bei unserem ›Träumen‹ haben die Schwesterchen und ich gelernt, unsere Hände zu verschränken«, sagte la Gorda. »Wir wissen, wie man eine Kette bildet. Unser Problem damals war nur, daß wir diese Kette noch nie außerhalb unseres Zimmers gebildet hatten. Das war der Grund, warum sie mich ins Haus zerrten. Dein Körper wußte, was es bedeutete, wenn wir unsere Hände verschränkten. Hätten wir es getan, dann wäre ich in ihrer Macht gewesen. Sie sind gewalttätiger als ich. Ihre Körper sind fest versiegelt; sie haben mit Sex nichts im Sinn. Ich wohl. Das macht mich schwächer. Ich bin mir sicher, daß dein Interesse an Sex es dir so schwer macht, dein Wissen aufzubieten.«

Sie redete weiter über die schwächenden Folgen der Sexualität. Ich fühlte mich unbehaglich. Ich versuchte das Gespräch von diesem Thema fort zu lenken, aber sie schien entschlossen, es ohne Rücksicht auf mein Unbehagen wieder aufzunehmen.

»Komm, du und ich, wir fahren nach Mexico City«, sagte ich aus Verzweiflung.

Ich glaubte, ich hätte sie schockiert. Sie antwortete nicht. Sie spitzte die Lippen und kniff die Augen zusammen. Sie spannte die Muskeln an ihrem Kinn an und schob die Oberlippe hoch, bis sie sich unter ihrer Nase vorwölbte. Ihr Gesicht war so verzerrt, daß ich zurückfuhr. Sie bemerkte meine Überraschung und entspannte ihre Gesichtsmuskeln.

»Komm doch, Gorda«, sagte ich. »Laß uns nach Mexico City fahren.«

»Klar. Warum nicht?« sagte sie. »Was brauche ich?«

Diese Reaktion hatte ich nicht erwartet, und so war ich schließlich selbst schockiert.

»Nichts«, sagte ich. »Wir fahren so, wie wir sind.«

Ohne ein weiteres Wort ließ sie sich auf dem Beifahrersitz zurückfallen, und wir fuhren los nach Mexico City. Es war noch früh, nicht einmal Mittag. Ich fragte sie, ob sie es wagen würde, mit mir nach Los Angeles zu fahren. Sie wurde für einen Moment nachdenklich.

»Diese Frage habe ich gerade meinem leuchtenden Körper gestellt«, sagte sie.

»Was sagte er?«

»Er sagte, nur wenn die Kraft es erlaubt.«

In ihrer Stimme lag ein solcher Reichtum des Gefühls, daß ich den Wagen anhielt und sie umarmte. Meine Zuneigung zu ihr war in diesem Augenblick so tief, daß ich erschrak. Sie hatte nichts mit Sex oder mit dem Verlangen nach seelischem Beistand zu tun. Es war ein Gefühl, das alles übertraf, was ich kannte.

Daß ich la Gorda umarmte, brachte mir jenes Gefühl wieder, das ich schon vorher gehabt hatte; irgend etwas in mir, das bis dahin aufgestaut und in irgendwelche Nischen verbannt war, die ich nicht mehr bewußt erreichen konnte, war nahe daran hervorzubrechen. Damals wußte ich beinah, was es war, aber ich verlor es wieder, als ich es zu erfassen versuchte.

La Gorda und ich trafen am frühen Abend in Oaxaca ein. Ich parkte den Wagen in einer Seitenstraße, und wir gingen ins Zentrum der Stadt, auf die Plaza. Wir suchten die Bank, auf der Don Juan und Don Genaro immer zu sitzen pflegten. Sie war frei. Wir setzten uns in ehrfürchtigem Schweigen. Schließlich sagte la Gorda, daß sie schon viele Male mit Don Juan hier gewesen sei, und auch mit einem anderen, an den sie sich nicht erinnern konnte. Sie war sich nicht sicher, ob sie es vielleicht nur geträumt hatte.

»Was machtest du mit Don Juan auf dieser Bank?« fragte ich.

»Nichts. Wir saßen einfach da und warteten auf den Bus oder auf den Holzlastwagen, der uns in die Berge mitnehmen sollte«, antwortete sie.

Ich erzählte ihr, daß wir, als ich mit Don Juan auf dieser Bank saß, stundenlang miteinander geredet hatten.

Ich berichtete von seiner großen Vorliebe für Gedichte, und wie ich ihm immer vorlas, wenn wir sonst nichts zu tun hatten. Er lauschte den Gedichten, wobei er behauptete, daß nur die erste und manchmal noch die zweite Strophe wert waren, gelesen zu werden; der Rest, so fand er, sei ein Sichgehenlassen des Dichters. Unter den Hunderten von Gedichten, die ich ihm wohl vorgelesen habe, gab es nur sehr wenige, die er sich bis zum Schluß anhörte. Anfangs las ich ihm vor, was mir selbst gefiel; meine Vorliebe galt der abstrakten, sprachlich gewundenen intellektuellen Dichtung; später ließ er mich immer wieder das lesen, was ihm gefiel. Seiner Meinung nach mußte ein Gedicht knapp, am besten kurz sein. Und es mußte aus präzisen, treffenden Bildern von großer Einfachheit komponiert sein.

Wenn wir am Spätnachmittag auf dieser Bank in Oaxaca saßen, dann schien ein Gedicht von César Vallejo ihm immer der Inbegriff eines besonderen Gefühls der Sehnsucht. Ich rezitierte es für la Gorda aus dem Gedächtnis, weniger um ihr als mir selbst etwas Gutes zu tun:

> Ich frage mich, was mag sie um diese Stunde tun,
> von Schilf und wilden Kirschbäumen.
> Jetzt, da diese Mattigkeit mich erstickt, und Blut
> wie schläfriger Schnaps in mir taub wird.
>
> Ich frage mich, was sie mit jenen Händen tut,
> die in Büßerhaltung einst
> gestärktes Weiß zu plätten pflegten
> an den Nachmittagen.
> Jetzt, da dieser Regen den Wunsch von mir nimmt
> weiterzugehen.
>
> Ich frage mich, was wurde aus ihrem Rock mit Spitzen;
> aus ihren Mühen; aus ihrem Gang;
> aus ihrem Duft des Zuckerrohres dort im Fühling.
> Sie muß wohl vor der Tür stehen,
> nach einer rasch fliegenden Wolke starren.
> Ein wilder Vogel auf dem Strohdach wird rufen;
> und bebend wird sie schließlich sagen: »Gott, es ist kalt!«

Die Erinnerung an Don Juan war so unglaublich lebhaft. Es war nicht eine Erinnerung auf der Ebene meiner Gedanken, noch war sie es auf der Ebene meiner bewußten Empfindungen. Es war eine mir unbekannte Art von Erinnerung, die mich weinen ließ. Tränen schossen mir aus den Augen, aber sie trösteten mich nicht.

Die letzte Stunde des Nachmittags hatte für Don Juan immer eine besondere Bedeutung gehabt. Ich hatte seine Vorliebe für diese Stunde übernommen und auch seine Überzeugung, daß, falls mir etwas Wichtiges zustoßen sollte, es um diese Zeit geschehen würde.

La Gorda legte ihren Kopf an meine Schulter. Ich lehnte meinen Kopf gegen ihren Kopf. In dieser Haltung blieben wir eine Weile sitzen. Ich fühlte mich entspannt. Meine Erregung war von mir abgefallen. Es war merkwürdig, daß diese bloße Geste, meinen Kopf gegen la Gordas Kopf zu lehnen, mir solchen Frieden bringen konnte. Ich wollte einen Scherz machen und ihr sagen, daß wir unsere Köpfe zusammenbinden sollten. Dann wußte ich, daß sie mich tatsächlich beim Wort nehmen würde. Mein Körper schüttelte sich vor Lachen, und da erkannte ich, daß ich schlief, und doch waren meine Augen offen; ich hätte aufstehen können, wenn ich es wirklich gewollt hätte; ich wollte mich aber nicht bewegen, und so blieb ich sitzen, hellwach und doch schlafend. Ich sah, wie die Leute vorübergingen und uns anstarrten. Es machte mir nicht das mindeste aus. Normalerweise wäre es mir unangenehm gewesen, so aufzufallen. Dann auf einmal verwandelten die Menschen vor mir sich in sehr große Flecken weißen Lichts. Zum erstenmal in meinem Leben erblickte ich längere Zeit die leuchtenden Eier. Don Juan hatte mir gesagt, daß die Menschen dem Sehenden als leuchtende Wesen erscheinen. Ich hatte schon früher blitzartig solche Wahrnehmungen gehabt, aber noch nie vorher konnte ich meinen Blick auf sie fixieren, wie ich es an diesem Tag tat.

Anfangs waren die Lichtflecken noch ganz amorph. Es war, als ob meine Augen nicht auf die richtige Brennweite eingestellt wären. Dann war es auf einmal, als ob ich endlich meinen Blick angepaßt hätte, und die Flecken weißen Lichts wurden länglich, wie leuchtende Eier. Sie waren groß, ja tatsächlich, sie waren riesig, vielleicht sieben Fuß hoch und vier Fuß breit, oder sogar noch größer.

Irgendwann fiel mir auf, daß die Eier sich nicht mehr bewegten. Ich sah eine feste leuchtende Masse vor mir. Die Eier beobachteten mich; sie türmten sich gefährlich vor mir auf. Ich bewegte mich vorsichtig und setzte mich aufrecht. La Gorda schlief tief an meiner Schulter. Wir waren von einer Gruppe von Halbwüchsigen umgeben. Sie mochten glauben, wir seien betrunken. Sie äfften uns nach. Der keckste Junge befühlte la Gordas Brust. Ich rüttelte sie wach. Wir standen auf und gingen rasch fort. Sie folgten uns, wobei sie uns verhöhnten und Gemeinheiten brüllten. Ein Polizist an der Straßenecke brachte sie davon ab, uns weiter zu belästigen. In völligem Schweigen gingen wir von der Plaza bis zu der Stelle, wo ich meinen Wagen geparkt hatte. Es wurde schon bald Abend. Plötzlich packte la Gorda mich am Arm. Ihre Augen funkelten wild, ihr Mund stand offen. Sie deutete nach vorn.

»Sieh! Sieh!« schrie sie. »Dort sind der Nagual und Genaro!«
Ich sah zwei Männer, die einen Häuserblock vor uns um die Ecke bogen. La Gorda rannte los. Ich rannte hinterher und fragte sie, ob sie sich sicher sei. Sie war ganz außer sich. Als sie aufgeblickt hatte, so sagte sie, hätten Don Juan und Don Genaro sie angestarrt. Als ihre Blicke sich trafen, hätten sie sich abgewandt.
Als wir diese Straßenecke erreichten, gingen die beiden Männer noch immer in gleicher Entfernung vor uns. Ich konnte ihre Gesichter nicht erkennen. Sie waren wie Mexikaner vom Lande gekleidet. Beide trugen Strohhüte. Der eine war stämmig wie Don Juan, der andere war schlank wie Don Genaro. Die beiden Männer bogen wieder um eine Ecke, und wir rannten wieder lärmend hinter ihnen her. Die Straße, in die sie eingebogen waren, war menschenleer und führte zum Stadtrand hinaus. Sie machte einen leichten Bogen nach links. Die beiden Männer befanden sich gerade an der Stelle, wo die Straße abbog. Und genau in diesem Augenblick geschah etwas, das mich an die Möglichkeit glauben ließ, daß es tatsächlich Don Juan und Don Genaro waren. Es war eine Bewegung, die der kleinere Mann machte. Er wandte uns Dreiviertel seines Profils zu und neigte den Kopf, als wolle er uns bedeuten, ihnen zu folgen – etwas, das Don Genaro zu tun pflegte, wenn wir draußen im Wald waren. Er lief immer vor mir her, wobei er mich mit einer solchen Kopfbewegung neckte und aufforderte, ihn einzuholen.
La Gorda fing laut an zu schreien: »Nagual! Genaro! Wartet!«
Sie rannte voraus. Die beiden Männer gingen rasch auf ein paar Hütten zu, die im Halbdunkel kaum sichtbar waren. Vielleicht waren sie in eine von ihnen eingetreten oder in eine der vielen Gäßchen abgebogen; jedenfalls waren sie plötzlich verschwunden.
La Gorda stand da und schrie ohne Scheu ihre Namen. Leute kamen herbei, um nachzusehen, wer da schrie. Ich hielt sie fest, bis sie sich beruhigt hatte.
»Sie waren direkt vor mir«, sagte sie weinend. »Nicht mal drei Meter entfernt. Als ich aufschrie und dich auf sie aufmerksam machte, waren sie augenblicklich einen Block weit entfernt.«

Ich versuchte sie zu beschwichtigen. Sie war ein Ausbund an Nervosität. Sie klammerte sich zitternd an mich. Aus irgendeinem unerfindlichen Grund war ich mir absolut sicher, daß die beiden Männer nicht Don Juan und Don Genaro gewesen waren, daher konnte ich la Gordas Erregung nicht teilen. Sie meinte, wir müßten umkehren und nach Hause fahren, denn die Kraft erlaubte ihr nicht, mit mir nach Los Angeles oder auch nur nach Mexico City zu fahren. Es war noch nicht Zeit für ihre Reise. Sie war überzeugt, daß es ein Omen war, die beiden gesehen zu haben. Als sie verschwanden, hatten sie nach Osten gedeutet; in die Richtung von la Gordas Heimatstadt.

Ich hatte nichts dagegen, sofort die Heimreise anzutreten. Nach allem, was uns an diesem Tag widerfahren war, hätte ich eigentlich todmüde sein sollen, aber statt dessen vibrierte ich vor ganz ungewöhnlicher Energie, und es erinnerte mich an die Zeiten mit Don Juan, als mir danach zumute war, mit der Schulter Mauern einzustoßen.

Auf dem Rückweg zu meinem Wagen war ich wieder von leidenschaftlichster Zuneigung zu la Gorda erfüllt. Ich wußte nicht, wie ich ihr für ihre Hilfe danken sollte. Was immer sie getan hatte, um mir zu helfen, die leuchtenden Eier zu »sehen«, so dachte ich, hatte gewirkt. Sie war so mutig gewesen, hatte Lächerlichkeit und sogar körperlichen Schaden riskiert, als wir auf jener Bank saßen. Ich sprach ihr meinen Dank aus. Sie sah mich an, als ob ich verrückt geworden wäre, und brach dann in ein herzliches Gelächter aus.

»Das gleiche dachte ich eben von dir«, sagte sie. »Ich dachte, du hättest es nur für mich getan. Auch ich *sah* leuchtende Eier. Es war auch für mich das erste Mal. Wir haben *zusammen gesehen!* Wie der Nagual und Genaro es zu tun pflegten.«

Als ich la Gorda den Wagenschlag aufhielt, kam mir mit voller Wucht zu Bewußtsein, was wir getan hatten. Bis dahin war ich wie betäubt gewesen. Irgend etwas in mir war verlangsamt gewesen. Jetzt war meine Euphorie so heftig wie vorhin la Gordas Erregung. Ich wollte auf die Straße hinausrennen und schreien. Jetzt war es an la Gorda, mich zu besänftigen. Sie hockte sich nieder und massierte mir die Waden. Seltsamerweise wurde ich sofort ruhig. Ich stellte fest, daß mir das Sprechen schwerfiel. Meine Gedanken liefen schneller, als ich sie ausdrükken konnte. Ich wollte nicht gleich in la Gordas Heimatstadt zurückfahren. Es schien, als gäbe es noch so viel zu tun. Da ich la Gorda nicht deutlich erklären konnte, was ich wollte, zerrte ich eine widerstrebende Gorda praktisch auf die Plaza zurück, aber zu dieser Stunde gab es dort keine freien Bänke mehr. Ich war förmlich ausgehungert, daher zog ich sie in ein Restaurant. Sie meinte, sie könne nichts essen, aber als dann das Essen kam, zeigte es sich, daß sie genauso hungrig war wie ich. Das Essen entspannte uns gänzlich.

Später am Abend setzten wir uns wieder auf die Bank. Ich hatte darauf verzichtet, über das zu reden, was uns geschehen war, bis wir wieder dort sitzen konnten. La Gorda war anfangs nicht bereit, etwas zu sagen. Mein Geist war in einem seltsam gehobenen Zustand. Ähnliche Momente hatte ich schon mit Don Juan erlebt, aber sie hatten in der Regel mit den Nachwirkungen halluzinogener Pflanzen zu tun.

Ich begann la Gorda zu schildern, was ich »gesehen« hatte. Was mich an den leuchtenden Eiern am meisten beeindruckt hatte, war ihre Fortbewegung. Sie gingen nicht, vielmehr bewegten sie sich schwebend, und doch standen sie fest am Boden. Die Art, wie sie sich bewegten, war nicht angenehm. Ihre Bewegungen waren steif, hölzern und ruckartig. Wenn sie in Bewegung waren, wurde die ganze Eiform kleiner und rundlicher; irgendwie sprangen oder ruckten oder zappelten sie mit großer Geschwindigkeit auf und ab. Das Ergebnis war ein höchst beunruhigendes Zittern. Vielleicht kann ich das körperliche Unbehagen, das ihre Bewegungen mir bereiteten, am besten beschreiben, wenn ich sage, daß es mir vorkam, als liefen die Bilder eines Films beschleunigt ab.

Ein weiteres Merkmal, das mir zu schaffen machte, war, daß ich an ihnen keine Beine entdecken konnte. Ich hatte einmal die Tanzvorstellung einer Ballettgruppe gesehen. Die Tänzer ahmten die Bewegungen von Soldaten auf Schlittschuhen nach; um den Effekt zu steigern, trugen sie lose, bis an den Boden hängende Gewänder. So konnte man ihre Füße nicht sehen, und es entstand die Illusion, als glitten sie übers Eis. Die leuchtenden Eier, die vor mir vorbeizogen, vermittelten mir den Eindruck, als glitten sie über eine rauhe Oberfläche. Ihr Leuchten zuckte beinahe unmerklich auf und ab, aber doch deutlich genug, daß mir fast

übel wurde. Wenn die Eier in Ruhestellung waren, wurden sie länglicher. Manche von ihnen wurden so lang und starr, daß mir das Bild einer hölzernen Ikone in den Sinn kam.
Ein weiteres, noch beunruhigenderes Merkmal der leuchtenden Eier war, daß sie keine Augen hatten. Noch nie war mir so intensiv klargeworden, daß die Augen lebender Geschöpfe eine Anziehung auf uns ausüben. Die leuchtenden Eier waren durchaus lebendig; sie beobachteten mich mit großer Neugier. Ich sah, wie sie auf und abzuckten und sich vorbeugten, um mich zu beobachten, aber ohne irgendwelche Augen!
Viele dieser leuchtenden Eier hatten schwarze Flecken, riesige Flecken an einer Stelle unterhalb ihrer Körpermitte. Andere hatten keine. La Gorda hatte mir erzählt, daß die Fortpflanzung am Körper von Männern wie Frauen Nachwirkungen zeitigt, indem sie ein Loch unter dem Nabel auftreten läßt, aber die Flecken auf diesen leuchtenden Eiern erschienen mir nicht wie Löcher. Es waren einfach Stellen ohne Leuchtkraft, aber sie hatten keine Tiefe, wie es bei einem wirklichen Loch der Fall gewesen wäre. Diejenigen mit den schwarzen Flecken erschienen mir weich, müde; der äußere Umriß ihrer Eiform war welk, er wirkte im Vergleich zu ihrem sonstigen Glanz düster. Diejenigen ohne Flecken dagegen waren blendend hell. Ich stellte mir vor, sie wären gefährlich. Sie vibrierten und waren von Energie und weißer Helligkeit erfüllt.
La Gorda erzählte mir, daß sie in dem Augenblick, als ich meinen Kopf an ihren lehnte, in einen Zustand geraten sei, der dem »Träumen« glich. Sie war wach, konnte sich aber nicht bewegen. Sie war sich bewußt, daß die Leute sich um uns drängten. Dann »sah« sie, wie sie sich in leuchtende Flecken und schließlich in eiförmige Wesen verwandelten. Sie wußte nicht, daß auch ich »sah«. Zuerst hatte sie geglaubt, daß ich auf sie aufpaßte, aber irgendwann lastete mein Kopf so schwer auf ihr, daß sie ganz bewußt zu dem Schluß kam, auch ich müsse »sehen«. Erst nachdem ich mich aufgerichtet und den jungen Mann abgewehrt hatte, der sie befingerte, da sie zu schlummern schien, kam mir eine Ahnung davon, was möglicherweise mit ihr geschah.
Unsere Visionen unterschieden sich insofern, als sie Frauen und Männer an der Form irgendwelcher Fäden unterscheiden konnte,

die sie als »Wurzeln« bezeichnete. Die Frauen, so sagte sie, hatten dicke Büschel solcher Fäden, die einem Löwenschweif glichen; sie wuchsen an der Stelle der Genitalien nach innen. Diese Wurzeln, so erklärte sie mir, seien die Spender des Lebens. Das Embryo verbinde sich, um wachsen zu können, mit einer dieser nährenden Wurzeln und zehre sie gänzlich auf, wobei nur ein Loch übrigbleibe. Die Männer dagegen hätten eine Art Fäden, lebendig und beinahe ganz unabhängig von der leuchtenden Masse, die ihren Körper bildete.

Ich fragte sie, was ihrer Meinung nach der Grund dafür wäre, daß wir »zusammen gesehen« hatten. Sie weigerte sich, dazu etwas zu sagen, forderte mich aber auf, ruhig mit meinen Mutmaßungen fortzufahren. Ich sagte ihr, daß mir nichts anderes als das Offenkundige einfiele: Die Gefühle mußten dabei eine Rolle gespielt haben.

Nachdem la Gorda und ich uns am Spätnachmittag jenes Tages auf Don Juans Bank niedergelassen hatten, rezitierte ich das Gedicht, das er so sehr geliebt hatte, und ich stand unter einer starken Gefühlsspannung. Meine Emotionen mochten meinen Körper eingestimmt haben. Doch ich mußte auch den Umstand berücksichtigen, daß ich, indem ich das »Träumen« übte, gelernt hatte, in einen Zustand völliger Stille einzutreten. Ich war fähig, meinen inneren Dialog abzustellen und still zu verharren, als befände ich mich in einem Kokon und spähte durch ein Loch hinaus. In diesem Zustand konnte ich entweder das bißchen Selbstkontrolle, das ich noch besaß, aufgeben und ins »Träumen« eintreten, oder ich konnte diese Selbstkontrolle beibehalten und passiv, gedankenlos und ohne Wünsche verweilen. Ich glaubte aber nicht, daß dies die entscheidenden Faktoren waren. La Gorda war, so glaubte ich, der Katalysator gewesen. Was ich für sie empfand, konnte ich nicht Liebe nennen, denn die Abgedroschenheit dieses Wortes ließ es mir gar zu oberflächlich erscheinen. Diese Gefühle, so dachte ich, hatten die Bedingungen für das »Sehen« geschaffen.

La Gorda lachte schüchtern, als ich ihr sagte, was ich dachte.

»Ich kann dir nicht zustimmen«, sagte sie. »In Wirklichkeit, glaube ich, fing dein Körper an sich zu erinnern.«

»Was willst du damit sagen?«

Jetzt entstand eine lange Pause. Anscheinend kämpfte sie dagegen an, etwas zu sagen, was sie nicht sagen wollte, oder sie mühte sich verzweifelt, die richtigen Worte zu finden.

»Da sind so viele Dinge, die ich weiß«, sagte sie, »und doch weiß ich nicht, was ich weiß. Ich erinnere mich an so viele Dinge, daß ich mich am Ende an nichts mehr erinnern kann. Ich glaube, du bist in der gleichen mißlichen Lage.«

Ich beteuerte ihr, daß es mir keineswegs so ging wie ihr. Sie wollte mir nicht glauben.

»Manchmal glaube ich wirklich, du weißt es nicht«, sagte sie. »Dann wieder glaube ich, daß du ein Spielchen mit uns machst. Der Nagual selbst sagte mir, daß er sich bei dir nicht sicher war. Jetzt fallen mir wieder viele Dinge ein, die er mir über dich gesagt hat.«

»Was heißt es denn, daß mein Körper angefangen haben soll, sich zu erinnern?« wollte ich wissen.

»Frag mich das nicht«, sagte sie lächelnd. Ich weiß nicht, an was du dich erinnern solltest oder wie dieses Erinnern aussehen soll. Ich selbst habe es nie erlebt. Soviel weiß ich wenigstens.«

»Gibt es einen unter den Lehrlingen, der es mir sagen könnte?« fragte ich.

»Keinen einzigen«, sagte sie. »Ich glaube, ich bin ein Bote für dich, ein Bote, der dir diesmal nur die halbe Botschaft bringen kann.«

Sie stand auf und bat mich, sie in ihre Heimatstadt zurückzufahren. Ich aber war in einer zu gehobenen Stimmung, um schon zu fahren. Auf meinen Vorschlag hin gingen wir einmal um die Plaza. Schließlich setzten wir uns auf eine andere Bank.

»Kommt es dir nicht merkwürdig vor, daß wir so leicht *zusammen sehen* konnten?« fragte la Gorda.

Ich wußte nicht, worauf sie hinauswollte. Ich zögerte mit meiner Antwort.

»Was würdest du meinen, wenn ich dir sagte, daß wir schon vorher einmal *zusammen gesehen* haben?« fragte la Gorda, wobei sie vorsichtig ihre Worte wählte.

Ich begriff nicht, was sie meinte. Sie wiederholte ihre Frage noch einmal, und ich konnte noch immer nicht die Bedeutung dessen erfassen, was sie sagte.

»Wann hätten wir denn schon vorher *zusammen sehen* sollen?« fragte ich. »Deine Frage ist mir unbegreiflich.«

»Das ist es ja gerade«, sagte sie. »Sie ist unbegreiflich, und doch habe ich das Gefühl, daß wir schon vorher *zusammen gesehen* haben.«

Ich verspürte ein Frösteln und stand auf. Da erinnerte ich mich wieder an die Empfindung, die ich in dieser Stadt gehabt hatte. La Gorda machte den Mund auf, um etwas zu sagen, hielt aber mitten im Satz inne. Sie starrte mich verblüfft an, legte mir die Hand an die Lippen und schleppte mich förmlich zum Wagen.

Ich fuhr die ganze Nacht hindurch. Ich wollte sprechen, analysieren, aber sie war eingeschlafen, als wollte sie absichtlich jeder Diskussion ausweichen. Sie hatte natürlich recht. Von uns beiden war sie diejenige, die sich der Gefahr bewußt war, eine Stimmung dadurch zu vertreiben, daß man sie übermäßig analysierte.

Als wir vor ihrem Haus anlangten und sie ausstieg, sagte sie, daß sie überhaupt nicht in der Lage sei, über das zu sprechen, was uns in Oaxaca geschehen war.

»Warum denn, Gorda?« fragte ich.

»Ich will unsere Kraft nicht verzetteln«, sagte sie. »Das ist die Art der Zauberer. Vergeude nie, was du gewonnen hast.«

»Aber wenn wir nicht darüber sprechen, werden wir nie wissen, was uns wirklich geschehen ist«, wandte ich ein.

»Wir müssen wenigstens neun Tage lang schweigen«, sagte sie.

»Können wir nur unter uns darüber reden?« fragte ich.

»Ein Gerede zwischen uns beiden ist genau das, was wir vermeiden müssen«, sagte sie. »Wir sind verletzlich. Wir brauchen Zeit, um zu gesunden.«

3. Quasi-Erinnerungen an das andere Selbst

»Kannst du mir vielleicht sagen, was los ist?« fragte mich Nestor, als wir an diesem Abend alle beisammen saßen. »Was habt ihr zwei gestern gemacht?«

Ich hatte la Gordas Empfehlung, daß wir nicht darüber sprechen sollten, was uns geschehen war, bereits vergessen. So fing ich an ihnen zu erzählen, daß wir zuerst in eine Stadt in der Nähe gefahren seien und dort ein ganz erstaunliches Haus gefunden hätten.

Alle schienen von einem plötzlichen Zittern erfaßt. Sie reckten die Köpfe, sahen einander an und starrten dann auf la Gorda, als erwarteten sie von ihr, daß sie ihnen mehr erzähle.

»Was für ein Haus war das?« fragte Nestor.

Noch bevor ich Zeit fand, zu antworten, fiel la Gorda mir ins Wort. Sie begann gehetzt, beinahe zusammenhanglos zu reden. Mir wurde klar, daß sie improvisierte. Sie gebrauchte sogar Wörter und Wendungen aus der mazatekischen Sprache. Sie warf mir verstohlene Blicke zu, die eine stumme Bitte enthielten, nur ja nichts darüber verlauten zu lassen.

»Wie steht es mit deinem Träumen, Nagual?« fragte sie mich – erleichtert, wie jemand, der endlich einen Ausweg gefunden hat. »Wir möchten gern alles von dir wissen. Ich glaube, es ist sehr wichtig, daß du es uns erzählst.«

Sie beugte sich vor und flüsterte mir möglichst beiläufig ins Ohr, gerade wegen unserer Erlebnisse in Oaxaca müsse ich ihnen von meinem »Träumen« erzählen.

»Warum ist das so wichtig für euch?« fragte ich laut.

»Ich glaube, wir stehen unmittelbar vor einem Abschluß«, sagte la Gorda feierlich. »Alles, was du uns sagst, ist jetzt von wesentlicher Bedeutung.«

Also berichtete ich ihnen von den Ereignissen, die ich für mein wahres »Träumen« hielt. Don Juan hatte mir gesagt, daß es keinen Zweck hätte, sich lange mit einzelnen Versuchen aufzuhalten. Erst wenn ich dreimal die gleiche Vision hätte, so meinte er als Faustregel, sollte ich ihr besondere Beachtung schenken; ansonsten wären die Versuche eines Novizen lediglich eine Stufe auf dem Weg zur zweiten Aufmerksamkeit.

Einmal »träumte« ich, daß ich erwachte und aus dem Bett aufsprang, nur um zu sehen, daß ich noch immer schlafend im Bett lag. Ich beobachtete mich im Schlaf und hatte noch genügend Selbstkontrolle, um mich daran zu erinnern, daß ich »träumte«. Nun folgte ich den Anweisungen, die Don Juan mir gegeben hatte und die besagten, ich müsse unverhoffte Schocks und Überraschungen meiden und alles mit einem Körnchen Salz auffassen. Der »Träumer«, so hatte Don Juan gesagt, müsse sich auf ein leidenschaftsloses Experiment einlassen. Statt seinen schlafenden Körper zu untersuchen, gehe der »Träumer« einfach aus dem Zimmer. Und so fand ich mich plötzlich, ohne zu wissen wie, außerhalb meines Zimmers wieder. Ich hatte die absolut klare Empfindung, als wäre ich augenblicklich hinausversetzt worden. Anfangs, als ich vor meiner Tür stand, kamen der Flur und das Treppenhaus mir riesig vor. Wenn irgend etwas mich in dieser Nacht wirklich erschreckte, dann war es die Größe dieser Baudetails, die im wirklichen Leben ganz normal war; der Flur war etwa fünfzehn Meter, und die Treppe hatte sechzehn Stufen.

Ich konnte mir nicht vorstellen, wie ich die gewaltigen Entfernungen überwinden sollte, die ich wahrnahm. Ich schwankte, dann brachte irgend etwas mich dazu, mich in Bewegung zu setzen. Ich ging aber nicht. Ich spürte meine Schritte nicht. Auf einmal hielt ich mich am Geländer fest. Ich konnte meine Hände und Unterarme sehen, aber ich spürte sie nicht. Ich hielt mich fest mit einer Kraft, die aber nichts mit meiner Muskulatur zu tun hatte, wie sie mir gewohnt ist. Das gleiche geschah, als ich versuchte die Treppe hinabzugehen. Ich wußte nicht, wie ich gehen sollte. Ich konnte einfach keinen Schritt tun. Es war, als ob meine Beine zusammengeschweißt wären. Wenn ich mich vorbeugte, konnte ich meine Beine sehen, aber ich konnte sie weder vorwärts noch seitwärts bewegen, noch konnte ich sie gegen meinen Brustkorb anheben. Es schien mir, als wäre ich auf der obersten Stufe festgewachsen. Ich kam mir vor wie eines jener hohlen Stehaufmännchen, die sich in strammer Haltung in jede Richtung bis in

die Horizontale neigen können, nur um von einem schweren, im kugelförmigen Sockel untergebrachten Gewicht wieder in die Vertikale gezogen zu werden.
Mit äußerster Anstrengung versuchte ich zu gehen und hopste wie ein schwerer Ball von Stufe zu Stufe. Es brauchte ein unglaubliches Maß an Aufmerksamkeit, um ins Parterre hinunterzukommen. Anders könnte ich es nicht beschreiben. Es bedurfte einer besonderen Achtsamkeit, um die Grenzen meines Gesichtsfeldes zu erhalten, um zu verhindern, daß sie sich in die verschwimmenden Bilder eines gewöhnlichen Traumes auflösten.
Als ich endlich die Haustür erreichte, konnte ich sie nicht öffnen. Ich versuchte es verzweifelt, aber vergeblich. Dann erinnerte ich mich, wie ich aus meinem Zimmer hinausgelangt war; ich war hinausgeglitten, als ob die Tür offen gewesen wäre. Ich brauchte mich nur an dieses Gefühl des Gleitens zu erinnern, und schon stand ich draußen auf der Straße. Es schien dunkel zu sein. Es war eine besondere, bleiern graue Dunkelheit, die mir nicht erlaubte, irgendwelche Farben wahrzunehmen. Sofort wurde mein Interesse von einer riesigen Lagune der Helligkeit, rechts vor mir in Augenhöhe, angezogen. Ich folgerte, mehr als daß ich es wahrgenommen hätte, daß es die Straßenlaterne war, denn ich wußte, daß sich rechts an der Ecke eine befand, sieben Meter über dem Boden. Jetzt erkannte ich, daß ich meine Wahrnehmungen nicht mehr räumlich ordnen konnte, wie man es tun muß, um oben oder unten, hier oder dort zu unterscheiden. Alles schien außerordentlich *gegenwärtig*. Ich verfügte über keinen Mechanismus – wie man ihn im gewöhnlichen Leben hat –, um meine Wahrnehmungen zu arrangieren und ein Ordnungsschema zu entwickeln, das es mir über eine Reihe von Prioritäten erlaubt hätte zu entscheiden, welche Wahrnehmungen sich im Vordergrund befanden und welche nicht. Alles befand sich zugleich im Vordergrund, und ich hatte nicht die Willenskraft, mir durch eine entsprechende Prüfung einen Überblick zu verschaffen.
So blieb ich verwirrt auf der Straße stehen, bis ich das Gefühl hatte zu schweben. Ich hielt mich an dem Stahlmasten fest, der die Lampe und das Straßenschild an der Ecke trug. Ein starker Windstoß hob mich empor. Ich glitt den Masten hinauf, bis ich den Straßennamen klar erkennen konnte: Asthon Road.
Monate später, als ich wieder einmal in einem »Traum« meinen

schlafenden Körper erblickte, wußte ich bereits eine Folge von Dingen zu tun. Bei meinem regelmäßigen »Träumen« hatte ich gelernt, daß es in diesem Zustand einzig auf die Willenskraft ankam; die physische Realität des Körpers war bedeutungslos. Er ist lediglich eine Erinnerung, die den Träumer bremst. Ich glitt ohne zu zögern aus dem Zimmer, denn nun brauchte ich nicht mehr die entsprechenden Bewegungen auszuführen, um eine Tür zu öffnen, oder zu gehen, um mich fortzubewegen. Der Flur und die Treppe waren nicht mehr so riesig, wie sie mir beim erstenmal erschienen waren. Ich glitt mit großer Leichtigkeit hindurch und gelangte schließlich auf die Straße, wo ich mich zwang, mich drei Häuserblocks weiterzubewegen. Es wurde mir bewußt, daß die Lampen noch immer einen sehr beunruhigenden Anblick boten. Ich konzentrierte meine Aufmerksamkeit auf sie, da wurden sie Lichtseen von unermeßlichem Umfang. Die übrigen Elemente dieses »Traumes« waren leicht zu kontrollieren. Die Gebäude waren ungewöhnlich groß, doch ihre äußeren Merkmale waren mir vertraut. Ich überlegte, was ich tun sollte. Und jetzt wurde mir ganz beiläufig klar, daß ich, wenn ich die Dinge nicht »anstarrte«, sondern nur flüchtig hinschaute, wie wir es im täglichen Leben tun, meine Wahrnehmungen ordnen konnte. Mit anderen Worten, ich befolgte Don Juans Anweisungen wortgetreu und nahm mein »Träumen« wie selbstverständlich hin. Jetzt konnte ich die Wahrnehmungsurteile meines täglichen Lebens anwenden. Nach einer Weile wurde die Szenerie wenn schon nicht gänzlich vertraut, so doch kontrollierbar.

Das nächste Mal, als ich ein ähnliches »Träumen« erlebte, ging ich in mein Lieblingscafé an der Straßenecke. Ich entschied mich deshalb dafür, weil ich immer in den ersten Morgenstunden dort einzukehren pflegte. In meinem »Träumen« sah ich die vertraute Kellnerin, die die Lumpensammlerschicht versah. Ich sah eine Reihe von Männern an der Theke stehen und essen, und ganz am Ende der Theke sah ich einen merkwürdigen Typ, einen Mann, den ich beinahe jeden Tag ziellos über den Campus der University of California schlendern sah. Er war der einzige, der mich wirklich ansah. Im gleichen Augenblick, als ich eintrat, schien er mich zu spüren. drehte sich um und starrte mich an.

Den gleichen Mann traf ich im Wachzustand ein paar Tage später in diesem Café in den ersten Morgenstunden. Er warf mir einen

Blick zu und schien mich wiederzuerkennen. Er sah erschrocken aus und rannte davon, ohne mir Gelegenheit zu geben, ihn anzusprechen.
Ich kam noch einmal wieder in dieses selbe Café, und das war, als sich die Richtung meines »Träumens« veränderte. Während ich das Lokal von der anderen Straßenseite her beobachtete, veränderte sich die Szenerie. Ich konnte die vertrauten Gebäude nicht mehr erkennen, und statt dessen sah ich eine urzeitliche Landschaft. Es war nicht mehr Nacht. Es war heller Tag, und ich blickte in ein saftig grünes Tal. Überall standen tiefgrüne, schilfähnliche Sumpfpflanzen. In der Nähe befand sich ein Felsband von zwei bis drei Meter Höhe. Dort hockte ein riesiger Säbelzahntiger. Ich war wie versteinert. Lange Zeit blickten wir einander starr an. Die Größe dieses Tieres war erschreckend, und doch war es nicht grotesk oder unproportioniert. Es hatte einen herrlichen Kopf, große Augen von der Farbe dunklen Honigs, breite Pranken, einen gewaltigen Brustkorb. Was mich am meisten beeindruckte, war die Farbe seines Fells. Es war einheitlich dunkelbraun, beinahe schokoladenfarben. Die Farbe erinnerte mich an geröstete Kaffeebohnen, nur strahlender; es hatte ein eigenartig langes Fell, nicht struppig oder verfilzt. Es hatte keine Ähnlichkeit mit dem Fell eines Pumas oder eines Wolfes, auch nicht mit dem eines Eisbären. Es sah aus wie etwas, das ich noch nie vorher gesehen hatte.
Von dieser Zeit an wurde es für mich eine Gewohnheit, den Tiger zu sehen. Manchmal war die Szenerie frostig und wolkenverhangen. Ich sah den Regen im Tal, dichten, ausgiebigen Regen. Zu anderen Malen lag das Tal in Sonnenlicht gebadet. Oft sah ich auch andere Säbelzahntiger in diesem Tal. Ich konnte ihr unverkennbares, heiseres Brüllen hören. Für mich ein höchst abstoßendes Geräusch.
Der Tiger rührte mich niemals an. Wir starrten uns lediglich aus drei oder vier Meter Entfernung an. Ich wußte, was er von mir wollte. Er zeigte mir eine besondere Art zu atmen. Bei meinem »Träumen« gelangte ich an den Punkt, wo ich das Atmen des Tigers so gut nachahmen konnte, daß ich meinte, mich selbst in einen Tiger zu verwandeln. Ein spürbares Ergebnis meines »Träumens«, so erzählte ich den Lehrlingen, war, daß mein Körper muskulöser wurde.

Nachdem sie meinen Bericht angehört hatten, verwunderte Nestor sich, wie sehr ihr »Träumen« sich von dem meinen unterschied. Sie hatten besondere »Traum«-Aufgaben zu erfüllen. Die seine bestand darin, Heilmittel für alle möglichen Leiden des menschlichen Körpers zu finden. Benignos Aufgabe war, Lösungen für alle möglichen menschlichen Sorgen zu erkennen, vorherzusagen und zu finden. Pablitos Aufgabe war, Arten des Bauens zu finden. Diese Aufgaben, so sagte Nestor, seien der Grund, warum er sich mit Heilpflanzen befaßte, warum Benigno ein Orakel hatte und Pablito ein Schreiner war. Bislang, so sagte er, hätten sie erst an der Oberfläche ihres »Träumens« gekratzt und hätten daher nichts Wesentliches zu berichten.

»Du glaubst vielleicht, wir haben Wunder was getan, aber das haben wir nicht. Genaro und der Nagual haben alles für uns und für diese vier Frauen getan. Wir selbst haben bisher noch nichts getan.«

»Mir kommt es so vor, als hätte der Nagual bei dir einen anderen Weg eingeschlagen«, sagte Benigno, wobei er sehr langsam und bedächtig sprach. »Anscheinend warst du früher einmal ein Tiger, und ganz bestimmt wirst du wieder einer werden. Das ist's, was auch dem Nagual geschah. Er ist einmal eine Krähe gewesen, und im Lauf seines Lebens verwandelte er sich wieder in eine.«

»Die Schwierigkeit ist nur, daß diese Art Tiger nicht mehr existiert«, sagte Nestor. »Wir haben noch nie gehört, was in einem solchen Fall geschieht.«

Er machte eine ausgreifende Handbewegung, die sie alle umfaßte.

»Ich weiß, was geschieht«, sagte la Gorda. »Ich erinnere mich daran, daß der Nagual Juan Matus dies als *Geister-Träumen* bezeichnete. Er sagte, daß keiner von uns das *Geister-Träumen* praktiziert hat, weil wir nicht gewalttätig oder destruktiv sind. Er selbst hat es auch nicht praktiziert. Und jeder, der es erlebt, so sagte er, ist vom Schicksal ausersehen, Geister als Helfer und Verbündete zu haben.«

»Was bedeutet das, Gorda?« fragte ich.

»Es bedeutet, daß du nicht so bist wie wir«, erwiderte sie feierlich.

La Gorda wirkte sehr erregt. Sie stand auf und schritt vier- oder

fünfmal im Zimmer auf und ab, bevor sie sich wieder neben mich setzte.
Ein Abgrund des Schweigens tat sich in unserem Gespräch auf. Josefina murmelte irgend etwas Unverständliches. Auch sie wirkte sehr nervös. La Gorda versuchte sie zu beruhigen, sie zog sie in die Arme und tätschelte ihr den Rücken.
»Josefina will dir etwas über Eligio sagen«, sagte la Gorda zu mir. Alle schauten zu Josefina hinüber, ohne ein Wort zu sagen; aber die Frage stand ihnen in den Augen.
»Trotz der Tatsache, daß Eligio von der Erdoberfläche verschwunden ist«, fuhr la Gorda fort, »ist er noch immer einer von uns. Und Josefina spricht die ganze Zeit mit ihm.«
Die anderen wurden auf einmal ganz aufmerksam. Sie blickten einander an, dann schauten sie zu mir her.
»Sie treffen sich beim *Träumen*«, sagte la Gorda eindringlich.
Josefina holte tief Luft, sie schien ein Ausbund an Nervosität zu sein. Ihr Körper zitterte krampfhaft. Pablito legte sich am Boden auf sie und fing an tief aus dem Zwerchfell zu atmen, das er einzog und vorstieß, wobei er sie zwang, im Gleichtakt mit ihm zu atmen.
»Was macht er da?« fragte ich la Gorda.
»Was macht er da! Siehst du's denn nicht?« erwiderte sie zornig.
Ich flüsterte ihr zu, daß mir wohl klar sei, er wolle ihr helfen, sich zu entspannen, daß aber seine Methode mir neu sei. Sie sagte, Pablito gebe Josefina Energie, indem er seine Körpermitte, wo ein Mann einen Überschuß davon habe, auf Josefinas Schoß lege, wo die Frauen ihre Energie speicherten.
Josefina setzte sich auf und lächelte mich an. Sie wirkte völlig entspannt.
»Ich treffe mich immer mit Eligio«, sagte sie. »Er erwartet mich jeden Tag.«
»Wie kommt es, daß du uns nie davon erzählt hast?« fragte Pablito in verdrießlichem Ton.
»Mir hat sie es erzählt«, warf la Gorda ein, und dann erklärte sie in aller Ausführlichkeit, was es für uns alle bedeutete, daß Eligio noch da war. Sie selbst, so sagte sie, hätte auf ein Zeichen von mir gewartet, um Eligios Worte zu entschlüsseln.

»Schleich nicht um den heißen Brei herum, Weib!« schrie Pablito. »Sag uns seine Worte!«
»Sie sind nicht für dich bestimmt!« schrie la Gorda zurück.
»Für wen sind sie denn?« fragte Pablito.
»Sie sind für den Nagual!« schrie la Gorda und zeigte auf mich.
La Gorda entschuldigte sich dafür, daß sie ihre Stimme erhoben hatte. Aber was Eligio gesagt hatte, so meinte sie, sei so komplex und geheimnisvoll, und sie könne nicht daraus schlau werden.
»Ich hab ihm einfach zugehört. Das war alles, was ich tun konnte, ihm einfach zuhören«, fuhr sie fort.
»Willst du damit sagen, daß auch du dich mit Eligio triffst?« fragte Pablito in einem Ton, in dem sich Zorn und Erwartung mischten.
»Ja, das tu ich«, erwiderte la Gorda beinah flüsternd. »Ich konnte nicht darüber sprechen, weil ich auf ihn warten mußte.«
Sie deutete auf mich, dann stieß sie mich mit beiden Händen an. Ich verlor einen Moment das Gleichgewicht und fiel auf die Seite.
»Was soll das? Was machst du da mit ihm?« fragte Pablito mit ganz zorniger Stimme. »War das eine indianische Liebeserklärung?«
Ich wandte mich nach la Gorda um. Sie machte mit den Lippen ein Zeichen und bedeutete mir zu schweigen.
»Eligio sagt, daß du der Nagual bist, aber du bist es nicht für uns«, sagte Josefina zu mir.
Es herrschte Totenstille im Raum. Ich wußte nicht, was ich mit Josefinas Worten anfangen sollte. Ich mußte warten, bis einer der anderen sprach.
»Fühlst du dich nun erleichtert?« stichelte la Gorda gegen mich.
Ich erklärte ihnen allen, daß ich so oder so nichts damit anzufangen wisse. Sie wirkten wie Kinder, wie erschrockene Kinder. La Gorda trug die Miene eines zutiefst verlegenen Zeremonienmeisters zur Schau.
Nestor stand auf und wandte sich an la Gorda. Er sagte einen Satz auf Mazatekisch zu ihr. Es klang wie ein Befehl oder wie ein Tadel.

»Sag uns alles, was du weißt, Gorda«, fuhr er dann auf Spanisch fort. »Du hast kein Recht, mit uns ein Spielchen zu treiben und etwas so Wichtiges für dich zu behalten.«

La Gorda protestierte vehement. Sie erklärte, daß sie nur deshalb für sich behielt, was sie wußte, weil Eligio sie darum gebeten hatte. Josefina pflichtete ihr mit einem Kopfnicken bei.

»Hat er das alles zu dir oder zu Josefina gesagt?« fragte Pablito.

»Wir waren zusammen«, sagte la Gorda mit kaum vernehmlicher Flüsterstimme.

»Du meinst also, du und Josefina, ihr *träumt zusammen*?« rief Pablito atemlos.

Die Überraschung, die in seiner Stimme lag, entsprach der Schockwelle, die über die anderen hinwegging.

»Was hat Eligio genau zu euch beiden gesagt?« fragte Nestor, nachdem das Staunen nachgelassen hatte.

»Er sagte, ich soll versuchen dem Nagual zu helfen, sich an seine linke Seite zu erinnern«, sagte la Gorda.

»Weißt du, wovon sie redet?« fragte mich Nestor.

Es war ganz ausgeschlossen, daß ich es hätte wissen sollen. Ich sagte ihnen, sie müßten die Antworten schon bei sich selber suchen. Aber keiner von ihnen machte irgendwelche Vorschläge.

»Er hat Josefina auch noch andere Dinge gesagt, an die sie sich ebenfalls nicht mehr erinnern kann«, sagte la Gorda. »Wir sind also wirklich in einer Bredouille. Eligio sagte, daß du eindeutig der Nagual bist und uns helfen mußt, aber du bist es nicht für uns. Nur wenn du dich an deine linke Seite erinnerst, kannst du uns dorthin führen, wohin wir gehen müssen.«

Nestor sprach väterlich auf Josefina ein und forderte sie auf, sich zu erinnern, was Eligio zu ihr gesagt hatte, aber mich bedrängte er nicht weiter, mich an irgend etwas zu erinnern, was in irgendeinem Code verschlüsselt sein mochte, denn keiner von uns konnte sich einen Vers darauf machen.

Josefina seufzte und runzelte die Stirn, als lastete eine schwere Bürde auf ihr, die sie niederdrückte. Tatsächlich sah sie wie eine zusammengepreßte Stoffpuppe aus. Ich beobachtete sie echt fasziniert.

»Ich kann nicht«, sagte sie schließlich. »Ich weiß, worüber er redet, wenn er mit mir spricht, aber ich kann jetzt nicht sagen, was es ist. Es will nicht heraus.«

»Erinnerst du dich an irgendwelche Wörter?« fragte Nestor. »Irgendwelche einzelnen Wörter?«

Sie streckte die Zunge heraus, wackelte mit dem Kopf hin und her und brüllte.

»Nein, ich kann nicht«, sagte sie nach einer Weile.

»Welche Art des Träumens praktizierst du, Josefina?« fragte ich.

»Die einzige Art, die ich kenne«, fauchte sie zurück.

»Ich habe euch erzählt, wie ich selbst es mache«, sagte ich. »Erzähle mir jetzt, wie du es praktizierst.«

»Ich schließe die Augen und sehe diese Mauer«, sagte sie. »Es ist wie eine Nebelmauer. Dort erwartet Eligio mich. Er führt mich durch sie hindurch und zeigt mir Dinge, glaube ich. Ich weiß nicht, was wir tun, aber wir tun irgendwelche Dinge zusammen. Dann bringt er mich zurück zu der Mauer und läßt mich gehen. Und ich komme zurück und vergesse, was ich gesehen habe.«

»Wie kam es, daß du mit la Gorda zusammen gingst?« fragte ich.

»Eligio sagte mir, ich soll sie holen«, sagte sie. »Wir beide warteten auf la Gorda, und als sie in ihr *Träumen* ging, packten wir sie und zerrten sie hinter diese Mauer. Das haben wir zweimal gemacht.«

»Wie packtet ihr sie?« fragte ich.

»Ich weiß nicht!« antwortete Josefina. »Aber ich will auf dich warten, und wenn du dein *Träumen* übst, werde ich dich packen, und dann wirst du es wissen.«

»Kannst du einfach jeden packen?« fragte ich.

»Sicher«, sagte sie lächelnd. »Aber ich tu es nicht, weil es Vergeudung ist. La Gorda packte ich, weil Eligio mir sagte, daß er ihr etwas sagen wollte, weil sie klarer im Kopf ist als ich.«

»Dann muß Eligio dir die gleichen Dinge gesagt haben, Gorda«, sagte Nestor mit einer Entschiedenheit, die ich noch gar nicht bei ihm kannte.

La Gorda machte eine ungewöhnliche Gebärde, wobei sie den Kopf senkte, den Mund seitlich verzog, die Schultern zuckte und die Arme über den Kopf hob.

»Josefina hat dir gerade gesagt, was geschah«, sagte sie. »Es ist mir ganz unmöglich, mich zu erinnern. Eligio spricht mit einem anderen Tempo. Er spricht, aber mein Körper kann ihn nicht verstehen. Nein. Nein. Mein Körper kann sich nicht erinnern. So ist es. Ich weiß, er sagte, daß dieser Nagual hier sich erinnern und uns dahin führen wird, wohin wir gehen müssen. Mehr konnte er mir nicht sagen, denn es gab so viel zu sagen, und es war so wenig Zeit. Er sagte, daß irgend jemand, aber ich weiß nicht mehr wer, ganz besonders auf mich wartet.«

»Ist das alles, was er sagte?« fragte Nestor eindringlich.

»Als ich ihn das zweite Mal sah, sagte er, daß wir alle uns früher oder später an unsere linke Seite erinnern müssen, wenn wir dorthin gehen wollen, wohin wir gehen müssen. Aber dieser hier ist der erste, der sich erinnern muß.«

Sie zeigte auf mich und stieß mich wieder an, wie sie es vorhin getan hatte. Die Wucht ihres Stoßes ließ mich wie einen Ball über den Boden kollern.

»Warum machst du das, Gorda?« fragte ich ein wenig verärgert über sie.

»Ich will dir helfen, dich zu erinnern«, sagte sie. »Der Nagual sagte mir, ich soll dir von Zeit zu Zeit einen Stoß geben, um dich aufzuschrecken.«

La Gorda umarmte mich mit einer ganz spontanen Bewegung.

»Hilf uns, Nagual«, flehte sie. »Wenn du's nicht tust, steht es schlimmer um uns, als wenn wir tot wären.«

Ich war den Tränen nahe. Nicht wegen dem Dilemma der anderen, sondern weil ich spürte, wie irgend etwas sich in mir regte. Es war etwas, das schon die ganze Zeit, seit unserem Besuch in jener Stadt, an die Oberfläche drängte.

La Gordas Flehen war herzerweichend. Dann hatte ich wieder einen Anfall von, wie es schien, Hyperventilation. Ich war in kalten Schweiß gebadet, und dann wurde mir übel. La Gorda nahm sich meiner mit großer Sanftheit an.

Getreu ihrer Gepflogenheit, eine Weile zu warten, bis sie eine Entdeckung mitteilte, weigerte sich la Gorda, über unser »Zusammen-Sehen« in Oaxaca zu sprachen. Tagelang schien sie geistesabwesend und absichtlich desinteressiert. Sie wollte nicht einmal über die Übelkeit sprechen, die mich befallen hatte. Auch die anderen Frauen nicht. Don Juan hatte stets die Notwendigkeit betont, auf den geeigneten Augenblick zu warten, um etwas loszulassen, das wir sonst festhalten. Ich verstand den Mechanismus von La Gordas Verhalten, obwohl ich ihr beharrliches Warten eher langweilig und nicht im Einklang mit unseren Bedürfnissen fand. Ich konnte nicht allzu lange bei ihnen bleiben. Ich verlangte, wir sollten uns alle zusammensetzen und einander alles sagen, was wir wußten. Sie blieb unerbittlich.

»Wir müssen warten«, sagte sie. »Wir müssen unserem Körper eine Chance geben, selbst eine Lösung zu finden. Unsere Aufgabe ist das Erinnern, und zwar nicht mit unseren Gedanken, sondern mit unserem Körper. Jeder von uns versteht es so.«

Sie sah mich fragend an. Sie schien auf ein Zeichen zu warten, dem sie entnehmen konnte, daß auch ich diese Aufgabe verstanden hatte. Ich mußte zugeben, daß ich gründlich verwirrt war, da ich der Außenstehende war. Ich war allein, während sie sich gegenseitig bestätigen konnten.

»Dies ist das Schweigen der Krieger«, sagte sie lachend und fügte dann in versöhnlicherem Ton hinzu: »Dieses Schweigen bedeutet nicht, daß wir nicht über irgend etwas anderes sprechen könnten.«

»Vielleicht sollten wir unser altes Gespräch über das Verlieren der menschlichen Form fortsetzen«, schlug ich vor.

In ihren Augen zeigte sich Verärgerung. Ich erklärte ihr ausführlich, daß ich, besonders wenn ich es mit mir fremden Ideen zu tun hatte, mir immer ihre Bedeutung klarzumachen suchte.

»Was willst du denn nun genau wissen?« fragte sie.

»Alles, was du mir sagen willst«, sagte ich.

»Der Nagual erzählte mir, daß das Verlieren der menschlichen Form zur Freiheit führt. Ich glaube es. Aber ich habe diese Freiheit nicht empfunden. Noch nicht.«

Eine Weile herrschte Schweigen. Offenbar suchte sie meine Reaktion abzuschätzen.

»Was für eine Freiheit ist das, Gorda?« fragte ich.

»Die Freiheit, dein Selbst zu erinnern«, sagte sie. »Der Nagual sagte, das Verlieren der menschlichen Form ist wie eine Spirale. Es gibt dir die Freiheit, dich zu erinnern, und dies wiederum macht dich noch freier.«

»Warum hast du diese Freiheit noch nicht verspürt?« fragte ich.
Sie schnalzte mit der Zunge und zuckte die Schultern. Sie schien verwirrt oder nicht gewillt, unser Gespräch fortzusetzen.
»Ich bin an dich gefesselt«, sagte sie. »Solange du nicht deine menschliche Form verloren hast und dich erinnerst, werde ich nicht erfahren, was diese Freiheit ist. Aber vielleicht wirst du deine menschliche Form nicht verlieren können, solange du dich nicht zuerst erinnerst. Wir sollten sowieso nicht über all das reden. Warum gehst du nicht zu den Genaros und redest mit ihnen?«
Sie hörte sich an wie eine Mutter, die ihr Kind zum Spielen hinausschickt. Ich verargte es ihr nicht im mindesten. Bei anderen hätte ich eine solche Haltung leicht als Arroganz oder Geringschätzung aufgefaßt. Ich war gern mit ihr zusammen, das war der Unterschied.
Ich traf Pablito, Nestor und Benigno in Genaros Haus an, als sie gerade ein merkwürdiges Spiel spielten. Pablito hing etwa vier Fuß über dem Boden an einem, wie mir schien, dunklen Ledergeschirr, das unter seinen Achseln um seine Brust geschnallt war. Das Geschirr sah aus wie ein festes Lederwams. Als ich meine Aufmerksamkeit darauf konzentrierte, bemerkte ich, daß Pablito eigentlich in irgendwelchen festen Gurtschlingen stand, die wie Steigbügel von dem Geschirr herabhingen. Er schwebte in der Mitte des Raumes an zwei Seilen, die um einen dicken runden Querbalken liefen, auf dem das Dach ruhte. Jedes der beiden Seile war über Pablitos Schultern mit einem Eisenring an dem Geschirr selbst befestigt. Nestor und Benigno hielten jeder ein Seilende in der Hand. Sie standen einander gegenüber und hielten Pablito durch ihren Zug am Seil in der Luft. Pablito klammerte sich mit aller Kraft an zwei lange dünne, in den Boden verankerte Stangen, die er bequem mit den Händen umspannen konnte. Nestor stand links von Pablito und Benigno rechts von ihm. Das Spiel kam mir wie ein dreiseitiges Tauziehen vor, ein wilder Kampf zwischen denen, die an den Tauen zogen, und dem einen, der in der Luft schwebte.
Als ich ins Zimmer trat, hörte ich nichts anderes als das schwere Atmen von Nestor und Benigno. Die Muskeln an ihren Armen und Hälsen sprangen von der Anstrengung des Ziehens hervor.

Pablito behielt die beiden scharf im Auge, wobei er abwechselnd den einen oder den anderen einen Sekundenbruchteil lang anschaute. Alle waren sie so sehr in ihr Spiel vertieft, daß sie meine Anwesenheit gar nicht bemerkten, oder falls sie es doch taten, konnten sie es sich nicht leisten, ihre Konzentration zu unterbrechen, um mich zu begrüßen.

Nestor und Benigno starrten einander fünf bis zehn Minuten in völligem Schweigen an. Dann tat Nestor so, als wolle er sein Seil loslassen. Benigno fiel nicht darauf herein, wohl aber Pablito. Er packte mit der linken Hand fester zu und stemmte seine Füße gegen die Stangen, um sich mit aller Kraft festhalten zu können. Benigno nutzte den Augenblick und hängte sich mächtig ins Seil, gerade als Pablito seinen Griff lockerte.

Benignos Zug am Seil kam für Nestor und Pablito ganz überraschend. Benigno hängte sich mit seinem ganzen Gewicht ans Seil. Nestor war ausmanövriert. Pablito kämpfte verzweifelt, um sich im Gleichgewicht zu halten. Es war vergeblich. Benigno hatte die Runde gewonnen.

Pablito stieg aus dem Geschirr und kam auf mich zu. Ich befragte ihn über dieses ungewöhnliche Spiel. Irgendwie schien er nicht gewillt zu sprechen. Nestor und Benigno gesellten sich zu uns, nachdem sie das Gerät beiseite geschafft hatten. Nestor sagte, daß Pablito sich dieses Spiel ausgedacht hätte; er hatte das Prinzip beim »Träumen« gefunden und es dann als Spiel konstruiert. Anfangs war es ein Gerät, bei dem es darum ging, daß zwei von ihnen gleichzeitig ihre Muskeln anspannten. Abwechselnd ließen sie sich am Seil hochhieven. Dann aber zeigte Benignos »Träumen« ihnen die Möglichkeit eines neuen Spiels, bei dem alle drei ihre Muskeln anspannen mußten, und sie schärften ihre visuelle Reaktionsfähigkeit, indem sie manchmal stundenlang in einem Zustand der Wachsamkeit verharrten.

»Benigno meint, daß es unserem Körper hilft, sich zu erinnern«, fuhr Nestor fort. »La Gorda zum Beispiel spielt ganz unheimlich. Sie gewinnt jedesmal, ganz gleich welchen Platz sie einnimmt. Benigno glaubt, es kommt daher, weil ihr Körper sich erinnert.«

Ich fragte sie, ob sie ebenfalls ein Schweige-Tabu hätten. Sie lachten, Pablito sagte, la Gorda habe nur den einen Wunsch, dem Nagual Juan Matus ähnlich zu werden. Sie ahme ihn vorsätzlich nach, bis in die absurdesten Einzelheiten.

»Du meinst also, wir können über alles sprechen, was gestern abend geschah?« fragte ich – beinahe verblüfft, nachdem la Gorda gerade dies so nachdrücklich zu verhindern versucht hatte.
»Uns ist's egal«, sagte Pablito. »Du bist der Nagual!«
»Benigno hier erinnert sich an etwas wirklich, wirklich Unheimliches«, sagte Nestor, ohne mich anzusehen.
»Mir selbst kommt es wie ein vermischter Traum vor«, sagte Benigno. »Aber Nestor meint, das war's nicht.«
Ich wartete ungeduldig. Mit einer Kopfbewegung drängte ich sie, weiterzuerzählen.
»Damals erinnerte er sich, wie du ihn lehrtest, in der weichen Erde nach Spuren zu suchen«, sagte Nestor.
»Das mußt du geträumt haben«, sagte ich.
Ich wollte über diese absurde Vorstellung lachen, aber alle drei sahen mich mit flehenden Blicken an.
»Es ist absurd«, sagte ich.
»Wie auch immer, vielleicht sollte ich dir jetzt erzählen, daß ich eine ganz ähnliche Erinnerung habe«, sagte Nestor. »Du nahmst mich zu irgendwelchen Felsen mit und zeigtest mir, wie man sich versteckt. Bei mir war es kein vermischter Traum. Ich war wach. Eines Tages ging ich mit Benigno spazieren, wir suchten Kräuter, und auf einmal erinnerte ich mich an das, was du mich gelehrt hattest. Also versteckte ich mich, wie du es mir gezeigt hattest, und jagte Benigno damit einen furchtbaren Schrecken ein.«
»Ich dich gelehrt! Wie könnte das sein? Wann?« fragte ich.
Ich fing an nervös zu werden. Sie schienen keineswegs zu scherzen.
»Wann? Das ist's ja gerade«, sagte Nestor. »Wir können nicht herausfinden, wann es war. Aber Benigno und ich wissen, daß du es warst.«
Ich fühlte mich bedrückt. Das Atmen fiel mir schwer. Ich fürchtete, daß mir schon wieder schlecht würde. Da beschloß ich, ihnen jetzt und hier zu erzählen, was la Gorda und ich »zusammen gesehen« hatten. Das Sprechen über diese Dinge entspannte mich. Am Ende meines Berichts hatte ich mich wieder unter Kontrolle.
»Der Nagual Juan Matus hat uns ein wenig offen gelassen«, sagte Nestor. »Wir alle können ein wenig *sehen*. Wir sehen Löcher bei

Menschen, die Kinder hatten, und manchmal auch einen schwachen Glanz an den Menschen. Nachdem du nun gar nicht *sehen* kannst, scheint es so, als hätte der Nagual dich völlig geschlossen gelassen, so daß du dich selbst von innen öffnen wirst. Jetzt hast du la Gorda geholfen, und entweder *sieht* sie von innen, oder sie hängt sich nur an dich an.«

Was in Oaxaca geschehen war, so sagte ich ihnen, könnte vielleicht ein glücklicher Zufall gewesen sein.

Pablito meinte, wir sollten zu Genaros Lieblingsfelsen gehen und unsere Köpfe zusammenstecken. Die anderen beiden fanden die Idee großartig. Ich hatte keine Einwände. Obwohl wir eine ganze Weile dort saßen, geschah nichts. Aber wir waren schließlich sehr entspannt.

Während wir noch auf dem Felsen saßen, erzählte ich ihnen von den beiden Männern, die la Gorda für Don Juan und Don Genaro gehalten hatte. Sie glitten von dem Stein herab und zerrten mich buchstäblich zu la Gordas Haus. Nestor war am stärksten erregt. Er benahm sich beinahe widersinnig. Ich konnte lediglich aus ihnen herausbringen, daß sie auf ein Zeichen dieser Art gewartet hatten.

La Gorda erwartete uns vor der Tür. Sie wußte, daß ich es ihnen erzählt hatte.

»Ich wollte nur meinem Körper Zeit lassen«, sagte sie, noch bevor jemand etwas sagte. »Ich muß mir todsicher sein, und das bin ich jetzt. Es waren der Nagual und Genaro.«

»Was ist in diesen Schuppen?« fragte Nestor. »Sie sind nicht hineingegangen«, sagte la Gorda. »Sie gingen aufs offene Feld hinaus, nach Osten. In Richtung dieser Stadt.«

Sie schien eher geneigt, die anderen zu beschwichtigen. Sie bat sie zu bleiben, aber sie wollten nicht. Sie entschuldigten sich und gingen. Ich war mir sicher, daß sie sich in la Gordas Anwesenheit unsicher fühlten. Sie war sehr zornig, wie mir schien. Ich dagegen genoß ihre Gefühlsausbrüche, und dies stand ganz im Gegensatz zu meinem sonstigen Verhalten. In Gegenwart eines Menschen, der aus der Fassung geriet, hatte ich mich immer befangen gefühlt – und la Gorda war die rätselhafte Ausnahme.

In den frühen Abendstunden kamen wir alle in la Gordas Zimmer zusammen. Alle wirkten irgendwie besorgt. Sie saßen schweigend da und starrten auf den Boden. La Gorda versuchte ein Gespräch anzufangen. Sie sagte, sie sei in der Zwischenzeit nicht müßig gewesen, sie hätte zwei und zwei zusammengezählt und eine Lösung gefunden.

»Dies ist eine Sache, bei der es nicht darum geht, zwei und zwei zusammenzuzählen«, sagte Nestor. »Dies ist eine Aufgabe, bei der es darum geht, sich mit dem Körper zu erinnern.«

Nach dem zustimmenden Kopfnicken zu urteilen, das Nestor von den anderen erntete, schien es mir, als hätten sie sich untereinander darüber verständigt. Also waren la Gorda und ich die Außenstehenden.

»Auch Lydia erinnert sich an etwas«, fuhr Nestor fort. »Sie dachte zuerst, es sei wieder eine ihrer Dummheiten, aber als sie hörte, woran ich mich erinnerte, erzählte sie uns, daß dieser Nagual hier sie zu einem Heiler schleppte und sie bei diesem zurückließ, damit er ihre Augen gesund machte.«

La Gorda und ich drehten uns zu Lydia um. Sie senkte den Kopf, als ob sie verlegen wäre. Sie murmelte. Die Erinnerung schien ihr zu peinlich. Als Don Juan sie fand, so erzählte sie, seien ihre Augen entzündet gewesen und sie habe nicht sehen können. Irgend jemand habe sie in einem Auto über große Entfernung zu dem Heiler gefahren, der sie dann heilte. Sie war immer überzeugt gewesen, daß Don Juan es getan hätte, aber als sie meine Stimme hörte, da habe sie erkannt, daß ich es gewesen sei, der sie dorthin brachte. Das Widersinnige einer solchen Erinnerung habe ihr vom ersten Tage an, als sie mich sah, Qualen bereitet.

»Meine Ohren belügen mich nicht«, fügte Lydia nach längerem Schweigen hinzu. »Du warst es, der mich hinbrachte.«

»Unmöglich! Unmöglich!« brüllte ich.

Mein Körper begann unkontrollierbar zu zittern. Ich hatte ein Gefühl von Gespaltenheit. Vielleicht war es so, daß das, was ich mein rationales Selbst zu nennen gewohnt bin, meine übrige Person nicht mehr zu kontrollieren vermochte und den Platz eines Zuschauers einnahm. Ein Teil von mir beobachtete, wie ein anderer Teil von mir zitterte.

4. Die Grenzen der Liebe überschreiten

»Was geht mit uns vor, Gorda?« fragte ich, nachdem die anderen nach Hause gegangen waren.

»Unsere Körper erinnern sich, aber ich kann einfach nicht herausfinden, was es ist«, sagte sie.

»Glaubst du denn an die Erinnerungen von Lydia, Nestor und Benigno?«

»Sicher. Sie sind sehr ernsthafte Menschen. Sie sagen solche Dinge nicht so zum Spaß.«

»Aber was sie sagen, ist doch unmöglich. Du glaubst mir doch, oder, Gorda?«

»Ich glaube dir, daß du dich nicht erinnerst, aber andererseits . . .«

Sie beendete ihren Satz nicht. Sie kam an meine Seite und fing an mir ins Ohr zu flüstern. Sie sagte, es gebe da etwas, das sie für sich zu behalten dem Nagual Juan Matus versprochen habe, bis der rechte Zeitpunkt gekommen wäre; ein Trumpf, den sie nur ausspielen dürfe, wenn es sonst keinen Ausweg mehr gäbe. Dramatisch flüsternd fügte sie an, der Nagual habe ihre neue Ordnung des Zusammenlebens vorausgesehen, die sich daraus ergeben habe, daß ich Josefina nach Tula brachte, damit sie mit Pablito zusammenlebe. Es gäbe wohl eine geringe Chance, sagte sie, daß wir es als Gruppe schafften, wenn wir die natürliche Ordnung dieser Organisationsform einhielten. La Gorda erklärte, daß wir, da wir nun zu Paaren aufgeteilt waren, einen lebenden Organismus bildeten. Wir waren eine Schlange, eine Klapperschlange. Die Schlange hatte vier Abschnitte und war der Länge nach in zwei Hälften, eine männliche und eine weibliche, geteilt. Sie selbst und ich, erklärte sie, bildeten den ersten Abschnitt der Schlange, den Kopf. Es sei ein kühler, berechnender, giftiger Kopf. Der zweite Abschnitt, den Nestor und Lydia bildeten, war das feste und aufrechte Herz der Schlange. Der dritte war der Bauch, ein unbeständiger, launischer, wenig vertrauenswürdiger Bauch, bestehend aus Pablito und Josefina. Und den vierten Abschnitt, den Schwanz, wo die Klapper saß, bildeten jene beiden, die im wirklichen Leben endlos und stundenlang in seiner Tzotzilsprache drauflosklappern konnten, nämlich Benigno und Rosa.

La Gorda richtete sich aus der gebückten Haltung auf, in der sie mir ins Ohr geflüstert hatte. Sie lächelte mir zu und klopfte mir den Rücken.

»Ein Wort sagte Eligio, das mir endlich wieder eingefallen ist«, fuhr sie fort. »Josefina stimmt mit mir überein, daß er das Wort Fährte immer wieder und wieder sagte. Wir werden auf eine Fährte gehen!«

Ohne mir Gelegenheit zu lassen, ihr weitere Fragen zu stellen, meinte sie, daß sie nun eine Weile schlafen und danach die anderen zusammenrufen werde, um einen Ausflug zu machen.

Kurz vor Mitternacht brachen wir auf, und wir wanderten im hellen Mondschein. Anfangs hatten sie alle gezögert mitzugehen, aber la Gorda hatte ihnen recht geschickt das angeblich von Don Juan stammende Bild der Schlange skizziert. Bevor wir aufbrachen, machte Lydia den Vorschlag, wir sollten etwas Proviant mitnehmen, für den Fall, daß es ein langer Ausflug werden würde. La Gorda verwarf den Vorschlag mit der Begründung, daß wir ja keine Ahnung von der Art dieses Ausflugs hätten. Einmal, so sagte sie, habe der Nagual Juan Matus sie an den Anfang eines Pfades geführt und ihr gesagt, daß wir, wenn die rechte Gelegenheit gekommen wäre, uns an diesen Ort begeben und der Kraft der Fährte erlauben sollten, sich uns zu offenbaren. Dieser Pfad, so sagte la Gorda, sei nun nicht mehr ein gewöhnlicher Trampelpfad, sondern eine natürliche Linie auf der Erde, die, wie der Nagual gesagt habe, uns Kraft und Wissen schenken würde, wenn es uns gelänge, ihr zu folgen und mit ihr eins zu werden.

Wir wanderten unter zweifacher Führung. La Gorda gab das Tempo an, und Nestor kannte tatsächlich das Gelände. Sie führte uns zu einem Platz in den Bergen. Dann übernahm Nestor die Führung und machte tatsächlich einen Pfad ausfindig. Unsere Marschordnung war klar; der Kopf übernahm die Führung, die

anderen reihten sich nach dem anatomischen Modell der Schlange auf: Herz, Bauch und Schwanz. Die Männer gingen rechts von den Frauen. Jedes Paar ging fünf Fuß hinter dem anderen.
Wir marschierten so rasch und so leise wir konnten. Eine Weile hörten wir Hunde bellen. Als wir höher in die Berge hinaufgelangten, war nur noch das Zirpen der Grillen zu hören. So gingen wir lange dahin. Auf einmal blieb la Gorda stehen und packte mich am Arm. Sie deutete nach vorn. Zwanzig bis dreißig Meter entfernt, mitten auf dem Pfad, stand die massige Silhouette eines riesigen Mannes, über zwei Meter groß. Er verstellte uns den Weg. Wir drängten uns zu einer festen Gruppe zusammen. Unsere Augen waren an die dunkle Gestalt fixiert. Er bewegte sich nicht. Nach einiger Zeit tat Nestor ein paar Schritte in seine Richtung. Erst jetzt bewegte er sich. Er kam uns entgegen. Soviel ich sah, war er ein riesiger Mann, aber er bewegte sich schwächlich.
Nestor kam zurückgerannt. Im gleichen Moment, als er unsere Gruppe erreichte, blieb der Mann stehen. La Gorda tat kühn einen Schritt auf ihn zu, und der Mann tat einen Schritt zu uns her. Es war klar, daß wir, wenn wir weiter vorangingen, mit dem Riesen zusammenprallen würden. Wir waren ihm nicht gewachsen, was immer er sein mochte. Ohne weiter herausfinden zu wollen, ob es sich tatsächlich so verhielt, ergriff ich die Initiative und zog die anderen zurück. Rasch geleitete ich sie von diesem Ort weg.
In völligem Schweigen wanderten wir zu la Gordas Haus zurück. Wir brauchten Stunden für den Weg. Wir waren völlig erschöpft. Als wir in la Gordas Zimmer endlich in Sicherheit waren, sprach sie:
»Wir sind zum Tod verurteilt«, sagte sie. »Du wolltest ja nicht, daß wir weitergingen. Das Ding, das wir auf der Fährte sahen, war einer deiner Verbündeten, nicht wahr? Sie kommen aus ihrem Versteck, wenn du sie hervorlockst.«
Ich ließ ihre Bemerkung unbeantwortet. Es war sinnlos, Einwände zu machen. Ich dachte an die unzähligen Male, als ich glaubte, daß Don Juan und Don Genaro sich untereinander abgesprochen hätten. Während Don Juan mit mir in der Dunkelheit sprach, so meinte ich damals, zog Don Genaro sich irgendein Kostüm an, um mich zu erschrecken, und dann behauptete Don Juan, es sei

ein Verbündeter gewesen. Die Vorstellung, daß es Verbündete oder überhaupt Wesen geben sollte, die sich unserer alltäglichen Aufmerksamkeit entziehen, erschien mir gar zu weit hergeholt. Dann aber hatte ich erleben müssen, daß die Verbündeten, wie Don Juan sie schilderte, tatsächlich existierten; es gab, wie er gesagt hatte, ganz allgemein solche Wesenheiten auf der Welt.

In einem Anfall von autoritärem Verhalten, wie es mich im Alltag selten ankommt, stand ich auf und teilte la Gorda und den anderen mit, ich hätte ihnen einen Vorschlag zu machen und würde es ihnen selbst überlassen, ob sie ihn annehmen wollten oder nicht. Falls sie bereit wären, von hier fortzugehen, wäre ich bereit, die Verantwortung zu übernehmen und sie an einen anderen Ort zu führen. Falls sie nicht bereit wären, fühlte ich mich von jeder weiteren Verpflichtung ihnen gegenüber befreit.

Ich schwebte auf einer Flut von Optimismus und Sicherheit. Keiner sagte etwas. Sie sahen mich schweigend an, als ob sie bei sich über meine Worte nachdächten.

»Wie lange würdet ihr brauchen, um eure Sachen zu holen?« fragte ich.

»Wir haben keine Sachen«, sagte la Gorda. »Wir gehen so, wie wir sind. Und wir können sofort, in diesem Augenblick gehen, wenn es nötig sein sollte. Aber wenn wir noch drei Tage warten könnten, dann wäre alles besser für uns.«

»Was ist mit den Häusern, die ihr habt?« fragte ich.

»Soledad wird sich darum kümmern«, sagte sie.

Dies war das erste Mal, daß Dona Soledads Name fiel, seit ich sie zum letztenmal gesehen hatte. Ich war so perplex, daß ich für eine Weile das Drama des Augenblicks vergaß. Ich setzte mich hin. La Gorda zögerte, meine Fragen nach Dona Soledad zu beantworten. Nestor mischte sich ein und sagte, daß Soledad irgendwo in der Nähe sei, daß aber keiner von ihnen Näheres über sie wisse. Sie käme und ginge ohne Ankündigung, und es bestünde lediglich eine Vereinbarung zwischen ihnen und ihr, daß sie sich um ihr Haus kümmern, und umgekehrt. Soledad wisse, daß sie früher oder später fortgehen müßten, und sei gern bereit, die Verantwortung zu übernehmen und ihre Habe zu ordnen.

»Wie wollt ihr sie denn benachrichtigen?« fragte ich.

»Dafür ist la Gorda zuständig«, sagte Nestor. »Wir wissen nicht, wo sie ist.«

»Wo ist Dona Soledad, Gorda?« fragte ich.

»Wie, zum Teufel, soll ich das wissen?« fauchte la Gorda mich an.

»Aber du bist es doch, die sie immer holt«, sagte Nestor.

La Gorda sah mich an. Es war ein beiläufiger Blick, und doch ließ er mich schaudern. Ich kannte diesen Blick, aber woher? Die Tiefen meines Körpers regten sich, mein Solarplexus hatte eine Festigkeit, wie ich sie nie empfunden hatte. Mein Zwerchfell schien sich ganz von selbst zu heben. Ich überlegte, ob ich mich vielleicht hinlegen sollte, als ich plötzlich feststellte, daß ich aufgestanden war.

»La Gorda weiß es nicht«, sagte ich. »Nur ich weiß, wo sie ist.«

Alle waren schockiert; ich selbst wahrscheinlich noch heftiger als alle anderen. Ich hatte diesen Satz ohne jeden vernünftigen Grund gesprochen. Und doch war ich in dem Augenblick, als ich ihn aussprach, vollkommen davon überzeugt, daß ich wußte, wo sie war. Es war wie ein Blitz, der durch mein Bewußtsein zuckte. Ich sah eine bergige Gegend mit stark zerklüfteten kahlen Gipfeln; ein wüstes Gelände, einsam und kalt. Unmittelbar nachdem ich gesprochen hatte, war mein nächster bewußter Gedanke, daß ich diese Szenerie wohl irgendwann in einem Film gesehen haben mußte und daß der Druck des Zusammenseins mit diesen Leuten mich in einen Nervenzusammenbruch trieb.

Ich entschuldigte mich dafür, daß ich sie so frech, wenn auch ohne Absicht, hinters Licht geführt hatte. Ich setzte mich wieder.

»Du meinst also, du weißt nicht, warum du das sagtest?« fragte mich Nestor.

Er hatte seine Worte bedächtig gewählt. Das Natürlichste wäre gewesen, so jedenfalls schien es mir, wenn er gesagt hätte: »Du weißt also wirklich nicht, wo sie ist?« Also erzählte ich ihnen, daß irgend etwas Unbekanntes über mich gekommen sei. Ich schilderte ihnen die Szenerie, die ich gesehen hatte, und drückte meine Gewißheit aus, daß Dona Soledad sich dort aufhalten müsse.

»So etwas passiert uns recht oft«, sagte Nestor.

Ich drehte mich nach la Gorda um, und sie nickte mit dem Kopf. Ich bat um eine Erklärung.

»Diese verrückten, vermischten Sachen kommen uns immer wieder in den Sinn«, sagte la Gorda. »Frag doch Lydia, Rosa oder Josefina.«

Seit die neue Ordnung des Zusammenlebens begann, hatten Lydia, Rosa und Josefina nicht viel mit mir gesprochen. Sie begnügten sich mit Grußworten und beiläufigen Bemerkungen über das Essen oder das Wetter.

Lydia wich meinem Blick aus. Sie murmelte, sie habe manchmal das Gefühl, sich an andere Dinge zu erinnern.

»Manchmal kann ich dich wirklich hassen«, sagte sie zu mir. »Ich glaube, du tust nur so, als seist du dumm. Dann wieder erinnere ich mich, daß du wegen uns sehr krank warst. Warst du es?«

»Natürlich war er es«, sagte Rosa. »Auch ich erinnere mich an solche Dinge. Ich erinnere mich an eine Dame, die freundlich zu mir war. Sie brachte mir bei, mich sauberzuhalten, und dieser Nagual hier schnitt mir zum erstenmal die Haare, während die Dame mich festhielt, weil ich verängstigt war. Diese Dame hatte mich gern. Sie umarmte mich immer. Sie war sehr groß. Ich erinnere mich daran, wie mein Gesicht an ihrer Brust lag, wenn sie mich umarmte. Sie war der einzige Mensch, der sich jemals um mich gekümmert hat. Ich wäre für sie in den Tod gegangen.«

»Wer war diese Dame, Rosa?« fragte la Gorda atemlos.

Rosa deutete mit dem Kinn auf mich – eine Geste voller Ablehnung und Verachtung.

»Er weiß es«, sagte sie.

Alle starrten sie mich an und warteten auf eine Antwort. Ich wurde wütend und schrie Rosa an, es stünde ihr nicht zu, Dinge daherzureden, die eigentlich Anschuldigungen seien. Denn ich hatte sie in keiner Weise angelogen.

Rosa ließ sich durch meinen Gefühlsausbruch nicht beirren. Ruhig erklärte sie, sie erinnere sich daran, wie die Dame ihr sagte, ich würde eines Tages wiederkommen, nachdem ich mich von meiner Krankheit erholt hätte. Dies hatte Rosa so aufgefaßt, als ob diese Dame sich um mich kümmerte, als ob sie mich gesundpflegte, und ob ich daher wissen müsse, wer sie sei; denn anscheinend war ich ja wieder gesund geworden.

»Was für eine Krankheit soll ich denn gehabt haben, Rosa?« fragte ich.

»Du wurdest krank, weil du deine Welt nicht festhalten konntest«, sagte sie mit unbedingter Überzeugung. »Irgend jemand sagte mir, ich glaube, es war vor langer Zeit, daß du nicht für uns geschaffen seist, genau wie Eligio es beim *Träumen* zu la Gorda gesagt hat. Deswegen hast du uns verlassen, und Lydia hat dir nie verziehen. Sie wird dich hassen, noch über diese Welt hinaus.«

Lydia protestierte und meinte, daß ihre Gefühle gar nichts mit dem zu tun hätten, was Rosa sagte. Sie sei lediglich aufbrausend und gerate leicht in Zorn über meine Dummheiten.

Ich fragte Josefina, ob auch sie sich an mich erinnern könne.

»Sicher tu ich das«, sagte sie grinsend. »Aber du kennst mich ja, ich bin verrückt. Auf mich könnt ihr nicht zählen. Ich bin nicht zuverlässig.«

La Gorda bestand darauf zu hören, woran Josefina sich erinnerte. Josefina war entschlossen, nichts zu sagen, und so stritten sie eine Weile hin und her; schließlich sprach Josefina zu mir.

»Was soll dieses ganze Gerede über das Erinnern? Es ist bloß Gerede«, sagte sie. »Und es ist keinen Pfifferling wert.«

Damit hatte Josefina wohl einen Punkt gegen uns gewonnen. Die anderen standen auf und wollten gehen, nachdem sie noch eine Weile in höflichem Schweigen dagesessen hatten.

»Ich erinnere mich, daß du mir schöne Kleider gekauft hast«, sagte Josefina plötzlich zu mir. »Erinnerst du dich nicht mehr, wie ich in dem einen Kaufhaus die Treppe hinunterfiel? Ich brach mir beinahe das Bein, und du mußtest mich hinaustragen.«

Alle setzten sich wieder und starrten Josefina unverwandt an.

»Ich erinnere mich auch an eine verrückte Frau«, fuhr sie fort. »Sie wollte mich schlagen, sie hetzte mich durch die Gegend, bis du wütend wurdest und sie daran hindertest.«

Ich war empört. Alle schienen sie sich an Josefinas Worte zu klammern, während sie uns vorhin selbst gesagt hatte, wir dürften ihr nicht vertrauen, weil sie verrückt sei. Sie hatte recht. Ihre Erinnerung schien mir eine schiere geistige Verwirrung.

»Ich weiß auch, warum du krank wurdest«, fuhr sie fort. »Ich war dabei. Aber ich kann mich nicht erinnern, wo es war. Sie brachten dich hinter diese Nebelwand, um die närrische Gorda zu suchen.

Ich nehme an, sie hatte sich verirrt. Und du fandest den Rückweg nicht. Als sie dich herausbrachten, warst du halb tot.«
Das Schweigen, das auf ihre Enthüllungen folgte, war bedrükkend. Ich fürchtete mich, eine Frage zu stellen.
»Ich kann mich nicht erinnern, warum in aller Welt sie dort hineingegangen war oder wer dich zurückholte«, fuhr Josefina fort. »Ich erinnere mich nur, daß du krank warst und mich nicht mehr erkanntest. Die närrische Gorda hier schwört, daß sie dich nicht erkannte, als du vor ein paar Monaten zum erstenmal in dieses Haus kamst. Ich erkannte dich sofort. Ich erinnerte mich: Du bist der Nagual, der krank geworden war. Soll ich dir etwas sagen? Ich glaube, diese Frauen lassen sich einfach gehen. Und die Männer genauso, besonders dieser närrische Pablito. Sie müssen sich doch erinnern. Sie waren auch dabei.«
»Kannst du dich erinnern, wo wir waren?« fragte ich.
»Nein, kann ich nicht«, sagte Josefina. »Ich werde es aber wissen, wenn du mich hinführst. Als wir alle dort waren, nannten sie uns immer ›die Besoffenen‹, weil wir dauernd völlig schlaff waren. Ich war noch die am wenigsten Benebelte von allen, darum kann ich mich ganz gut erinnern.«
»Wer nannte uns ›die Besoffenen‹?« fragte ich.
»Dich nicht, nur uns«, erwiderte Josefina. »Ich weiß nicht, wer. Der Nagual Juan Matus, vermute ich.«
Ich sah sie der Reihe nach an, und alle wichen sie meinem Blick aus.
»Wir kommen ans Ende«, murmelte Nestor, als spräche er mit sich selbst. »Unser Ende starrt uns in die Augen.«
Er schien drauf und dran, in Tränen auszubrechen.
»Ich sollte stolz und glücklich sein, daß wir das Ende erreicht haben«, fuhr er fort. »Und doch bin ich traurig. Kannst du mir das erklären, Nagual?«
Auf einmal waren sie alle traurig. Sogar die trotzige Lydia war traurig.
»Was ist nur los mit euch allen?« fragte ich in gesprächiger Laune. »Von was für einem Ende redet ihr da?«
»Ich glaube, alle wissen, was für ein Ende es ist«, sagte Nestor. »Ich habe so komische Gefühle in letzter Zeit. Irgend etwas ruft uns. Und wir machen uns nicht frei, wie wir's sollten. Wir klammern uns fest.«

Pablito bekam plötzlich eine Anwandlung von Ritterlichkeit und meinte, la Gorda sei die einzige von ihnen, die sich nicht festklammere. Alle anderen, so beteuerte er mir, seien nahezu hoffnungslose Egoisten.

»Der Nagual Juan Matus hat gesagt, wenn es für uns Zeit ist zu gehen, werden wir ein Zeichen erhalten«, sagte Nestor. »Irgend etwas, das uns wirklich lieb ist, wird daherkommen und uns mitnehmen.«

»Er sagte, es braucht gar nichts Großartiges zu sein«, warf Benigno ein. »Es kann alles mögliche sein, wenn es uns nur lieb ist.«

»Für mich wird das Zeichen in Gestalt der Zinnsoldaten kommen, die ich nie besaß«, sagte Nestor zu mir. »Es wird eine Reihe von Husaren zu Pferde kommen und mich mitnehmen. Was wird es für dich sein?«

Ich erinnerte mich, daß Don Juan mir einmal gesagt hatte, mein Tod könne sich hinter allem nur Vorstellbaren verbergen, sogar hinter einem Klecks auf meinem Schreibblock. Damals gab er mir die endgültige Metapher für meinen Tod. Ich hatte ihm erzählt, daß ich einmal, als ich auf dem Hollywood Boulevard in Los Angeles spazierenging, eine Trompete gehört hatte, die das Thema eines dummen alten Schlagers spielte. Die Musik kam aus einem Schallplattenladen auf der anderen Straßenseite. Nie hatte ich einen schöneren Klang vernommen. Ich war davon hingerissen. Ich mußte mich auf den Rinnstein setzen. Der helle blecherne Klang der Trompete fuhr mir direkt ins Hirn. Ich spürte ihn unmittelbar über meiner rechten Schläfe. Er wiegte mich sanft, bis ich davon trunken war. Als er endete, wußte ich, daß es unmöglich sein würde, diese Erfahrung jemals zu wiederholen, und ich war gerade noch genügend klar bei Sinnen, um nicht in den Plattenladen zu rennen und die Platte samt einer Stereoanlage zu kaufen, um sie darauf abzuspielen.

Don Juan sagte damals, dies sei ein Zeichen gewesen, das mir von den Mächten, die das Schicksal des Menschen bestimmen, geschickt worden war. Wenn für mich die Zeit gekommen wäre, diese Welt – in welcher Form auch immer – zu verlassen, dann würde ich wieder den Klang dieser Trompete hören, den gleichen dummen Schlager, den gleichen hervorragenden Trompeter.

Der nächste Tag verlief sehr hektisch für die anderen. Anscheinend hatten sie dauernd irgendwelche Dinge zu tun. La Gorda sagte, sie alle hätten persönliche Angelegenheiten zu besorgen, und jeder müsse es selbst, ohne Hilfe, tun. Ich begrüßte es, einmal allein zu sein. Auch ich mußte mir über gewisse Dinge klarwerden. Ich fuhr in die nahe gelegene Stadt, die mich so gründlich beunruhigt hatte. Ich ging direkt zu dem Haus, das la Gorda und mich so sehr fasziniert hatte; ich klopfte an die Tür. Eine Dame machte mir auf. Ich erfand eine Geschichte, ich hätte einmal als Kind in diesem Haus gewohnt und wolle es mir noch einmal ansehen. Sie war eine sehr entgegenkommende Frau. Sie erlaubte mir, das Haus zu besichtigen, und entschuldigte sich überschwenglich für die gar nicht vorhandene Unordnung.

Das Haus barg eine Fülle von heimlichen Erinnerungen. Sie waren da, ich konnte sie spüren, aber ich konnte mich an nichts erinnern.

Am andern Tag ging la Gorda bei Anbruch der Dämmerung fort; ich hatte erwartet, sie würde den ganzen Tag ausbleiben, aber sie kehrte schon zu Mittag zurück. Sie schien sehr beunruhigt.

»Soledad ist wiedergekommen und will dich sehen«, sagte sie rundheraus.

Ohne ein weiteres Wort der Erklärung führte sie mich zu Dona Soledads Haus. Sie stand vor der Tür. Sie wirkte jünger und kräftiger als das letzte Mal, als ich sie gesehen hatte. Sie hatte nur noch entfernte Ähnlichkeit mit der Frau, die ich vor Jahren gekannt hatte.

La Gorda schien den Tränen nahe. Die Spannung, unter der wir standen, machte mir ihre Stimmung ganz verständlich. Sie ging, ohne ein Wort zu sagen.

Dona Soledad sagte, sie hätte nur wenig Zeit, um mit mir zu sprechen, und sie wolle jede Minute nutzen. Sie verhielt sich mir gegenüber seltsam ehrerbietig. Es lag eine besondere Höflichkeit in jedem Wort, das sie sagte.

Ich machte eine Gebärde, um sie zu unterbrechen, denn ich wollte ihr eine Frage stellen. Ich wollte erfahren, wo sie gewesen sei. Sie aber ließ mich ganz taktvoll abblitzen. Sie meinte, sie habe ihre Worte sorgfältig gewählt, und die knappe Zeit erlaube ihr nur, das Wesentliche zu sagen.

Sie spähte mir einen, wie mir schien, unerträglich langen Moment

in die Augen. Das ärgerte mich. In der gleichen Zeit hätte sie mit mir reden und mir ein paar Fragen beantworten können. Endlich brach sie ihr Schweigen und äußerte Dinge, die mir völlig absurd erschienen. Sie sagte, sie habe mich tatsächlich angegriffen, wie ich sie an jenem Tag, als wir zum erstenmal die parallelen Linien überschritten, gebeten hätte; und jetzt hoffe sie nur, daß ihr Angriff wirksam gewesen sei und seinen Zweck erfüllt habe. Ich wollte schon losbrüllen, daß ich keine Ahnung hätte, wovon zum Teufel sie redete. Ich wußte nichts von irgendwelchen parallelen Linien und hatte sie nie um irgend etwas gebeten. Sie drückte mir die Hand auf den Mund. Ich fuhr unwillkürlich zurück. Sie schien traurig. Sie sagte, daß es für uns keine Möglichkeit gebe, miteinander zu sprechen, weil wir uns in diesem Augenblick auf zwei parallelen Linien befänden und keiner von uns die Energie habe, auf die andere überzusetzen. Nur ihre Augen, so sagte sie, könnten mir ihre Stimmung verraten.
Ohne jeden Grund fühlte ich mich auf einmal entspannt; irgend etwas in mir fühlte sich behaglich. Ich merkte, daß mir die Tränen über die Wangen rollten. Und dann ergriff eine ganz unglaubliche Empfindung für einen Moment von mir Besitz; es war nur ein kurzer Moment, aber lang genug, um die Grundlagen meines Bewußtseins oder meiner Person zu erschüttern – oder jedenfalls das, was ich für den Mittelpunkt meines Selbst halte. In diesem kurzen Augenblick wußte ich, daß wir in unserm Wollen und unseren Temperamenten einander sehr nahe waren. Unsere Situation war die gleiche. Ich wollte ihr zu verstehen geben, daß es ein furchtbarer Kampf gewesen sei, daß aber der Kampf noch nicht zu Ende sei, ja, daß er niemals zu Ende sein würde. Sie sagte mir Lebewohl, weil sie als die makellose Kriegerin, die sie war, wohl wußte, daß unsere Wege sich nie wieder kreuzen würden. Wir waren ans Ende einer Fährte gelangt. Eine vergebliche Woge der Zuneigung, der Verbundenheit brach aus irgendeiner unfaßbaren Tiefe meiner selbst hervor. Dieser helle Blitz war wie eine elektrische Entladung in meinem Körper. Ich umarmte sie, mein Mund bewegte sich und sagte Dinge, die keinerlei Sinn für mich hatten. Ihre Augen leuchteten auf. Auch sie sagte etwas, das ich nicht verstand. Die einzige Empfindung, die mir klar war, nämlich daß ich die parallelen Linien überschritten hatte, war für mich ohne praktische Bedeutung. Es gab eine

angestaute Angst in mir, die hinausdrängte. Eine unerklärliche Kraft spaltete mich entzwei. Ich konnte nicht atmen, und alles wurde schwarz.

Ich spürte, wie irgend jemand mich bewegte, mich sanft rüttelte. Allmählich zeichnete sich la Gordas Gesicht ab. Ich lag in Dona Soledads Bett, und la Gorda saß neben mir. Wir waren allein.

»Wo ist sie?« fragte ich.

»Sie ist fortgegangen«, erwiderte la Gorda.

Ich wollte la Gorda alles erzählen. Sie unterbrach mich. Sie stieß die Tür auf. Draußen standen alle anderen Lehrlinge und warteten auf mich. Sie hatten ihre abgerissensten Klamotten angezogen. La Gorda erklärte, sie hätten alles, was sie besaßen, zerrissen. Es war später Nachmittag. Ich hatte viele Stunden geschlafen. Ohne ein Wort zu sprechen, gingen wir zu la Gordas Haus, wo ich den Wagen geparkt hatte. Sie drängelten hinein wie Kinder, die einen Sonntagsausflug vorhaben.

Bevor ich in den Wagen einstieg, blieb ich einen Moment stehen und betrachtete das Tal. Mein Körper drehte sich langsam herum und beschrieb einen geschlossenen Kreis, als hätte er einen eigenen Willen, eine eigene Absicht. Ich spürte, daß ich das Wesen dieses Ortes einfing. Ich wollte ihn in mich aufnehmen, denn ich wußte, daß ich ihn niemals in diesem Leben wiedersehen würde.

Die anderen hatten dies wohl schon getan. Sie waren frei von Traurigkeit, sie lachten und hänselten einander.

Ich ließ den Motor an und fuhr los. Als wir die letzte Kurve der Straße erreichten und die Sonne unterging, kreischte la Gorda, ich solle anhalten. Sie stieg aus und lief zu einem kleinen Hügel neben der Straße hinüber. Sie stieg hinauf und warf einen letzten Blick über das Tal. Sie reckte ihre Arme nach ihm und atmete es förmlich ein.

Die Fahrt aus diesen Bergen hinaus war merkwürdig kurz und verlief gänzlich ereignislos. Alle waren still. Ich versuchte la Gorda in ein Gespräch zu ziehen. Sie weigerte sich einfach; sie sagte, die Berge seien besitzergreifend und würden sie als ihr Eigentum betrachten. Wenn sie alle daher nicht mit ihrer Energie sparsam umgingen, würden die Berge sie niemals ziehen lassen.

Kaum hatten wir die Ebene erreicht, da wurden sie lebhafter, besonders la Gorda. Sie sprudelte förmlich vor Energie. Sie gab mir sogar freiwillig Informationen, ohne daß ich sie danach fragte. Unter anderem sagte sie, der Nagual Juan Matus habe ihr erzählt und Dona Soledad habe es ihr bestätigt, daß wir alle noch eine andere Seite hätten. Als die anderen das hörten, fielen sie mit Fragen und Kommentaren ein; sie waren vor allem erstaunt über ihre seltsamen Erinnerungen an Ereignisse, die vernünftigerweise niemals stattgefunden haben konnten. Nachdem einige von ihnen mich erst vor wenigen Monaten kennengelernt hatten, ging es nun über ihren Verstand, wenn sie sich meiner als eines Bekannten aus einer fernen Vergangenheit erinnerten.

Dann berichtete ich ihnen von meiner Begegnung mit Dona Soledad. Ich schilderte ihnen mein Gefühl, daß ich sie schon früher gekannt hatte, und auch meine Empfindung, daß ich ganz unzweifelhaft die – wie sie es nannte – parallelen Linien überschritten hatte. Die anderen reagierten auf meinen Bericht mit Verständnis. Anscheinend hatten sie das Wort schon einmal gehört, aber ich war mir nicht sicher, ob sie alle wußten, was die parallelen Linien bedeuten mochten. Für mich waren sie eine Metapher. Ich war mir aber nicht sicher, ob die anderen sie auch so auffaßten.

Als wir in Oaxaca eintrafen, äußerten alle den Wunsch, jene Stelle aufzusuchen, wo la Gorda, wie sie meinte, Don Juan und Don Genaro hatte verschwinden sehen. Ich fuhr direkt zu der Stelle. Sie sprangen aus dem Wagen und schienen sich orientieren zu wollen; sie schnupperten umher und suchten nach irgendwelchen Zeichen. La Gorda deutete in die Richtung, die die beiden, wie sie glaubte, eingeschlagen hatten.

»Du hast einen furchtbaren Fehler gemacht, Gorda«, sagte Nestor laut. »Das ist nicht Osten, das ist Norden.«

La Gorda protestierte und verteidigte ihre Auffassung. Die Frauen unterstützten sie, Pablito ebenfalls. Benigno wollte sich nicht festlegen. Er sah mich unverwandt an, als könne ich die Antwort liefern, was ich denn auch tat. Denn ich befragte einfach den Stadtplan von Oaxaca, den ich im Auto hatte. Die Richtung, die la Gorda angegeben hatte, war tatsächlich Norden.

Nestor sagte, er habe von Anfang an das Gefühl gehabt, daß ihre Abreise aus der Heimatstadt weder verfrüht noch irgendwie erzwungen gewesen sei; er meinte, es sei gerade der richtige Zeitpunkt gewesen. Die anderen waren nicht dieser Meinung, und ihre Unsicherheit war durch la Gordas Irrtum bedingt. Denn ähnlich wie la Gorda waren sie davon ausgegangen, der Nagual habe in die Richtung ihrer Heimatstadt gezeigt, was allerdings bedeutet hätte, daß sie an Ort und Stelle bleiben mußten. Nach einigem Überlegen gestand ich, daß letzten Endes ich der Schuldige sei, weil ich, obwohl ich den Stadtplan besaß, damals versäumt hatte, ihn zu benutzen.

Dann erwähnte ich, ich hätte ganz vergessen, ihnen zu erzählen, daß einer der beiden Männer, nämlich jener, den ich einen Moment lang für Don Genaro gehalten hatte, uns mit einem Kopfnicken bedeutet hatte, ihnen zu folgen. La Gordas Augen weiteten sich vor Überraschung oder gar Erschrecken. Sie hatte diese Geste gar nicht bemerkt, sagte sie. Das Nicken hatte nur mir gegolten.

»Das ist es!« rief Nestor. »Unsere Geschicke sind besiegelt.« Er wandte sich zu den anderen um. Alle redeten zugleich. Er fuchtelte heftig mit den Händen, um sie zu beruhigen.

»Ich hoffe nur, ihr habt alles getan, was ihr tun mußtet, wie wenn wir niemals zurückkehren würden«, sagte er. »Denn wir werden niemals zurückkehren.«

»Sagst du uns die Wahrheit?« fragte Lydia mich mit einem wilden Ausdruck in den Augen, während die anderen mich erwartungsvoll anstarrten.

Ich versicherte ihnen, daß ich keinen Grund hätte, so etwas zu erfinden. Die Tatsache, daß ich gesehen hatte, wie der Mann mir mit dem Kopf ein Zeichen gab, hatte für mich keinerlei Bedeutung. Außerdem war ich nicht einmal davon überzeugt, daß diese Männer Don Juan und Don Genaro waren.

»Du bist sehr schlau«, sagte Lydia. »Möglicherweise erzählst du uns dies nur, damit wir dir demütig folgen.«

»Na, warte mal«, sagte la Gorda. »Dieser Nagual hier soll meinetwegen so schlau sein, wie's dir gefällt, aber so etwas würde er niemals tun.«

Ich suchte zu vermitteln und mußte die Stimmen der anderen überschreien. Ich sagte, daß es ohnehin gleichgültig sei, was ich

gesehen hatte. Nestor erklärte mir sehr höflich, Don Genaro habe ihnen gesagt, daß er, wenn es Zeit wäre, ihr Tal zu verlassen, es sie durch eine Kopfbewegung wissen lassen würde. Die anderen beruhigten sich erst, als ich sagte, wenn ihr Schicksal durch dieses Ereignis besiegelt wäre, dann wäre es meines genauso; wir alle würden nach Norden gehen.
Dann führte Nestor uns zu einer Unterkunft, einer Pension, wo er abstieg, wenn er in der Stadt zu tun hatte. Ihre Laune war gut, tatsächlich allzu gut für meinen Geschmack. Sogar Lydia umarmte mich und entschuldigte sich dafür, daß sie so schwierig sei. Sie habe la Gorda Glauben geschenkt, erklärte sie, und daher habe sie sich nicht darum bemüht, ihre Bindungen wirklich abzuschneiden. Josefina und Rosa waren überschwenglich und klopften mir immer wieder den Rücken. Ich wollte mit la Gorda sprechen. Ich mußte unsere weiteren Schritte mit ihr besprechen. Aber an diesem Abend fand sich keine Möglichkeit, mit ihr allein zu sein.

Nestor, Pablito und Benigno gingen frühmorgens fort, um Besorgungen zu machen. Auch Lydia, Rosa und Josefina gingen einkaufen. La Gorda bat mich, ich solle ihr behilflich sein, ihre neuen Kleider zu kaufen. Sie wollte, daß ich ein Kleid für sie aussuche, und zwar das eine, vollkommene, das ihr das Selbstvertrauen geben sollte, das sie benötigte, um eine bewegliche Kriegerin zu sein. Ich fand für sie nicht nur ein Kleid, sondern eine ganze Garderobe samt Schuhen, Nylons und Wäsche.
Ich begleitete sie auf einen Spaziergang. Wie Touristen zogen wir kreuz und quer durch die Innenstadt und starrten die Indianer in ihren regionalen Trachten an. Als formlose Kriegerin fühlte sie sich in ihrer neuen Garderobe bereits vollkommen wohl. Sie sah hinreißend aus. Es war, als hätte sie sich nie anders gekleidet. Ich war es, der sich nicht daran gewöhnen konnte.
Die Fragen, die ich la Gorda stellen wollte und die eigentlich nur so aus mir hätten hervorsprudeln sollen, ließen sich nicht formulieren. Ich hatte keine Ahnung, was ich sie fragen sollte. Ich erzählte ihr allen Ernstes, daß ihre neue Erscheinung mir zu schaffen machte. Sie stellte ganz nüchtern fest, das Überschreiten der Grenzen mache mir zu schaffen.

»Gestern abend haben wir einige Grenzen überschritten«, sagte sie. »Soledad hat mir gesagt, was wir zu erwarten haben, darum war ich vorbereitet. Du aber warst es nicht.«

Leise und langsam erklärte sie mir, wir hätten am Vorabend einige Grenzen der Liebe überschritten. Sie betonte dabei jede Silbe, als spräche sie mit einem Kind oder einem Ausländer. Ich konnte mich nicht konzentrieren. Wir kehrten in unsere Unterkunft zurück. Ich brauchte ein wenig Ruhe, aber schließlich mußte ich doch wieder ausgehen. Lydia, Rosa und Josefina wünschten sich nämlich ähnliche Kleider wie la Gorda, hatten aber nichts finden können.

Am frühen Nachmittag war ich wieder in der Pension zurück und durfte die Schwesterchen bewundern. Rosa konnte nur mit Mühe auf ihren hochhackigen Schuhen laufen. Wir witzelten gerade über ihre Füße, als die Tür langsam aufging und Nestor einen dramatischen Auftritt gab. Er trug einen dunkelblauen Schneideranzug, ein hellrosa Hemd und eine schwarze Krawatte. Sein Haar war ordentlich gekämmt, es bauschte sich, als ob es gefönt wäre. Er sah die Frauen an, und die Frauen sahen ihn an. Dann kam Pablito herein, gefolgt von Benigno. Beide strahlten. Pablito trug einen blaßgrünen Anzug aus leichtem Popeline, und Benigno trug ein sehr elegantes braunes Sportsakko aus Tweed und dunkelbraune Hosen. Ihre Schuhe waren nagelneu, und ihre Anzüge wirkten wie maßgeschneidert.

Ich konnte es nicht fassen, wie gut sie sich alle an ihre Stadtkleidung angepaßt hatten. Sie erinnerten mich so sehr an Don Juan. Als ich die drei Genaros nun in Stadtkleidung vor mir sah, war ich ähnlich erschüttert wie damals, als ich Don Juan in einem Anzug gesehen hatte, und doch konnte ich ihre Verwandlung sofort akzeptieren. An die Verwandlung der Frauen, die mich weniger überraschte, konnte ich mich dagegen aus irgendeinem Grund nicht gewöhnen.

Die Genaros, so dachte ich, mußten wohl eine zauberhafte Glückssträhne gehabt haben, um so perfekte Gewänder aufzutreiben. Sie lachten, als sie mich von ihrem Glück schwärmen hörten. Nestor erzählte, daß ein Schneider schon vor Monaten ihre Anzüge angefertigt habe.

»Wir haben jeder noch einen zweiten Anzug«, sagte er zu mir.

»Wir haben sogar Lederkoffer. Wir wußten, daß unsere Zeit in diesen Bergen abgelaufen war. Wir sind bereit zu gehen! Natürlich mußt du uns zuerst sagen wohin. Und auch, wie lange wir bleiben werden.«

Er erklärte, er habe noch einige alte Geschäftskonten, die er auflösen müsse, daher brauche er noch etwas Zeit. La Gorda schaltete sich ein und verkündete mit großer Überzeugung und Autorität, daß wir noch am gleichen Abend so weit reisen würden, wie die Kraft es uns erlaubte, und daß sie folglich bis zum Ende dieses Tages Zeit hätten, sich um ihre Geschäfte zu kümmern. Nestor und Pablito blieben unter der Tür stehen. Sie sahen mich Bestätigung heischend an. Ich meinte, ich sollte zumindest aufrichtig gegen sie sein, aber la Gorda unterbrach mich, gerade als ich ihnen sagen wollte, daß ich hinsichtlich dessen, was wir tun sollten, im dunkeln tappte.

»Wir werden uns bei Anbruch der Dunkelheit an der Bank des Nagual treffen«, sagte sie. »Von dort werden wir aufbrechen. Bis dahin sollten wir tun, was wir tun müssen oder wollen, und zugleich wissen, daß wir niemals in diesem Leben wieder zurückkehren werden.«

Nachdem alle gegangen waren, blieben la Gorda und ich allein. Mit einer abrupten, ungeschickten Bewegung setzte sie sich auf meinen Schoß. Sie war so leicht, daß ich ihren mageren Körper schaukeln konnte, wenn ich meine Wadenmuskeln anspannte. Ihr Haar hatte einen seltsamen Duft. Ich alberte mit ihr herum und meinte, der Geruch sei unerträglich. Sie lachte und schüttelte sich, als mich auf einmal aus dem Nichts ein Gefühl überkam – eine Erinnerung? Auf einmal hatte ich eine andere Gorda auf dem Schoß, dick und zweimal so groß wie die Gorda, die ich kannte. Ihr Gesicht war rundlich, und ich neckte sie wegen des Dufts in ihrem Haar. Ich hatte irgendwie den Eindruck, als sei ich für sie verantwortlich.

Unter dem Eindruck dieser flüchtigen Erinnerung stand ich auf. La Gorda fiel krachend zu Boden. Ich schilderte ihr, woran ich mich »erinnert« hatte. Ich erzählte ihr, ich hätte sie nur einmal als dicke Frau gesehen, und zudem so kurz, daß ich keine Vorstellung davon hatte, wie sie damals aussah, und doch hatte ich soeben in einer Vision ihr Gesicht gesehen, wie es aussah, als sie noch dick war.

Darauf sagte sie nichts. Sie zog ihr Kleid aus und schlüpfte wieder in ihre alten Gewänder.
»Ich bin noch nicht dafür bereit«, sagte sie und deutete auf ihr neues Kostüm. »Wir müssen noch eines tun, bevor wir frei sein werden. Auf Geheiß des Nagual Juan Matus müssen wir alle zusammen eine Weile an einem von ihm erwählten Platz der Kraft sitzen.«
»Wo ist dieser Platz?«
»Irgendwo in den Bergen, hier in der Gegend. Er ist wie eine Pforte. Der Nagual erzählte mir, daß es an diesem Platz eine natürliche Spalte gibt. Er sagte, gewisse Kraftplätze sind Öffnungen in dieser Welt; wenn du formlos bist, kannst du durch eine dieser Öffnungen in das Unbekannte, in eine andere Welt eintreten. Jene Welt und diese Welt, in der wir leben, bewegen sich auf parallelen Linien. Es ist gut möglich, daß wir alle irgendwann über diese Linien geführt worden sind, aber wir erinnern uns nicht daran. Eligio ist in jener anderen Welt. Manchmal können wir sie im *Träumen* erreichen. Josefina ist natürlich die beste *Träumerin* unter uns. Sie überschreitet diese Linien jeden Tag, aber ihre Verrücktheit macht sie gleichgültig, sogar blöde, und darum half Eligio mir, diese Linien zu überschreiten, weil er mich wohl für intelligenter hielt. Aber es zeigte sich, daß ich genauso blöde bin. Eligio will, daß wir uns an unsere linke Seite erinnern. Soledad sagte mir, die linke Seite sei die Parallele zu jener Seite, auf der wir jetzt leben. Wenn sie verlangt, daß wir uns daran erinnern, müssen wir also schon einmal dort gewesen sein, und zwar nicht im *Träumen*. Das ist der Grund, warum wir alle uns manchmal an seltsame Sachen erinnern.«
Ihre Überlegungen waren logisch, jedenfalls wenn man die Prämissen anerkannte, von denen sie ausging. Ich wußte, wovon sie sprach; es waren jene gelegentlich und unwillkürlich auftauchenden Erinnerungen, die ganz nach Alltagsrealität rochen, für die wir dennoch keine zeitliche Abfolge, keine Leerstelle im Kontinuum unserer Lebensläufe finden konnten, in die wir sie hätten einordnen können.
La Gorda lehnte sich auf dem Bett zurück. Ihre Augen zeigten einen besorgten Ausdruck.
»Mich beunruhigt nur die Frage, wie wir diesen Platz der Kraft

finden sollen«, sagte sie. »Ohne ihn wird es keine Reise für uns geben.«

»Mich beunruhigt die Frage, wohin ich euch alle bringen soll und was ich dann mit euch anfangen soll«, sagte ich.

»Soledad hat gesagt, wir werden bis an die Grenze nach Norden fahren«, sagte la Gorda. »Einige von uns vielleicht noch weiter nach Norden. Du aber wirst nicht den ganzen Weg mit uns fahren. Du hast ein anderes Schicksal.«

La Gorda wurde für einen Augenblick nachdenklich. Unter der sichtlichen Anstrengung, ihre Gedanken zu ordnen, runzelte sie die Stirn.

»Soledad hat gesagt, du wirst mich mitnehmen, damit ich mein Schicksal erfülle«, sagte la Gorda. »Ich bin die einzige von uns, für die du verantwortlich bist.«

Mein Erschrecken mochte mir vom Gesicht abzulesen sein. Sie lächelte.

»Soledad hat auch gesagt, daß du verstöpselt bist«, fuhr sie fort. »Aber du hast Momente, da bist du ein Nagual. Die übrige Zeit, so sagte Soledad, bist du wie ein Verrückter, der nur kurze klare Augenblicke hat und dann wieder in seine Verrücktheit versinkt.«

Dona Soledad hatte ein treffendes Bild gewählt, um mich zu charakterisieren – eines, das ich verstand. Für sie hatte ich wahrscheinlich einen Moment der Klarheit, als ich wußte, daß ich die parallelen Linien überschritten hatte. Nach meinen Maßstäben dagegen war dieser Moment der ungereimteste überhaupt. Dona Soledad und ich bewegten uns gewiß auf zwei verschiedenen Bahnen des Denkens.

»Was hat sie dir noch gesagt?« fragte ich.

»Sie hat gesagt, ich soll mich zwingen, mich zu erinnern«, sagte la Gorda. »Sie hat sich erschöpft bei dem Versuch, meine Erinnerung hervorzubringen; das ist auch der Grund, warum sie sich nicht auf dich einlassen konnte.«

La Gorda stand auf; sie war bereit zu gehen. Ich begleitete sie auf einen Spaziergang durch die Stadt. Sie wirkte sehr glücklich. Sie lief hierhin und dorthin und beobachtete alles. Sie labte ihre Augen an der Welt. Dieses Bild verdankte ich Don Juan. Ein Krieger, so sagte er, weiß, daß er wartet, und er weiß auch, worauf er wartet, und während er wartet, labt er seine Augen an der Welt.

Für ihn war Freude die höchste Leistung eines Kriegers. An jenem Tag in Oaxaca befolgte la Gorda buchstabengetreu die Lehren des Don Juan.

Am späten Nachmittag, vor Anbruch der Dämmerung, setzten wir uns auf Don Juans Bank. Benigno, Pablito und Josefina tauchten als erste auf. Nach einigen Minuten gesellten sich auch die anderen drei zu uns. Pablito setzte sich zwischen Josefina und Lydia und legte die Arme um sie. Auch sie hatten wieder ihre alten Kleider angezogen. La Gorda stand auf und begann ihnen von dem Platz der Kraft zu erzählen.

Nestor lachte sie aus, und die anderen fielen in seinen Spott ein.

»Nie wieder werden wir auf dein Chefgehabe hereinfallen«, sagte Nestor. »Wir haben uns von dir befreit. Wir haben gestern abend die Grenzen überschritten.«

La Gorda blieb ungerührt, doch die anderen waren zornig. Ich mußte vermittelnd eingreifen. Laut verkündete ich, ich wolle mehr über die Grenzen wissen, die wir am Vorabend überschritten hatten. Nestor erklärte, dies gehe nur sie selbst etwas an. La Gorda widersprach. Sie schienen nahe daran, sich zu verprügeln. Ich zog Nestor auf die Seite und befahl ihm, mir von den Grenzen zu erzählen.

»Unsere Gefühle ziehen Grenzen um alles«, sagte er. »Je mehr wir lieben, desto stärker ist die Grenze. In diesem Fall liebten wir unser Zuhause; bevor wir es verließen, mußten wir unsere Gefühle aufheben. Unsere Gefühle für unsere Heimat gingen auf die Gipfel der Berge im Westen unseres Tales. Das war die Grenze, und als wir die Höhe der Berge überschritten und wußten, daß wir nie wieder zurückkehren würden, da zerbrachen wir sie.«

»Aber ich wußte doch auch, daß ich niemals zurückkehren würde«, sagte ich.

»Du hast diese Berge nicht so geliebt wie wir«, antwortete Nestor.

»Das muß sich erst noch erweisen«, sagte la Gorda geheimnisvoll.

»Wir standen unter ihrem Einfluß«, sagte Pablito, der aufstand und auf la Gorda deutete. »Sie saß uns im Nacken. Jetzt erkenne ich, wie dumm wir ihretwegen waren. Wir brauchen nicht die verschüttete Milch zu beweinen, aber wir werden nie wieder darauf hereinfallen.«

Lydia und Josefina schlossen sich Nestor und Pablito an. Benigno und Rosa schauten drein, als ob der Streit sie nicht mehr beträfe.

Genau in diesem Augenblick hatte ich wieder eine Anwandlung von Gewißheit und autoritärem Verhalten. Ich stand auf und verkündete, ohne daß mein Wille daran beteiligt gewesen wäre, daß ich nun die Verantwortung übernähme und damit la Gorda von jeder weiteren Verpflichtung befreite, irgendwelche Kommentare abzugeben oder ihre Ideen als die einzigen Lösungen darzustellen. Als ich meine Ansprache beendet hatte, erschrak ich über meine Kühnheit. Alle, auch la Gorda, waren begeistert.

Die treibende Kraft hinter meinem Ausbruch war, erstens, ein körperliches Gefühl gewesen, daß meine Nasennebenhöhlen sich weiteten, und zweitens die Gewißheit, daß ich wußte, was Don Juan gemeint hatte und wo der Platz sich genau befand, den wir aufsuchen mußten, bevor wir frei sein würden. Als meine Nebenhöhlen sich weiteten, hatte ich eine Vision des Hauses, das mich so sehr gefesselt hatte.

Ich sagte ihnen, wohin wir fahren mußten. Sie akzeptierten meinen Machtspruch ohne Einwände, ja ohne Anmerkungen. Wir verließen die Pension und gingen auswärts essen. Danach schlenderten wir bis gegen elf Uhr auf der Plaza umher. Ich holte den Wagen, sie drängten sich lärmend hinein, und wir fuhren los. La Gorda blieb wach, um mir Gesellschaft zu leisten, während die anderen schliefen, und dann setzte Nestor sich ans Steuer, während la Gorda und ich schliefen.

5. Eine Schar zorniger Zauberer

Bei Anbruch der Dämmerung waren wir in der Stadt. Jetzt übernahm ich das Steuer und fuhr direkt zu dem Haus. Ein paar Straßenecken, bevor wir dort anlangten, bat la Gorda mich anzuhalten. Sie stieg aus und ging auf dem erhöhten Bürgersteig weiter. Einer nach dem andern stiegen sie alle aus. Sie folgten la Gorda. Pablito kam zu mir und sagte, ich solle den Wagen auf der Plaza parken, die einen Häuserblock weiter lag. Das tat ich.

In dem Augenblick, als ich la Gorda um die Ecke biegen sah, wußte ich, daß mit ihr etwas nicht stimmte. Sie war ungewöhnlich blaß. Sie kam auf mich zu und flüsterte, sie wolle die Frühmesse besuchen. Auch Lydia hatte dies vor. Die beiden schritten über die Plaza und gingen in die Kirche.

Pablito, Nestor und Benigno waren so bedrückt, wie ich sie noch nie gesehen hatte. Rosa war verängstigt, ihr Mund stand offen, ihre Augen blickten starr und ohne zu blinzeln zu dem Haus hinüber. Nur Josefina strahlte. Sie klopfte mir kameradschaftlich den Rücken.

»Du hast es geschafft, du Teufelsbraten«, sagte sie. »Du hast diese Hundesöhne das Fürchten gelehrt.«

Sie lachte, bis sie außer Atem geriet.

»Ist das der Platz, Josefina?« fragte ich.

»Klar ist er es«, sagte sie. »La Gorda rannte immer in die Kirche. Sie war damals eine richtige Betschwester.«

»Erinnerst du dich an das Haus dort drüben?« fragte ich und deutete hinüber.

»Das ist Silvio Manuels Haus«, sagte sie.

Wir alle zuckten zusammen, als wir den Namen hörten. Ich spürte so etwas wie einen leichten Stromschlag durch meine Knie fahren. Der Name war mir entschieden unbekannt. Und doch zuckte mein Körper zusammen, als ich ihn hörte. Silvio Manuel war ein so seltener Name, ein so flüchtiger Klang.

Die drei Genaros und Rosa waren ebenso verstört wie ich. Mir fiel auf, daß sie sehr blaß waren. Wollte ich danach urteilen, wie ich selbst mich fühlte, dann mußte ich ebenso blaß sein wie sie.

»Wer ist Silvio Manuel?« vermochte ich endlich Josefina zu fragen.

»Jetzt hast du mich erwischt«, sagte sie. »Ich weiß es nicht.«

Sie beteuerte wieder einmal, daß sie verrückt sei und wir das, was sie sagte, nicht ernst nehmen dürften. Nestor flehte sie an, uns zu erzählen, woran sie sich erinnerte.

Josefina versuchte nachzudenken, aber sie war ein Mensch, der unter Streß nichts leisten konnte. Ich wußte, es würde ihr besser gelingen, wenn niemand sie fragte. So schlug ich vor, wir sollten eine Bäckerei suchen – oder ein Lokal, wo wir essen könnten.

»In diesem Haus, da ließen sie mich nicht viel tun. Das ist das einzige, woran ich mich erinnere«, sagte Josefina unvermittelt.

Sie drehte sich um, als ob sie etwas suchte oder als ob sie sich orientieren wollte.

»Irgend etwas fehlt hier!« rief sie. »Es ist nicht ganz so, wie es früher einmal war.«

Ich versuchte ihr mit, wie mir schien, geeigneten Fragen nachzuhelfen, etwa ob irgendwelche Häuser fehlten oder frisch gestrichen wären, oder ob neue gebaut worden wären. Außerdem war ich nicht einmal davon überzeugt, daß die Männer damals Don Juan und Don Genaro waren. Aber Josefina konnte nicht herausfinden, was sich geändert hatte.

Wir gingen zur Bäckerei und kauften uns Zuckersemmeln. Auf dem Rückweg zur Plaza, wo wir auf la Gorda und Lydia warten wollten, schlug Josefina sich plötzlich an die Stirn, als wäre ihr gerade ein Einfall gekommen.

»Ich weiß jetzt, was fehlt«, rief sie. »Diese dämliche Nebelwand. Damals war sie da, jetzt ist sie weg.«

Alle sprachen wir gleichzeitig auf sie ein und befragten sie nach der Mauer, während Josefina ungestört weiter redete, als ob wir gar nicht da wären.

»Es war eine Nebelwand, die bis in den Himmel hinaufragte«, sagte sie. »Genau hier war sie. Immer wenn ich den Kopf umdrehte, war sie da. Sie machte mich ganz verrückt. So ist es, verflucht! Ich war nicht verrückt, bis diese Wand mich verrückt machte. Ich sah sie mit geschlossenen Augen genauso wie mit offenen Augen. Ich glaubte schon, die Wand sei hinter mir her.«

Jetzt verlor Josefina für einen Moment ihre natürliche Lebhaftigkeit. Ihre Augen nahmen einen trostlosen Ausdruck an. Ich kannte diesen Blick bei Menschen, die einen psychotischen Schub durchmachen. Rasch forderte ich sie auf, ihre Semmel zu essen. Sie beruhigte sich sofort und fing an zu essen.

»Was hältst du von all dem, Nestor?« fragte ich.

»Ich hab Angst«, sagte er leise.

»Erinnerst du dich an irgend etwas?« fragte ich ihn.

Er schüttelte verneinend den Kopf. Durch einen Wink mit den Augenbrauen fragte ich auch Pablito und Benigno. Sie verneinten ebenfalls kopfschüttelnd.

»Wie ist's mit dir, Rosa?« fragte ich.

Rosa fuhr zusammen, als sie hörte, daß sie angesprochen wurde. Sie schien die Sprache verloren zu haben. Sie hielt eine Zuckersemmel in der Hand und starrte sie an, offenbar unentschlossen, was sie damit anfangen sollte.

»Natürlich erinnert sie sich«, sagte Josefina lachend, »aber sie ist zu Tode erschrocken. Siehst du denn nicht, daß ihr schon die Pisse aus den Ohren läuft?«

Josefina fand ihren Spruch ungemein witzig. Sie krümmte sich vor Lachen und ließ ihre Semmel auf den Boden fallen. Sie hob sie auf, staubte sie ab und aß sie auf.

»Die Verrückten fressen alles«, sagte sie und schlug mir auf den Rücken.

Nestor und Benigno fanden Josefinas Possen sichtlich peinlich. Pablito war entzückt. In seinen Augen lag Bewunderung. Er schüttelte den Kopf und schnalzte mit der Zunge, als ob er solche Anmut gar nicht glauben könne.

»Laßt uns zu dem Haus gehen«, drängte Josefina uns. »Dort werde ich euch alles mögliche erzählen.«

Ich meinte, wir sollten auf la Gorda und Lydia warten; außerdem sei es noch zu früh, die freundliche Dame zu belästigen, die dort lebte. Pablito meinte, er habe durch seine Schreinerei schon in dieser Stadt zu tun gehabt und wisse ein Haus, wo eine Familie eine Küche für Durchreisende betrieb. Josefina wollte nicht

warten; für sie gab es nur die Wahl, entweder zu dem Haus oder richtig essen zu gehen. Ich war dafür, zuerst einmal zu frühstükken, und sagte Rosa, sie möge in die Kirche laufen und la Gorda und Lydia holen, aber Benigno fand sich ritterlich bereit, auf die beiden zu warten und sie zu unserem Frühstückslokal zu führen. Anscheinend wußte auch er, wo dieses Restaurant war.
Pablito führte uns nicht auf geradem Weg dorthin. Vielmehr machten wir auf meine Bitte einen langen Umweg. Am Stadtrand gab es eine alte Brücke, die ich mir ansehen wollte. Ich hatte sie vom Auto aus gesehen, damals als ich mit la Gorda hier gewesen war. Sie schien im Kolonialstil erbaut. Wir gingen auf die Brücke hinaus und blieben dann in der Mitte plötzlich stehen. Ich fragte einen Mann, der dort stand, ob die Brücke wohl sehr alt sei. Er meinte, er kenne sie schon sein Leben lang, und er sei über fünfzig Jahre alt. Ich hatte geglaubt, daß die Brücke nur auf mich eine so einzigartige Faszination ausübte, aber als ich jetzt die anderen beobachtete, mußte ich mir sagen, daß auch sie unter ihrem Bann standen. Nestor und Rosa keuchten atemlos. Pablito hielt sich an Josefina fest, und sie wiederum hielt sich an mir fest.
»Erinnerst du dich an etwas, Josefina?« fragte ich.
»Dieser Teufel, Silvio Manuel, ist auf der anderen Seite der Brücke«, sagte sie und zeigte zum anderen Ende hinüber, etwa dreißig Fuß entfernt.
Ich sah Rosa in die Augen. Sie nickte bestätigend mit dem Kopf und flüsterte mir zu, sie habe irgendwann einmal in Angst und Schrecken diese Brücke überquert, und da habe am andern Ende irgend etwas auf sie gewartet, um sie zu verschlingen.
Die beiden Männer konnten mir auch nicht weiterhelfen. Sie sahen mich verwirrt an. Beide meinten, sie hätten grundlos Angst. Ich mußte ihnen beipflichten. Ich hatte das Gefühl, daß ich es nicht wagen würde, diese Brücke bei Nacht zu überqueren, nicht für alles Geld dieser Welt. Warum, wußte ich nicht.
»Woran erinnerst du dich noch, Josefina?« fragte ich.
»Mein Körper fürchtet sich jetzt sehr«, sagte sie. »Ich kann mich an nichts mehr erinnern. Dieser Teufel Silvio Manuel lauert immer in der Dunkelheit. Frag doch Rosa.«
Mit einer Kopfbewegung forderte ich Rosa auf zu sprechen. Sie nickte drei- oder viermal bestätigend, aber sie brachte kein Wort

heraus. Die Spannung, unter der ich selbst stand, war unbegründet, aber doch real. Da standen wir alle auf dieser Brücke, genau in der Mitte, und unfähig, einen Schritt in die Richtung zu gehen, in die Josefina gedeutet hatte. Endlich ergriff Josefina die Initiative und drehte sich um. Wir gingen in die Innenstadt zurück. Dann führte Pablito uns zu einem großen Haus. La Gorda, Lydia und Benigno saßen bereits am Tisch und aßen; sie hatten auch für uns etwas bestellt. Ich war nicht hungrig. Pablito, Nestor und Rosa waren wie betäubt. Josefina aß herzhaft. Es herrschte ein bedrückendes Schweigen am Tisch. Als ich ein Gespräch anfangen wollte, wichen alle meinem Blick aus.

Nach dem Frühstück gingen wir zu dem Haus. Niemand sprach ein Wort. Ich klopfte an, und als die Dame herauskam, erklärte ich ihr, daß ich meinen Freunden das Haus zeigen wolle. Sie zögerte einen Moment. La Gorda gab ihr etwas Geld und entschuldigte sich dafür, daß wir sie belästigten.

Josefina führte uns gleich nach hinten. Diesen Teil des Hauses hatte ich an dem Tag, als ich hier war, nicht gesehen. Dort gab es einen gepflasterten Hof mit ringsherum angeordneten Kammern. In den überdachten Korridoren lagerten sperrige Ackerbaugeräte. Ich hatte das Gefühl, als hätte ich diesen Hof schon einmal gesehen, und zwar ohne das Gerümpel. Es waren acht Kammern, zwei an jeder Seite des Hofes. Nestor, Pablito und Benigno schienen im Begriff, sich übergeben zu müssen. La Gorda schwitzte stark. Sie setzte sich mit Josefina in eine Nische in einer der Mauern, während Lydia und Rosa in eine der Kammern gingen. Auf einmal schien Nestor von dem Drang befallen, irgend etwas zu suchen, und verschwand in einer anderen Kammer. Pablito und Benigno taten es ihm nach.

So blieb ich mit der Dame allein. Ich wollte mich mit ihr unterhalten und sie ausfragen, um festzustellen, ob sie Silvio Manuel kannte, aber ich brachte nicht die Kraft auf zu sprechen. Mein Magen war verkrampft. Meine Hände trieften vor Schweiß. Was mich bedrückte, war eine unfaßbare Traurigkeit, eine Sehnsucht nach irgend etwas Unsagbarem, nicht Gegenwärtigem.

Ich hielt es nicht länger aus. Schon war ich drauf und dran, der Dame Lebewohl zu sagen und aus dem Haus zu laufen, als la

Gorda an meine Seite kam. Sie flüsterte mir zu, wir sollten uns in ein großes Zimmer setzen, das an einem Korridor abseits vom Hof lag. Von dort, wo wir standen, konnten wir den Raum sehen. Wir gingen hinein.

Es war ein sehr großer, dunkler, leerer Raum mit einer hohen Balkendecke, finster, aber gut belüftet.

La Gorda rief auch die anderen herein. Die Dame sah uns nur an, kam aber selbst nicht mit. Alle schienen genau zu wissen, wohin sie sich setzen sollten. Die Genaros setzten sich an die eine Seite des Zimmers, rechts von der Tür, und la Gorda und die drei Mädchen saßen links an der anderen Seite. Sie saßen nahe an den Wänden. Obwohl ich mich gern neben la Gorda gesetzt hätte, ließ ich mich doch in der Mitte des Zimmers nieder. Dieser Platz schien mir der richtige. Ich wußte nicht warum, aber es war, als habe ein Befehl von außen uns unsere Plätze zugeteilt.

Während ich dort saß, rollte eine Flut von seltsamen Gefühlen über mich hinweg. Ich war passiv und entspannt. Ich stellte mir vor, ich wäre eine Filmleinwand, auf die befremdliche Gefühle der Traurigkeit und Einsamkeit projiziert wurden. Doch es gab nichts, was ich als präzise Erinnerung hätte erkennen können. Wir blieben über eine Stunde in diesem Raum. Am Schluß hatte ich das Gefühl, ich sei im Begriff, den Ursprung der unheimlichen Traurigkeit zu entdecken, die mich beinahe hemmungslos weinen ließ. Aber ebenso unwillkürlich, wie wir uns hingesetzt hatten, standen wir nun auf und verließen das Haus. Wir bedankten uns nicht einmal bei der Dame oder verabschiedeten uns von ihr.

Wir versammelten uns auf der Plaza. La Gorda stellte gleich anfangs fest, daß sie, weil sie formlos sei, noch immer die Verantwortung trage. Sie sagte, sie müsse diesen Standpunkt vertreten, und zwar aufgrund von Schlußfolgerungen, zu denen sie in Silvio Manuels Haus gelangt sei. La Gorda schien auf unsere Äußerungen zu warten. Das Schweigen der anderen war mir unerträglich. Schließlich mußte ich doch etwas sagen.

»Zu welchen Schlußfolgerungen bist du denn in jenem Haus gekommen, Gorda?« fragte ich.

»Ich glaube, wir alle wissen, welche es sind«, antwortete sie arrogant.

»Wir wissen es nicht«, sagte ich. »Bis jetzt hat niemand etwas gesagt.«

»Wir brauchen nicht zu reden, wir wissen«, sagte la Gorda.
Ich beharrte darauf, ich könne ein so wichtiges Ereignis nicht als selbstverständlich hinnehmen. Wir müßten über unsere Gefühle sprechen. Was mich betraf, so hatte das Erlebnis mir nichts anderes als ein verheerendes Gefühl der Traurigkeit und Verzweiflung hinterlassen.
»Der Nagual Juan Matus hatte recht«, sagte la Gorda. »Wir mußten an diesem Platz der Kraft sitzen, um frei zu werden. Ich bin jetzt frei. Ich weiß nicht, wie es geschah, aber während ich dort saß, wurde mir irgend etwas abgenommen.«
Die drei Frauen stimmten ihr zu. Die drei Männer nicht. Nestor sagte, er sei nahe daran gewesen, sich an wirkliche Gesichter zu erinnern, aber so sehr er sich auch angestrengt hätte, um klar zu sehen, habe doch irgend etwas ihn behindert. Alles, was er erlebt hatte, war ein Gefühl der Sehnsucht und Traurigkeit darüber, noch immer dieser Welt anzugehören. Pablito und Benigno sagten mehr oder minder das gleiche.
»Siehst du, was ich meine, Gorda?« fragte ich.
Sie schien nicht einverstanden; sie blies sich vor Stolz auf, wie ich es bei ihr noch nie gesehen hatte. Ja, hatte ich sie denn schon einmal vor Stolz aufgeblasen gesehen? Sie hielt der Gruppe eine Ansprache. Ich konnte nicht darauf achten, was sie sagte, denn ich war ganz mit einer Erinnerung beschäftigt, die noch formlos, aber mir beinahe schon zugänglich war; um sie in Gang zu halten, so schien es mir, brauchte ich einen dauernden Energiestrom von la Gorda. Ich war auf den Klang ihrer Stimme, auf ihren Zorn fixiert. Irgendwann, als sie etwas zurücksteckte, brüllte ich sie an, sie wolle uns wie ein Chef bevormunden. Sie geriet wirklich aus der Fassung. Ich beobachtete sie eine Weile. Ich erinnerte mich an eine andere Gorda, zu einer anderen Zeit; eine wütende, fette Gorda, die mit den Fäusten auf meine Brust trommelte. Ich erinnerte mich, wie ich darüber gelacht hatte, sie so wütend zu sehen, wie ich ihr zugeredet hatte wie einem Kind. Diese Erinnerung endete im gleichen Moment, als la Gordas Stimme verstummte. Anscheinend hatte sie erkannt, was in mir vorging.
Ich wandte mich an alle und sagte ihnen, daß wir uns in einer gefährlichen Lage befänden – daß etwas Unbekanntes drohend über uns hing.

»Es hängt nicht über uns«, sagte la Gorda trocken. »Es hat uns bereits getroffen. Und ich glaube, du weißt, was es ist.«
»Ich weiß es nicht, und ich glaube, ich spreche auch für die übrigen Männer«, sagte ich.
Die drei Genaros stimmten kopfnickend zu.
»Wir haben einmal in diesem Haus gelebt, während wir uns auf der linken Seite befanden«, erklärte la Gorda. »Ich saß immer in dieser Nische und weinte, weil ich nicht wußte, was ich tun sollte. Ich glaube, wenn ich heute etwas länger in diesem Zimmer hätte bleiben können, dann hätte ich mich an alles erinnert. Aber irgend etwas trieb mich hinaus. Ich saß auch immer in diesem Zimmer, und damals waren mehr Menschen drin. Ich konnte mich aber nicht an ihre Gesichter erinnern, und doch wurden mir, als ich heute dort saß, noch andere Dinge klar. Ich bin formlos. Die Dinge fliegen mir zu, gute und böse. Zum Beispiel nahm ich da meine alte Arroganz wieder an und meinen Hang zum Grübeln. Aber ich habe auch andere Dinge angenommen, gute Dinge.«
»Ich auch«, sagte Lydia mit rauher Stimme.
»Was sind denn diese guten Dinge?« fragte ich.
»Ich glaube, es ist unrecht von mir, dich zu hassen«, sagte Lydia. »Mein Haß wird mich daran hindern davonzufliegen. Das sagten sie mir in diesem Zimmer, die Männer dort und die Frauen.«
»Welche Männer und welche Frauen?« fragte Nestor mit Furcht in der Stimme.
»Ich war dort, als sie dort waren, mehr weiß ich nicht«, sagte Lydia. »Du warst auch dort. Wir alle waren dort.«
»Wer sind diese Männer und Frauen, Lydia?« fragte ich.
»Ich war dort, als sie dort waren, mehr weiß ich nicht«, wiederholte sie.
»Und wie ist es mit dir, Gorda?« fragte ich.
»Ich sagte dir schon, daß ich mich nicht an die Gesichter oder an irgend etwas Besonderes erinnern kann«, sagte sie. »Aber eines weiß ich: Was immer wir in diesem Haus taten, es geschah auf der linken Seite. Wir überquerten – oder irgend jemand ließ uns die parallelen Linien überqueren. Die unheimlichen Erinnerungen, die wir haben, stammen aus jener Zeit, aus jener Welt.«
Ohne uns abzusprechen, verließen wir die Plaza und machten uns auf den Weg zur Brücke. La Gorda und Lydia liefen voraus. Als

wir ankamen, sahen wir sie genau an der Stelle stehen, wo wir selbst vorhin stehengeblieben waren.
»Silvio Manuel ist dort in der Dunkelheit«, flüsterte la Gorda mir zu, und ihre Augen waren starr auf das andere Ende der Brücke fixiert.
Lydia zitterte. Auch sie versuchte zu sprechen. Ich konnte nicht verstehen, was sie mir sagen wollte.
Ich zog sie alle von der Brücke fort. Ich dachte, vielleicht könnten wir zusammenfügen, was wir über diesen Ort wußten, und so zu einem Gesamtbild gelangen, das uns helfen würde, unser Dilemma zu verstehen.
Ein paar Meter von der Brücke entfernt setzten wir uns auf die Erde. Um uns her liefen viele Menschen, aber niemand schenkte uns Beachtung.
»Wer ist Silvio Manuel, Gorda?« fragte ich.
»Ich habe seinen Namen bis heute noch nie gehört«, sagte sie. Ich kenne den Mann nicht, und doch kenne ich ihn. Irgendwie überlief es mich wie in Wellen, als ich diesen Namen hörte. Von diesem Augenblick an kamen mir die seltsamsten Dinge in den Sinn und von den Lippen, genau wie bei Josefina. Ich hätte nie geglaubt, daß ich eines Tages so sein würde wie Josefina.«
»Warum sagtest du, daß Silvio Manuel in der Dunkelheit ist?« fragte ich.
»Ich habe keine Ahnung«, sagte sie. »Und doch wissen wir alle, daß es die Wahrheit ist.«
Sie drängte die anderen Frauen, ihre Meinung zu sagen. Niemand sprach ein Wort. Ich fiel über Rosa her. Drei- oder viermal hatte es den Anschein gehabt, als wolle sie etwas sagen. Ich beschuldigte sie, uns etwas vorzuenthalten. Ihr kleiner Körper verkrampfte sich.
»Wir überquerten diese Brücke, und Silvio Manuel erwartete uns am anderen Ende«, sagte sie mit kaum hörbarer Stimme. »Ich ging als letzte. Als er die anderen verschlang, hörte ich ihre Schreie. Ich wollte weglaufen, aber der Teufel Silvio Manuel war an beiden Enden der Brücke. Es war unmöglich zu entkommen.«
La Gorda, Lydia und Josefina pflichteten ihr bei. Ich fragte, ob dies nur ein Gefühl sei, das sie gerade hatten, oder eine tatsächliche momentane Erinnerung an etwas Reales. La Gorda meinte,

bei ihr sei es genauso gewesen, wie Rosa es geschildert hatte, nämlich eine momentane Erinnerung. Die beiden anderen stimmten ihr zu.
Ich spekulierte laut darüber, was mit den Leuten geschehen sein mochte, die bei dieser Brücke lebten. Wenn die Frauen, wie Rosa sagte, laut geschrien hatten, dann mußten die Passanten sie doch gehört haben; das Geschrei hätte einen Auflauf verursachen müssen. Einen Augenblick hatte ich das Gefühl, daß diese ganze Stadt in irgendeiner Verschwörung zusammenwirkte. Ein Frösteln lief mir durch den Körper. Ich wandte mich an Nestor und offenbarte ihm ohne Umschweife das volle Maß meiner Angst.
Nestor sagte, der Nagual Juan Matus und Don Genaro seien tatsächlich Krieger von höchster Vollendung gewesen, und als solche waren sie Einzelwesen. Sie hätten nur direkte, wechselseitige Kontakte mit anderen Menschen gehabt. Es sei ganz ausgeschlossen, daß die ganze Stadt, oder auch nur die Leute, die an der Brücke wohnten, mit ihnen zusammenwirkten. Um dies tun zu können, sagte Nestor, hätten alle diese Leute Krieger sein müssen, was eine höchst unwahrscheinliche Möglichkeit war.
Josefina begann mich zu umkreisen, wobei sie mich höhnisch von oben bis unten musterte.
»Du hast wohl eine Frechheit«, sagte sie. »Du tust so, als wüßtest du nichts, wo du doch selber hier gewesen bist. Du hast uns hergebracht! Du hast uns über diese Brücke gestoßen!«
Die Blicke der Frauen wurden ganz bedrohlich. Ich wandte mich hilfesuchend an Nestor.
»Ich kann mich an nichts erinnern«, sagte er. »Dieser Platz macht mir Angst, das ist alles, was ich weiß.«
Daß ich mich an Nestor gewandt hatte, war ein kluger Schachzug von mir. Jetzt stürzten sich die Frauen auf ihn.
»Natürlich erinnerst du dich!« schrillte Josefina. »Wir waren alle hier. Was bist du eigentlich für ein dummer Esel?«
Mein Versuch, etwas herauszufinden, bedurfte einer gewissen Ordnung. Ich führte sie von der Brücke fort. Nachdem sie so aktive Menschen waren, meinte ich, würden sie sich entspannter fühlen, wenn sie umherschlenderten, statt dazusitzen und über die Dinge zu sprechen, wie ich selbst es vorgezogen hätte.
Während wir so dahingingen, verschwand der Zorn der Frauen so

rasch, wie er gekommen war. Lydia und Josefina wurden noch gesprächiger, sie beteuerten immer wieder ihren Eindruck, daß Silvio Manuel grauenerregend wäre. Keine von ihnen konnte sich aber erinnern, physisch angegriffen oder verletzt worden zu sein; sie erinnerten sich nur daran, vor Angst gelähmt gewesen zu sein. Rosa sagte kein Wort, aber sie pflichtete mit Gebärden all dem bei, was die anderen sagten. Ich fragte sie, ob es Nacht gewesen sei, als sie die Brücke zu überqueren versuchten. Lydia und Josefina sagten beide, es sei Tag gewesen. Rosa räusperte sich und flüsterte, es sei Nacht gewesen. La Gorda erklärte die Diskrepanz und stellte fest, es sei in der Morgendämmerung oder kurz davor gewesen.

Wir erreichten das Ende einer kurzen Straße und wandten uns automatisch wieder der Brücke zu.

»Es ist einfach wie nur was«, sagte la Gorda auf einmal, als hätte sie gerade darüber nachgedacht. »Wir überquerten – oder vielmehr ließ Silvio Manuel uns die parallelen Linien überqueren. Diese Brücke ist ein Platz der Kraft, eine Öffnung in dieser Welt, eine Pforte zu der anderen. Wir sind durch sie hindurchgegangen. Wahrscheinlich schmerzte es, als ich hindurchging, weil mein Körper Angst hatte. Silvio Manuel erwartete uns auf der anderen Seite. Keiner von uns erinnert sich an sein Gesicht, weil Silvio Manuel im Dunkel bleibt und niemals sein Gesicht zeigen würde. Wir konnten nur seine Augen sehen.«

»Ein Auge«, sagte Rosa leise und sah weg.

»Jeder hier, und auch du«, sagte la Gorda zu mir, »weiß, daß Silvio Manuels Gesicht im Dunkel ist. Man konnte nur seine Stimme hören – leise wie gedämpftes Husten.«

La Gorda hörte auf zu sprechen und begann mich auf eine Weise zu mustern, die mich befangen machte. Ihre Augen waren berechnend; sie vermittelte mir den Eindruck, als halte sie etwas zurück, was sie wußte. Ich fragte sie danach. Sie stritt es ab, gab aber zu, daß sie verschiedene unbegründete Gefühle hatte, die sie sich nicht weiter zu erklären suchte. Ich drängte die Frauen, ja verlangte schließlich von ihnen, sich anzustrengen und sich zu erinnern, was ihnen auf der anderen Seite der Brücke widerfahren sei. Jede konnte sich lediglich daran erinnern, die Schreie der anderen gehört zu haben.

Die drei Genaros hatten sich aus unserem Gespräch herausgehalten. Nun fragte ich Nestor, ob er eine Ahnung hätte, was geschehen sei. Seine düstere Antwort besagte, daß all dies über seinen Verstand ging.

Dann traf ich eine rasche Entscheidung. Mir schien es, als bleibe uns der einzige Ausweg, diese Brücke zu überschreiten. Ich rief sie alle zusammen und schlug vor, wir sollten zu der Brücke zurückkehren und als geschlossene Gruppe hinübergehen. Die Männer waren sofort einverstanden. Die Frauen nicht. Nachdem ich alle meine Vernunftgründe erschöpft hatte, blieb mir schließlich nichts anderes übrig, als Lydia, Rosa und Josefina voranzuschieben und zu stoßen. La Gorda zögerte, ob sie gehen wollte, schien aber von der Möglichkeit fasziniert. Sie ging mit, wollte mir aber bei den anderen Frauen nicht behilflich sein, und ähnlich verhielten sich die Genaros; sie kicherten nervös über meine Bemühungen, die drei Frauen vorwärtszutreiben, rührten aber keinen Finger, um mir zu helfen. Wir gingen bis an die Stelle, wo wir zuvor haltgemacht hatten. Jetzt spürte ich, daß ich auf einmal zu schwach war, um die drei Frauen festzuhalten. Ich schrie la Gorda an, sie solle mir doch helfen. Sie machte einen ziellosen Versuch, Lydia einzufangen, während die Gruppe ihren Zusammenhalt verlor und alle, außer la Gorda, drängend, schiebend und stoßend die Sicherheit der Straße gewannen. La Gorda und ich blieben wie angeleimt auf der Brücke stehen, unfähig, einen Schritt vorwärts zu gehen, und doch nicht bereit, uns zurückzuziehen.

La Gorda flüsterte mir ins Ohr, ich hätte gar nichts zu befürchten, denn in Wirklichkeit sei ich es gewesen, der sie auf der anderen Seite erwartet hatte. Sie sei auch überzeugt, so fügte sie an, daß ich wisse, daß ich Silvio Manuels Gehilfe gewesen sei, daß ich es aber nicht wagte, den anderen dies zu erzählen.

Augenblicklich packte eine unbeherrschbare Wut meinen Körper. Ich meinte, daß es la Gorda nicht zustand, solche Bemerkungen zu machen oder solche Gefühle zu haben. Ich packte sie am Haar und wirbelte sie herum. Auf dem Höhepunkt meines Wutausbruchs fing ich mich wieder und hielt inne. Ich entschuldigte mich und umarmte sie. Dann kam mir ein vernünftiger Gedanke zu Hilfe. Ich sagte ihr, daß meine Rolle als Führer an meinen Nerven zehre; die Spannung würde immer unerträglicher, je weiter wir vorankämen. Sie wollte mir nicht beipflichten. Sie blieb fest bei ihrer Auffassung, daß Silvio Manuel und ich uns ganz nahe stünden und daß ich nur auf die Erinnerung an meinen Meister mit solcher Wut reagiert hätte; es sei ein Glück, so sagte sie, daß sie meiner Obhut anvertraut war, denn sonst hätte ich sie wahrscheinlich von der Brücke geworfen.

Wir wandten uns um. Die anderen hatten sich von der Brücke in Sicherheit gebracht und starrten uns mit unverkennbarer Furcht entgegen. Es schien, als herrschte ein ganz seltsamer Zustand der Zeitlosigkeit. Andere Leute waren nicht in der Nähe. Wir mußten uns mindestens fünf Minuten auf dieser Brücke aufgehalten haben, und während dieser ganzen Zeit hatte nicht ein Mensch sie überquert oder sich auch nur sehen lassen. Dann auf einmal waren wir von Menschen umgeben, wie es an jedem solchen Übergang während der Geschäftszeit der Fall gewesen wäre.

Ohne ein weiteres Wort gingen wir zur Plaza zurück. Wir waren gefährlich schwach. Ich hatte den unbestimmten Wunsch, noch ein wenig länger in der Stadt zu bleiben. Aber wir setzten uns ins Auto und fuhren nach Osten, der Atlantikküste entgegen. Nestor und ich wechselten uns am Steuer ab und machten nur halt, um zu tanken oder zu essen, bis wir schließlich Vera Cruz erreichten. Diese Stadt war für uns neutraler Boden. Ich war erst einmal hier gewesen; von den anderen noch niemand. La Gorda glaubte, eine solche unbekannte Stadt sei der geeignete Ort, um ihre alten Hüllen abzuwerfen. Wir mieteten uns in einem Hotel ein, und dort fingen sie an, ihre alten Kleider in Fetzen zu reißen. Die Erregung einer neuen Stadt wirkte Wunder für ihre Moral und ihr allgemeines Wohlbefinden.

Unsere nächste Station war Mexico City. Wir bezogen ein Hotel am Alameda Park, wo Don Juan und ich einmal gewohnt hatten. Zwei Tage lang waren wir die perfekten Touristen. Wir gingen einkaufen und besichtigten so viele Touristenattraktionen wie nur möglich. Die Frauen sahen einfach verblüffend aus. Benigno kaufte bei einem Pfandleiher eine Kamera. Er machte vierhundertfünfundzwanzig Schnappschüsse ohne Film. Einmal, als wir gerade die großartigen Wandmosaiken bewunderten, fragte ein Sicherheitsbeamter mich, woher jene prachtvollen Ausländerinnen stammten. Er nahm wohl an, ich sei ein Fremdenführer. Ich sagte ihm, sie seien aus Sri Lanka. Er glaubte mir und wunderte sich über die Tatsache, daß sie beinahe mexikanisch aussahen.

Am folgenden Tag, um zehn Uhr morgens, standen wir vor dem Stadtbüro der Fluggesellschaft, in das Don Juan mich einmal gestoßen hatte. Nachdem er mir einen Stoß versetzt hatte, war ich durch die eine Tür hineingestolpert und zu einer anderen wieder hinaus, aber nicht auf die Straße, wie es eigentlich hätte sein müssen, sondern auf einen Marktplatz, mindestens eine Meile entfernt, wo ich das Tun und Treiben der Leute beobachtet hatte.

La Gorda sprach die Vermutung aus, daß dieses Flugbüro, ähnlich wie jene Brücke, ein Platz der Kraft sein könnte, eine Pforte, durch die man von einer der parallelen Linien zur anderen überwechseln könne. Offensichtlich, so meinte sie, habe der Nagual mich durch diese Öffnung gestoßen, aber ich sei auf halbem Weg zwischen den beiden Welten, zwischen den Linien, hängengeblieben, und darum hätte ich das Treiben auf dem Markt beobachtet, ohne selbst daran teilzunehmen. Der Nagual, so sagte sie, habe natürlich die Absicht gehabt, mich ganz hinüberzustoßen, aber meine Eigenwilligkeit habe diese Absicht vereitelt und ich sei wieder auf der Linie angelangt, von der ich ausgegangen war, nämlich auf dieser Welt.

Wir gingen vom Flugbüro zum Marktplatz und von dort zum Alameda Park, wo Don Juan und ich nach jenem damaligen Erlebnis auf einer Bank gesessen hatten. In diesem Park war ich oft mit Don Juan gewesen. Ich fand, es war der geeignetste Ort, um über unsere zukünftigen Schritte zu sprechen.

Meine Absicht war, alles, was wir bis dahin getan hatten, zusammenzufassen und die Kraft dieses Platzes entscheiden zu lassen, was wir als nächstes tun sollten. Nach unserem Versuch, die Brücke zu überqueren, hatte ich vergeblich über eine Möglichkeit nachgedacht, die anderen als Gruppe zusammenzufassen. Wir setzten uns auf eine Steintreppe, und ich eröffnete das Gespräch mit der Vorstellung, daß Wissen für mich wesentlich eine Sache der Sprache sei. Ich sagte ihnen, es sei meine ernsthafte Überzeugung, daß ein Ereignis oder eine Erfahrung, wenn man sie nicht durch einen Begriff formulieren könne, sich zwangsläufig verflüchtigen mußten; daher bat ich sie, jeden einzelnen, um ihre Meinung über unsere Situation.

Pablito sprach als erster. Ich fand es merkwürdig, denn er war die ganze Zeit ungewöhnlich still gewesen. Er entschuldigte sich, weil das, was er sagen wollte, sich nicht auf irgendwelche Tatsachen bezog, an die er sich erinnerte oder die er fühlte, sondern vielmehr eine Schlußfolgerung war, beruhend auf allem, was er bis dahin wußte. Für ihn, so sagte er, sei es kein Problem zu verstehen, was, wie die Frauen sagten, auf jener Brücke passiert sein sollte. Es gehe vielmehr darum, so behauptete Pablito, daß sie von der rechten Seite, dem Tonal, zur linken Seite, dem Nagual, überwechseln mußten. Was ihnen allen Angst gemacht hätte, sei die Tatsache, daß ein anderer den Hebel in der Hand hatte und das Überwechseln erzwang. Für ihn war es auch kein Problem zu akzeptieren, daß ich es gewesen war, der damals Silvio Manuel half. Er unterstrich seine Schlußfolgerung mit dem Hinweis auf die Tatsache, daß er erst vor zwei Tagen gesehen hatte, wie ich genau dies machte: nämlich sie alle auf die Brücke stoßen. Diesmal aber wäre auf der anderen Seite niemand gewesen, um mir zu helfen; kein Silvio Manuel, der sie herübergezogen hätte.

Ich versuchte das Thema zu wechseln und begann ihnen allen zu erklären, daß ein Vergessen, wie wir es erlebt hatten, wissenschaftlich als Amnesie bezeichnet würde. Das wenige, was ich über die Amnesie wußte, genügte nicht, um etwas Licht in unseren Fall zu bringen, aber es genügte doch, um mich zu der Überzeugung zu führen, daß wir nicht wie auf Kommando vergessen konnten. Irgend jemand, so sagte ich ihnen, möglicherweise Don Juan, mußte etwas Unbeschreibliches mit uns angestellt haben. Ich wollte genau herausfinden, was es gewesen war.

Pablito beharrte darauf, ich müsse unbedingt einsehen, daß ich selbst es gewesen war, der mit Silvio Manuel Hand in Hand arbeitete. Dann vertraute er mir an, daß Lydia und Josefina ihm erzählt hätten, welche Rolle ich angeblich gespielt hatte, als sie gezwungen wurden, die parallelen Linien zu überschreiten.

Mir war es nicht angenehm, dieses Thema zu erörtern. Ich wandte ein, ich hätte noch nie etwas von den parallelen Linien gehört, bis zu dem Tag, als ich mit Dona Soledad sprach, und doch hätte ich keine Bedenken gehabt, das Wort sofort in meinen Wortschatz zu übernehmen. Ich erzählte ihnen, mir sei blitzartig klargeworden, was sie damit meinte. Ich wäre sogar davon überzeugt, so sagte ich, selbst die Linien überschritten zu haben, wenn ich mich an Dona Soledad erinnerte. Alle anderen, bis auf la Gorda, sagten, sie hätten die parallelen Linien zum erstenmal von mir erwähnen gehört. La Gorda sagte, sie habe von Dona Soledad davon erfahren, kurz bevor ich es von ihr hörte.

Pablito machte einen Versuch, meine Beziehung zu Silvio Manuel zu erörtern. Ich unterbrach ihn. Während wir auf dieser Brücke standen, so sagte ich, und auch auf dem Weg nach Mexico City hätte ich nicht bemerkt, daß ich – und wahrscheinlich auch sie alle – in einen Zustand der anderen Realität geraten war. Ich wurde der Veränderung erst gewahr, als ich merkte, daß sich keine anderen Menschen auf der Brücke befanden. Nur wir acht hatten dort gestanden. Es war ein klarer Tag gewesen, aber plötzlich hatte der Himmel sich bewölkt, und das helle Morgenlicht war einer Dämmerung gewichen. Ich war damals von meinen Befürchtungen und individualistischen Interpretationen so sehr in Anspruch genommen, daß ich die unheimliche Veränderung gar nicht bemerkte. Als wir uns von der Brücke zurückzogen, nahm ich wahr, daß wieder andere Menschen umhergingen. Was aber war mit ihnen während der Zeit geschehen, als wir unseren Versuch machten, die Brücke zu überqueren?

La Gorda und die anderen hatten gar nichts gemerkt. Tatsächlich wurden sie sich irgendwelcher Veränderungen erst in dem Augenblick bewußt, als ich sie ihnen schilderte. Sie starrten mich alle mit einem Gesichtsausdruck an, in dem sich Ärger und Furcht mischten. Wieder machte Pablito sich zum Sprecher und warf mir vor, sie in etwas hineinzuführen, das sie nicht wollten. Er äußerte sich nicht genauer darüber, was dies sein mochte, doch seine Beredsamkeit war so überzeugend, daß die anderen sich hinter ihn stellten. Auf einmal hatte ich eine Schar wütender Zauberer gegen mich. Ich brauchte lange, um ihnen zu erklären, warum es für mich so notwendig war, ein so seltsames und überwältigendes Ereignis wie unsere Erfahrung auf jener Brücke unter jedem nur möglichen Gesichtspunkt zu untersuchen. Schließlich beruhigten sie sich, weniger weil sie überzeugt gewesen wären, sondern aus emotionaler Erschöpfung. Alle, auch la Gorda, hatten Pablitos Standpunkt vehement verteidigt und unterstützt.

Nestor brachte eine andere Überlegung vor. Er meinte, ich sei möglicherweise ein widerwilliger Botschafter, der sich der vollen Tragweite seines Handelns nicht voll bewußt sei. Er selbst, so fügte er hinzu, könne sich nicht wie die anderen vorstellen, daß ich mir bewußt sei, daß man mir die Aufgabe übertragen hätte, sie in die Irre zu führen. Er meinte, ich wisse nicht wirklich, daß ich sie in den Untergang führte, und doch täte ich genau dies. Er stellte sich vor, daß es zwei Möglichkeiten gebe, die parallelen Linien zu überqueren, erstens mit Hilfe der Kraft eines anderen, und zweitens aus eigener Kraft. Letzten Endes war er der Meinung, Silvio Manuel habe sie dazu bewegt, hinüberzugehen, indem er ihnen solche Angst einjagte, daß einige von ihnen sich nicht einmal mehr daran erinnern konnten, es getan zu haben. Jetzt hätten sie nur noch die Aufgabe vor sich, aus eigener Kraft hinüberzugehen; meine Aufgabe sei es, sie daran zu hindern.

Nun ergriff Benigno für die anderen das Wort. Seiner Meinung nach, sagte er, war das letzte, was Don Juan für uns, die männlichen Lehrlinge, getan hatte, daß er uns half, die parallelen Linien zu überqueren, indem er uns in einen Abgrund springen ließ. Benigno glaubte, daß wir bereits einiges Wissen über das Hinübergehen hätten, daß es aber noch nicht Zeit sei, es noch einmal zu tun. An der Brücke hätten sie keinen Schritt mehr weitergehen können, weil die rechte Zeit noch nicht gekommen war. Sie hätten daher recht, wenn sie glaubten, daß ich sie zu vernichten suchte, als ich sie zwingen wollte hinüberzugehen. Er glaubte, das Überqueren der parallelen Linien bei vollem Bewußtsein würde für sie alle einen endgültigen Schritt bedeuten, einen Schritt, den sie nur tun konnten, wenn sie bereit wären, von dieser Erde zu verschwinden.

Als nächste griff Lydia mich an. Sie versuchte erst gar keine Einschätzung der Situation, sondern forderte mich auf, mich zu erinnern, wie ich sie das erste Mal zu der Brücke gelockt hatte. Sie erklärte unumwunden, daß ich gar nicht der Lehrling des Nagual Juan Matus sei, sondern Silvio Manuels Lehrling; und daß Silvio Manuel und ich gegenseitig unsere Körper verschlungen hätten.

Ich hatte wieder einen Wutanfall, ähnlich wie ich ihn mit la Gorda auf der Brücke gehabt hatte. Ich konnte mich gerade noch rechtzeitig fangen. Was mich beruhigte, war eine logische Überlegung. Ich sagte mir nämlich immer wieder, daß ich an der Analyse des Vorfalls interessiert sei.

Also erklärte ich Lydia, daß es sinnlos sei, mich dermaßen zu verhöhnen. Sie wollte es aber nicht lassen. Sie zeterte, Silvio Manuel sei mein Meister, und dies sei der Grund, warum ich nicht zu ihnen allen gehören könne. Rosa fügte noch hinzu, daß Silvio Manuel mir alles gegeben habe, was ich nun sei.

Ich protestierte gegen Rosas Wortwahl. Wenn schon, so meinte ich, hätte sie sagen müssen, daß Silvio Manuel mir alles gab, was ich nun hätte. Sie verteidigte ihre Wortwahl. Silvio Manuel habe mir gegeben, was ich sei. Sogar la Gorda ergriff ihre Partei und sagte, sie erinnere sich an eine Zeit, als ich so krank war, daß ich keine Reserven mehr hatte und alles in mir erschöpft war; damals, so sagte sie, übernahm Silvio Manuel die Führung und pumpte neues Leben in meinen Körper. La Gorda meinte, es sei doch eigentlich besser, daß ich nun meine wahre Herkunft kannte, statt, wie ich es bisher getan hatte, von der Annahme auszugehen, daß es der Nagual Juan Matus gewesen sei, der mir geholfen hatte. Sie betonte, ich sei nur deshalb auf den Nagual fixiert, weil dieser eine Vorliebe für die Sprache hatte. Silvio Manuel dagegen sei die schweigende Dunkelheit. Um ihm zu folgen, erklärte sie, müsse ich die parallelen Linien überqueren. Doch um dem Nagual Juan Matus zu folgen, brauchte ich nichts anderes zu tun, als über ihn zu reden.

Alles, was sie sagten, erschien mir als barer Unsinn. Ich wollte gerade eine, wie mir schien, sehr treffende Bemerkung in diesem Sinn machen, als meine Argumentation buchstäblich in sich zusammenstürzte. Ich wußte einfach nicht mehr den Gedanken, den ich soeben noch gehabt hatte, während er mir noch eine Sekunde vorher als die Klarheit selbst erschienen war; statt dessen befiel mich eine ganz seltsame Erinnerung. Es war nicht das Gefühl von irgend etwas, sondern die tatsächliche faktische Erinnerung an ein Ereignis. Ich erinnerte mich, daß ich einmal mit Don Juan und einem anderen Mann zusammen gewesen war, an dessen Gesicht ich mich nicht erinnern konnte. Wir drei sprachen über irgend etwas, das ich als eine Gegebenheit dieser Welt auffaßte. Es befand sich drei bis vier Meter rechts von mir, und es war eine unvorstellbare gelbliche Nebelbank, die, wie es mir erschien, die Welt in zwei Hälften teilte. Sie erstreckte sich vom

Boden bis zum Himmel hinauf, bis ins Unendliche. Während ich mit den beiden Männern sprach, war die Hälfte der Welt zu meiner Linken intakt, während die Hälfte zu meiner Rechten in Nebel gehüllt war. Ich erinnerte mich, daß ich mich damals mit Hilfe von geographischen Punkten orientiert und erkannt hatte, daß die Achse der Nebelbank von Osten nach Westen verlief. Alles, was sich nördlich dieser Linie befand, war die Welt, wie ich sie kannte. Ich erinnerte mich, wie ich Don Juan fragte, was mit der Welt südlich der Linie passiert sei. Don Juan forderte mich auf, mich um ein paar Grad nach rechts zu drehen, und da bemerkte ich, daß die Nebelwand sich im gleichen Maß drehte, wie ich meinen Kopf bewegte. Die Welt war zweigeteilt, und zwar auf einer für meinen Intellekt unbegreiflichen Ebene. Die Teilung schien real, doch die Grenze lag nicht im Bereich des Physischen, sie mußte irgendwie in mir selber liegen. Oder nicht?

Und noch einen weiteren Aspekt hatte diese meine Erinnerung. Der andere Mann sagte nämlich, daß es eine große Errungenschaft sei, die Welt entzweizubrechen, daß es aber eine noch größere Errungenschaft sei, wenn ein Krieger die Leichtigkeit und Selbstbeherrschung aufbrächte, um die Rotation dieser Nebelwand anzuhalten. Er sagte, die Wand sei nicht in uns; sie sei ganz gewiß draußen in der Welt, sie breche diese entzwei und drehe sich, wenn wir den Kopf bewegten, als ob sie an unserer rechten Schläfe befestigt wäre. Die große Errungenschaft, die darin besteht, das Rotieren der Wand zu verhindern, versetze den Krieger in die Lage, sie anzusehen, und gebe ihm die Kraft, sie zu durchschreiten, wann immer es ihm gefalle.

Als ich den Lehrlingen erzählte, woran ich mich gerade erinnert hatte, waren die Frauen davon überzeugt, daß jener Mann Silvio Manuel gewesen sei. Josefina als Kennerin dieser Nebelwand erklärte, der Vorzug, den Eligio vor allen anderen habe, liege in seiner Fähigkeit, das Rotieren der Wand anzuhalten, so daß er sie nach Belieben durchschreiten könne. Außerdem, so sagte sie, sei es leichter, beim Träumen in die Nebelwand einzudringen, weil sie sich dann nicht bewege.

La Gorda schien unter dem Einfluß verschiedener, vielleicht unangenehmer Erinnerungen zu stehen. Ihr Körper zuckte unwillkürlich, bis sie sich schließlich mit Worten Luft machte. Sie sagte, sie könne unmöglich länger die Tatsache leugnen, daß ich Silvio

Manuels Gehilfe sei. Der Nagual selber habe sie gewarnt, daß ich sie versklaven würde, wenn sie sich nicht in acht nähme. Sogar Soledad habe ihr geraten, auf mich aufzupassen, weil mein Geist darauf aus sei, Gefangene zu machen und sie zu knechten; und das sei etwas, das nur Silvio Manuel machte. Er habe mich versklavt, und ich wiederum würde jeden versklaven, der mir zu nahe käme. Sie beteuerte, sie habe bis zu jenem Augenblick unter meinem Bann gestanden, als sie in diesem Zimmer in Silvio Manuels Haus saß, als plötzlich irgend etwas von ihren Schultern genommen worden sei.

Ich stand auf und wankte buchstäblich unter der Wucht von la Gordas Worten. In meinem Magen spürte ich eine Leere. Ich war überzeugt gewesen, daß ich unter allen Umständen auf ihre Unterstützung zählen konnte. Ich fühlte mich verraten. Ich glaubte, es wäre angebracht, sie von meinen Gefühlen in Kenntnis zu setzen, aber ein gewisser nüchterner Sinn kam mir zu Hilfe. Statt dessen sagte ich ihnen, es sei meine leidenschaftslose Überzeugung als Krieger, daß Don Juan die Richtung meines Lebens zum Besseren gewendet habe. Ich hätte immer wieder Bilanz gezogen, was er für mich getan hatte, und dabei sei ich immer zu dem gleichen Schluß gelangt. Er habe mir die Freiheit gebracht. Die Freiheit sei das einzige, wovon ich wisse; das einzige, das ich jemandem, der zu mir käme, weitergeben könne.

Nestor drückte mir durch eine Geste seine Solidarität aus. Er ermahnte die Frauen, ihre Feindseligkeit gegen mich aufzugeben. Er sah mich mit den Augen eines Menschen an, der nicht versteht, aber verstehen will. Er sagte, daß ich nicht zu ihnen gehörte, daß ich wirklich ein einsamer Vogel sei. Sie hätten mich in einem gewissen Moment gebraucht, um ihre Grenzen der Liebe und der Routine zu zerbrechen. Jetzt, da sie frei wären, sei nur der Himmel ihre Grenze. Mit mir zusammenzubleiben, wäre zweifellos eine angenehme Aussicht, aber tödlich für sie.

Er schien tief bewegt. Er kam an meine Seite und legte mir die Hand auf die Schulter. Er sagte, er habe das Gefühl, daß wir uns auf dieser Erde nie wiedersehen würden. Er bedauerte, daß wir im Begriff stünden, auseinanderzugehen wie kleinmütige Menschen, unter Gezänk, Klagen und Vorwürfen. Er sagte, daß er nicht für sich selbst, sondern im Namen der anderen sprechen wolle, wenn er mich nun bäte fortzugehen, denn wir hätten keine Chance zusammenzubleiben. Er setzte noch hinzu, er habe über la Gorda gelacht, als sie uns von der Schlange erzählte, die wir bildeten. Jetzt aber habe er seine Meinung geändert und fände die Idee nicht mehr so albern. Es sei tatsächlich unsere letzte Chance gewesen, als Gruppe zusammenzuwirken.

Don Juan hatte mich gelehrt, mein Schicksal in Demut zu akzeptieren.

»Die Richtung des Schicksals eines Kriegers ist unabänderlich«, hatte er einmal zu mir gesagt. »Die Frage ist nur, wie weit er innerhalb dieser starren Grenzen gehen kann, wie makellos er innerhalb dieser starren Grenzen sein kann. Wenn Hindernisse auf seinem Weg liegen, dann strebt der Krieger makellos danach, sie zu überwinden. Wenn er auf seinem Weg unerträgliche Härten und Qualen findet, weint er, aber nicht einmal alle seine Tränen zusammengenommen könnten die Richtung seines Schicksals um Haaresbreite wandeln.«

Meine ursprüngliche Entscheidung, die Kraft dieses Platzes uns unseren nächsten Schritt weisen zu lassen, war richtig gewesen. Ich stand auf. Alle wandten den Kopf ab. La Gorda kam zu mir und sagte, als ob nichts geschehen wäre, daß ich aufbrechen solle und daß sie mich irgendwann später einholen und sich mir anschließen würde. Ich wollte erwidern, daß ich für sie keinen Grund sähe, sich mir anzuschließen. Denn sie hätte sich schon entschieden, sich den anderen anzuschließen. Es schien, als ahnte sie mein Gefühl, verraten worden zu sein. Ruhig versicherte sie mir, daß wir zusammen unser Schicksal als Krieger erfüllen müßten, und nicht als die kleinmütigen Menschen, die wir waren.

Zweiter Teil

DIE KUNST DES TRÄUMENS

6. Die menschliche Form verlieren

Einige Monate später, nachdem la Gorda allen anderen geholfen hatte, sich in verschiedenen Gegenden Mexicos niederzulassen, nahm sie ihren Wohnsitz in Arizona. Nun begannen wir den seltsamsten und überwältigendsten Teil unserer Lehrzeit zu erforschen. Anfangs war unsere Beziehung eher gespannt. Es fiel mir sehr schwer, die Art zu verwinden, wie unsere Gruppe im Alameda Park auseinandergegangen war. Obwohl la Gorda wußte, wo die anderen sich aufhielten und was sie machten, erwähnte sie mir gegenüber nie etwas darüber. Sie meinte, es wäre für mich überflüssig, etwas über ihr Tun und Treiben zu erfahren.

An der Oberfläche schien zwischen la Gorda und mir alles in Ordnung. Dennoch empfand ich ihr gegenüber einen bitteren Groll, weil sie sich gegen mich auf die Seite der anderen geschlagen hatte. Ich sprach dieses Gefühl nicht aus, aber es war immer da. Trotzdem half ich ihr und tat alles für sie, als ob nichts geschehen wäre. Dies aber fiel für mich unter die Rubrik »Makellosigkeit«. Es war meine Pflicht. Um sie zu erfüllen, hätte ich bereitwillig den Tod auf mich genommen. Entschlossen widmete ich mich der Aufgabe, la Gorda zu leiten und zu fördern, während sie die Schliche des modernen Großstadtlebens erlernte; sie lernte sogar Englisch. Ihre Fortschritte waren phänomenal.

Drei Monate vergingen, ohne daß etwas Besonderes geschah. Aber eines Tages, ich war in Los Angeles, erwachte ich kurz nach Mitternacht mit einem unerträglichen Druck im Kopf. Es war kein Kopfschmerz, eher war es eine sehr intensive Last auf meinen Ohren. Ich spürte sie auf den Augenlidern und an meiner Gaumenplatte. Ich wußte, daß ich Fieber hatte, aber das Hitzegefühl war nur in meinem Kopf. Ich machte einen schwachen Versuch, mich aufrechtzusetzen. Dann kam mir der Gedanke in den Sinn, daß ich vielleicht einen Schlaganfall hatte. Meine erste

Reaktion war, um Hilfe zu rufen, aber irgendwie beruhigte ich mich und versuchte, meine Angst loszuwerden. Nach einer Weile begann der Druck in meinem Kopf nachzulassen, aber nun verlagerte er sich in meine Kehle. Ich rang keuchend nach Luft und würgte und hustete eine Weile. Dann wanderte der Druck langsam in meinen Brustkorb, dann in meinen Bauch, dann in die Lenden, in die Beine und in meine Füße, bevor er schließlich meinen Körper verließ.

Was immer da mit mir passiert sein mochte, es hatte jedenfalls zwei Stunden gedauert. Während dieser zwei zermürbenden Stunden war es, als ob tatsächlich irgend etwas in meinem Körper abwärts wanderte und aus mir hinausdrängte. Ich stellte mir vor, daß es sich wie ein Teppich aufrollte. Ein anderer Vergleich, der mir in den Sinn kam, war eine Blase, die sich in meiner Leibeshöhle bewegte. Ich verwarf dieses Bild aber wieder zugunsten des ersten, denn das Gefühl war so ähnlich, wie wenn etwas sich um sich selbst wickelt. Ähnlich wie ein aufgerollter Teppich wurde es immer schwerer, je weiter es nach unten wanderte. Die zwei Stellen, wo der Schmerz unerträglich wurde, waren meine Knie und meine Füße, besonders mein rechter Fuß, der noch fünfunddreißig Minuten lang heiß blieb, nachdem der Schmerz und der Druck verschwunden waren.

Nachdem la Gorda sich meine Erzählung angehört hatte, sagte sie, daß ich diesmal ganz gewiß meine menschliche Form verloren hätte, daß ich alle meine Schutzschilde, oder doch die meisten, abgeworfen hätte. Ohne zu wissen wie, oder sogar ohne mir darüber klarzuwerden, fand ich mich in einer höchst befremdlichen Lage. Ich fühlte mich leidenschaftslos, unvoreingenommen. Es war mir gleichgültig, was la Gorda mir angetan hatte. Es war nicht so, als hätte ich ihr jenes schändliche Verhalten, das sie mir damals gezeigt hatte, verziehen; vielmehr war es so, als hätte es niemals einen Verrat gegeben. Ich hegte keinen offenen oder geheimen Groll mehr gegen la Gorda – und auch gegen niemand anderes. Was ich empfand, war nicht negative Gleichgültigkeit oder eine Lustlosigkeit zu handeln. Es war auch keine verzweifelte Einsamkeit oder auch nur der Wunsch, allein zu sein. Vielmehr war es ein fremdartiges Gefühl der Zurücknahme; eine Fähigkeit, ganz in den Augenblick einzutauchen und keinerlei Gedanken an irgend etwas anderes zu haben. Die Handlungen anderer Menschen betrafen mich nicht mehr, denn ich hatte keinerlei Erwartungen mehr. Ein seltsamer Frieden war die beherrschende Kraft meines Lebens geworden. Ich spürte, daß ich irgendwie eine der mit dem Leben eines Kriegers verbundenen Vorstellungen angenommen hatte, die Losgelöstheit. La Gorda meinte, daß ich mehr getan hätte, als sie nur anzunehmen, daß ich sie wirklich verkörperte.

Don Juan und ich hatten lange Gespräche über die Möglichkeit geführt, daß ich eines Tages genau dies tun würde. Er hatte gesagt, daß die Losgelöstheit nicht automatisch Weisheit bedeute, daß sie aber gleichwohl ein Vorteil sei, weil sie dem Krieger erlaube, einen Moment auszusetzen, um Situationen zu beurteilen, Standpunkte zu überdenken. Um dieses zusätzliche Moment jedoch vernünftig und richtig zu nutzen, sagte er, sei es notwendig, daß ein Krieger sich sein Leben lang unablässig bemühte.

Ich hatte die Hoffnung bereits aufgegeben, daß ich dieses Gefühl der Unvoreingenommenheit je erleben würde. Was mich betraf, so war es mir unmöglich, es zu improvisieren. Es war mir sinnlos erschienen, mir die damit verbundenen Vorteile vorzustellen oder an die Möglichkeit zu denken, daß es sich einmal bei mir einstellen würde. Gewiß hatte ich im Lauf der Jahre, die ich mit Don Juan in Verbindung stand, eine stetige Abnahme meiner persönlichen Bindungen an die Welt erfahren, doch diese Abnahme hatte nur auf intellektueller Ebene stattgefunden; in meinem alltäglichen Leben blieb ich unverändert bis zu dem Augenblick, als ich meine menschliche Form verlor.

Ich spekulierte mit la Gorda darüber, daß die Vorstellung, die menschliche Form zu verlieren, wohl eine Bezeichnung jenes körperlichen Zustands sei, der den Lehrling befällt, nachdem er im Verlauf seiner Schulung eine gewisse Schwelle erreicht hat. Sei dem, wie es mag, die endliche Folge des Verlierens der menschlichen Form war für la Gorda wie für mich seltsamerweise nicht nur dieses angestrebte und begehrte Gefühl des Losgelöstseins, sondern auch die Erfüllung unserer undefinierbaren Aufgabe des Erinnerns. Und auch in diesem Fall spielte der Intellekt nur eine minimale Rolle.

Eines Abends sprachen la Gorda und ich über einen Film. Sie

hatte sich einen erotischen Film angesehen, und ich war neugierig, ihr Urteil darüber zu hören. Er hatte ihr gar nicht gefallen. Sie behauptete, es sei ein schwächendes Erlebnis gewesen, denn ein Krieger zu sein, setze voraus, daß man ein enthaltsames Leben in strikter Keuschheit führe, wie der Nagual Juan Matus es getan hatte.

Ich sagte ihr, ich wisse genau, daß Don Juan die Frauen geliebt hatte und keineswegs keusch war, und daß ich dies erfreulich fände.

»Du bist verrückt!« rief sie mit einem belustigten Unterton in der Stimme. »Der Nagual war ein vollkommener Krieger. Er war nicht in irgendwelche Netze der Sinnlichkeit verstrickt.«

Sie wollte wissen, warum ich meinte, daß Don Juan nicht keusch gewesen sei. Ich erzählte ihr von einem Ereignis, das sich gleich am Anfang meiner Lehrzeit in Arizona zugetragen hatte. Ich war in Don Juans Haus und ruhte mich aus, einen Tag nachdem wir von einer anstregenden Wanderung zurückgekehrt waren. Don Juan erschien mir seltsam nervös. Immer wieder stand er auf und spähte aus der Tür. Er schien auf jemanden zu warten. Dann sagte er mir ganz unvermittelt, daß ein Auto gerade um die Kurve gebogen sei und auf das Haus zugefahren komme. Er sagte, es sei ein Mädchen, eine alte Freundin von ihm, die ihm ein paar Decken bringen wolle. Noch niemals hatte ich Don Juan verlegen gesehen, und es tat mir furchtbar leid, ihn so unruhig zu erleben, daß er nicht mehr wußte, was er tat. Ich dachte, er wünsche nicht, daß ich das Mädchen kennenlernte; als er mir dies sagte, stotterte er beinahe. Ich schlug vor, ich könnte mich verstecken, aber im ganzen Zimmer gab es keinen Platz, wo ich mich hätte verstecken können, und daher hieß er mich auf den Boden niederliegen und deckte mich mit einer Strohmatte zu. Ich hörte, wie draußen der Motor abgestellt wurde, und dann sah ich durch die Schlitze in der Strohmatte ein Mädchen vor der Tür stehen. Sie war groß, schlank und sehr jung. Ich fand sie schön. Don Juan sagte irgend etwas zu ihr, mit einer leisen, vertraulichen Stimme. Dann drehte er sich um und deutete auf mich.

»Carlos versteckt sich dort unter der Matte«, sagte er mit lauter, klarer Stimme zu dem Mädchen. »Sag ihm doch Hallo.«

Das Mädchen winkte mir zu und sagte mit dem freundlichsten Lächeln Hallo. Ich kam mir blöde vor und ärgerte mich über Don

Juan, weil er mich in diese peinliche Lage gebracht hatte. Ich hatte den Eindruck, als versuche er auf diese Weise seine Nervosität zu bekämpfen, oder schlimmer noch, als wolle er vor mir prahlen.

Als das Mädchen fort war, bat ich ihn wütend um eine Erklärung. Er sagte aufrichtig, er habe sich hinreißen lassen, weil meine Füße unter der Matte hervorlugten und er sich anders nicht zu helfen gewußt hätte. Als ich dies hörte, wurde mir sein Manöver klar. Er hatte vor mir mit seiner jungen Freundin prahlen wollen. Es war ganz unmöglich, daß meine Füße hervorlugten, weil ich sie unter die angewinkelten Schenkel gezogen hatte. Ich lachte wissend, und Don Juan fühlte sich verpflichtet, mir zu erklären, daß er die Frauen liebe, besonders dieses Mädchen.

Diesen Zwischenfall hatte ich nie vergessen. Don Juan sprach niemals darüber. Wenn ich davon anfangen wollte, gebot er mir immer Einhalt. Diese junge Frau beschäftigte mich beinahe zwanghaft. Ich spielte mit der Hoffnung, sie würde eines Tages, nachdem sie meine Bücher gelesen hätte, bei mir auftauchen.

La Gorda war inzwischen sehr erregt. Während ich redete, schritt sie im Zimmer auf und ab. Sie war den Tränen nahe. Ich stellte mir alle möglichen komplizierten Beziehungsnetze vor, die hier im Spiel sein mochten. Ich meinte, la Gorda sei besitzergreifend und reagiere wie eine Frau, die sich von einer anderen Frau bedroht fühlt.

»Bist du eifersüchtig, Gorda?« fragte ich.

»Sei nicht albern«, sagte sie böse. »Ich bin eine formlose Kriegerin. Es gibt keinen Neid und keine Eifersucht mehr in mir.«

Nun brachte ich etwas zur Sprache, was die Genaros mir einmal erzählt hatten, nämlich daß sie die Frau des Naguals gewesen sei. La Gordas Stimme war kaum noch vernehmbar.

»Ich glaube, das war ich«, sagte sie und setzte sich mit verschwommenem Blick auf ihr Bett. »Ich habe so ein Gefühl, daß ich es war, auch wenn ich nicht weiß wie. In diesem Leben war der Nagual Juan Matus für mich genau das, was er für dich war. Er war kein Mann, er war der Nagual. Er hatte kein Interesse an Sex.«

Ich versicherte ihr, ich hätte selbst gehört, wie Don Juan sagte, daß er dieses Mädchen mochte.

»Sagte er, daß er Sex mit ihr hatte?« fragte la Gorda.

»Nein, das nicht, aber es war offensichtlich aus der Art und Weise, wie er mit ihr sprach.«

»Es würde dir gefallen, wenn der Nagual so wäre wie du, nicht wahr?« fragte sie verächtlich. »Der Nagual war ein makelloser Krieger.«

Ich fand, daß ich recht hatte und meine Meinung nicht zu revidieren brauchte. Nur um la Gorda zu trösten, sagte ich, daß die junge Frau vielleicht Don Juans Lehrling gewesen sei, wenn schon nicht seine Geliebte.

Es entstand eine lange Pause. Was ich gesagt hatte, verwirrte mich auf einmal selbst. Bis zu diesem Augenblick hatte ich nie an eine solche Möglichkeit gedacht. Ich war in einem Vorurteil befangen und hatte mir keinen Spielraum zugestanden, um meine Meinung zu überprüfen.

La Gorda bat mich, die junge Frau zu beschreiben. Das konnte ich nicht. Ich hatte ihr Gesicht nicht richtig gesehen. Ich war zu verärgert, zu verlegen gewesen, um sie mir genau anzusehen. Auch sie selbst schien von der Peinlichkeit der Situation betroffen und war rasch aus dem Haus gelaufen.

La Gorda sagte, sie habe – ohne irgendeinen logischen Grund – das Gefühl, daß die junge Frau eine Schlüsselfigur im Leben des Nagual gewesen sei. Diese Feststellung führte uns in ein langes Gespräch über Don Juans Freunde, soweit wir sie kannten. Stundenlang bemühten wir uns, alle Informationen zusammenzutragen, die wir über seine Gefährten hatten. Ich erzählte ihr von den verschiedenen Gelegenheiten, als Don Juan mich mitgenommen hatte, um an Peyote-Zeremonien teilzunehmen. Ich schilderte ihr jeden einzelnen Teilnehmer. Sie riefen aber kein Wiedererkennen bei ihr hervor. Jetzt wurde mir klar, daß ich wahrscheinlich mehr Menschen kannte, die mit Don Juan zu tun gehabt hatten, als la Gorda. Aber irgend etwas, das ich gesagt hatte, veranlaßte sie, sich zu erinnern, daß sie einmal gesehen hatte, wie eine junge Frau den Nagual und Don Genaro in einem kleinen weißen Auto chauffierte. Die Frau ließ die beiden Männer vor la Gordas Haustür aussteigen, und sie starrte la Gorda einen Moment an, bevor sie wegfuhr. La Gorda hatte damals gemeint, die junge Frau habe den Nagual und Don Genaro als Anhalter mitgenommen. Jetzt erinnerte auch ich

mich, daß ich damals bei Don Juan gerade rechtzeitig unter der Strohmatte hervorgeschlüpft war, um einen weißen Volkswagen wegfahren zu sehen.
Ich erwähnte noch einen weiteren Vorfall, der einen anderen von Don Juans Freunden betraf, einen Mann, der mir einmal auf dem Markt einer Stadt im Norden Mexikos Peyote-Pflanzen gegeben hatte. Auch er hatte mich jahrelang beschäftigt. Sein Name war Vicente. Als la Gorda diesen Namen hörte, reagierte ihr Körper, als wäre ein Nerv berührt worden. Ihre Stimme wurde schrill. Sie bat mich, den Namen zu wiederholen und ihr den Mann zu beschreiben. Auch diesmal konnte ich keine genaue Beschreibung liefern. Ich hatte den Mann nur ein einziges Mal gesehen, nur einige Minuten lang, vor über zehn Jahren.

La Gorda und ich machten eine Zeit durch, in der wir beinahe wütend waren, nicht auf einander, sondern auf das, was uns gefangenhielt.
Der letzte Zwischenfall, der zur vollen Entfaltung unserer Erinnerung überleitete, ereignete sich eines Tages, als ich erkältet war und hohes Fieber hatte. Ich lag im Bett und dämmerte vor mich hin, während mir die Gedanken ziellos durch den Sinn schweiften. Den ganzen Tag war mir die Melodie eines alten mexikanischen Liedes durch den Kopf gegangen. Irgendwann träumte mir, daß jemand es auf der Gitarre spielte. Ich beklagte mich über die Monotonie des Liedes, und die Person, bei der ich mich beklagte, stieß mir die Gitarre vor den Bauch. Ich sprang zurück, um dem Schlag auszuweichen. Dabei stieß ich mit dem Kopf gegen die Wand – und erwachte. Es war kein lebhafter Traum gewesen, nur die Melodie verfolgte mich eindringlich. Ich konnte den Klang der Gitarre nicht loswerden, er ging mir andauernd durch den Kopf. So blieb ich im Halbschlaf liegen und lauschte der Melodie. Es war mir, als geriete ich in einen Zustand des »Träumens«. Vor meinen Augen tauchte eine vollständige *Traum*szene mit allen Einzelheiten auf; in dieser Szene sah ich eine junge Frau neben mir sitzen. Ich konnte jedes Detail ihrer Gesichtszüge erkennen. Ich wußte nicht, wer sie war, aber ihr Anblick erschreckte mich. Augenblicklich war ich hell wach. Die Angst, die dieses Gesicht in mir hervorrief, war so heftig, daß ich aufstand und automatisch hin und her zu laufen begann. Ich schwitzte reichlich, und mir

graute davor, mein Zimmer zu verlassen. Ich konnte auch la Gorda nicht um Hilfe rufen. Sie war für ein paar Tage nach Mexiko gefahren, um Josefina zu besuchen. Ich wickelte mir ein Laken um die Hüften, um meine Körpermitte zu schützen. Es half mir, die Wellen nervöser Energie zu dämpfen, die durch mich hindurchfuhren.

Während ich auf und ab schritt, begann das Bild vor meinem inneren Auge sich aufzulösen, nicht in ein friedliches Vergessen, wie ich es gern gewollt hätte, sondern in eine komplizierte, voll entfaltete Erinnerung. Ich erinnerte mich daran, wie ich einmal auf ein paar Weizen- oder Gerstesäcken hockte, die in einem Getreideschuppen aufgestapelt waren. Die junge Frau, von der wir so viel gesprochen hatten, sang das alte mexikanische Lied, das mir dauernd durch den Kopf gegangen war, und spielte dazu auf der Gitarre. Als ich sie wegen ihrem Spiel hänselte, stieß sie mich mit dem Knauf der Gitarre in die Rippen. Es waren noch andere Leute bei mir gesessen, la Gorda und zwei Männer. Diese Männer kannte ich sehr gut, aber ich konnte mich noch immer nicht erinnern, wer die junge Frau war. Ich strengte mich an, aber es schien hoffnungslos.

In kalten Schweiß gebadet, legte ich mich wieder hin. Ich wollte mich einen Moment ausruhen, bevor ich mich aus meinem durchnäßten Pyjama schälte. Als ich meinen Kopf auf ein hohes Kissen bettete, klärte sich meine Erinnerung noch weiter, und dann wußte ich, wer die Gitarrenspielerin war. Sie war die Nagual-Frau; das wichtigste Wesen auf Erden für la Gorda und mich. Sie war das weibliche Pendant zum Nagual-Mann – nicht seine Frau oder Freundin, sondern sein Gegenstück. Sie hatte die Leichtigkeit und Beherrschung einer wahren Führerin. Da sie eine Frau war, hatte sie uns genährt.

Ich wagte nicht, meine Erinnerung allzu weit zu verfolgen. Intuitiv wußte ich, daß ich nicht die Kraft hatte, der vollen Besinnung standzuhalten. Ich blieb auf der Ebene der abstrakten Gefühle stehen. Ich wußte, sie war die Verkörperung der reinsten, unbefangensten und tiefsten Liebe. Es wäre richtiger, wenn ich sagte, daß la Gorda und ich die Nagual-Frau mehr als das Leben selbst liebten. Was in aller Welt war mit uns geschehen, daß wir sie vergessen konnten?

In dieser Nacht, während ich auf meinem Bett lag, geriet ich so in

Erregung, daß ich um mein Leben zu fürchten begann. Ich fing an ein paar Worte zu summen, die für mich ein Leitmotiv geworden waren. Und erst als ich mich wieder beruhigt hatte, erinnerte ich mich, daß diese Worte, die ich mir immer wieder vorgesagt hatte, ebenfalls eine Erinnerung waren, die mir in dieser Nacht wiedergekehrt war: die Erinnerung an eine Formel, an eine Beschwörung, die mich über einen inneren Aufruhr, wie ich ihn gerade erlebt hatte, hinweghelfen konnte.

Ich bin bereits der Kraft hingegeben, die mein Schicksal regiert.
Und ich hänge an nichts, darum will ich nichts zu verteidigen haben.
Ich habe keine Gedanken, darum will ich sehen.
Ich fürchte nichts, darum will ich mich an mich erinnern.

Die Formel hatte noch eine weitere Zeile, die mir damals unverständlich erschienen war.

Abgelöst und mit Leichtigkeit
Werde ich an dem Adler vorbeifliegen, um frei zu sein.

Vielleicht diente mir der Umstand, daß ich krank war und fieberte, nun irgendwie als Polster; vielleicht genügte er, um die volle Wucht dessen, was ich getan hatte, abzuleiten – oder vielmehr die Wucht dessen, was über mich gekommen war; denn willentlich hatte ich nichts getan.
Bis zu jener Nacht konnte ich mir, wenn ich eine Inventur meiner Erfahrungen aufstellen wollte, Rechenschaft über die Kontinuität meines Lebens ablegen. Die nebulösen Erinnerungen, die ich an la Gorda hatte, oder die Ahnung, schon irgendwann einmal in jenem Haus in den Bergen Zentralmexikos gelebt zu haben, waren in gewisser Weise eine Bedrohung für meine Vorstellung von Kontinuität, aber sie waren nichts im Vergleich mit der Erinnerung an die Nagual-Frau. Nicht so sehr wegen der Emotionen, die die Erinnerung als solche mir wiederbrachte, sondern weil ich sie vergessen hatte; und nicht wie man einen Namen oder eine Melodie vergißt. Vor diesem Augenblick der Erleuchtung war nichts von ihr in meinem Sinnen gewesen – nichts! Dann

kam irgend etwas über mich, oder irgend etwas fiel von mir ab, und ich erinnerte mich auf einmal an ein ganz bedeutendes Wesen, dem ich, wenn ich die Sache mit den Augen meines empirischen Selbst vor jenem Augenblick betrachtete, niemals begegnet war.

Ich mußte noch zwei Tage auf la Gordas Rückkehr warten, bevor ich ihr von meiner Erinnerung erzählen konnte. Im gleichen Augenblick, als ich ihr die Nagual-Frau schilderte, erinnerte sich la Gorda an sie; das Bewußtwerden bei ihr war irgendwie von dem meinen abhängig.

»Das Mädchen, das ich in dem weißen Auto gesehen hatte, war die Nagual-Frau!« rief la Gorda atemlos. »Sie kam zu mir zurück, und ich konnte mich nicht an sie erinnern.«

Ich hörte die Worte und verstand deren Bedeutung, aber ich brauchte lange, um meine Sinne auf das zu konzentrieren, was sie gesagt hatte. Meine Aufmerksamkeit schwand. Es war wirklich so, als wäre ein Licht vor meine Augen gestellt und dann abgeschirmt worden. Mir war, als ob ich, wenn ich dieses Schwinden nicht aufhalten konnte, sterben müßte. Plötzlich spürte ich einen Krampf, und dann wußte ich, daß ich zwei Teile meiner selbst zusammengefügt hatte, die irgendwann voneinander getrennt worden waren; ich erkannte, daß die junge Frau, die ich bei Don Juan gesehen hatte, die Nagual-Frau war.

In diesem Augenblick des emotionalen Aufruhrs war la Gorda mir keine Hilfe. Ihre Stimmung war ansteckend. Sie weinte hemmungslos. Der emotionale Schock, sich an die Nagual-Frau zu erinnern, war für sie traumatisch gewesen.

»Wie konnte ich sie nur vergessen haben«, seufzte la Gorda.

Als sie mich ansah, schimmerte ein Anflug von Mißtrauen in ihren Augen auf.

»Du hattest keine Ahnung, daß sie existierte, nicht wahr?« fragte sie.

Unter anderen Bedingungen hätte ich ihre Frage herausfordernd und beleidigend gefunden, aber sie artikulierte nur meinen eigenen Verdacht ihr gegenüber. Auch mir war der Gedanke in den Sinn gekommen, sie könnte mehr wissen, als sie mir sagte.

»Nein, das wußte ich nicht«, sagte ich. »Aber wie steht's mit dir, Gorda? Wußtest du, daß sie existierte?«

Ihr Gesicht zeigte einen solchen Ausdruck von Unschuld und Betroffenheit, daß meine Zweifel sich verflüchtigten.
»Nein«, antwortete sie. »Bis heute nicht. Ich weiß jetzt genau, daß ich immer mit ihr und dem Nagual Juan Matus auf jener Bank an der Plaza in Oaxaca zu sitzen pflegte. Ich konnte mich immer daran erinnern, daß wir das taten, und ich konnte mich an ihre Gesichtszüge erinnern, aber ich meinte, daß ich das alles geträumt hatte. Ich wußte alles, und doch wußte ich es nicht. Aber warum glaubte ich, es sei ein Traum?«
Ich hatte eine Anwandlung von Panik. Dann hatte ich die vollkommene körperliche Gewißheit, daß, während sie sprach, irgendwo in meinem Körper ein Kanal sich aufgetan hatte. Plötzlich wußte ich, daß auch ich mit Don Juan und der Nagual-Frau auf dieser Bank zu sitzen pflegte. Und dann erinnerte ich mich an ein Gefühl, das ich jedesmal bei diesen Gelegenheiten erlebt hatte. Es war ein Gefühl körperlicher Zufriedenheit, des Glücks und der Fülle, das ganz unvorstellbar ist. Ich dachte, daß Don Juan und die Nagual-Frau vollkommene Wesen waren und daß es mein größtes Glück war, ihre Gesellschaft zu genießen. Auf dieser Bank sitzend, flankiert von den wunderbarsten Menschen auf Erden, erlebte ich vielleicht den Gipfel meiner menschlichen Empfindungen. Einmal sagte ich zu Don Juan, und ich meinte es aufrichtig, daß ich damals sterben wollte, um dieses Gefühl rein und intakt, frei von jeder Ablenkung zu erhalten.
Ich erzählte la Gorda von meiner Erinnerung. Sie sagte, sie verstehe, was ich meinte. Wir schwiegen eine Weile, und dann stürzte der Ansturm unserer Erinnerungen uns gefährlich in schiere Verzweiflung und Traurigkeit. Ich mußte mit aller Macht meine Gefühle kontrollieren, um nicht zu weinen. La Gorda schluchzte. Sie bedeckte ihr Gesicht mit dem Arm.
Nach einiger Zeit wurden wir ruhiger. La Gorda starrte mir in die Augen. Ich wußte, was sie dachte. Es war, als könne ich ihre Fragen in ihren Augen lesen. Es waren die gleichen Fragen, die mich seit Tagen beherrschten. Wer war die Nagual-Frau? Wo waren wir ihr begegnet? Wo war sie einzuordnen? Kannten auch die anderen sie?
Ich stand gerade im Begriff, meine Fragen auszusprechen, als la Gorda mir ins Wort fiel.

»Ich weiß wirklich nicht«, sagte sie rasch und kam damit meiner Frage zuvor. »Ich hatte mich darauf verlassen, daß du es mir sagst. Ich weiß wirklich nicht warum, aber ich habe das Gefühl, daß du mir sagen kannst, was was ist.«

Sie verließ sich auf mich, und ich verließ mich auf sie. Wir lachten über die Ironie unserer Situation. Ich bat sie, mir alles über die Nagual-Frau zu erzählen, woran sie sich erinnerte. La Gorda machte einige angestrengte Versuche, etwas zu sagen, aber sie schien unfähig, ihre Gedanken zu organisieren.

»Ich weiß wirklich nicht, wo ich anfangen soll«, sagte sie. »Ich weiß nur, daß ich sie liebte.«

Ich erzählte ihr, daß ich das gleiche Gefühl hätte. Eine überirdische Traurigkeit ergriff jedesmal von mir Besitz, wenn ich an die Nagual-Frau dachte. Noch während ich sprach, begann mein Körper zu zittern.

»Du und ich, wir haben sie geliebt«, sagte la Gorda. »Ich weiß nicht, warum ich dies sage, aber ich weiß, daß wir ihr Eigen waren.«

Ich drängte sie, mir diese Aussage zu erklären. Sie konnte nicht herausfinden, warum sie es gesagt hatte. Sie sprach nervös drauflos und versuchte unsere Gefühle zu ergründen. Ich konnte ihr nicht mehr meine Aufmerksamkeit widmen. Ich spürte in meinem Solarplexus ein Flattern. Eine schwache Erinnerung an die Nagual-Frau nahm allmählich Gestalt an. Ich drängte la Gorda weiterzureden, sich einfach zu wiederholen, wenn sie nichts mehr zu sagen wisse, aber nur ja nicht aufzuhören. Der Klang ihrer Stimme wirkte auf mich anscheinend wie eine Leitung in eine andere Dimension, in eine andere Art von Zeit. Es war mir, als raste mein Blut mit ungeheurem Druck durch meinen Körper. Ich spürte überall ein Prickeln, und dann hatte ich eine seltsame körperliche Erinnerung. Ich wußte in meinem Körper, daß die Nagual-Frau jenes Wesen war, das den Nagual vollständig machte. Sie brachte dem Nagual Frieden, Fülle, ein Gefühl, beschützt und gerettet zu sein.

Ich erzählte la Gorda, ich hätte gerade die Einsicht gehabt, daß die Nagual-Frau Don Juans Partnerin war. Sie sah mich entgeistert an. Langsam schüttelte sie den Kopf von einer Seite zur andern.

»Sie hatte nichts mit dem Nagual Juan Matus zu tun, du Idiot«, sagte sie im Ton höchster Autorität. »Sie war für dich bestimmt. Das ist der Grund, warum du und ich ihr Eigen waren.«

La Gorda und ich starrten uns in die Augen. Ich war mir sicher, daß sie unwillkürlich Gedanken äußerte, die für sie selbst keinen rationalen Sinn ergaben.

»Was meinst du damit: Sie war für mich bestimmt, Gorda?« fragte ich nach längerem Schweigen.

»Sie war deine Partnerin«, sagte sie. »Ihr beide wart ein Team. Und ich war ihr Mündel. Und sie gab dir den Auftrag, mich eines Tages wieder ihr zu überantworten.«

Ich flehte la Gorda an, mir alles zu erzählen, was sie wisse, aber sie schien zu diesem Thema nichts mehr zu wissen. Ich fühlte mich erschöpft.

»Wohin ist sie gegangen?« fragte la Gorda plötzlich. »Das ist's, was ich mir einfach nicht erklären kann. Sie war bei dir, nicht beim Nagual. Jetzt sollte sie hier bei uns sein.«

Dann wurde sie wieder von Mißtrauen und Furcht heimgesucht. Sie beschuldigte mich, die Nagual-Frau in Los Angeles zu verstecken. Ich versuchte ihre Befürchtungen zu beschwichtigen. Ich überraschte mich selbst dabei, wie ich zu la Gorda wie zu einem Kinde sprach. Sie hörte mir zu, mit allen äußeren Anzeichen vollkommener Aufmerksamkeit, aber ihre Augen waren leer, sie blickten ins Unbestimmte. Da wurde mir klar, daß sie den Klang meiner Stimme als Leitung benutzte, genau wie ich den Klang der ihren benutzt hatte. Ich wußte, daß auch sie sich dessen bewußt war. So redete ich weiter, bis mir die Dinge, die ich im Rahmen unseres Themas vorbringen konnte, knapp wurden. Dann ereignete sich etwas ganz anderes, und ich merkte, wie ich dem Klang meiner eigenen Stimme lauschte. Ich sprach zu la Gorda, ohne daß ich selbst es wollte. Wörter, die in mir angestaut gewesen und jetzt frei zu werden schienen, schwangen sich in unvorstellbare Höhen der Absurdität. Ich redete und redete, bis irgend etwas mir Einhalt gebot. Ich erinnerte mich daran, daß Don Juan der Nagual-Frau und mir auf jener Bank in Oaxaca von einem gewissen menschlichen Wesen erzählt hatte, dessen Gegenwart für ihn all das zusammenfaßte, was er sich von menschlicher Gesellschaft ersehnte oder erwartete. Es war eine Frau, die für ihn all das bedeutete, was die Nagual-Frau für mich war, eine Partnerin, ein Gegenstück. Sie hatte ihn verlassen, genau wie die Nagual-Frau mich verlassen hatte. Seine Gefühle für sie waren unverändert und entzündeten sich an der Traurigkeit, die manche Gedichte in ihm hervorriefen.

Ich erinnerte mich auch, daß es die Nagual-Frau gewesen war, die mir die Gedichtbände gab. Sie hatte sie stapelweise im Kofferraum ihres Wagens. Und auf ihre Anregung hin geschah es, daß ich Don Juan Gedichte vorlas. Auf einmal war die physische Erinnerung an die Nagual-Frau, wie sie mit mir auf jener Bank saß, so klar, daß ich unwillkürlich nach Luft schnappen mußte und mein Brustkorb anschwoll. Ein bedrückendes Verlustgefühl, stärker als jedes Gefühl, das ich jemals gehabt hatte, ergriff von mir Besitz. Ich krümmte mich zusammen, denn ein reißender Schmerz fuhr durch mein rechtes Schulterblatt. Und da war noch etwas anderes, was ich wußte, eine Erinnerung, die ein Teil meiner selbst nicht freigeben wollte.

Ich brauchte alles, was von meinem Schild der Intellektualität noch übrig war, als einziges Mittel, um mein Gleichgewicht wiederzufinden. Ich sagte mir immer wieder, daß la Gorda und ich uns die ganze Zeit über auf zwei völlig verschiedenen Ebenen bewegt hätten. Sie erinnerte sich an viel mehr als ich, aber sie war nicht neugierig; sie hatte es nicht gelernt, sich und anderen Fragen zu stellen. Dann aber wurde mir klar, daß ich nicht viel besser dran war. Ich war immer noch so nachlässig, wie Don Juan einmal gesagt hatte, daß ich es sei. Ich hatte es nie vergessen, daß ich Don Juan Gedichte vorzulesen pflegte, und doch war es mir nie in den Sinn gekommen, mich über die Tatsache zu wundern, daß ich nie einen spanischen Gedichtband besessen, auch nie einen im Auto mitgehabt hatte.

La Gorda störte mich aus meiner Grübelei auf. Sie war beinahe hysterisch. Schreiend sagte sie, sie habe soeben herausgefunden, daß die Nagual-Frau irgendwo in unserer Nähe sein müsse. Ähnlich wie wir hätten fortgehen müssen, um einander zu finden, so sei die Nagual-Frau fortgegangen, um uns zu finden. Die Kraft ihrer Logik überzeugte mich fast. Dennoch wußte irgend etwas in mir, daß es sich nicht so verhielt. Es war die Erinnerung in mir, die ich mir nicht vorzustellen wagte.

Ich wollte mit la Gorda eine Debatte anfangen, aber es gab keinen Grund dafür; mein Schild der Intellektualität und der Wörter reichten nicht aus, die Wucht der Erinnerung an die Nagual-Frau aufzufangen. Ihre Auswirkung ließ mich straucheln, sie war verheerender noch als die Furcht vor dem Sterben.

»Die Nagual-Frau hat irgendwo Schiffbruch erlitten«, sagte la Gorda schwach. »Sie ist wahrscheinlich im Stich gelassen worden, und wir tun nichts, um ihr zu helfen.«

»Nein! Nein!« schrie ich. »Sie ist nicht mehr hier.«

Ich wußte nicht genau, warum ich das sagte, und doch wußte ich, daß es sich so verhielt. Eine Weile versanken wir in eine tiefe Melancholie, die mit dem Verstand nicht mehr auszuloten war. Zum erstenmal empfand ich in der Erinnerung an das Ich, als das ich mich kenne, eine wahre, grenzenlose Traurigkeit; eine schreckliche Unvollkommenheit. Da gab es irgendwo in mir eine Wunde, die sich wieder geöffnet hatte. Diesmal konnte ich nicht mehr, wie ich es in der Vergangenheit so oft getan hatte, hinter einem Schleier des Geheimnisses und des Nichtwissens Zuflucht nehmen. Nicht zu wissen, war ein Segen für mich gewesen. Einen Augenblick glitt ich in eine gefährliche Depression. La Gorda fing mich auf.

»Ein Krieger ist jemand, der die Freiheit sucht«, sagte sie mir ins Ohr. »Traurigkeit ist nicht Freiheit. Wir müssen uns aus ihr hinauswinden.«

Ein Gefühl des Losgelöstseins zu haben, so hatte Don Juan gesagt, führe dazu, daß man eine kurze Atempause hat, um die Situation zu überdenken. Nun, auf dem Höhepunkt meiner Traurigkeit, verstand ich, was er damals gemeint hatte. Die Losgelöstheit hatte ich; nun lag es an mir, mich anzustrengen und die Pause richtig zu nutzen.

Ich war mir nicht sicher, ob mein Wille etwas damit zu tun hatte oder nicht, aber plötzlich verschwand alle meine Traurigkeit; es war, als wäre sie nie dagewesen. Die Schnelligkeit meines Stimmungsumschwungs und seine Gründlichkeit beunruhigten mich.

»Jetzt bist du da, wo ich bin«, rief la Gorda, nachdem ich ihr von meinem Stimmungsumschwung erzählt hatte. »Nach all diesen Jahren habe ich noch immer nicht gelernt, mit der Formlosigkeit umzugehen. Ich schwanke hilflos von einem Gefühl zum anderen, in ein und demselben Augenblick. Aufgrund meiner Formlosigkeit konnte ich den Schwesterchen helfen, aber ich war ihnen auch

ausgeliefert. Jede von ihnen war stark genug, mich von einem Extrem ins andere fallen zu lassen.
Das Problem lag darin, daß ich meine menschliche Form verloren hatte, bevor du die deine verlorst. Hätten du und ich sie hingegen zusammen verloren, dann hätten wir einander helfen können. So wie es war, ging's mit mir auf und ab, schneller als ich mich erinnern kann.«

Ich mußte ihr gestehen, daß ihre Behauptung, formlos zu sein, mir immer als ein Irrtum erschienen war. Wie ich die Sache verstand, ging mit dem Verlust der menschlichen Form notwendig eine bestimmte Eigenschaft einher, nämlich eine Beständigkeit des Charakters, die angesichts ihres emotionalen Auf und Ab für sie unerreichbar war. Aufgrund dieser Tatsache hatte ich hart und ungerecht über sie geurteilt. Nachdem ich nun selbst meine menschliche Form verloren hatte, war ich in der Lage zu verstehen, daß die Formlosigkeit allenfalls zum Nachteil für ein nüchternes und ausgeglichenes Gemüt ist. Auch ist mit ihr nicht automatisch emotionale Stärke verbunden. Ein Aspekt des Losgelöstseins, nämlich die Fähigkeit, sich auf alles, was man tut, voll einzulassen, bezieht sich natürlich auf alles, was man tut, auch auf ein unbeständiges und regelrecht kleinliches Verhalten. Der Vorteil des Formlos-Seins ist, daß er uns eine kurze Pause gewährt, vorausgesetzt, daß wir die Selbstdisziplin und den Mut haben, diese zu nutzen.

Endlich wurde mir la Gordas früheres Verhalten verständlich. Sie war seit Jahren formlos gewesen, ohne die notwendige Selbstdisziplin, und daher war sie dramatischen Stimmungsschwankungen ausgeliefert gewesen und unglaublichen Widersprüchen zwischen ihrem Tun und ihrem Wollen.

Nach unserer ersten Erinnerung an die Nagual-Frau sammelten la Gorda und ich alle unsere Kräfte und versuchten tagelang, weitere Erinnerungen an den Tag zu bringen. Aber anscheinend gab es keine mehr. Ich selbst war wieder dort, wo ich gewesen war, bevor ich mich zu erinnern begonnen hatte. Intuitiv spürte ich, daß in mir noch sehr viel mehr vergraben lag, aber ich konnte nicht daran rühren. In meinem Geist gab es nicht die leiseste Ahnung irgendwelcher anderer Erinnerungen, die womöglich doch existierten.

La Gorda und ich machten eine Zeit ungeheurer Verwirrung und starker Zweifel durch. In unserem Fall bedeutete das Formlos-Sein, daß wir vom schlimmsten nur denkbaren Mißtrauen heimgesucht wurden. Wir hatten das Gefühl, lediglich Meerschweinchen in der Hand Don Juans zu sein, eines Menschen, mit dem wir vertraut zu sein wähnten, über den wir aber in Wirklichkeit nichts wußten. Wir feuerten uns gegenseitig mit unseren Zweifeln und Befürchtungen an. Die wichtigste Frage, die uns beschäftigte, war natürlich die Nagual-Frau. Wenn wir unsere Aufmerksamkeit auf sie konzentrierten, wurde unsere Erinnerung an sie so scharf, daß es ganz unbegreiflich war, wie wir sie hatten vergessen können. Und dies gab immer wieder Anlaß zu Spekulationen darüber, was Don Juan eigentlich mit uns angestellt hatte. Diese Vermutungen führten uns leicht zu dem Gefühl, benutzt worden zu sein. Wir empörten uns über die unvermeidliche Schlußfolgerung, daß er uns manipuliert hatte, daß er uns hilflos und uns selber fremd gemacht hatte.

Nachdem unser Zorn erschöpft war, begann die Furcht uns zu beschleichen, denn wir mußten mit der grauenhaften Möglichkeit rechnen, daß Don Juan vielleicht noch schädlichere Dinge mit uns angestellt haben mochte.

7. »Zusammen träumen«

Um unsere Qualen für eine Weile zu lindern, schlug ich eines Tages vor, wir sollten uns in das *Träumen* versenken. Kaum hatte ich meinen Vorschlag ausgesprochen, da wurde mir bewußt, daß eine Schwermut, die mich seit Tagen bedrückt hatte, sich gründlich verändern konnte, indem ich die Veränderung wollte. Jetzt verstand ich klar, was la Gordas und meine Schwierigkeit gewesen war; wir hatten uns unabsichtlich auf Furcht und Mißtrauen konzentriert, als ob dies die einzigen, uns offenstehenden Alternativen wären, während wir doch die ganze Zeit, ohne es bewußt zu wissen, auch die Möglichkeit hatten, unsere Aufmerksamkeit absichtlich auf das Gegenteil zu konzentrieren, auf das Geheimnis, das Wunder dessen, was mit uns geschah.

Ich erzählte la Gorda von meiner Erkenntnis. Sie pflichtete mir sofort bei. Augenblicklich wurde sie lebhaft, und ihre bleiche Trübsal verflog binnen Sekunden.

»Welche Art des *Träumens,* schlägst du vor, sollten wir tun?« fragte sie.

»Wie viele Arten gibt es denn?« fragte ich.

»Wir könnten *zusammen träumen*«, erwiderte sie. »Mein Körper sagt mir, daß wir dies bereits getan haben. Wir haben als Team angefangen zu *träumen.* Es wird uns todsicher gelingen, wie es uns auch beim *zusammen sehen* gelang.«

»Aber wir wissen nicht, wie man vorgehen muß, um *zusammen* zu *träumen*«, sagte ich.

»Wir wußten auch nicht, wie man *zusammen sieht,* und doch *sahen* wir«, sagte sie. »Ich bin mir sicher, daß wir es könnten, wenn wir es nur versuchen wollten, denn bei allem, was ein Krieger tut, braucht es keine vorbereitenden Schritte. Es braucht nur persönliche Kraft. Und die haben wir jetzt.«

»Wir beide sollten mit unserem *Träumen* an zwei verschiedenen Orten beginnen, so weit voneinander entfernt, wie wir können. Wer zuerst ins *Träumen* hineingeht, wartet auf den anderen.

Sobald wir einander finden, verschränken wir unsere Arme und gehen noch tiefer hinein.«

Ich sagte ihr, daß ich keine Ahnung hätte, wie ich auf sie warten sollte, falls ich vor ihr ins *Träumen* hineingehen sollte. Sie selbst konnte mir auch nicht erklären, was es mit dem Warten auf sich hatte. Auf den anderen Träumer zu warten, so sagte sie, sei das gleiche, was Josefina als »ihn packen« bezeichnet hatte. La Gorda war zweimal von Josefina gepackt worden.

»Josefina hat es deswegen als ›packen‹ bezeichnet, weil einer von uns den anderen am Arm greifen mußte«, erklärte sie.

Dann zeigte sie mir eine Methode, ihren linken Unterarm mit meinem rechten Unterarm zu verschränken, wobei jeder von uns eine Stelle unter dem Ellbogen des anderen fest umklammerte.

»Wie können wir das beim *Träumen* tun?« fragte ich.

Für mich selbst war das *Träumen* einer der intimsten Zustände, die ich mir denken konnte.

»Ich weiß nicht wie, aber ich werde dich packen«, sagte la Gorda. »Ich glaube mein Körper weiß, wie. Je mehr wir aber darüber sprechen, desto schwieriger erscheint es uns.«

Wir begannen unser *Träumen* von zwei getrennten Orten her. Wir konnten uns nur über den Zeitpunkt verständigen, an dem wir uns hinlegten, denn das Eintreten ins *Träumen* ließ sich unmöglich im voraus arrangieren. Die vorhersehbare Möglichkeit, daß ich vielleicht auf la Gorda warten müßte, machte mir große Angst, und ich konnte nicht so leicht in diesen Zustand eingehen, wie ich es sonst gewohnt war. Nach etwa zehn bis fünfzehn Minuten der Rastlosigkeit gelang es mir endlich, in einen Zustand einzutreten, den ich als *ruhige Wachsamkeit* bezeichnete.

Vor Jahren, als ich eine gewisse Erfahrung mit dem *Träumen* erworben hatte, fragte ich Don Juan einmal, ob er irgendwelche Stufen des *Träumens* kenne, die uns allen gemeinsam wären. Er sagte, daß letzten Endes jeder Träumer anders sei. Aber im Gespräch mit la Gorda entdeckte ich nun solche Ähnlichkeiten in unseren Erfahrungen mit dem *Träumen,* daß ich ein mögliches Klassifikationsschema der verschiedenen Stufen aufzustellen wagte.

Die *ruhige Wachsamkeit* ist das Vorstadium, ein Zustand, in dem die Sinne einschlafen und man doch bewußt ist. In meinem Fall hatte ich diesen Zustand stets als ein Fluten rötlichen Lichts empfunden – ein Licht genau wie jenes, das man sieht, wenn man mit fest geschlossenen Augenlidern in die Sonne blickt.

Der zweite Zustand des *Träumens* ist eine Phase, die ich als *dynamische Wachsamkeit* bezeichnete. In diesem Zustand verflüchtigt sich das rötliche Licht, ähnlich wie Nebel sich verflüchtigt, und man erblickt eine Szene, eine Art statisches Panorama. Man sieht ein dreidimensionales Bild, etwas Erstarrtes, eine Landschaft, eine Straße, ein Haus, eine Person, ein Gesicht, irgend etwas.

Den dritten Zustand nannte ich *passives Beobachten.* Dabei betrachtet der *Träumer* nicht einen erstarrten Teil der Welt, sondern er beobachtet als »Augenzeuge« ein Ereignis. Es ist, als machte das Primat der Gesichts- und Gehörssinne diesen Zustand des *Träumens* hauptsächlich zu einer Sache der Augen und Ohren.

Der vierte Zustand war für mich immer eine Phase, in der ich mich zum Handeln gedrängt fühlte. Dabei ist man gezwungen, etwas zu unternehmen, Schritte zu tun, das Beste aus der gegebenen Zeit zu machen. Diesen Zustand nannte ich die *dynamische Initiative.*

La Gordas Vorschlag, auf mich zu warten, hatte etwas mit dem zweiten und dritten Zustand unseres Zusammen-Träumens zu tun. Als ich in den zweiten Zustand, die *dynamische Wachsamkeit* eintrat, sah ich eine *Traum*-Szene mit Don Juan und verschiedenen anderen Personen, darunter auch eine dicke Gorda. Bevor ich Zeit fand, mir zu überlegen, was ich da sah, spürte ich einen gewaltigen Ruck an meinem Arm, und ich erkannte irgendwie unklar, daß die wirkliche Gorda an meiner Seite war. Sie stand links von mir und hatte meinen linken Unterarm mit ihrer linken Hand gepackt. Ich spürte ganz deutlich, daß sie meine Hand an ihren Unterarm hob. Die Folge war, daß wir beide den Unterarm des anderen umfaßten. Dann fand ich mich im dritten Zustand des *Träumens* wieder, dem der *passiven Beobachtung.* Don Juan sagte mir, ich müsse mich um la Gorda kümmern und auf höchst selbstsüchtige Weise für sie sorgen – das heißt, als ob sie mein eigenes Selbst wäre.

Sein Spiel mit den Worten entzückte mich. Ich empfand ein

überirdisches Glück, mit ihm und den anderen zusammenzusein. Don Juan fuhr fort und erklärte mir, daß hier meine Selbstsucht einem großartigen Zweck dienen könne und daß es nicht unmöglich wäre, sie zu zügeln. Unter all den Menschen, die da versammelt waren, herrschte ein allgemeines Gefühl der Kameradschaft. Sie lachten über das, was Don Juan zu mir sagte, aber ohne mich zu verspotten. Don Juan sagte, daß der sicherste Weg, die Selbstsucht zu zügeln, über die täglichen Aktivitäten unseres Lebens führe, daß ich bei allem, was ich tat, tüchtig sei, weil ich niemanden hätte, der den Teufel aus mir herausbeutelte, und daß es für mich keine Kunst sei, aus eigener Kraft wie ein Pfeil zu fliegen. Wenn mir dagegen die Aufgabe übertragen würde, für la Gorda zu sorgen, würde meine unabhängige Tüchtigkeit in Fetzen gehen, und um zu überleben, müsse ich dann meine selbstsüchtige Sorge um mich selbst auf la Gorda übertragen. Nur indem ich ihr half, so sagte Don Juan mit allem Nachdruck, würde ich die Schlüssel zur Erfüllung meiner wahren Aufgabe finden.

La Gorda legte ihre dicken Arme um meinen Hals. Don Juan mußte aufhören zu sprechen. Er lachte so sehr, daß er nicht fortfahren konnte. Ich hörte ein allgemeines Gelächter. Sie alle brüllten vor Lachen.

Ich war verlegen und verärgert über la Gorda. Ich versuchte mich aus ihrer Umarmung zu befreien, aber ihre Arme waren fest um meinen Hals geschlungen. Don Juan bedeutete mir mit einem Handzeichen, damit aufzuhören. Er sagte, die geringfügige Verlegenheit, die ich empfand, sei nichts im Vergleich mit dem, was mir bevorstünde.

Das Gelächter war ohrenbetäubend. Ich fühlte mich sehr glücklich, obwohl es mir unbehaglich war, mich mit la Gorda auseinandersetzen zu müssen, denn ich wußte nicht, was das bedeuten konnte.

In diesem Augenblick meines *Träumens* änderte sich meine Blickrichtung, oder vielleicht sollte ich besser sagen, daß irgend etwas mich aus der Szene hinauszog und ich mich wie ein Zuschauer umzusehen begann. Wir befanden uns in einem Haus im Norden Mexikos; das erkannte ich an der Umgebung, die von dort, wo ich stand, zum Teil zu sehen war. Ich konnte in der Ferne die Berge sehen. Ich erinnerte mich auch an die Ausstattung des Hauses. Wir befanden uns im hinteren Teil, auf einer überdachten, offenen Veranda. Einige der Anwesenden saßen auf klobigen Stühlen, aber die meisten standen oder saßen auf dem Fußboden. Ich erkannte jeden von ihnen. Es waren sechzehn Menschen. La Gorda stand neben mir und sah Don Juan an.

Mir wurde bewußt, daß ich zwei verschiedene Gefühle in meinem Innern hegen konnte. Ich konnte entweder in die *Traum*szene eingehen und dabei spüren, wie ich eine lange verlorene Empfindung wiederentdeckte, oder ich konnte die Szene beobachten, und zwar in der Stimmung, die in meinem Leben gerade die vorherrschende war. Wenn ich in die *Traum*szene eintauchte, fühlte ich mich sicher und beschützt. Wenn ich sie mit meiner gegenwärtigen Stimmung beobachtete, fühlte ich mich verloren, unsicher, verängstigt. Meine geläufige Stimmung behagte mir nicht, daher tauchte ich in die *Traum*szene ein.

Eine fette Gorda fragte Don Juan – mit einer Stimme, die das Gelächter der anderen übertönte –, ob ich ihr Ehemann sein wolle. Einen Augenblick herrschte Schweigen. Don Juan schien zu überlegen, was er sagen wollte. Er tätschelte ihr den Kopf und sagte, daß er wohl in meinem Namen sprechen dürfe und daß ich mit Begeisterung ihr Ehemann sein würde. Die Leute lachten unbändig. Ich lachte mit ihnen. Mein Körper bäumte sich in schierem Entzücken auf, und doch hatte ich nicht das Gefühl, über la Gorda zu lachen. Ich sah sie nicht als Clown oder als Dummerchen. Sie war ein Kind. Don Juan wandte sich zu mir um und sagte, daß ich la Gorda in Ehren halten müsse, ganz gleich was sie mir antäte, und daß ich durch meine Auseinandersetzung mit ihr meinen Körper trainieren müsse, damit ich mich angesichts der schwierigsten Prüfungen unbefangen fühlen würde. Dann sprach Don Juan die ganze Gruppe an und erklärte, daß es viel leichter sei, sich unter maximalen Streßbedingungen richtig zu verhalten als unter normalen Umständen, etwa im Umgang mit la Gorda, makellos zu sein. Und Don Juan fügte hinzu, ich dürfe auf keinen Fall böse auf la Gorda werden, weil sie tatsächlich meine Wohltäterin sei; durch sie würde es mir gelingen, meine Selbstsucht zu zügeln.

Ich hatte mich so tief in die *Traum*szene versenkt, daß ich ganz vergessen hatte, daß ich ein *Träumer* war. Doch ein plötzlicher

Druck auf meinen Arm erinnerte mich daran, daß ich *träumte.* Ich spürte la Gordas Gegenwart neben mir, ohne sie aber zu sehen. Sie war nur als eine Berührung da, als taktile Präsenz an meinem Unterarm. Auf diese konzentrierte ich meine Aufmerksamkeit, sie fühlte sich an wie ein fester Griff, der mich hielt, und dann materialisierte sich la Gorda als ganze Person, so als entstünde sie aus übereinandergeblendeten Diapositiven. Es war wie Trickfotografie in einem Film. Die *Traum*szene löste sich auf, und statt dessen standen la Gorda und ich mit verschränkten Unterarmen da und sahen uns an.

Wieder konzentrierten wir gleichzeitig unsere Aufmerksamkeit auf die Traumszene, die wir beobachtet hatten. In diesem Augenblick wußte ich ohne den Schatten eines Zweifels, daß wir beide dasselbe schauten. In dieser Szene sagte Don Juan etwas zu la Gorda. Aber ich konnte ihn nicht hören. Meine Aufmerksamkeit wurde zwischen dem dritten Zustand des *Träumens,* der *passiven Beobachtung,* und dem zweiten, der *dynamischen Wachsamkeit,* hin und her gerissen. Einen Augenblick war ich mit Don Juan, einer fetten Gorda und sechs anderen Leuten zusammen; und im nächsten Moment saß ich neben der gegenwärtigen Gorda und beobachtete eine erstarrte Szene.

Ein heftiger Ruck in meinem Körper versetzte mich noch auf eine andere Ebene der Aufmerksamkeit. Ich empfand so etwas wie das Knacken eines trockenen Holzstücks. Es war eine kleine Explosion, eher wie ein ungewöhnlich lautes Knacken der Fingerknöchel. Ich fand mich in den ersten Zustand des Träumens, die *ruhige Wachsamkeit* versetzt. Ich schlief, und doch war ich durchaus bewußt. Ich wollte so lange wie möglich in diesem friedlichen Zustand bleiben, aber ein weiterer Ruck ließ mich augenblicklich erwachen. Auf einmal hatte ich erkannt, daß la Gorda und ich *zusammen geträumt* hatten.

Ich brannte förmlich darauf, mit ihr zu sprechen. Ihr erging es ebenso. Wir beeilten uns, uns auszusprechen. Als wir uns ein wenig beruhigt hatten, bat ich sie, mir alles zu schildern, was ihr bei unserem *Zusammen-Träumen* widerfahren war.

»Ich wartete lange auf dich«, sagte sie. »Ein Teil von mir glaubte, ich hätte dich verfehlt, aber ein anderer Teil dachte, du bist vielleicht nervös und hast Schwierigkeiten, also wartete ich.«

»Wo hast du gewartet, Gorda?« fragte ich.

»Ich weiß nicht«, antwortete sie. »Ich wußte, daß ich aus dem rötlichen Licht heraus war, aber ich konnte nichts sehen. Denk dir nur, meine Augen sahen nichts, ich tastete mich voran. Vielleicht war ich noch immer im rötlichen Licht; aber es war nicht rot. Der Ort, wo ich mich befand, war in eine sehr helle Pfirsichfarbe getaucht. Dann öffnete ich meine Augen, und da warst du. Du schienst im Begriff fortzugehen, darum packte ich dich am Arm. Dann schaute ich hin und sah den Nagual Juan Matus, dich und mich und andere Leute in Vicentes Haus. Du warst jünger, und ich war fett.«

Die Erwähnung von Vicentes Haus brachte mir eine plötzliche Erkenntnis. Ich erzählte la Gorda, daß ich einmal, als ich durch Zakatekas im Norden Mexikos fuhr, einem seltsamen Zwang gefolgt war und einen von Don Juans Freunden, nämlich Vicente, besucht hatte, wobei mir gar nicht bewußt war, daß ich damit unabsichtlich in einen verbotenen Bereich eindrang, denn Don Juan hatte mich niemals mit ihm bekannt gemacht. Vicente gehörte, wie die Nagual-Frau, zu einer anderen Sphäre, zu einer anderen Welt. Es war kein Wunder, daß la Gorda so erschüttert war, als ich ihr einmal von meinem Besuch bei Vicente erzählte. Wir kannten ihn so gut. Er stand uns ebenso nahe wie Don Genaro, oder vielleicht noch näher. Und doch hatten wir ihn vergessen, genau wie wir die Nagual-Frau vergessen hatten.

An diesem Punkt machte la Gorda eine gewaltige Abschweifung. Gemeinsam erinnerten wir uns, daß Vicente, Genaro und Silvio Manuel die Freunde Don Juans, seine Genossen waren. Sie waren durch eine Art Schwur miteinander verbunden. La Gorda und ich konnten uns nicht daran erinnern, was es wohl war, das sie verband. Vicente war kein Indianer. Er war in seiner Jugend Apotheker gewesen, und er war der Gelehrte in der Gruppe, ein wahrer Heilkundiger, der sie alle bei guter Gesundheit hielt. Er hatte eine Leidenschaft für die Botanik. Ich war ohne jeden Zweifel davon überzeugt, daß er mehr von Pflanzen verstand als irgendein lebender Mensch auf Erden. La Gorda und ich erinnerten uns, daß es Vicente gewesen war, der alle, auch Don Juan, im Gebrauch der medizinischen Pflanzen unterwies. Er nahm besonderen Anteil an Nestor, und wir alle glaubten, daß Nestor einmal so werden würde wie er.

»Wenn ich mich an Vicente erinnere, dann muß ich an mich

selbst denken«, sagte la Gorda. »Ich muß daran denken, was für eine unerträgliche Frau ich war. Das Schlimmste, was einer Frau passieren kann, ist, wenn sie Kinder hat, wenn sie Löcher in ihrem Körper hat und dabei immer noch wie ein kleines Mädchen handelt. Das war mein Problem. Ich wollte schlau sein, und ich war leer. Und sie ließen es zu, daß ich mich zum Narren machte, sie ermutigten mich, die Verrückte zu spielen.«

»Wer sind ›sie‹, Gorda?« fragte ich.

»Der Nagual, Vicente und all die Leute, die in Vicentes Haus waren, als ich mich wie ein Schaf mit dir benahm.«

La Gorda und ich hatten gleichzeitig eine Erkenntnis. Die anderen hatten ihr nur erlaubt, mir gegenüber so unerträglich zu sein. Kein anderer duldete ihren Unfug, obwohl sie es bei jedem versuchte.

»Vicente duldete mich wohl«, sagte la Gorda. »Er spielte mein Spiel mit. Ich nannte ihn sogar Onkel. Als ich einmal versuchte, zu Silvio Manuel Onkel zu sagen, riß er mir mit seinen klauenartigen Händen beinahe die Haut von den Achselhöhlen.«

Wir versuchten unsere Aufmerksamkeit auf Silvio Manuel zu konzentrieren, aber wir konnten uns nicht daran erinnern, wie er aussah. Wir spürten in unseren Erinnerungen seine Gegenwart, aber er war keine Person, er war nur ein Gefühl.

Was nun die *Traum*szene selbst betraf, so erinnerten wir uns, daß sie eine getreuliche Kopie dessen war, was an einem bestimmten Ort, zu einer bestimmten Zeit in unserem Leben wirklich stattgefunden hatte; und doch war es uns nicht möglich festzustellen, wo und wann es gewesen war. Ich wußte aber, daß ich mich um la Gorda kümmerte, und zwar, um mich für die Schwierigkeiten der Auseinandersetzung mit anderen Menschen zu trainieren. Es war ein unabdingbares Gebot, daß ich eine Stimmung der Unbefangenheit angesichts schwieriger sozialer Situationen verinnerlichte, und niemand hätte da ein besserer Trainer sein können als la Gorda. Meine schwachen Erinnerungsblitze an eine fette Gorda stammten aus jenen Lebenstagen, denn ich hatte Don Juans Befehle wortwörtlich befolgt.

La Gorda sagte, daß die Stimmung der Traumszene ihr nicht gefallen habe. Sie hätte es vorgezogen, sie nur zu beobachten, aber ich hätte sie in ihre alten Empfindungen hineingezogen, die ihr verhaßt waren. Ihr Unbehagen war so stark gewesen, daß sie mich ganz bewußt in den Arm kniff, um unsere Teilnahme an etwas ihr so Verhaßtem zu beenden.

Am nächsten Tag vereinbarten wir eine weitere Sitzung des *Zusammen-Träumens*. Sie begann in ihrem Schlafzimmer, ich in meinem Studierzimmer. Aber nichts geschah. Wir erschöpften uns lediglich bei dem Versuch, ins *Träumen* einzutreten. Danach versuchten wir wochenlang, den Erfolg unseres ersten Versuchs zu wiederholen, aber vergeblich. Mit jedem Scheitern wurden wir hoffnungsloser und begieriger.

Angesichts der Sackgasse, in die wir geraten waren, beschloß ich, wir sollten unser *Zusammen-Träumen* für den Augenblick vertagen und uns einen umfassenden Überblick über den Vorgang des *Träumens* verschaffen und seine Begriffe und Prozesse analysieren. La Gorda war anfangs nicht einverstanden. Die Vorstellung, einmal zu untersuchen, was wir über das *Träumen* wußten, war für sie nur eine andere Art, sich der Hoffnungslosigkeit und Ungeduld zu überlassen. Lieber wollte sie es immer wieder versuchen, selbst wenn wir keine Fortschritte machten. Ich ließ nicht locker, und schließlich akzeptierte sie meine Auffassung, wenn auch nur aus dem schieren Gefühl, auf verlorenem Posten zu stehen.

So setzten wir uns eines Abends hin und begannen so beiläufig wie nur möglich ein Gespräch über das, was wir über das *Träumen* wußten. Es wurde uns klar, daß es da einige Kernpunkte gab, auf die Don Juan besonderen Nachdruck gelegt hatte.

Der erste war der Akt des *Träumens*. Unserer Meinung nach setzte es als ein einzigartiger Zustand der Wachsamkeit ein, den man erreichte, indem man lernte, jenen Rest an Bewußtsein, den man im Schlaf immer noch hat, auf die Elemente oder die Gegebenheiten des Traumes zu konzentrieren.

Der Rest an Bewußtsein, den Don Juan die zweite Aufmerksamkeit nannte, wurde durch Übungen des *Nicht-Tuns* aktiviert oder gezügelt. Wir glaubten, das wesentliche *Nicht-Tun* des Träumens sei ein Zustand der geistigen Stille, den Don Juan das »Anhalten des inneren Dialogs« oder das »*Nicht-Tun* des Sprechens« genannt hatte. Um mich zu lehren, dies zu beherrschen, ließ er mich manchmal meilenweit marschieren, die Augen starr und ohne genau hinzusehen auf eine Ebene knapp über dem Horizont fixiert, so daß mir eine periphere Sicht möglich war. Seine Methode war in zweierlei Hinsicht wirksam. Sie erlaubte mir, nachdem ich es jahrelang versucht hatte, meinen inneren Dialog anzuhalten, und sie trainierte meine Aufmerksamkeit. Indem Don Juan mich zwang, mich auf meine periphere Sicht zu konzentrieren, stärkte er meine Fähigkeit, mich über lange Zeiträume hin auf eine einzige Aktivität zu konzentrieren.

Später, nachdem es mir gelungen war, meine Aufmerksamkeit zu kontrollieren, und ich ohne Ablenkung stundenlang an jeder beliebigen Aufgabe arbeiten konnte – etwas, das mir vorher nie möglich gewesen wäre –, sagte er mir, das beste Mittel, um das *Träumen* auszulösen, bestünde darin, sich auf die Region genau an der Spitze des Brustbeins, auf die Magengrube zu konzentrieren. Er sagte, die Aufmerksamkeit, die ein Mann zum Träumen brauche, stamme aus dieser Region, während die Energie, die ein Mann brauche, um sich im *Träumen* fortzubewegen und etwas zu suchen, aus der Region ein paar Zoll unter dem Nabel stamme. Diese Energie nannte er den *Willen* oder die Kraft, auszuwählen, zusammenzufügen. Bei einer Frau stamme sowohl die Aufmerksamkeit wie die Energie zum *Träumen* aus dem Uterus.

»Das *Träumen* einer Frau muß aus ihrem Uterus kommen, weil das ihre Mitte ist«, sagte la Gorda. »Wenn ich zu *träumen* anfangen oder aufhören will, brauche ich nur meine Aufmerksamkeit auf meinen Uterus zu richten. Ich habe gelernt, sein Inneres zu fühlen. Ich sehe einen Moment lang einen rötlichen Schimmer, und dann bin ich weg.«

»Wie lange brauchst du, bis du diesen rötlichen Schimmer siehst?« fragte ich.

»Ein paar Sekunden. Im gleichen Moment, wenn meine Aufmerksamkeit auf meinen Uterus gerichtet ist, bin ich auch schon im *Träumen* drin«, erklärte sie weiter. »Ich brauche mich niemals anzustrengen, niemals. Frauen sind nun einmal so. Für eine Frau ist es am schwersten zu lernen, wie man anfängt; ich brauchte ein paar Jahre, um meinen inneren Dialog anzuhalten, indem ich meine Aufmerksamkeit auf meinen Uterus konzentrierte. Vielleicht ist das der Grund, warum eine Frau immer jemanden braucht, der sie anspornt.

Der Nagual Juan Matus legte mir immer kalte, nasse Flußkiesel auf den Bauch, damit ich diese Region spüren lernte. Oder er legte mir ein Gewicht auf. Ich hatte ein Stück Blei, das er mir für diesen Zweck besorgte. Er ließ mich die Augen schließen und meine Aufmerksamkeit auf die Stelle konzentrieren, wo das Gewicht lag. Dabei schlief ich jedesmal ein. Aber das machte ihm nichts aus. Es ist wirklich egal, was man tut, solange nur die Aufmerksamkeit auf den Uterus gerichtet ist. Schließlich lernte ich mich auf diese Stelle zu konzentrieren, ohne daß irgend etwas darauf lag. Eines Tages ging ich ganz von selbst ins *Träumen* ein. Ich spürte meinen Bauch, genau die Stelle, wohin der Nagual so oft das Gewicht gelegt hatte, als ich ganz plötzlich einschlief – wie gewohnt, nur daß irgend etwas mich direkt in meinen Uterus zog. Ich sah den rötlichen Schimmer, und dann hatte ich den wunderbarsten Traum. Aber sobald ich ihn dem Nagual zu erzählen versuchte, wußte ich, daß es kein Traum gewesen war. Es war ganz unmöglich, ihm zu sagen, was ich geträumt hatte. Ich fühlte mich nur sehr glücklich und stark. Er sagte, daß ich *geträumt* hatte.

Von da an legte er mir nie wieder ein Gewicht auf. Er ließ mich das *Träumen* tun, ohne sich einzumischen. Von Zeit zu Zeit bat er mich, ihm davon zu erzählen, und dann gab er mir Ratschläge. Das ist auch die Art, wie die Unterweisung im *Träumen* erfolgen sollte.«

La Gorda erzählte, Don Juan habe ihr gesagt, daß alles Erdenkliche als *Nicht-Tun* geeignet sei, um das *Träumen* zu fördern, vorausgesetzt, daß es die Aufmerksamkeit zwingt, fest auf etwas fixiert zu bleiben. Zum Beispiel ließ er sie und die anderen Lehrlinge Blätter und Steine anstarren und ermutigte Pablito, sich ein eigenes Gerät zum *Nicht-Tun* zu konstruieren. Pablito fing an, das *Nicht-Tun* zu lernen, indem er rückwärts marschierte. Er ging und warf dabei kurze Blicke zur Seite, um seinen Weg zu finden und Hindernissen auszuweichen. Ich brachte ihn auf die Idee, einen Rückspiegel zu benützen, und er baute dies zu einem hölzernen Helm aus, mit einer Vorrichtung, an der zwei kleine Spiegel befestigt waren, etwa sechs Zoll von seinem Gesicht entfernt und zwei Zoll unter seiner Augenhöhe. Die beiden Spiegel beeinträchtigten nicht seine Sicht nach vorne, und dank dem seitlichen Winkel, in dem sie angebracht waren, erfaßten sie das ganze Blickfeld hinter ihm. Pablito prahlte gern, daß er eine Panorama-Weltsicht von 360 Grad habe. Mit Hilfe dieses Apparats konnte Pablito rückwärts gehen, so weit und solange er wollte.

Ein weiterer wichtiger Punkt war die Haltung, die man einnehmen mußte, um das *Träumen* zu tun.

»Ich weiß nicht«, sagte la Gorda, »warum der Nagual mir nicht schon am Anfang sagte, daß es für eine Frau die beste Haltung ist, wenn sie anfangs mit gekreuzten Beinen sitzt und ihren Körper fallen läßt, wie er mag, sobald ihre Aufmerksamkeit sich auf das *Träumen* gerichtet hat. Dies sagte der Nagual mir vielleicht ein Jahr, nachdem ich angefangen hatte. Heute brauche ich nur einen Moment in dieser Haltung zu sitzen, ich spüre meinen Uterus, und schon *träume* ich.«

Ich hatte es anfangs, genau wie la Gorda, in Rückenlage gemacht, bis Don Juan mir eines Tages sagte, daß ich, um bessere Resultate zu erzielen, aufrecht auf einer weichen dünnen Matte sitzen sollte, mit aneinandergelegten Fußsohlen und auf die Matte gedrückten Schenkeln. Nachdem ich elastische Hüftgelenke hätte, so sagte er, sollte ich sie auch in vollem Umfang gebrauchen, mit dem Ziel, meine Schenkel ganz flach an der Matte aufliegen zu lassen. Wenn ich in dieser Sitzhaltung in das *Träumen* einträte, so fügte er hinzu, würde mein Körper nicht zur Seite gleiten oder fallen, sondern mein Rumpf würde vornüber knicken und meine Stirn würde auf meinen Füßen ruhen.

Ein weiterer, sehr bedeutsamer Punkt war der Zeitpunkt, zu dem man das *Träumen* tat. Die bei weitem beste Zeit, so hatte Don Juan uns gesagt, seien die späten Abend- oder frühen Morgenstunden. Der Grund, warum er diesen Stunden den Vorzug gab, war etwas, was er als praktische Anwendung des Wissens der Zauberer bezeichnete. Weil man nämlich das Träumen in einer sozialen Umwelt tun müsse, so sagte er, müsse man die bestmöglichen Bedingungen der Einsamkeit und Ungestörtheit anstreben. Die Störung, die er dabei meinte, hatte etwas mit der Aufmerksamkeit der anderen Menschen zu tun, und nicht mit ihrer physischen Gegenwart. Don Juan hielt es für sinnlos, sich von der Welt zurückzuziehen und zu verstecken, denn selbst wenn man sich allein, an einem isolierten und verlassenen Ort befände, gebe es doch eine Störung von seiten unserer Mitmenschen, weil die Fixierung ihrer ersten Aufmerksamkeit sich nicht ausschließen lasse. Nur zeitweilig und an manchen Orten, wenn die meisten Menschen schlafen, könne man einen Teil dieser Fixierung für eine kurze Zeitspanne abwenden. In diesen Zeiten schlummert die erste Aufmerksamkeit der Menschen um uns her.

Dies führte Don Juan dazu, uns die zweite Aufmerksamkeit zu schildern. Er erklärte, daß man sich anstrengen müsse, die Aufmerksamkeit, die man am Anfang des *Träumens* braucht, auf irgendeinem Bestandteil des Traumes verweilen zu lassen. Nur indem wir unsere Aufmerksamkeit festlegen, könnten wir einen gewöhnlichen Traum in *Träumen* verwandeln.

Ferner erklärte er, daß man beim Träumen die gleichen Mechanismen der Aufmerksamkeit anwenden müsse wie im täglichen Leben und daß unsere erste Aufmerksamkeit nur unter großem Zwang gelernt habe, sich auf die Bestandteile der Welt zu konzentrieren, um das amorphe und chaotische Reich der Wahrnehmungen in eine geordnete Weltsicht zu verwandeln.

Die zweite Aufmerksamkeit, so sagte Don Juan uns, erfülle auch die Funktion, die Chance anzulocken, herbeizuholen. Je mehr sie geübt werde, desto größer sei die Wahrscheinlichkeit, das gewünschte Ergebnis zu erzielen. Dies aber sei auch die Funktion der Aufmerksamkeit im allgemeinen – eine Funktion, die wir für so selbstverständlich halten, daß sie kaum noch bemerkt wird; denn wenn uns ein unvorhergesehenes Ereignis zustößt, sagen wir, es sei ein Zufall oder ein glückliches Zusammentreffen, aber wir sagen nicht, daß unsere Aufmerksamkeit das Ereignis angezogen habe.

Unser Gespräch über die zweite Aufmerksamkeit leitete über zu einem weiteren Schlüsselkonzept, dem *Traumkörper*. Um la Gorda zu diesem hinzuführen, gab Don Juan ihr die Aufgabe, sie solle ihre zweite Aufmerksamkeit, so fest sie nur konnte, auf die einzelnen Elemente des Gefühls, im *Träumen* zu fliegen, anheften.

»Wie lerntest du, im *Träumen* zu fliegen?« fragte ich sie. »Hat jemand es dich gelehrt?«

»Der Nagual Juan Matus lehrte es mich auf dieser Erde«, wiederholte sie. »Und im *Träumen* lehrte mich jemand, den ich nie sehen konnte. Es war nur eine Stimme, die mir sagte, was ich tun sollte. Der Nagual gab mir die Aufgabe, im *Träumen* fliegen zu lernen. Und die Stimme sagte mir, wie ich es machen sollte.

Dann brauchte ich Jahre, um selbst zu lernen, wie ich von meinem normalen Körper, nämlich dem, den du anfassen kannst, in meinen Traumkörper überwechseln konnte.«

»Das mußt du mir erklären, Gorda«, sagte ich.

»Du hast gelernt, deinen Traumkörper zu erreichen, als du träumtest, daß du außerhalb deines Körpers warst«, fuhr sie fort. »Aber soweit ich sehe, gab der Nagual dir keine bestimmte Aufgabe, also machtest du es, so gut du eben konntest. Ich dagegen erhielt die Aufgabe, meinen Traumkörper zu gebrauchen. Die Schwesterchen hatten die gleiche Aufgabe. In meinem Fall hatte ich einmal einen Traum, in dem ich flog wie ein Drachen. Ich erzählte dem Nagual davon, denn das Gefühl des Dahingleitens hatte mir gefallen. Er nahm die Sache sehr ernst und machte daraus eine Aufgabe für mich. Er sagte, sobald man gelernt hat, das *Träumen* zu tun, ist jeder Traum, an den man sich erinnern kann, nicht mehr ein Traum, sondern ein Träumen.

Dann begann ich, im *Träumen* das Fliegen zu suchen. Aber ich konnte den Ausgangspunkt nicht finden; je mehr ich versuchte, mein *Träumen* zu beeinflussen, desto schwieriger wurde es. Schließlich sagte der Nagual mir, ich solle aufhören, es zu suchen, sondern es von selbst kommen lassen. Nach und nach fing ich an, im *Träumen* zu fliegen. Und dann fing irgendeine Stimme an, mir zu sagen, was ich tun solle. Ich habe immer geglaubt, daß es die Stimme einer Frau war.

Nachdem ich perfekt Fliegen gelernt hatte, sagte der Nagual mir, ich müsse jede Bewegung des Fliegens, die ich im Träumen *machte,* auch im Wachen wiederholen. Du hattest die gleiche Chance, als der Säbelzahntiger dir zeigte, wie du atmen solltest. Aber du hast dich niemals im *Träumen* in einen Säbelzahntiger verwandelt, darum konntest du es niemals im Wachzustand richtig versuchen. Ich aber habe das Fliegen im *Träumen* gelernt. Indem ich meine Aufmerksamkeit auf meinen *Traumkörper* verlagerte, konnte ich im Wachzustand wie ein Drachen fliegen. Ich habe dir einmal mein Fliegen gezeigt, weil ich dich sehen lassen wollte, daß ich gelernt hatte, meinen *Traumkörper* zu benutzen, aber du wußtest nicht, worum es ging.«

Sie bezog sich auf eine Gelegenheit, als sie mich mit einem unbegreiflichen Kunststück erschreckte, bei dem sie buchstäblich wie ein Drachen in der Luft auf- und abhopste. Der Vorgang schien mir so unbegreiflich, daß ich gar nicht erst versuchte, ihn irgendwie logisch zu verstehen. Wie immer, wenn Dinge dieser Art mir begegneten, schob ich ihn in die verschwommene Kategorie der »Wahrnehmungen unter starken Streßbedingungen«. Ich war der Meinung, daß unsere Wahrnehmungen bei starkem Streß durch die Sinne stark verzerrt werden. Meine Erklärung erklärte nichts, schien aber meine Vernunft zu beschwichtigen.

Ich sagte la Gorda, daß es bei ihrem Überwechseln in den *Traumkörper* wohl um mehr gehen müsse als darum, lediglich den Akt des Fliegens zu wiederholen.

Sie dachte eine Weile nach, bevor sie antwortete.

»Ich glaube, der Nagual muß auch dir gesagt haben«, meinte sie, »daß das einzige, worauf es bei diesem Übergang wirklich ankommt, das Verankern der zweiten Aufmerksamkeit ist. Der Nagual sagte, die Aufmerksamkeit ist das, was die Welt schafft; er hatte natürlich völlig recht. Und er hatte allen Grund, das zu sagen. Er war ein Meister der Aufmerksamkeit. Ich glaube, er ließ mich selbst herausfinden, daß ich, um in meinen Traumkörper überzuwechseln, lediglich meine Aufmerksamkeit auf das Fliegen konzentrieren mußte. Worauf es ankam, war, die Aufmerksamkeit im *Träumen* zu speichern, und alles, was ich beim Fliegen tat, zu beobachten. Dies war das einzige Mittel, meine zweite Aufmerksamkeit einzuüben. Sobald sie zuverlässig war, brauchte ich sie nur leicht auf das Gefühl und die einzelnen Elemente des Fliegens zu konzentrieren, und schon führte dies zu erneutem *Träumen* vom Fliegen – bis es für mich eine Routine war, zu träumen, daß ich durch die Luft schwebte.

Was also das Fliegen betraf, war meine zweite Aufmerksamkeit geschärft. Als der Nagual mir die Aufgabe stellte, in meinen *Traumkörper* überzuwechseln, meinte er damit, ich solle meine zweite Aufmerksamkeit einschalten, während ich wach war. So jedenfalls faßte ich es auf. Die erste Aufmerksamkeit, nämlich die Aufmerksamkeit, die die Welt schafft, kann niemals gänzlich überwunden werden; sie kann nur einen Moment abgeschaltet und durch die zweite Aufmerksamkeit ersetzt werden, vorausgesetzt, daß der Körper genug davon gespeichert hat. Das *Träumen* ist natürlich ein Mittel, die zweite Aufmerksamkeit zu speichern. Darum meine ich, um im Wachzustand in den *Traumkörper* überzuwechseln, mußt du das *Träumen* üben, bis es dir aus den Ohren wächst.«

»Kannst du jederzeit, wann du willst, deinen *Traumkörper* erreichen?« fragte ich.

»Nein, so leicht ist es nicht«, antwortete sie. »Ich habe gelernt, die Bewegungen und Empfindungen des Fliegens im Wachen zu wiederholen, und doch kann ich nicht jederzeit fliegen, wann ich will. Da ist immer eine Schranke vor meinem *Traumkörper*. Manchmal fühle ich, daß die Schranke offen ist; bei solchen Gelegenheiten ist mein Körper frei und ich kann fliegen, als ob ich mich im *Träumen* befände.«

In meinem Fall, so erzählte ich la Gorda, hatte Don Juan mir drei Aufgaben gestellt, um meine zweite Aufmerksamkeit zu trainieren. Die erste war, im *Träumen* meine Hände zu finden. Als nächstes empfahl er mir, ich solle irgendeinen Ort auswählen, meine Aufmerksamkeit darauf konzentrieren und dann das *Träumen* wie im Tagtraum tun, um herauszufinden, ob ich mich tatsächlich dorthin begeben könne. Er schlug vor, ich solle irgendeine Person, am besten eine Frau, an diesem Ort aufstellen, um zwei Dinge zu gewährleisten: erstens, um die kaum wahrnehmbaren Veränderungen zu kontrollieren, die anzeigen mochten, daß ich mich im Zustand des *Träumens* dort befand, und zweitens, um unmerkliche Details festzustellen, die genau das wären, worauf meine zweite Aufmerksamkeit sich stürzen würde.

Das schwierigste Problem, das der *Träumer* in dieser Hinsicht hat, ist die unbeirrte Fixierung der zweiten Aufmerksamkeit auf Einzelheiten, die von der Aufmerksamkeit des täglichen Lebens durchaus unbemerkt bleiben, was einer gültigen Überprüfung schier unüberwindliche Hindernisse in den Weg legt. Denn was man beim Träumen sucht, ist nicht dasselbe wie das, worauf man im täglichen Leben zu achten pflegt.

Don Juan sagte, daß man nur in der Phase des Lernens bestrebt sei, die zweite Aufmerksamkeit festzulegen; danach müsse man gegen den beinahe unwiderstehlichen Sog der zweiten Aufmerksamkeit ankämpfen und alle Dinge nur mit flüchtigen Blicken streifen. Im *Träumen* müsse man sich damit begnügen, alle Dinge möglichst kurz anzublicken. Sobald man sich auf etwas Bestimmtes konzentriert, verliert man die Kontrolle.

Die letzte allgemeine Aufgabe, die er mir stellte, war, aus meinem Körper hinauszutreten. Zum Teil war es mir schon gelungen, und ich hatte es immer für meine einzig wirkliche Leistung beim *Träumen* gehalten. Don Juan war fortgegangen, bevor ich im *Träumen* das Gefühl, ich könne während des *Träumens* mit der Welt der alltäglichen Dinge umgehen, vervollkommnet hatte. Sein Verschwinden unterbrach eine Entwicklung, die, wie ich meinte, zu einem unvermeidlichen Übergreifen meiner *Traum*-Zeit auf meine Alltagswelt führen mußte.
Um zu erläutern, was die Kontrolle der zweiten Aufmerksamkeit bedeutet, führte Don Juan das Konzept des *Willens* ein. Der *Wille,* so sagte er, könne als maximale Kontrolle der Leuchtkraft des Körpers als eines Energiefeldes bezeichnet werden, oder als ein bestimmtes Maß an erreichter Leistung, oder als Daseinszustand, der abrupt, zu jeder beliebigen Zeit im täglichen Leben eines Kriegers eintreten kann. Er wird erlebt als Kraft, die von der Körpermitte ausstrahlt, und zwar im Anschluß an einen Augenblick der absoluten Stille oder einen Augenblick schieren Entsetzens oder tiefster Traurigkeit; nicht aber nach einem Augenblick des Glücklichseins, denn das Glück ist zu unbeständig, als daß es dem Krieger die Konzentration erlaubte, die er braucht, um die Leuchtkraft des Körpers zu nutzen und sie in Stille zu verwandeln.
»Der Nagual hat mir gesagt, daß die Traurigkeit einem Menschen ebensoviel Kraft geben kann wie die Angst«, sagte la Gorda. »Die Traurigkeit bringt einen Krieger dazu, blutige Tränen zu weinen. Beides kann den Augenblick der Stille herbeiführen: Oder die Stille kommt von selbst, weil der Krieger sie sein Leben lang gesucht hat.«
»Hast du selbst jemals diesen Augenblick der Stille erlebt?« fragte ich.
»Das habe ich, gewiß doch, aber ich kann mich nicht erinnern, wie es ist«, sagte sie. »Du und ich, wir haben ihn beide schon verspürt, und doch hat keiner von uns eine Erinnerung daran. Der Nagual sagte, es ist ein Augenblick der Schwärze, ein Augenblick noch tieferer Stille als der Augenblick, in dem man den inneren Dialog anhält. Diese Schwärze, diese Stille läßt die *Absicht* entstehen, die zweite Aufmerksamkeit zu steuern, sie zu beherrschen, sie Dinge tun zu lassen. Das ist der Grund, warum

sie der *Wille* genannt wird. Die *Absicht* und die Wirkung sind *Wille;* der Nagual sagte, sie gehören zusammen. Das alles sagte er mir, als ich versuchte, im *Träumen* fliegen zu lernen. Die Absicht zu fliegen bewirkt das Fliegen.«

Ich sagte ihr, daß ich selbst schon fast nicht mehr mit der Möglichkeit rechnete, jemals den *Willen* zu erfahren.

»Du wirst ihn erfahren«, sagte la Gorda. »Die Schwierigkeit liegt darin, daß du und ich nicht genügend geschärft sind, um zu wissen, was mit uns geschieht. Wir fühlen unseren Willen nicht, weil wir meinen, er sollte etwas sein, von dem wir mit Sicherheit wissen, daß wir's tun oder fühlen, wie etwa, wenn wir wütend werden. Der Wille ist sehr leise, fast unbemerkbar. Der Wille gehört zum anderen Selbst.«

»Zu welchem anderen Selbst, Gorda?« fragte ich.

»Du weißt doch, wovon ich spreche«, erwiderte sie brüsk. Wir sind in unserem Selbst, wenn wir das *Träumen* tun. Wir sind jetzt schon unzählige Male in unser anderes Selbst eingegangen, und doch sind wir noch nicht vollständig.«

Nun entstand ein langes Schweigen. Ich mußte mir eingestehen, daß sie recht hatte, wenn sie sagte, daß wir noch nicht vollständig wären. Ich verstand es in dem Sinn, daß wir lediglich Lehrlinge einer unergründlichen Kunst waren. Dann aber kam mir der Gedanke, daß sie vielleicht etwas anderes meinte. Es war kein rationaler Gedanke. Zuerst empfand ich so etwas wie ein Prikkeln, eine Empfindung in meinem Solarplexus, und dann hatte ich den Gedanken, daß sie möglicherweise von etwas anderem sprach. Als nächstes fühlte ich die Antwort. Sie kam mir in einem Block, irgendwie an einem Stück. Ich wußte, daß alles auf einmal da war, zuerst an der Spitze meines Brustbeins, dann in meinem Kopf. Mein Problem war nur, daß ich das, was ich wußte, nicht rasch genug entwirren konnte, um es in Worte zu fassen.

La Gorda unterbrach meinen Denkprozeß nicht durch weitere Bemerkungen oder Gesten. Sie war vollkommen still und wartete. Sie schien in so hohem Maß innerlich mit mir verbunden, daß es nicht nötig war, noch etwas zu sagen.

Wir hielten das Gefühl der gemeinsamen Verbundenheit noch eine Weile aus, und dann überwältigte es uns beide. La Gorda und ich konnten uns nur allmählich beruhigen. Endlich begann ich zu sprechen. Nicht, weil ich es nötig gefunden hätte, noch einmal zu wiederholen, war wir gemeinsam fühlten und wußten; sondern nur, um unsere Gesprächsbasis zu festigen, sagte ich ihr, daß ich wohl wisse, in welcher Weise wir unvollständig waren, daß ich mein Wissen aber nicht in Worte fassen könne.

»Es gibt so viele viele Dinge, die wir wissen«, sagte sie. »Und doch können wir sie nicht für uns arbeiten lassen, weil wir nicht wirklich wissen, wie wir sie aus uns herausbringen sollen. Du hast eben angefangen, diesen Druck zu verspüren. Ich habe ihn schon seit Jahren. Ich weiß, und doch weiß ich nicht. Die meiste Zeit stolpere ich über mich selbst und höre mich wohl an wie eine Närrin, wenn ich zu sagen versuche, was ich weiß.«

Ich verstand, was sie meinte, und ich verstand sie auf körperlicher Ebene. Ich wußte irgend etwas durchaus Praktisches und in sich Evidentes über den Willen, und darüber, was la Gorda das andere Selbst genannt hatte, und doch konnte ich kein einziges Wort von dem hervorbringen, was ich wußte – nicht, weil ich zurückhaltend oder verlegen gewesen wäre, sondern weil ich nicht wußte, wo ich anfangen oder wie ich mein Wissen ordnen sollte.

»Der *Wille* ist eine so vollkommene Kontrolle der zweiten Aufmerksamkeit, daß er das andere Selbst genannt wird«, sagte la Gorda nach einer langen Pause. »Trotz allem, was wir getan haben, kennen wir nur ein winziges Stück vom anderen Selbst. Der Nagual hat es uns selbst überlassen, unser Wissen zu vervollständigen. Das ist unsere Aufgabe des Erinnerns.«

Sie schlug sich mit der flachen Hand vor die Stirn, als wäre ihr eben etwas eingefallen.

»Heiliger Jesus! Wir erinnern uns ja an das andere Selbst!« rief sie, und ihre Stimme grenzte fast an Hysterie; dann beruhigte sie sich wieder und fuhr in einem gedämpften Ton fort: »Offensichtlich waren wir schon einmal dort, und die einzige Art, uns daran zu erinnern, ist die Art, wie wir's tun, nämlich indem wir unsere *Traumkörper* abschießen, während wir *zusammen träumen.*«

»Was meinst du damit: unsere *Traumkörper* abschießen?« fragte ich.

»Du hast es mit eigenen Augen gesehen, wie Genaro seinen Traumkörper abzuschießen pflegte«, sagte sie. »Er hebt ab wie ein langsames Geschoß; in Wirklichkeit bindet er sich an seinen physischen Körper und entbindet sich von ihm mit einem lauten Knacken. Der Nagual erzählte mir, daß Genaros *Traumkörper* die meisten der Dinge tun konnte, die wir auch normalerweise tun; in dieser Form kam er immer zu dir, um dir einen Schlag zu versetzen. Heute weiß ich, worauf der Nagual und Genaro hinauswollten. Sie wollten, daß du dich erinnerst, und zu diesem Zweck pflegte Genaro vor deinen Augen unglaubliche Taten zu vollbringen, indem er seinen *Traumkörper* abschoß, aber es war vergeblich.«

»Ich habe nie gewußt, daß er in seinem *Traumkörper* war«, sagte ich.

»Du hast es nie gewußt, weil du nicht beobachtet hast«, sagte sie. »Genaro versuchte es dich wissen zu lassen, indem er Dinge zu tun versuchte, die der *Traumkörper* sonst nicht tun kann, wie essen, trinken usw. Der Nagual erzählte mir, wie Genaro immer mit dir scherzte und sagte, er würde scheißen gehen und die Berge zittern lassen.«

»Warum kann der *Traumkörper* solche Dinge nicht tun?« fragte ich.

»Weil der *Traumkörper* nicht mit der Absicht, zu essen oder zu trinken, umgehen kann«, erwiderte sie.

»Was meinst du damit, Gorda?« fragte ich.

»Genaros große Leistung war, daß er in seinem *Träumen* die *Absicht* des Körpers lernte«, erklärte sie. »Er vollendete, was du erst begonnen hast. Er konnte seinen ganzen Körper *träumen* – so vollkommen, wie es nur möglich war. Doch der *Traumkörper* hat eine andere *Absicht* als die *Absicht* des Körpers. Der *Traumkörper* kann zum Beispiel durch eine Wand gehen, weil er die *Absicht* kennt, sich in Luft aufzulösen. Der physische Körper kennt die Absicht, zu essen, aber nicht die des Sichauflösens. Durch eine Wand zu gehen, wäre für Genaros Körper ebenso unmöglich, wie es seinem *Traumkörper* unmöglich wäre, zu essen.«

La Gorda schwieg eine Weile, als wollte sie abschätzen, was sie eben gesagt hatte. Ich wollte abwarten, bevor ich ihr meine Fragen stellte.

»Genaro hat nur die *Absicht* des *Traumkörpers* bemeistert«, sagte sie mit sanfter Stimme. »Silvio Manuel dagegen war der höchste Meister der *Absicht*. Ich weiß jetzt den Grund, warum wir uns nicht an sein Gesicht erinnern können; es ist, weil er nicht so war wie alle anderen.«

»Was bringt dich dazu, dies zu sagen, Gorda?« fragte ich.

Sie versuchte mir zu erklären, was sie meinte, aber sie war nicht fähig, zusammenhängend zu sprechen. Auf einmal lächelte sie, ihre Augen strahlten auf.
»Ich hab's«, rief sie. »Der Nagual sagte mir, daß Silvio Manuel der Meister der *Absicht* war, weil er permanent in seinem anderen Selbst war. Er war der wahre Chef. Er stand hinter allem, was der Nagual tat. Er war es sogar, der den Nagual veranlaßte, sich um dich zu kümmern.«
Als ich la Gorda dies sagen hörte, empfand ich ein starkes physisches Unbehagen. Mir wurde beinahe übel, und ich mußte mich unheimlich anstrengen, es vor ihr zu verbergen. Ich kehrte ihr den Rücken und fing an zu würgen. Sie hörte kurz auf zu sprechen und fuhr dann fort, als ob sie beschlossen hätte, meinen Zustand nicht zur Kenntnis zu nehmen. Statt dessen begann sie mich anzuschreien. Sie sagte, es sei an der Zeit, daß wir uns einmal gründlich aussprächen. Sie warf mir meine Abneigung gegen sie nach den Ereignissen in Mexico City vor. Meine Erbitterung, so fügte sie hinzu, habe nichts damit zu tun, daß sie gegen mich die Partei der anderen Lehrlinge ergriffen hatte, sondern sei dadurch begründet, daß sie mitgeholfen hätte, mich zu entlarven. Ich erklärte ihr, daß alle diese Gefühle von mir abgefallen seien. Sie aber blieb ungerührt. Sie behauptete, daß diese Gefühle, wenn ich mich nicht mit ihnen auseinandersetzte, in irgendeiner Form wiederkehren würden. Und sie beharrte darauf, daß meine Verbindung mit Silvio Manuel den Kern der Sache bildete.
Meine Stimmungsschwankungen, die ich durchmachte, nachdem ich diese Anschuldigungen vernommen hatte, konnte ich selbst nicht fassen. Ich zerfiel in zwei Personen, die eine tobte mit Schaum vor dem Mund, die andere war ruhig, beobachtend. Ich spürte einen letzten schmerzhaften Krampf im Magen und mußte mich übergeben. Es war kein Ekelgefühl, das diese Konvulsion verursacht hatte; vielmehr war es ein unbeherrschbarer Zorn.
Als ich mich endlich beruhigt hatte, war mein Benehmen mir selber peinlich, und ich hatte Angst, daß ein solcher Zwischenfall mir ein andermal wieder unterlaufen könnte.
»Sobald du deine wahre Natur akzeptierst, wirst du von deinem Zorn befreit sein«, sagte la Gorda gleichmütig.
Ich wollte ihr widersprechen, aber ich sah ein, daß es vergeblich wäre. Außerdem hatte mein Wutanfall meine Energie aufge-

braucht. Ich mußte über die Tatsache lachen, daß ich nicht wußte, was ich tun würde, falls sie recht hätte. Dann kam mir der Gedanke in den Sinn, daß alles möglich war, wenn ich sogar die Nagual-Frau hatte vergessen können. Ich hatte ein seltsames Wärme- oder Reizgefühl in der Kehle, als hätte ich eine scharf gewürzte Speise gegessen. Dann war ich mit einem Schlag körperlich alarmiert, ganz als hätte ich jemanden hinter meinen Rücken schleichen sehen. Und in diesem Augenblick wußte ich etwas, das zu wissen ich noch einen Moment vorher nicht geahnt hatte. La Gorda hatte recht. Silvio Manuel war mein Führer gewesen.

La Gorda lachte auf, als ich ihr dies erzählte. Sie sagte, daß auch sie sich an etwas erinnere, das mit Silvio Manuel zu tun hatte.

»Ich erinnere mich nicht an ihn als Person, etwa wie ich mich an die Nagual-Frau erinnert habe«, fuhr sie fort, »aber ich erinnere mich daran, was der Nagual mir von ihm erzählt hat.«

»Was hat er dir erzählt?« fragte ich.

»Er sagte, daß Silvio Manuel, solange er auf dieser Erde weilte, ähnlich wie Eligio war«, fuhr sie fort. »Einmal verschwand er, ohne eine Spur zu hinterlassen, und ging in die andere Welt. Er war jahrelang fort. Dann kehrte er eines Tages zurück. Der Nagual sagte, daß Silvio Manuel sich nicht erinnern konnte, wo er gewesen war oder was er getan hatte, daß aber sein Körper sich verändert hatte. Er war in die Welt zurückgekehrt, aber er war in seinem anderen Selbst zurückgekehrt.«

»Und was sagte er noch, Gorda?« fragte ich.

»Ich kann mich an nichts mehr erinnern«, erwiderte sie. »Es ist, als blickte ich durch einen Nebel.«

Ich wußte, daß wir, wenn wir uns nur hart genug anstrengten, sogleich herausfinden würden, wer Silvio Manuel war. Ich sagte ihr, daß ich drauf und dran sei, das Geheimnis zu lüften.

»Der Nagual sagte, daß die *Absicht* überall anwesend ist«, sagte la Gorda unvermittelt.

»Was soll das heißen?« fragte ich.

»Ich weiß nicht«, sagte sie. »Ich spreche nur Dinge aus, die mir in den Sinn kommen. Der Nagual sagte auch, daß es die Absicht ist, die die Welt schafft.«

Ich wußte, daß ich diese Worte schon einmal gehört hatte. Ich dachte, daß Don Juan auch mir diese Dinge gesagt und ich sie nur vergessen hatte.

»Wann hat Don Juan dir das gesagt?« fragte ich.
»Ich kann mich nicht erinnern, wann es war«, sagte sie. »Aber er sagte mir, daß die Menschen und auch alle anderen lebenden Wesen Sklaven der *Absicht* sind. Sie sind fest in ihrer Hand. Sie heißt uns tun, was immer sie will. Sie läßt uns in der Welt handeln. Sie läßt uns sogar sterben.
Wenn wir aber Krieger werden«, so sagte er, »dann wird die Absicht unser Freund. Sie läßt uns für einen Augenblick frei werden. Manchmal kommt sie sogar zu uns, als hätte sie nur auf uns gewartet. Der Nagual sagte mir, daß er selbst nur ein Freund der Absicht sei, anders als Silvio Manuel, der ihr Meister war.«
In mir prasselte ein Trommelfeuer verdeckter Erinnerungen, die herausdrängten. Sie schienen jeden Moment an die Oberfläche kommen zu wollen. Dann erlebte ich für einen Augenblick eine ungeheure Frustration, und irgend etwas in mir gab auf. Ich wurde ruhig. Ich war nicht mehr daran interessiert, etwas über Silvio Manuel herauszufinden.
La Gorda deutete meinen Stimmungswandel als Zeichen dafür, daß wir noch nicht bereit waren, unseren Erinnerungen an Silvio Manuel standzuhalten.
»Der Nagual hat uns allen gezeigt, was er mit seiner *Absicht* zu tun vermochte«, sagte sie unvermittelt. »Er konnte Dinge erscheinen lassen, indem er die *Absicht* anrief.
Wenn ich fliegen wolle, so sagte er mir, brauchte ich nur die *Absicht* des Fliegens anzurufen. Dann zeige er mir, wie er selbst sie anrufen konnte; er sprang in die Luft und schwebte wie ein riesiger Drachen durch die Luft. Oder er ließ Dinge in seiner Hand erscheinen. Er sagte, daß er die *Absicht* vieler Dinge kenne und sie alle herbeirufen könne, indem er sie beabsichtigte. Der Unterschied zwischen ihm und Silvio Manuel war, daß Silvio Manuel – als Meister der *Absicht* – die *Absicht* aller Dinge kannte.«
Ich sagte ihr, daß ihre Erklärung noch weiterer Erklärung bedürfe. Anscheinend hatte sie Mühe, in Gedanken ihre Worte zu ordnen.
»Ich lernte die *Absicht* des Fliegens«, sagte sie, »indem ich alle die Gefühle wiederholte, die ich beim Fliegen im *Träumen* hatte. Das war nur ein Ding. Der Nagual hatte in seinem Leben die *Absicht* von hundert Dingen gelernt, aber Silvio Manuel ging bis an die

Quelle aller Dinge. Er zapfte sie an. Er brauchte gar nicht die *Absicht* irgendeines Dinges zu lernen. Er war eins mit der *Absicht*. Sein Problem war, daß er keine Wünsche mehr hatte, weil die selbst keine Wünsche hat, und darum brauchte er den Nagual, um sich seines Willens zu bedienen. Mit anderen Worten, Silvio Manuel konnte alles tun, was der Nagual wollte. Der Nagual steuerte Silvio Manuels *Absicht*. Aber da auch der Nagual keine Wünsche hatte, taten sie die meiste Zeit gar nichts.«

8. Die Bewußtheit der linken und der rechten Seite

Unsere Diskussion über das *Träumen* war für uns beide sehr nützlich, nicht nur weil sie uns half, unseren Stillstand beim *Zusammen-Träumen* zu überwinden, sondern auch weil sie die daran beteiligten Konzepte auf eine intellektuelle Ebene hob. Das Gespräch darüber hielt uns in Bewegung und gewährte uns eine momentane Pause, um unsere Erregung zu beschwichtigen.

Eines Abends, als ich ausgegangen war, um eine Besorgung zu machen, rief ich la Gorda von einer Telefonzelle aus an. Sie erzählte mir, sie sei in einem Kaufhaus gewesen und habe das Gefühl gehabt, daß ich mich dort hinter irgendwelchen Kleiderpuppen und Dekorationen verstecke. Sie sei sich ganz sicher gewesen, daß ich sie damit necken wolle, und sie habe sich über mich geärgert. Sie sei durch den Laden gerannt und habe versucht, mich zu ertappen, um mir zu zeigen, wie wütend sie war. Dann habe sie erkannt, daß sie sich in Wirklichkeit an etwas erinnerte, was sie häufig in meiner Gegenwart getan hatte, wenn sie ihre Launen hatte.

Wir kamen dann einmütig zu dem Schluß, daß es Zeit wäre, wieder unser *Zusammen-Träumen* zu versuchen. Noch während wir miteinander sprachen, fühlten wir unseren Optimismus wachsen. Ich ging sofort nach Hause.

Ich gelangte ganz leicht in den ersten Zustand, die dynamische Wachsamkeit. Ich hatte ein Empfinden körperlichen Wohlbehagens, ein Prickeln, das von meinem Solarplexus ausstrahlte und das sich in den Gedanken umsetzte, daß wir diesmal hervorragende Ergebnisse erzielen würden. Dieser Gedanke wandelte sich zu einer nervösen Erwartung. Ich wurde mir bewußt, daß meine Gedanken von dem Prickeln in der Mitte meiner Brust ausgingen. Doch im gleichen Augenblick, als ich anfing mich zu besinnen, hörte das Prickeln auf. Es war wie ein elektrischer Strom, den ich ein- und abschalten konnte.

Das Prickeln setzte wieder ein, diesmal noch ausgeprägter als zuvor, und plötzlich fand ich mich Auge in Auge mit la Gorda; es war, als wäre ich um eine Straßenecke gebogen und mit ihr zusammengestoßen. Ich versenkte mich ganz darein, sie anzusehen. Sie war so absolut wirklich, so sehr sie selbst, daß ich das Bedürfnis verspürte, sie anzufassen. In diesem Augenblick brach die reinste überirdische Liebe aus mir hervor. Ich fing hemmungslos an zu weinen.

Rasch versuchte la Gorda unsere Arme zu verschränken, um mein Sichgehenlassen zu beenden, aber sie konnte sich nicht bewegen. Wir sahen uns um. Diesmal gab es keine feste Szenerie vor unseren Augen, kein statisches Bild. Ich hatte eine plötzliche Einsicht und sprach la Gorda an. Ich sagte, wir hätten, weil wir einander angesehen hatten, das Erscheinen der Traumszene verpaßt. Erst nachdem ich gesprochen hatte, wurde mir klar, daß wir uns in einer neuen Situation befanden. Der Klang meiner Stimme erschreckte mich. Es war eine fremde Stimme, rauh und unangenehm. Sie gab mir ein Gefühl körperlichen Abscheus ein.

La Gorda erwiderte, wir hätten überhaupt nichts verpaßt, vielmehr sei unsere zweite Aufmerksamkeit von etwas anderem gefangengenommen worden. Sie lächelte und verzog mit gespitzten Lippen den Mund – eine Geste, die Überraschung und Ärger über den Klang ihrer eigenen Stimme ausdrückte.

Ich fand die neue Erfahrung, im *Träumen* zu sprechen, ganz faszinierend, denn wir *träumten* nicht von einer Szene, in der wir sprachen – wir unterhielten uns tatsächlich. Und es erforderte eine einzigartige Anstrengung, ganz ähnlich meiner anfänglichen Bemühung, im *Träumen* eine Treppe hinunterzugehen.

Ich fragte sie, ob sie den Klang meiner Stimme komisch fände. Sie bestätigte es kopfnickend und lachte laut auf. Der Klang ihres Lachens war schockierend. Ich erinnerte mich daran, daß Don Genaro manchmal die seltsamsten und beängstigendsten Geräusche hervorbrachte. La Gordas Gelächter war von dieser Art. Und jetzt kam mir die Erkenntnis, daß la Gorda und ich ganz spontan in unsere *Traumkörper* eingetreten waren.

Ich wollte ihre Hand halten. Ich versuchte es, konnte aber meinen Arm nicht bewegen. Da ich schon einige Erfahrung mit der Fortbewegung in diesem Zustand hatte, zwang ich mich, an la

Gordas Seite zu gehen. Es war mein Wunsch, sie zu umarmen, aber statt dessen trat ich so nah an sie heran, daß wir miteinander verschmolzen. Ich war meiner selbst als individuelles Ich bewußt, und gleichzeitig fühlte ich mich als Teil von la Gorda. Dieses Gefühl war mir ungemein angenehm.

Wir blieben verschmolzen, bis irgend etwas unsere Umarmung störte. Ich spürte einen Befehl, die Umgebung, in der wir uns befanden, zu untersuchen. Als ich genauer hinsah, erinnerte ich mich ganz deutlich, sie schon einmal gesehen zu haben. Wir waren umgeben von kleinen runden Hügeln, die wie Sanddünen aussahen. Sie umgaben uns von allen Seiten, in jeder Richtung, bis hin zum Horizont. Sie schienen aus etwas zu bestehen, das wie blaßgelber Sandstein oder wie grobe Schwefelkörner aussah. Von gleicher Farbe war der Himmel; er war sehr niedrig und bedrükkend. Da waren gelbliche Nebelbänke oder so etwas wie gelber Dampf, der an bestimmten Stellen vom Himmel herabhing. Dann bemerkte ich, daß la Gorda und ich offenbar atmeten. Ich konnte mit den Händen meinen Brustkorb nicht befühlen, aber ich spürte, wie er sich dehnte, wenn ich einatmete. Die gelben Dämpfe waren offenbar nicht schädlich für uns.

Gleichzeitig begannen wir uns zu bewegen, langsam, vorsichtig, beinahe war es wie Gehen. Nach kurzer Entfernung wurde ich sehr müde, und la Gorda erging es genauso. Wir glitten knapp über dem Boden dahin, und sich auf diese Weise fortzubewegen, war offenbar sehr anstrengend für unsere zweite Aufmerksamkeit; es erforderte ein unheimliches Maß an Konzentration. Es war nicht so, daß wir absichtlich unsere gewöhnliche Gangart nachahmten, aber im Endergebnis glich es einer Nachahmung. Sich auf diese Weise fortzubewegen, erforderte wahre Eruptionen von Energie, so etwas wie kleine Explosionen, gefolgt von einer kurzen Pause. Wir hatten bei unserer Fortbewegung kein Ziel außer der Fortbewegung selbst, daher mußten wir schließlich stehenbleiben.

La Gorda sprach zu mir. Ihre Stimme war so schwach, daß sie kaum zu vernehmen war. Sie sagte, daß wir uns sorglos auf die schwierigeren Regionen zubewegten und daß, wenn wir uns weiter in diese Richtung bewegten, der Druck so stark werden würde, daß wir sterben müßten.

Automatisch drehten wir uns um und machten uns in die

Richtung auf, aus der wir gekommen waren. Aber das Gefühl der Mattigkeit ließ nicht nach. Beide waren wir so erschöpft, daß wir uns nicht mehr aufrecht halten konnten. Wir brachen zusammen und nahmen, ohne vorher zu wissen, was wir taten, die *Traum-*Haltung ein.

Ich erwachte sofort in meinem Studierzimmer. La Gorda erwachte in ihrem Bett.

Als erstes nach dem Erwachen erzählte ich ihr, daß ich in dieser wüsten Landschaft schon mehrmals zuvor gewesen war. Ich hatte mindestens zwei Ansichten von ihr kennengelernt, die eine gänzlich flach, die andere mit kleinen, an Sanddünen erinnernden Hügeln bedeckt. Noch während ich sprach, wurde mir bewußt, daß ich nicht einmal versucht hatte, mich zu überzeugen, ob wir die gleiche Vision gehabt hätten oder nicht. Ich unterbrach mich und sagte ihr, ich hätte mich von meiner eigenen Erregung mitreißen lassen; ich hätte mich angestellt, als ob ich mit ihr Erinnerungen an eine Urlaubsreise vergleichen wolle.

»Es ist zu spät für solche Redensarten zwischen uns«, sagte sie seufzend. »Aber falls es dich glücklich macht, will ich dir erzählen, was wir gesehen haben.«

Geduldig schilderte sie mir alles, was wir gesehen, gesagt und getan hatten. Sie fügte noch an, auch sie sei schon einmal an diesem trostlosen Ort gewesen und sie wisse mit Bestimmtheit, daß es ein Niemandsland sei; der Raum zwischen der Welt, die wir kennen, und der anderen Welt.

»Es ist das Gebiet zwischen den parallelen Linien«, fuhr sie fort. »Wir können im Träumen dorthin gehen. Aber um diese Welt zu verlassen und die andere zu erreichen, jene Welt hinter den parallelen Linien, müssen wir mit unserem ganzen Körper durch dieses Gebiet gehen.«

Ich empfand einen Schauder, als ich sie davon sprechen hörte, daß wir mit unserem ganzen Körper diese wüste Gegend betreten müßten.

»Du und ich, wir sind schon zusammen – mit unseren Körpern – dort gewesen«, fuhr la Gorda fort. »Erinnerst du dich nicht?«

Ich sagte ihr, daß ich mich lediglich daran erinnern könne, diese Landschaft zweimal unter Don Juans Führung gesehen zu haben. Beide Male hatte ich das Erlebnis als Wahrnehmungszustände

abgetan, hervorgerufen durch die Einnahme halluzinogener Pflanzen. Getreu dem Diktat meines Intellekts betrachtete ich sie als Visionen und nicht als allgemein nachvollziehbare Erfahrungen. Aber ich konnte mich nicht daran erinnern, diese Szene unter irgendwelchen anderen Bedingungen erlebt zu haben.
»Wann sollten du und ich mit unseren Körpern dort gewesen sein?« fragte ich.
»Ich weiß nicht«, sagte sie. »Mir ist nur die vage Erinnerung daran in den Sinn gekommen, und zwar in dem Augenblick, als du erwähntest, schon einmal dort gewesen zu sein. Ich glaube, jetzt bist du an der Reihe, mir zu helfen, meine angefangene Erinnerung zu vervollständigen. Ich kann mich noch nicht darauf konzentrieren, aber ich erinnere mich wohl, daß Silvio Manuel die Nagualfrau, dich und mich an diesen trostlosen Ort mitnahm. Ich weiß aber nicht, warum er mit uns dorthin ging. Und wir befanden uns nicht im *Träumen.*«
Was sie sonst noch sagte, hörte ich nicht mehr. Mein Denken hatte sich blitzartig an etwas noch Unbestimmtes geheftet. Ich mühte mich, meine Gedanken zu ordnen. Sie schweiften ziellos durch meinen Kopf. Einen Augenblick war mir, als sei ich Jahre zurückversetzt, in eine Zeit, als ich meinen inneren Dialog noch nicht anzuhalten wußte. Dann begann der Nebel sich zu lichten. Meine Gedanken ordneten sich ohne mein bewußtes Zutun, und das Ergebnis war eine vollständige Erinnerung an ein Ereignis, an das ich mich teilweise schon in einem jener unstrukturierten Gedächtnisblitze erinnert hatte, die ich zuweilen hatte. La Gorda hatte recht, wir waren einmal in ein Gebiet geführt worden, das Don Juan die »Vorhölle« nannte, möglicherweise in Anspielung auf die herrschende religiöse Lehre. Und la Gorda hatte auch recht, wenn sie sagte, daß wir uns nicht im *Träumen* befunden hatten.
Bei dieser Gelegenheit hatte Don Juan auf Silvio Manuels Verlangen die Nagual-Frau, la Gorda und mich zusammengerufen. Don Juan sagte mir, der Grund unseres Zusammentreffens sei die Tatsache, daß ich aus eigenen Kräften, doch ohne zu wissen wie, eine besondere Nische der Bewußtheit erreicht hatte, einen Zustand, der das Territorium der schärfsten Form der Aufmerksamkeit sei. Ich hatte diesen Zustand, den Don Juan die »linke linke Seite nannte«, schon vorher ein paarmal erreicht,

aber stets viel zu kurz und immer mit seiner Hilfe. Das Hauptmerkmal dieses Zustands, nämlich dasjenige, das für uns alle, die wir mit Don Juan zu tun hatten, die größte Bedeutung hatte, war der Umstand, daß wir, wenn wir in diesem Zustand waren, die Fähigkeit hatten, eine kolossale Bank gelblichen Dampfes wahrzunehmen – ein Phänomen, das Don Juan die »Nebelwand« nannte. Wann immer es mir gelang, sie zu erkennen, befand sie sich stets zu meiner Rechten; sie erstreckte sich bis zum Horizont und hinauf ins Unendliche und teilte so die Welt entzwei. Die Nebelwand pflegte sich nach rechts oder nach links zu drehen, ganz wie ich meinen Kopf wendete. So war es mir niemals möglich, sie frontal anzusehen.

An jenem fraglichen Tag sprachen beide, Don Juan und Silvio Manuel, mit mir über die Nebelwand. Ich erinnerte mich, daß Silvio Manuel, nachdem er zu sprechen aufgehört hatte, la Gorda wie ein junges Kätzchen am Genick gepackt hatte und mit ihr in die Nebelbank verschwunden war. Ich hatte einen Sekundenbruchteil Zeit gehabt, ihr Verschwinden zu beobachten, denn irgendwie war es Don Juan gelungen, mich die Wand frontal sehen zu lassen. Er packte mich nicht am Genick, sondern stieß mich in den Nebel hinein. Und dann wußte ich nur noch, daß ich eine wüste Ebene betrachtete. Don Juan, Silvio Manuel, die Nagual-Frau und la Gorda waren ebenfalls dort. Ich achtete nicht darauf, was sie taten. Ein höchst unangenehmes und bedrohliches Gefühl der Beklemmung machte mir zu schaffen; eine Mattigkeit, eine peinigende Atembeschwerde. Ich erkannte, daß ich in einer erstickend niedrigen Höhle stand. Das körperliche Druckgefühl war so überwältigend, daß ich nicht mehr atmen konnte. Es kam mir so vor, als hätten alle meine Körperfunktionen ausgesetzt. Ich konnte keinen Teil meines Körpers mehr spüren. Und doch konnte ich mich bewegen, gehen, meine Arme ausstrecken, meinen Kopf drehen. Ich legte meine Hände an meine Schenkel, aber in meinen Schenkeln und in meinen Handflächen war kein Gefühl. Meine Beine und Arme waren sichtbar, aber nicht fühlbar da.

Getrieben von der grenzenlosen Furcht, die ich empfand, packte ich die Nagual-Frau am Arm und riß sie aus ihrer aufrecht stehenden Haltung nieder. Aber es war nicht die Kraft meiner Muskeln, mit der ich sie zog. Es war eine Kraft, die mein Körper besaß, die aber nicht in den Muskeln oder im Knochengerüst saß, sondern genau in der Mitte meines Körpers.

Um diese Kraft noch einmal auszuprobieren, griff ich nach la Gorda. Ich rüttelte sie mit der Kraft meines Zugs. Dann erkannte ich, daß die Energie, mit der ich die beiden bewegt hatte, aus einem stabförmigen Auswuchs stammte, der wie ein Tentakel auf sie einwirkte. Dieser Auswuchs balancierte genau in meiner Körpermitte.

Ich hatte nur einen Moment gebraucht, um all dies zu begreifen, und im nächsten Moment war ich wieder an meinem Ausgangspunkt des körperlichen Unbehagens und der Furcht. Mit einer stummen Bitte um Hilfe sah ich Silvio Manuel an. Die Art, wie er meinen Blick erwiderte, gab mir die Überzeugung, daß ich verloren war. Seine Augen waren kalt und gleichgültig. Don Juan wandte mir den Rücken zu, und ich zitterte in meinem Innersten – mit einem physischen Entsetzen über alles Maß. Mir war, als ob das Blut in meinem Körper kochte, aber nicht weil mir heiß gewesen wäre, sondern weil ein innerer Druck bis zum Bersten anstieg.

Don Juan befahl mir, mich zu entspannen und mich meinem Tod anheimzugeben. Er sagte, ich müsse dort drinnen bleiben, bis ich sterben würde, doch hätte ich die Chance, in Frieden zu sterben, wenn ich mich aufs äußerste zusammenriß und meine Angst von mir Besitz ergreifen ließ; wenn ich aber lieber dagegen ankämpfte, würde ich eine schreckliche Agonie erleiden.

Dann sprach Silvio Manuel zu mir – was er selten tat. Er sagte, daß die Energie, die ich brauchte, um meine Angst zu akzeptieren, in meiner Körpermitte liege und daß es die einzige Möglichkeit zum Gelingen wäre, wenn ich mich dreinschickte, wenn ich kapitulierte, ohne zu kapitulieren.

Die Nagual-Frau und la Gorda waren ganz ruhig. Ich war der einzige, der dort sterben mußte. Silvio Manuel sagte, so wie ich meine Energie vergeude, stünde mein Ende unmittelbar bevor, und ich solle mich bereits als tot betrachten. Don Juan bedeutete der Nagual-Frau und la Gorda, ihm zu folgen. Sie wandten sich von mir ab. Was sie dann noch taten, sah ich nicht mehr. Ich spürte in mir ein mächtiges Beben. Ich stellte mir vor, daß es mein Todeszittern wäre und daß mein Kampf zu Ende sei. Es machte mir nichts mehr aus. Ich überließ mich der unüberwindlichen Angst, die mich tötete. Mein Körper, oder das Gebilde, das ich als meinen Körper betrachtete – was immer es sein mochte –, entspannte sich und überließ sich seinem Tod. Als ich die Angst in mich hereinkommen oder vielleicht auch aus mir hinausgehen ließ, spürte und sah ich, wie etwas mich verließ. Es war ein feiner Dunst, eine weißliche Schwade vor dem Schwefelgelb der Umgebung.

Don Juan kam zu mir zurück und musterte mich neugierig. Silvio Manuel wandte sich ab und packte wieder la Gorda am Genick. Ich sah ganz deutlich, daß er sie wie eine riesige Stoffpuppe in die Nebelbank schleuderte. Dann trat er selbst hinein und verschwand.

Die Nagual-Frau forderte mich durch ein Zeichen auf, zu ihr in den Nebel zu kommen. Ich bewegte mich zu ihr hin, aber noch bevor ich sie erreichte, gab Don Juan mir einen kräftigen Stoß, der mich durch den dichten gelben Nebel schleuderte. Ich stolperte vorwärts, aber nicht auf meinen Füßen, vielmehr glitt ich hindurch und landete schließlich kopfüber am Boden – in dieser Welt.

La Gorda erinnerte sich an den ganzen Vorgang, wie ich ihn ihr erzählte. Sie konnte noch weitere Einzelheiten beisteuern.

»Die Nagual-Frau und ich hatten keine Angst um dein Leben«, sagte sie. »Der Nagual hatte uns gesagt, daß du gezwungen werden müßtest, deine Sicherheit aufzugeben, daß aber dies nichts Besonderes sei. Denn jeder männliche Krieger muß durch die Angst bezwungen werden.

Silvio Manuel hatte mich schon dreimal hinter diese Wand geführt, damit ich lernte, mich zu entspannen. Er sagte, wenn du mich so unbekümmert sähest, würde es eine Wirkung auf dich haben, und das tat es auch. Du gabst nach und entspanntest dich.«

»Ist es auch dir so schwergefallen, zu lernen dich zu entspannen?« fragte ich.

»Nein. Für eine Frau ist es eine Kleinigkeit«, sagte sie. »Das ist unser Vorteil. Die einzige Schwierigkeit ist, daß wir dorthin getragen werden müssen. Wir können es nicht aus eigener Kraft.«

»Warum nicht, Gorda?« fragte ich.

»Man muß sehr schwer sein, um da hindurchzugehen, und eine Frau ist leicht«, sagte sie. »Tatsächlich zu leicht.«

»Wie war es mit der Nagual-Frau? Ich sah nicht, daß irgendwer sie getragen hätte«, sagte ich.

»Mit der Nagual-Frau war es etwas Besonderes«, sagte la Gorda. »Sie konnte alles aus eigener Kraft tun. Sie konnte mich dort hineinbringen, oder auch dich. Sie konnte sogar diese wüste Ebene überqueren – etwas, das, wie der Nagual sagte, ein zwingendes Gebot für alle Reisenden ist, die in das Unbekannte reisen.«

»Warum ging die Nagual-Frau mit mir dort hinein?« fragte ich.

»Silvio Manuel nahm uns mit, um dich zu stützen«, sagte sie. »Er meinte, du müßtest von zwei Frauen und zwei Männern beschützt werden, die dich flankierten. Silvio Manuel dachte, du müßtest vor den Wesen beschützt werden, die dort drinnen herumstreifen und lauern. Die Verbündeten kommen aus dieser wüsten Ebene, und auch andere, noch wildere Dinge.«

»Wurdest du auch beschützt?« fragte ich.

»Ich brauchte keinen Schutz«, sagte sie. »Ich bin eine Frau. Ich bin frei von alledem. Aber wir alle glaubten, daß du in einem schlimmen Dilemma stecktest. Du warst der Nagual, aber ein sehr dummer. Wir dachten, daß einer dieser wilden Verbündeten – oder Dämonen, falls du sie so nennen willst – dich zerschmettern oder zerreißen könnte. Das jedenfalls sagte Silvio Manuel. Er nahm uns mit, damit wir deine vier Ecken flankierten. Aber der Witz an der Sache war, daß weder der Nagual noch Silvio Manuel wußten, daß du uns gar nicht brauchtest. Wir sollten eine ganze Weile gehen, bis du deine Energie verloren hättest. Dann wollte Silvio Manuel dich erschrecken, indem er dir die Verbündeten zeigte und sie beschwor, sich auf dich zu stürzen. Er und der Nagual hatten vorgehabt, dir schrittweise zu Hilfe zu kommen. Das ist die Regel. Aber irgend etwas ging schief, und im selben Augenblick, als du dort hineinkamst, wurdest du verrückt. Du warst noch keinen Zentimeter weit gegangen, und schon lagst du im Sterben. Du warst zu Tode erschrocken und hattest noch nicht einmal die Verbündeten gesehen.

Silvio Manuel sagte mir, daß er nicht wußte, was er nun machen sollte, darum sagte er dir etwas ins Ohr, was er dir zuallerletzt hätte sagen sollen, nämlich daß du nachgeben, kapitulieren solltest, ohne zu kapitulieren. Auf einmal wurdest du ganz von selbst ruhig. Und sie brauchten nichts mehr von all dem zu tun, was sie geplant hatten. Der Nagual und Silvio Manuel konnten nichts anderes tun, als uns wieder hinauszubringen.«

Als ich mich in dieser Welt wiederfand, so erzählte ich la Gorda, hatte jemand neben mir gestanden, der mir aufstehen half. Das war alles, woran ich mich erinnern konnte.

»Wir waren in Silvio Manuels Haus«, sagte sie. »Ich kann mich inzwischen an vieles erinnern, was mit diesem Haus zusammenhängt. Irgend jemand, ich weiß nicht wer, erzählte mir, daß Silvio Manuel dieses Haus fand und es kaufte, weil es auf einem Platz der Kraft erbaut war. Ein anderer meinte aber, daß Silvio Manuel das Haus fand, daß es ihm gefiel und er es kaufte und dann erst den Platz der Kraft dorthin brachte. Ich persönlich glaube, daß Silvio Manuel die Kraft mitgebracht hatte. Dies glaube ich, weil seine Makellosigkeit den Platz der Kraft bei diesem Haus festhielt, solange er und seine Gefährten dort lebten.

Als für sie die Zeit gekommen war fortzugehen, verschwand die Kraft dieses Platzes mit ihnen. Und das Haus wurde wieder das, was es gewesen war, bevor Silvio Manuel es gefunden hatte – ein ganz gewöhnliches Haus.«

Während la Gorda sprach, klärten meine Gedanken sich nocht weiter, aber nicht genug, um mir zu enthüllen, was uns in diesem Haus widerfahren war, das mich mit solcher Traurigkeit erfüllt hatte. Ohne zu wissen warum, war ich mir sicher, daß es etwas mit der Nagual-Frau zu tun hatte. Wo war sie?

La Gorda wußte keine Antwort, als ich sie danach fragte. Es entstand ein langes Schweigen. Sie entschuldigte sich und sagte, sie müsse das Frühstück machen. Es war schon heller Morgen. Sie ließ mich mit einem höchst bedrückten, schweren Herzen allein. Ich rief sie zurück. Sie wurde wütend und warf das Geschirr auf den Fußboden. Ich verstand, warum.

Ein weiterer Aspekt des *Zusammen-Träumens,* den wir ein paar Tage später kennenlernten, führte uns tiefer in die komplizierten Beziehungen der zweiten Aufmerksamkeit ein. La Gorda und ich merkten, daß wir ohne jede vorangegangene Bemühung nebeneinander standen. Sie versuchte drei- oder viermal vergeblich, ihren Arm mit meinem zu verschränken. Sie sprach zu mir, aber

ihre Rede war unverständlich. Ich wußte aber, daß sie sagte, wir wären wieder in unseren *Traumkörpern.* Sie ermahnte mich, daß unsere Bewegungen von der Körpermitte ausgehen müßten.
Wie auch schon bei unserem letzten Versuch zeigte sich uns keine *Traum*-Szene, die wir hätten untersuchen können. Wie ich es erlebte, befanden wir uns an einem physischen Ort, den ich ein Jahr lang fast jeden Tag beim *Träumen* gesehen hatte; es war das Tal des Säbelzahntigers.
Wir gingen ein paar Meter weiter. Diesmal waren unsere Bewegungen nicht ruckhaft oder explosionsartig. Wir gingen tatsächlich aus dem Bauch heraus. Es war keine Anspannung der Muskeln daran beteiligt. Was die Sache schwierig machte, war mein Mangel an Übung; es war wie einst, als ich zum erstenmal Fahrrad fuhr. Ich ermüdete rasch und verlor meinen Rhythmus, ich zögerte und wurde meiner selbst unsicher. Wir blieben stehen. Auch la Gorda war aus dem Gleichtakt.
Dann begannen wir zu untersuchen, was um uns her zu sehen war. Alles war von unbestreitbarer Tatsächlichkeit, zumindest aus meinem Gesichtswinkel betrachtet. Wir befanden uns in einer zerklüfteten Gegend mit einer merkwürdigen Vegetation. Ich sah seltsame Sträucher. Ich konnte nicht feststellen, welche Arten es waren. Sie sahen wie kleine Bäume aus, fünf bis sechs Fuß hoch. Sie hatten nur wenige Blätter, die flach und dick und von hellgrüner Farbe waren; sie hatten riesige prachtvolle, tiefbraune Blüten, mit goldenen Streifen. Die Stengel waren nicht hölzern, sie schienen weich und hohl wie Schilfrohre zu sein, waren aber mit langen, abscheulich aussehenden, nadelförmigen Dornen bedeckt. Daß die Stengel hohl waren, vermutete ich, nachdem ich einige alte, abgestorbene Pflanzen gesehen hatte, die vertrocknet und auf den Boden gefallen waren.
Der Boden war sehr dunkel und schien feucht zu sein. Ich versuchte mich zu bücken und ihn anzufassen, aber ich konnte mich nicht bewegen. La Gorda gab mir durch ein Zeichen zu verstehen, ich solle meine Körpermitte einsetzen. Mir wurde klar, daß ich, wenn ich dies täte, mich nicht zu bücken brauchte, um den Boden zu berühren. Es gab etwas an mir, es war wie ein Tentakel, das fühlen konnte, aber ich konnte nicht sagen, was ich damit fühlte. Es gab keine Kriterien, um eine Empfindung von der anderen zu unterscheiden. Der Boden, den ich berührte, war

offenbar Ackerboden, aber dies stellte ich nicht durch meinen Tastsinn fest, sondern durch ein visuelles Zentrum, das ich in mir zu haben schien. Damit geriet ich in einen intellektuellen Zwiespalt: Warum erschien das *Träumen* mir als Produkt meines Sehvermögens? War es etwa wegen der Vorherrschaft des Visuellen in unserem täglichen Leben? Die Frage war sinnlos. Ich war nicht in der Lage, sie zu beantworten, und das einzige, was meine Grübeleien bewirkten, war eine Schwächung meiner zweiten Aufmerksamkeit.

La Gorda rüttelte mich aus meinen Überlegungen auf, indem sie mir einen kräftigen Stoß versetzte. Ich verspürte eine schockähnliche Empfindung, ein Beben in meinem Innern. Sie deutete nach vorn. Dort lag der Säbelzahntiger wie üblich auf dem Felsband, wo ich ihn immer gesehen hatte. Wir näherten uns ihm. Er stand auf. Seine Größe war verblüffend. Was mich am meisten überraschte, war seine Breite. Ich wußte, la Gorda wollte, daß wir an diesem Tiger vorbei zur anderen Seite des Hügels schlichen. Ich wollte ihr sagen, daß es vielleicht gefährlich werden könnte, aber ich fand keine Möglichkeit, ihr diese Nachricht zu übermitteln. Der Tiger schien wütend und erregt. Er hockte auf seinen Hinterbeinen und krümmte den Rücken, als ob er sich anschickte, auf uns loszustürzen.

Ich war entsetzt; la Gorda drehte sich lächelnd zu mir um. Ich wußte, sie wollte mir sagen, ich solle mich nicht meiner Panik überlassen, weil der Tiger ein geisterartiges Gebilde sei. Wir waren nur noch sechs Schritte von dem Felsband entfernt. Wir mußten den Kopf heben, um den Tiger zu sehen. Er kauerte sprungbereit. Wir blieben stehen.

La Gorda lächelte höhnisch über meine Furcht, ganz als wäre das, was wir vor uns hatten, tatsächlich nur das, was es zu sein schien – ein Geist. Mit einem Kopfnicken forderte sie mich auf, weiterzugehen. Auf irgendeine unbegreifliche Weise wußte ich, daß der Tiger ein Wesen war, nicht im faktischen Sinn unserer alltäglichen Welt, aber gleichwohl real. La Gorda und ich *träumten,* daher hatten wir die »Faktizität der Welt« verloren. In diesem Augenblick standen wir mit dem Tiger auf gleichem Fuß, und unsere Existenz war ebenso geisterhaft.

Auf la Gordas quengelndes Drängen hin taten wir noch einen weiteren Schritt. Der Tiger sprang vom Sims herab. Ich sah seinen gewaltigen Körper durch die Luft schnellen und direkt auf mich zukommen. Ich verlor das Gefühl, daß ich *träumte.* Für mich war der Tiger real, und gleich würde ich in Stücke gerissen werden. Ein chaotisches Trommelfeuer von Lichtern, Bildern und den intensivsten Primärfarben, die ich je gesehen hatte, blitzte überall um mich her auf. Ich erwachte in meinem Studierzimmer.

Nach einer anfänglichen Lustlosigkeit – vielleicht war es auch die Furcht vor dem Scheitern – wurden wir sehr tüchtig in unserem *Zusammen-Träumen.* Ich hatte jetzt die Gewißheit gewonnen, daß es uns gelungen war, uns unseres Losgelöstseins zu versichern, und nun hatten wir keine Eile mehr. Aber nicht das Ergebnis unserer Anstrengungen motivierte uns, weiterzumachen. Vielmehr war es ein von außen kommender Zwang, der uns den Elan gab, makellos zu handeln, ohne an Belohnung zu denken. Unsere folgenden Sitzungen waren in der Form, nicht aber im Inhalt ähnlich wie die ersten. Ihr auffälligstes Merkmal war die Schnelligkeit und Leichtigkeit, mit der wir in den zweiten Zustand des *Träumens,* in die *dynamische Wachsamkeit* eintraten.

Die Szenen, die uns nun widerfuhren, drehten sich um weitere vergessene Ereignisse, bei denen la Gorda und ich eine wichtige Rolle gespielt hatten.

In diesen Szenen fiel es ihr gar nicht mehr schwer, ihren Arm mit meinem zu verschränken. Dieser Akt gab mir ein irrationales Gefühl der Sicherheit. Dies, so erklärte la Gorda, stille das Verlangen, die äußerste Vereinsamung, zu der die zweite Aufmerksamkeit führt, zu vertreiben. Das Verschränken der Arme, so sagte sie, fördere den Geist der Objektivität, und in dieser Stimmung konnten wir die Aktivitäten beobachten, die in jeder dieser Szenen stattfanden. Manchmal fühlten wir uns gezwungen, an diesen Aktivitäten teilzunehmen. Bei anderen Malen waren wir durchaus objektiv und beobachteten die Szene, als ob wir im Kino wären.

Immer wenn wir in unserem *Träumen* die Sanddünen oder das Territorium des Tigers aufsuchten, waren wir unfähig, unsere Arme zu verschränken. Bei diesen Gelegenheiten waren unsere Aktivitäten nie zweimal die gleichen. Unsere Handlungen waren nie im voraus überlegt, sondern schienen spontane Reaktionen auf neue Situationen zu sein.

La Gorda zufolge ließ der größte Teil unseres *Zusammen-Träumens* sich in drei Kategorien einordnen. Die erste und bei weitem größte war die Wiederaufführung von Ereignissen, die wir zusammen erlebt hatten. Die zweite war das gemeinsame Wiedersehen mit Ereignissen, die ich allein »erlebt« hatte – das Land des Säbelzahntigers gehörte in diese Kategorie. Die dritte waren Besuche in einem Reich, das so existierte, wie wir es im Augenblick unseres Besuchs sahen. Sie behauptete, daß jene gelben Hügel jetzt und hier vorhanden wären und daß sie für den Krieger, der die Reise zu ihnen antritt, so und nicht anders aussehen und dastehen.

In einem Punkt versuchte ich ihr zu widersprechen. Sie und ich hatten nämlich geheimnisvollen Umgang mit Leuten gehabt, die wir aus uns unbegreiflichen Gründen vergessen hatten, die wir aber gleichwohl tatsächlich gekannt hatten. Der Säbelzahntiger dagegen war ein Geschöpf meines *Träumens*. Ich konnte mir nicht vorstellen, daß beide der gleichen Kategorie angehören sollten.

Noch bevor ich Zeit fand, meine Gedanken vorzubringen, vernahm ich ihre Antwort. Es war, als ob sie wirklich in meinen Gedanken steckte und sie wie einen Text lesen konnte.

»Sie gehören zur gleichen Gattung«, sagte sie und lachte nervös. »Wir können nicht erklären, warum wir vergessen haben, oder wieso wir uns jetzt erinnern. Wir können gar nichts erklären. Der Säbelzahntiger ist da, irgendwo. Wo, das werden wir niemals wissen. Aber darum sollten wir uns wegen eines konstruierten Widerspruchs Sorgen machen? Ob man sagt, daß dies ein Faktum und jenes ein Traum sei, hat für das andere Selbst keinerlei Bedeutung.

La Gorda und ich benutzten das *Träumen* als Weg, um eine unvorstellbare Welt verborgener Erinnerungen zu erreichen. Das Träumen befähigte uns zur Erinnerung an Ereignisse, die wir durch die Mittel unseres Alltagsgedächtnisses nicht hätten erinnern können. Wenn wir diese Ereignisse im Wachzustand noch einmal durchgingen, konnten wir noch detailliertere Erinnerungen wachrufen. Auf diese Weise gruben wir sozusagen Massen von Erinnerungen aus, die in uns begraben lagen. Wir brauchten beinahe zwei Jahre tüchtiger Anstrengung und Konzentration, um wenigstens ein bruchstückhaftes Verständnis dessen zu erreichen, was mit uns geschehen war.

Don Juan hatte uns gesagt, daß die Menschen zweigeteilt sind. Die rechte Seite, die er das *Tonal* nannte, umfaßt alles, was der Intellekt sich vorstellen kann. Die linke Seite, das *Nagual* genannt, ist ein Reich unbeschreiblicher Gebilde: ein Reich, das mit Worten nicht zu erfassen ist. Vielleicht läßt sich die linke Seite mit dem gesamten Körper verstehen, falls es denn ein Verstehen ist, was dabei vor sich geht; daher widersetzt sie sich auch der begrifflichen Erfassung.

Don Juan hatte uns auch gesagt, daß alle Fähigkeiten, Möglichkeiten und Errungenschaften der Zauberei, von der einfachsten bis zur unglaublichsten, im menschlichen Körper selbst beschlossen liegen.

Ausgehend von den Vorstellungen, daß wir zweigeteilt sind und daß alles im Körper selbst beschlossen ist, schlug la Gorda eine Erklärung für unsere Erinnerungen vor. Sie glaubte nämlich, daß unsere Zeit in den Jahren unserer Verbindung mit dem Nagual Juan Matus eingeteilt gewesen sei zwischen Zuständen normaler Bewußtheit auf der rechten Seite, dem *Tonal,* wo die erste Aufmerksamkeit vorherrscht, und Zuständen der erhöhten Bewußtheit auf der linken Seite, dem *Nagual,* oder dem Sitz der zweiten Aufmerksamkeit.

La Gorda glaubte, der Nagual Juan Matus hätte sich bemüht, uns mit Hilfe der Selbstkontrolle der zweiten Aufmerksamkeit durch das *Träumen* zum anderen Selbst zu führen. Er brachte uns in direkten Kontakt mit gewissen Aspekten der zweiten Aufmerksamkeit, und zwar durch körperliche Manipulation. La Gorda erinnerte sich, daß er sie oft zwang, von einer Seite zur anderen zu wechseln, indem er ihr einen Stoß versetzte oder ihr den Rücken massierte. Manchmal, so sagte sie, gab er ihr sogar einen kräftigen Schlag auf das rechte Schulterblatt oder daneben. Solche Schläge bewirkten bei ihr den Eintritt in einen Zustand ungewöhnlicher Klarheit. La Gorda kam es so vor, als ob in diesem Zustand alles schneller ablief, und doch hatte sich in der Welt nichts geändert.

Diese Erklärung trug la Gorda mir vor, einige Wochen bevor ich mich erinnerte, daß es auch mir selbst so ergangen war. Immer wieder hatte Don Juan mir unverhofft einen Schlag auf den Rücken versetzt. Ich spürte den Schlag immer am Rückgrat, oben zwischen den Schulterblättern. Auf diesen Schlag folgte stets eine ungewöhnliche Klarheit. Die Welt war dieselbe, aber schärfer. Alles stand für sich. Diese Schärfe rührte womöglich daher, daß meine Fähigkeit, vernünftig zu denken, durch Don Juans Schlag betäubt worden war, was es mir ermöglichte, ohne ihre Beteiligung wahrzunehmen.

In diesem klaren Zustand blieb ich unbegrenzt lange, bis Don Juan mir wieder einen Schlag auf die gleiche Stelle gab, um mich in einen normalen Zustand der Bewußtheit zurückkehren zu lassen. Gestoßen oder massiert aber hatte er mich nie; es war immer ein direkter, kräftiger Schlag, nicht wie ein Faustschlag, sondern eher wie ein Schlag mit der flachen Hand, der mir für einen Augenblick den Atem nahm. Im nächsten Moment atmete ich tief ein, wie um die Luft zu ersetzen, die ich ausgestoßen hatte.

La Gorda berichtete mir von einer ähnlichen Wirkung bei ihr; durch den Schlag des Nagual wurde alle Luft aus ihren Lungen getrieben, und gleich darauf mußte sie besonders tief durchatmen, um ihre Lungen zu füllen. Sie erzählte auch, daß sie niemals in die Bewußtheit des Alltags zurückgestoßen worden war; sie kehrte aus eigner Kraft zurück, aber ohne zu wissen wie. La Gorda meinte, daß der Atem der ausschlaggebende Faktor sei. Das Entscheidende waren ihrer Meinung nach die tiefen Atemzüge, die sie tun mußte, nachdem sie den Schlag empfangen hatte; aber sie konnte nicht erklären, auf welche Weise das Atmen ihre Wahrnehmung und ihre Bewußtheit beeinflußte.

Ihre Einschätzung der Sache erschien mir bedeutsam. Ich mußte zugeben, daß Don Juans unverhoffte Schläge stets alle Luft aus meinen Lungen trieben. Als Kind und auch noch als Erwachsener war mir manchmal die Luft weggeblieben, nachdem ich auf den Rücken gefallen war. Die Wirkung der Schläge, die Don Juan mir versetzte, war eine ganz andere. Sie waren nicht mit Schmerz verbunden; vielmehr bewirkten sie eine unvorstellbare Empfindung. Wollte ich deren Eigenschaft beschreiben, so käme ich der Sache am nächsten, wenn ich sagte, daß sie eine sensorische Empfindung der Trockenheit in mir hervorriefen. Die Schläge auf meinen Rücken trockneten meine Lungen aus und vernebelten alles andere. Dann mußte ich keuchend, mit langen raschen Zügen Luft holen, bis ich wieder normal atmen konnte. La Gordas Einschätzung beruhte auf ihrer Wahrnehmung, daß ihr nach dem Schlag des Nagual alles dunstig erschien, daß aber dann, wenn sie zu atmen anfing, alles kristallklar wurde, als ob der Atem der Katalysator, der ausschlaggebende Faktor wäre.

Etwas Ähnliches passierte mir immer bei der Rückkehr in die Bewußtheit des täglichen Lebens. Durch den Schlag wurde mir alle Luft genommen, und wenn ich dann meine Lungen füllte, wurde die neblige Welt, die ich sah, klarer.

Ein weiteres Merkmal dieser Zustände gesteigerter Bewußtheit war die unvergleichliche Fülle der persönlichen Interaktionen, eine Fülle, die unsere Körper als Gefühl der Schnelligkeit empfanden. Unser Hin und Her zwischen der rechten und der linken Seite ließ uns leichter erkennen, daß auf der rechten Seite zuviel Energie und Zeit für die Aktionen und Interaktionen unseres täglichen Lebens aufgebraucht wird. Auf der linken Seite dagegen gibt es ein angelegtes Bedürfnis nach Einfachheit und Schnelligkeit.

La Gorda konnte nicht beschreiben, was diese Schnelligkeit wirklich war, und ich konnte es auch nicht. Bestenfalls könnte ich sagen, daß ich auf der linken Seite die Bedeutung der Dinge sehr präzise und direkt erfassen konnte. Jeder Aspekt meiner Aktivitäten war frei von Vorbereitungen oder Einleitungen. Ich handelte, und dann rastete ich. Ich ging voran und zog mich zurück – ohne einen jener Denkprozesse, die ich bei mir kenne. Dies war für la Gorda und mich gleichbedeutend mit Schnelligkeit.

Irgendwann stellten la Gorda und ich fest, daß die Fülle unserer Wahrnehmungen auf der linken Seite eine nachträgliche Erkenntnis war. Unsere Interaktionen erschienen uns reichhaltig – und zwar im Licht unserer Fähigkeit, uns daran zu erinnern. Jetzt erkannten wir, daß wir, solange wir uns in diesen Zuständen gesteigerter Bewußtheit befanden, alles in einer Gesamtheit, in einer Masse unentwirrbarer Details wahrgenommen hatten. Diese Fähigkeit, alles auf einmal wahrzunehmen, nannten wir *Intensität.* Jahrelang waren wir unfähig gewesen, die konstituierenden Teile dieser Gesamt-Erfahrungen zu analysieren; wir waren unfähig, diese Teile in eine Reihenfolge zu synthetisieren, die für den Intellekt verständlich gewesen wäre. Da wir einer solchen Synthese nicht fähig waren, konnten wir uns nicht erinnern. Unsere Unfähigkeit, uns zu erinnern, war in Wirklichkeit eine Unfähigkeit, die Erinnerung an unsere Wahrnehmungen auf eine lineare Basis zu stellen. Wir konnten unsere Erfahrungen sozusagen nicht im Aufriß darstellen und sie in eine geordnete Sequenz arrangieren. Die Erfahrungen waren uns zugänglich, aber gleichzeitig gelang es uns nicht, sie hervorzuholen, denn sie waren hinter einer Mauer der *Intensität* verborgen.

Die Aufgabe des Erinnerns war also eigentlich die Aufgabe, unsere linke und rechte Seite zu vereinen, jene beiden separaten Formen der Wahrnehmung zu einem einheitlichen Ganzen zu versöhnen; es war die Aufgabe, die Ganzheit unseres eigenen Selbst zu konsolidieren – und zwar durch Anordnung der *Intensität* in einer linearen Sequenz.

Nun kam uns der Gedanke, daß die Aktivitäten, an denen teilgenommen zu haben wir uns erinnerten, möglicherweise nicht lange angedauert hatten – im Sinn einer mit der Uhr gemessenen Zeit. Aufgrund unserer Fähigkeit, mit Hilfe der *Intensität* wahrzunehmen, hatten wir vielleicht nur eine unterschwellige Empfindung von längeren Zeitabläufen gehabt.

La Gorda meinte, daß wir, wenn wir nur fähig wären, die *Intensität* in einer linearen Sequenz anzuordnen, ganz ehrlich glauben dürften, an die tausend Jahre gelebt zu haben.

Die praktische Maßnahme, die Don Juan ergriff, um uns bei unserer Aufgabe des Erinnerns zu helfen, bestand darin, daß er uns mit gewissen Leuten interagieren ließ, während wir uns in einem Zustand gesteigerter Bewußtheit befanden. Er war sorgsam darauf bedacht, uns diese Menschen nicht sehen zu lassen, während wir uns im Zustand normaler Bewußtheit befanden; auf diese Weise schuf er den geeigneten Hintergrund für das Erinnern.

Nachdem la Gorda und ich unser Erinnern vervollständigt hatten, gerieten wir in einen grotesken Zustand. Wir hatten ein detailliertes Wissen von zwischenmenschlichen Interaktionen, die wir gemeinsam mit Don Juan und seinen Genossen gehabt hatten. Es waren keine Erinnerungen, wie ich mich etwa an ein Ereignis aus meiner Kindheit erinnern würde, sondern mehr als lebhafte,

Schritt für Schritt nachvollziehbare Erinnerungen an Ereignisse. Wir rekonstruierten Gespräche, die in unseren Ohren nachzuhallen schienen, als ob wir ihnen gerade lauschten. Beide meinten wir, daß es überflüssig sei, darüber spekulieren zu wollen, was mit uns geschah. Von unserem empirischen Selbst her betrachtet, fand das, woran wir uns erinnerten, *jetzt* statt. Dies war die Beschaffenheit unseres Erinnerns.

Irgendwann gelang es la Gorda und mir dann endlich, jene alten Fragen zu beantworten, die uns so sehr bedrängt hatten. Wir erinnerten uns daran, wer die Nagual-Frau war, welchen Platz sie in unserem Kreis eingenommen hatte, welche Rolle sie gespielt hatte. Wir folgerten, mehr als daß wir uns erinnerten, daß wir gleich lange Zeit mit Don Juan und Don Genaro zusammen im Zustand normaler Bewußtheit, und mit Don Juan und seinen anderen Gefährten im Zustand gesteigerter Bewußtheit verbracht hatten; wir vergewisserten uns jeder Nuance dieser Interaktionen, die uns durch die *Intensität* verschleiert gewesen waren.

Nach aufmerksamem Überdenken unserer Resultate wurde uns klar, daß wir die zwei Seiten unseres Selbst – wenigstens in einem gewissen Maß – verbunden hatten. Alsdann wandten wir uns anderen Themen zu, neuen Fragen, die nun Vorrang vor den alten gewonnen hatten. Es waren drei Themen, drei Fragen, die alle unsere Bedenken zusammenfaßten: Wer war Don Juan und wer waren seine Gefährten? Was hatten sie eigentlich mit uns gemacht? Und wohin waren sie alle verschwunden?

Dritter Teil

DIE GABE DES ADLERS

9. Die Regel des Nagual

Don Juan war ungemein sparsam mit Mitteilungen über sich und die Ereignisse seines persönlichen Lebens gewesen. Seine Zurückhaltung war im Grunde ein didaktisches Hilfsmittel; wie er es sah, so hatte seine Zeit erst damit begonnen, daß er ein Krieger wurde; alles, was er vorher erlebt hatte, war von geringer Bedeutung für ihn.

Über diesen früheren Abschnitt seines Lebens wußten la Gorda und ich nur, daß er in Arizona geboren und von Yaqui- und Yuma-indianischer Abstammung war. Als kleines Kind nahmen seine Eltern ihn nach Nordmexiko, wo sie bei den Yaquis lebten. Im Alter von zehn Jahren geriet er in die Wirren der Yaqui-Kriege. Seine Mutter wurde damals getötet, und sein Vater wurde von der mexikanischen Armee verhaftet. Don Juan und sein Vater wurden in ein Umsiedlungslager im südlichsten Staat Mexikos, in Yucatan geschickt. Dort wuchs er auf.

Was ihm während dieser Zeit seines Lebens geschah, davon erfuhren wir nie etwas. Don Juan meinte, es sei nicht nötig, uns davon zu erzählen. Ich dachte anders darüber. Dieser Teil seines Lebens erschien mir so wichtig, weil ich davon überzeugt war, daß die besonderen Eigenheiten und die Überzeugungskraft seiner Führung auf diesem persönlichen Erfahrungsschatz beruhten.

Doch dieser Erfahrungsschatz, wie wichtig er sein mochte, war nicht das, was ihm in unseren Augen und in den Augen seiner übrigen Gefährten eine so hervorragende Bedeutung verlieh. Seine absolute Überlegenheit beruhte auf dem Zufall, daß er sich mit der »Regel« eingelassen hatte.

Sich mit der Regel einlassen, das läßt sich vielleicht so beschreiben, daß man einen Mythus lebt. Don Juan lebte einen Mythus – ein Mythus, der von ihm Besitz ergriff und ihn zum Nagual machte.

Don Juan erzählte, daß er, als die Regel von ihm Besitz ergriff,

ein aggressiver, aufsässiger Mann war, der in der Verbannung lebte – wie tausend andere Yaqui-Indianer aus dem Norden Mexikos es damals taten. Er arbeitete auf den Tabakfeldern Südmexikos. Eines Tages, nach der Arbeit, wurde er im Verlauf einer – beinah tödlich ausgegangenen – Auseinandersetzung mit einem Arbeitskollegen, bei der es um Geld ging, durch einen Schuß in die Brust verletzt. Als er sein Bewußtsein wiedererlangte, beugte ein alter Indianer sich über ihn und stocherte mit seinem Finger in der kleinen Schußwunde. Die Kugel war nicht in die Brusthöhle eingedrungen, sondern steckte im Muskel über den Rippen. Don Juan wurde noch zwei- oder dreimal ohnmächtig, vor Schreck, wegen dem Blutverlust und – wie er selbst sagte – aus Angst vor dem Sterben. Der alte Indianer entfernte die Kugel, und da Don Juan sonst nirgends bleiben konnte, nahm er ihn mit in sein Haus und pflegte ihn über einen Monat lang.
Der alte Indianer war freundlich, aber streng. Eines Tages, als Don Juan schon recht bei Kräften und beinah wiederhergestellt war, gab der alte Mann ihm einen tüchtigen Schlag auf den Rücken und zwang ihn so in einen Zustand gesteigerter Bewußtheit, und ohne weitere Vorbereitung offenbarte er Don Juan jenen Teil der Regel, die sich auf den Nagual und seine Aufgabe bezieht.
Genau dasselbe machte Don Juan mit mir und mit la Gorda; er ließ uns auf eine andere Ebene der Bewußtheit überwechseln und erläuterte uns die Regel des Nagual, wie folgt.

Die Kraft, die das Schicksal aller lebenden Wesen regiert, heißt der Adler, nicht weil sie ein Adler wäre oder irgend etwas mit einem Adler zu tun hätte, sondern weil sie dem Sehenden, der sie sieht, als ein unermeßlich großer, jettschwarzer Adler erscheint, aufrecht stehend, wie ein Adler steht, und bis in die Unendlichkeit aufragend.
Wenn der Sehende die Schwärze erblickt, die der Adler ist, lassen vier Lichtstrahlen ihn erkennen, wie der Adler beschaffen ist. Der erste Strahl, der wie ein Blitzstrahl ist, hilft dem Sehenden, die Konturen des Körpers des Adlers zu erkennen. Da sind Flecken einer weißen Tönung, die wie Flaum und Krallen eines Adlers aussehen. Ein zweiter Blitzstrahl enthüllt die flatternde, Wind aufwirbelnde Schwärze, die wie die Schwingen eines Adlers

aussieht. Mit dem dritten Blitzstrahl erblickt der Sehende ein durchdringendes übermenschliches Auge. Und der vierte und letzte Strahl enthüllt, was der Adler tut.
Der Adler verschlingt die Bewußtheit aller lebenden Geschöpfe, die, einen Moment vorher noch lebendig auf Erden und nun tot, wie ein endloser Schwarm von Leuchtkäfern in den Schnabel des Adlers schweben, um ihrem Besitzer, dem Grund ihres gewesenen Lebens, zu begegnen. Der Adler sortiert diese winzigen Flämmchen, glättet sie flach, wie ein Gerber eine Haut streckt, und verzehrt sie; denn Bewußheit ist die Speise der Adlers.
Der Adler, jene Macht, die das Schicksal aller lebenden Wesen regiert, spiegelt alle diese Lebewesen gleichzeitig und zugleich wider. Es ist daher dem Menschen unmöglich, den Adler anzubeten, ihn um Wohltaten zu bitten, auf seine Gnade zu hoffen. Der menschliche Teil des Adlers ist zu unbedeutend, als daß er die Welt bewegen könnte.
Nur am Tun des Adlers kann der Sehende erkennen, was der Adler will. Obwohl der Adler sich durch die jeweiligen Umstände eines Lebewesens nicht rühren läßt, gewährt er doch jedem dieser Wesen eine Gabe. Sie alle, ein jedes auf seine Art und nach seinem Recht, haben – wenn sie es wollen – die Macht, die Flamme ihrer Bewußtheit zu behalten; die Kraft, sich dem Ruf, der sie zum Sterben und zum Gefressenwerden bestimmt, zu widersetzen. Jedem lebenden Wesen wird – wenn es dies will – die Kraft gewährt, einen Durchlaß zur Freiheit zu suchen und dort hindurchzugehen. Dem Sehenden, der den Durchlaß sieht, und den Geschöpfen, die durch ihn hindurchgehen, ist klar, daß der Adler diese Gabe gewährt hat, um die Bewußtheit weiterbestehen zu lassen.
Zu dem Zweck, die Lebewesen zu diesem Durchlaß hinzuführen, hat der Adler den Nagual geschaffen. Der Nagual ist ein Doppelwesen, dem die Regel offenbart wurde. Der Nagual – sei es in Gestalt eines Menschen, eines Tieres, einer Pflanze oder sonst eines lebenden Dings – fühlt sich kraft seines Doppeltseins gedrängt, diesen verborgenen Durchlaß zu suchen.
Der Nagual tritt paarweise auf, als Mann und als Frau. Ein doppelter Mann und eine doppelte Frau werden erst dann zum Nagual, wenn jedem von ihnen die Regel verkündet wurde und jeder von ihnen sie in vollem Umfang akzeptiert hat.

Dem Auge des Sehenden erscheint ein Nagual-Mann oder eine Nagual-Frau als ein leuchtendes Ei mit vier Abteilungen. Anders als der gewöhnliche Mensch, der zwei Seiten hat, nämlich eine linke und eine rechte, hat der Nagual eine linke Seite mit zwei längsgerichteten Teilen und eine rechte, ähnlich zweigeteilte Seite.

Der Adler schuf den ersten Nagual-Mann und die erste Nagual-Frau als Sehende und setzte sie sogleich in die Welt, damit sie sähen. Er gab ihnen vier weibliche Krieger, die Pirscher waren, drei männliche Krieger und einen männlichen Kurier, die sie nähren, fördern und zur Freiheit führen sollten.

Die weiblichen Krieger heißen die vier Himmelsrichtungen, die vier Ecken eines Quadrats, die vier Stimmungen, die vier Winde, die vier verschiedenen weiblichen Charaktere, aus denen die menschliche Rasse besteht.

Die erste ist der Osten. Sie wird die Ordnung genannt. Sie ist optimistisch, fröhlich, sanft, ausdauernd wie eine stetige Brise.

Die zweite ist der Norden. Sie wird die Stärke genannt. Sie ist einfallsreich, schlicht, direkt, verläßlich wie ein starker Wind.

Die dritte ist der Westen. Sie wird Gefühl genannt. Sie ist nach innen gekehrt, reumütig, schlau, verstohlen, wie ein kalter Windstoß.

Die vierte ist der Süden. Sie wird Wachstum genannt. Sie ist nährend, laut, scheu, warm, wie ein heißer Wind.

Die drei männlichen Krieger und der Kurier repräsentieren vier Typen der männlichen Aktivität und Persönlichkeit.

Der erste Typ ist der kenntnisreiche Mann, der Gelehrte; ein edler, zuverlässiger, heiterer Mann, ganz dem Vollbringen seiner Aufgabe hingegeben, was immer sie sein mag.

Der zweite Typ ist der Mann der Tat, höchst unbeständig, ein großartiger, temperamentvoller, wankelmütiger Gefährte.

Der dritte Typ ist der Organisator hinter den Kulissen; der geheimnisvolle unbekannte Mann. Über ihn kann nichts gesagt werden, weil er über sich selbst nichts bekannt werden läßt.

Der Kurier ist der vierte Typ. Er ist der Gehilfe, ein verschwiegener schwermütiger Mann, der sich gut bewährt, wenn er richtig geführt wird, der sich aber nicht allein behaupten kann.

Um die Sache zu vereinfachen, zeigte der Adler dem Nagual-mann und der Nagual-Frau, daß alle diese vier männlichen und vier weiblichen Typen bei den Männern und Frauen dieser Welt besondere Merkmale am leuchtenden Körper aufweisen.

Der Gelehrte hat so etwas wie eine flache Delle, eine leuchtende Vertiefung in der Gegend seines Solarplexus. Bei manchen Männern erscheint sie als eine Ansammlung intensiver Leuchtkraft, manchmal sogar glatt und glänzend wie ein Spiegel ohne Spiegelbild.

Der Mann der Tat hat einige Fasern, die von der Region des Willens ausgehen. Die Zahl der Fasern schwankt zwischen einer und fünf; ihre Größe zwischen einem dünnen Faden und einem dicken, peitschenförmigen Tentakel, fünf bis acht Fuß lang. Bei manchen Männern sind bis zu drei dieser Fasern zu Tentakeln entwickelt.

Der Mann hinter den Kulissen ist nicht an einem besonderen Merkmal zu erkennen, sondern an seiner Fähigkeit, ganz unwillkürlich einen Ausbruch der Kraft zu erzeugen, der die Aufmerksamkeit des Sehenden wirksam blockiert. In Gegenwart dieses Männertyps wird der Seher von belanglosen Details angezogen, statt zu sehen.

Der Gehilfe hat keine erkennbare Struktur. Den Sehenden erscheint er als klarer Glanz in einer Hülle fleckenloser Leuchtkraft.

Im Reich der Frauen ist der Osten an beinah unwahrnehmbaren Flecken in der Leuchtkraft der betreffenden Frau zu erkennen, die manchmal wie kleine Verfärbungen wirken.

Der Norden hat eine rundum wirkende Strahlung; die betreffende Frau verströmt einen rötlichen Glanz, beinah wie Gluthitze.

Der Westen ist in einen zarten Film eingehüllt, ein Film, der die betreffende Frau dunkler als die anderen erscheinen läßt.

Der Süden hat einen flackernden Glanz, die betreffende Frau leuchtet einen Moment, und dann verdunkelt sie sich, nur um wieder aufzuleuchten.

Der Nagual-Mann und die Nagual-Frau haben zwei unterschiedliche Arten von Bewegung in ihren leuchtenden Körpern. Ihre rechte Seite wogt, während ihre linke Seite wirbelt.

Was den Charakter betrifft, so ist der Nagual-Mann hilfsbereit, stetig, unwandelbar. Die Nagual-Frau ist ein streitbares Wesen,

und doch entspannt, immer wachsam, aber ohne Anstrengung. Beide reflektieren die jeweiligen vier Typen von Männern und Frauen als vier Arten des Verhaltens.
Der erste Befehl, den der Adler dem Nagual-Mann und der Nagual-Frau gab, war, von sich aus eine weitere Gruppe von vier Richtungen zu finden, vier Kriegerinnen, die zwar exakte Kopien der Pirscher, allerdings Träumer waren.
Die Träumer erscheinen dem Sehenden, als hätten sie einen Schurz aus haarartigen Fasern um ihre Körpermitte. Die Pirscher haben das gleiche, schurz-ähnliche Merkmal, aber der Schurz besteht bei ihnen nicht aus Fasern, sondern aus zahllosen kleinen runden Protuberanzen.
Die acht weiblichen Krieger unterteilen sich in vier Gruppen, die der linke und der rechte Planet genannt werden. Der rechte Planet besteht aus vier Pirschern, der linke besteht aus vier Träumern. Die Kriegerinnen eines jeden Planeten wurden von dem Adler mit der Regel ihrer jeweiligen Aufgabe vertraut gemacht. Die Pirscher wurden im Pirschen unterwiesen; die Träumer im Träumen.
Die zwei weiblichen Krieger einer jeden Richtung leben zusammen. Sie sind sich so ähnlich, daß eine das Spiegelbild der anderen ist, und nur kraft der Makellosigkeit können sie Trost und Bestärkung in ihrem eigenen Spiegelbild finden.
Die einzige Zeit, da die vier Träumer oder die vier Pirscher zusammenkommen, ist, wenn sie eine anstrengende Aufgabe zu verrichten haben; aber unter keinen Umständen dürfen die vier sich an den Händen fassen, denn ihre Berührung verschmilzt sie zu einem Wesen, und dieses Mittel sollte nur in äußersten Notfällen eingesetzt werden, oder im Augenblick, da sie die Welt verlassen.
Die zwei weiblichen Krieger einer jeden Himmelsrichtung sind einem der Männer beigegeben, in jeder Kombination, wie es eben notwendig ist. So bilden sie eine Gruppe von vier Haushalten, die so viele Krieger umfassen können, wie es eben notwendig ist.
Die männlichen Krieger und der Kurier können auch eine unabhängige Einheit von vier Männern bilden, oder jeder kann als Einzelwesen arbeiten, wie die Notwendigkeit es eben verlangt.

Alsdann erhielten der Nagual und sein Trupp den Befehl, eine Gruppe von drei Kurieren zu finden, entweder eine Gruppe von Männern, oder eine Gruppe von Frauen, oder eine gemischte Gruppe; es wurde ihnen aufgetragen, daß die männlichen Kuriere dem vierten Männertyp, dem des Gehilfen, angehören müßten. Die Frauen mußten von der Art des Südens sein.

Um sicherzustellen, daß der erste Nagual-Mann seinen Trupp zur Freiheit führte und nicht von seinem Weg abwich oder sich verderben ließ, holte der Adler die Nagual-Frau in die andere Welt, wo sie als Leuchtfeuer diente, das den Trupp zum Durchlaß hingeleitete.

Dann erhielten der Nagual und seine Krieger den Befehl, zu vergessen. Sie wurden in Dunkelheit gestürzt und erhielten neue Aufgaben; die Aufgabe, sich zu erinnern, und die Aufgabe, sich an den Adler zu erinnern.

Der Befehl, zu vergessen, war so stark, daß er alle voneinander trennte. Sie erinnerten sich nicht mehr, wer sie waren. Der Adler hatte die Absicht, daß sie, wenn sie sich wieder erinnerten, die Ganzheit ihres Selbst finden würden. Erst dann sollten sie die notwendige Stärke und Ausdauer haben, um ihre endgültige Reise anzustreben und zu ertragen.

Ihre letzte Aufgabe, nachdem sie die Ganzheit ihres Selbst errungen hatten, bestand darin, ein neues Paar von Doppelwesen zu finden und sie zu einem neuen Nagual-Mann und einer neuen Nagual-Frau zu machen, indem sie ihnen die Regel offenbarten. Und nachdem der erste Nagual-Mann und die erste Nagual-Frau nur einen kleinstmöglichen Trupp erhalten hatten, mußten sie dem neuen Nagual-Paar vier weibliche Krieger geben, die Pirscher waren, drei männliche Krieger und einen männlichen Kurier.

Als der erste Nagual-Mann und sein Trupp bereit waren, durch den Durchlaß zu gehen, wartete dort schon die erste Nagual-Frau, um sie zu führen. Dann erhielten sie den Befehl, die neue Nagual-Frau in die andere Welt mitzunehmen, damit sie ihren Leuten als Leuchtfeuer diene, und den neuen Nagual-Mann in der Welt zu lassen, damit er den Kreislauf wiederhole.

In dieser Welt ist die minimale Anzahl derer, die unter der Führung eines Nagual stehen, sechzehn: acht weibliche Krieger, vier männliche Krieger einschließlich den Nagual, und vier

Kuriere. Im Augenblick, da sie zusammen mit der Nagual-Frau die Welt verlassen, ist die Zahl des Nagual siebzehn. Wenn seine persönliche Kraft ihm gestattet, mehr Krieger zu haben, dann müssen diese in Gruppen von Vieren hinzugefügt werden.

Ich hatte Don Juan die Frage vorgelegt, wie die Regel den Menschen bekannt geworden sei. Er erklärte, daß die Regel unendlich sei und jeden Aspekt im Verhalten eines Kriegers erfasse. Die Auslegung und Zusammenfassung der Regel ist das Werk der Sehenden, deren Aufgabe über die Jahrhunderte darin bestand, den Adler zu *sehen*, seinen ununterbrochenen Wandel zu beobachten. Aus ihren Beobachtungen folgerten die Sehenden, daß man – vorausgesetzt, die leuchtende Schale, die das Menschentum eines Menschen umschließt, ist aufgebrochen – in dem Adler das schwache Spiegelbild des Menschen finden kann. Daher können die unwiderruflichen Machtsprüche des Adlers von den Sehenden verstanden, von ihnen richtig ausgelegt und in Form eines regelnden Kodex zusammengefaßt werden.
Don Juan erklärte, daß die Regel keine Sage sei und daß das Überwechseln in die Freiheit nicht ein ewiges Leben in dem Sinn bedeutet, wie wir das Wort Ewigkeit gemeinhin verstehen, nämlich als endlosen Fluß der Zeit. Vielmehr besagte die Regel, daß man seine Bewußtheit, die gewöhnlich im Augenblick des Todes erlischt, behalten könne. Don Juan konnte nicht erklären, was es bedeutete, diese Bewußtheit zu behalten – oder vielleicht konnte er es sich nicht einmal vorstellen. Sein Wohltäter hatte ihm gesagt, daß man im Augenblick des Überwechselns in die dritte Aufmerksamkeit eintritt und daß der Körper in seiner Gesamtheit von Wissen erleuchtet ist. Jede Zelle wird sich ihrer selbst bewußt, und zugleich auch der Ganzheit des Körpers.
Sein Wohltäter hatte ihm auch gesagt, daß diese Art von Bewußtheit unserem in Kategorie denkenden Geist als sinnlos erscheine; daher komme es beim Kampf der Krieger auch weniger darauf an, zu erkennen, daß das in der Regel vorgeschriebene weitere Überwechseln das Eintreten in die dritte Aufmerksamkeit bedeutet, sondern vielmehr darauf, zu begreifen, daß es eine solche Aufmerksamkeit überhaupt gibt.
Don Juan sagte, die Regel sei anfangs für ihn etwas ausschließlich dem Bereich der Sprache Zugehöriges gewesen. Er konnte sich

nicht vorstellen, wie sie in das Reich der wirklichen Welt und der dort herrschenden Verhältnisse eingreifen sollte. Aber unter der kundigen Führung seines Wohltäters und nach einer schmerzhaften Prüfung gelang es ihm schließlich, das wahre Wesen der Regel zu erfassen, und er akzeptierte sie total als einen Kodex praktischer Handlungsanweisungen, und nicht als Mythus. Von da an fiel es ihm nicht mehr schwer, mit der Realität der dritten Aufmerksamkeit umzugehen. Das einzige Hindernis auf seinem Weg rührte von seiner tiefen Überzeugung her, daß die Regel eine Landkarte sei, auf der er, wie er meinte, eine tatsächliche Öffnung in der Welt, einen Durchlaß suchen müsse. Irgendwie war er unnötig auf der ersten Ebene der Entwicklung eines Kriegers stehengeblieben.

Don Juans Bemühen als Führer und Lehrer zielte folglich darauf, den Lehrlingen, und besonders mir zu helfen, seinen eigenen Fehler zu vermeiden. Bei uns gelang es ihm, uns durch die drei Stadien der Entwicklung eines Kriegers zu geleiten, ohne eines von ihnen übermäßig zu betonen. Zuerst leitete er uns an, die Regel als eine Landkarte aufzufassen; dann leitete er uns an, zu begreifen, daß man eine überlegene Bewußtheit erreichen kann, eben weil es so etwas gibt; und schließlich geleitete er uns zu einem wirklichen Durchlaß in jene andere verborgene Welt der Bewußtheit.

Um uns durch das erste Stadium zu geleiten, nämlich zum Akzeptieren der Regel als Landkarte, zog Don Juan jenen Teil der Regel heran, der vom Nagual und seiner Aufgabe handelt, und zeigte uns, daß es dabei um zweifelsfreie Tatsachen geht. Dies gelang ihm, indem er uns, während wir uns im Zustand gesteigerter Bewußtheit befanden, eine uneingeschränkte Interaktion mit den Mitgliedern seiner Gruppe gewährte, die die lebenden Personifikationen der acht Menschen-Typen waren, wie die Regel sie beschreibt. In der Interaktion mit ihnen wurden uns komplexere und umfassendere Aspekte der Regel offenbart, bis wir zu erkennen vermochten, daß wir im Netz von etwas gefangen waren, das wir uns anfangs als einen Mythus vorgestellt hatten, das aber im wesentlichen eine Landkarte war.

Don Juan sagte, in dieser Hinsicht sei seine eigene Entwicklung genauso verlaufen wie die unsere. Sein Wohltäter hatte ihm geholfen, dieses erste Stadium hinter sich zu bringen, indem er ihm die gleiche Art der Interaktion ermöglichte. Zu diesem Zweck ließ er ihn zwischen der rechten und der linken Seite der Bewußtheit hin und her wechseln, genau wie Don Juan es mit uns gemacht hatte. Auf der linken Seite machte er ihn mit den Mitgliedern seiner eigenen Gruppe bekannt, mit den acht weiblichen und drei männlichen Kriegern und den vier Kurieren, die alle, wie es der Vorschrift entspricht, die perfekten Beispiele der in der Regel beschriebenen Typen waren. Sie kennenzulernen und mit ihnen zu verkehren, hatte eine erschütternde Wirkung auf Don Juan. Nicht nur zwang es ihn, die Regel als wirklichen Führer zu begreifen, sondern es ließ ihn auch die Ungeheuerlichkeit unserer unbekannten Möglichkeiten erkennen.

Er sagte, zu der Zeit, als alle Mitglieder seiner eigenen Gruppe versammelt waren, habe er sich schon so tief auf den Weg des Kriegers eingelassen gehabt, daß er es als selbstverständlich hinnahm, daß jene sich – ohne ersichtliches Zutun von irgendeiner Seite – als vollkommene Kopien der Krieger seines Wohltäters erwiesen. Die Ähnlichkeit ihrer persönlichen Vorlieben, Abneigungen, Bindungen und so fort war nicht das Produkt der Nachahmung. Don Juan sagte, daß sie, wie die Regel vorschrieb, bestimmtem Menschengruppen angehörten, die den gleichen Input und Output hatten. Die einzigen Unterschiede zwischen den Mitgliedern ein und derselben Gruppe seien ihre Stimmhöhe und der Klang ihres Lachens.

Wenn Don Juan mir erklären wollte, welche Wirkung die Interaktion mit den Kriegern seines Wohltäters auf ihn gehabt hatte, erzählte er von dem sehr bedeutsamen Unterschied zwischen seinem Wohltäter und ihm selbst – hinsichtlich der Art, wie die beiden zu je eigenen Auslegungen der Regel gelangten und wie sie andere Krieger anleiteten und lehrten, sie als eine Landkarte aufzufassen. Er sagte, daß es zwei Arten von Auslegungen gebe, nämlich die allgemeinen und die individuellen. Allgemeine Auslegungen sind jene Sätze, die den Kodex der Regel bilden. Ein Beispiel wäre etwa die Aussage, daß der Adler sich nicht um die Taten des Menschen kümmert, und dennoch dem Menschen einen Durchlaß zur Freiheit bietet. Eine individuelle Auslegung dagegen ist eine zeitbedingte Schlußfolgerung, zu der die Sehenden, ausgehend von den allgemeinen Auslegungen, gelangen. Ein Beispiel wäre der Satz, daß ich, gerade weil der Adler sich nicht um mich kümmert, dafür sorgen muß, daß meine Chancen, die Freiheit zu gewinnen, sich verbessern – womöglich durch die Hingabe meiner selbst.

Wie Don Juan sagte, unterschieden er und sein Wohltäter sich erheblich hinsichtlich des Zeitplans, nach dem sie Schutzbefohlene leiteten. Sein Wohltäter, so sagte Don Juan, war von strengem Wesen. Er führte mit eiserner Hand, und getreu seiner Überzeugung, daß es beim Adler nichts geschenkt gab, tat er niemals unmittelbar etwas für andere. Vielmehr half er allen, sich selbst zu helfen. Er glaubte, daß das Freiheitsgeschenk des Adlers keine Mitgift sei, sondern eine Chance, seine Chance zu nutzen.

Don Juan erkannte wohl die Methode seines Wohltäters als verdienstvoll an, war aber doch nicht damit einverstanden. Später, als er auf sich allein angewiesen war, *sah* er, daß damit kostbare Zeit vergeudet wurde. Ihm erschien es als vordringlicher, jeden einzelnen in eine bestimmte Situation zu stellen und ihn zu zwingen, diese zu akzeptieren, statt zu warten, bis er bereit wäre, von sich aus der Situation ins Auge zu blicken. Dies war seine Methode, die er bei mir und bei den anderen Lehrlingen anwandte.

Die Situation, in der dieser Unterschied in der Führung für Don Juan größte Bedeutung gewann, war die von der Regel vorgeschriebene Interaktion, die er mit den Kriegern seines Wohltäters hatte. Die Regel befahl, daß der Wohltäter für Don Juan zuerst eine Nagual-Frau und dann erst eine Gruppe von vier Frauen und vier Männern finden mußte, die seinen Kriegertrupp bilden sollten. Sein Wohltäter *sah,* daß Don Juan nicht genügend persönliche Kraft hatte, um die Verantwortung für eine Nagual-Frau zu übernehmen; er kehrte also die Reihenfolge um und bat die Frauen seiner eigenen Gruppe, zuerst die vier Frauen und dann die vier Männer für Don Juan zu finden.

Don Juan gestand mir, daß er von der Vorstellung einer solchen Umkehrung der Reihenfolge begeistert war. Er faßte die Sache so auf, als stünden diese Frauen ihm zur Verfügung, und dies bedeutete für ihn sexuelle Verfügung. Daß er solche Erwartungen seinem Wohltäter enthüllte, war sein Untergang. Denn dieser brachte Don Juan sofort mit den Männern und Frauen seines Trupps zusammen und ließ ihn allein mit ihnen interagieren.

Für Don Juan war die Begegnung mit diesen Kriegern eine echte Feuerprobe, nicht nur weil sie absichtlich rauh rücksichtslos mit ihm umgingen, sondern auch weil diese Begegnung ihrem Wesen nach ein Durchbruch sein soll.
Don Juan sagte, daß die Interaktion auf der linken Seite der Bewußtheit wie eine Oase sei und nicht stattfinden könne, solange nicht alle Beteiligten gemeinsam in diesem Zustand sind. Dies war auch der Grund, warum er uns nicht in die linksseitige Bewußtheit eintreten ließ, außer wenn es um die Interaktion mit seinen Kriegern ging. Das gleiche Verfahren hatte auch sein Wohltäter bei ihm eingehalten.
Don Juan gab mir einen kurzen Bericht über seine erste Begegnung mit den Mitgliedern der Gruppe seines Wohltäters. Er glaubte, ich könne seine Erfahrung vielleicht als Beispiel dafür werten, was mir bevorstand. Er sagte, die Welt seines Wohltäters sei von wunderbarer Ebenmäßigkeit gewesen. Die Mitglieder seines Trupps waren allesamt indianische Krieger aus allen Teilen Mexikos. Zu der Zeit, als er ihnen begegnete, lebten sie in einer entlegenen Bergregion im Süden Mexikos.
Als Don Juan bei ihrem Haus anlangte, traten ihm zwei ganz identische Frauen entgegen; die größten Indianerinnen, die er je gesehen hatte. Sie waren mürrisch und gehässig, hatten aber sehr angenehme Gesichter. Als er versuchte, zwischen ihnen zu gehen, drängten sie ihn zwischen ihren riesigen Bäuchen in die Enge, packten seine Arme und begannen ihn zusammenzuschlagen. Sie warfen ihn auf den Boden und setzten sich auf ihn, wobei sie ihm beinahe die Rippen eindrückten. Sie hielten ihn über zwölf Stunden lang bewegungslos fest, während sie improvisierte Verhandlungen mit seinem Wohltäter führten, der die ganze Nacht auf sie einreden mußte, bis sie endlich am frühen Vormittag bereit waren, Don Juan aufstehen zu lassen. Was ihm am meisten Angst machte, so sagte er, war die Entschlossenheit, die sich in den Augen dieser Frauen zeigte. Er glaubte schon, es sei um ihn geschehen und sie würden auf ihm hockenbleiben, bis er tot wäre, wie sie ihm angekündigt hatten.
Normalerweise wäre nun eine Wartepause bis zur Begegnung mit den nächsten Kriegern angebracht gewesen, aber da sein Wohltäter die Absicht hatte, ihn mit ihnen allein zu lassen, wurde Don Juan sofort mit den anderen bekannt gemacht. Er lernte sie alle

an ein und demselben Tag kennen, und alle behandelten sie ihn wie Dreck. Sie behaupteten, er sei nicht der geeignete Mann für den Job, er sei zu ungehobelt und viel zu blöde; jung, aber bereits senil geworden. Sein Wohltäter brachte die besten Argumente zu seiner Verteidigung vor; er sagte ihnen, daß sie in der Lage wären, diesen seinen Zustand zu ändern, und daß es für sie und für Don Juan die größte Freude bedeuten sollte, sich auf diese Herausforderung einzulassen.

Don Juan sagte, sein erster Eindruck habe sich als richtig erwiesen. Denn von nun an gab es für ihn nur noch Mühe und Plage. Die Frauen *sahen,* daß Don Juan aufsässig war und daß ihm nicht zuzutrauen war, daß er die komplizierte, heikle Aufgabe, vier Frauen zu führen, erfüllen konnte. Da sie selbst Sehende waren, entwickelten sie ihre eigenen individuellen Auslegungen der Regel und beschlossen, daß es für Don Juan nützlicher wäre, wenn er zuerst die vier männlichen Krieger und dann die vier weiblichen bekäme. Don Juan sagte, ihr *Sehen* habe sich als richtig erwiesen, denn um es mit Frauen aufzunehmen, müsse ein Nagual im Stande einer beispiellosen persönlichen Kraft sein, in einem Zustand der Überlegenheit und Selbstbeherrschung, in dem menschliche Gefühle nur noch eine minimale Rolle spielen – ein Zustand, der damals für ihn unvorstellbar war.

Sein Wohltäter unterstellte ihn der direkten Aufsicht seiner zwei westlichen Frauen, den wildesten und kompromißlosesten Kriegerinnen von allen. Don Juan sagte, daß alle westlichen Frauen – der Regel zufolge – wahnsinnig seien und betreut werden müßten. Durch die Härten des Träumens und Pirschens verlieren sie ihre rechte Seite, ihren Verstand. Ihr Verstand brennt einfach aus, weil ihre linksseitige Bewußtheit so außerordentlich scharf ist. Sobald sie ihre vernünftige Seite verloren haben, sind sie unübertroffene Träumer und Pirscher, denn sie haben keinen rationalen Ballast mehr, der sie behindern könnte.

Diese Frauen, so sagte Don Juan, heilten ihn von seiner Geilheit. Sechs Monate lang hing er – wie ein zum Räuchern aufgehängter Schinken – in einem Geschirr an der Decke ihrer bäuerlichen Küche, bis er gründlich von allen Gedanken an Gewinn und persönliche Befriedigung gereinigt war.

Don Juan erklärte, ein Ledergeschirr sei ein hervorragendes Mittel, um gewisse Krankheiten zu heilen, die nicht physischer

Art sind. Dem liegt die Vorstellung zugrunde, daß die Aussichten einer echten Reinigung um so besser sind, je länger der Betreffende in der Schwebe hängt und je länger er – in der Luft hängend – daran gehindert wird, den Boden zu berühren.

Während er von den westlichen Kriegerinnen gereinigt wurde, widmeten sich die übrigen Frauen der Aufgabe, die Männer und Frauen für seinen Trupp zu finden. Es dauerte Jahre, bis dies vollbracht war. Daher war Don Juan während dieser Zeit gezwungen, sich allein mit allen Kriegern seines Wohltäters auseinanderzusetzen. Don Juan empfand die Gegenwart dieser Krieger und seinen Kontakt mit ihnen als so überwältigend, daß er glaubte, sich niemals von ihnen befreien zu können. Die Folge war sein totales und wortgetreues Befolgen der Regel. Don Juan sagte, er habe unwiederbringliche Zeit damit verbracht, über die Wahrheit eines wirklichen Durchgangs in die andere Welt nachzudenken. Solche Bedenken hielt er nun für Fallstricke, denen man um jeden Preis ausweichen müsse. Um mich davor zu bewahren, ließ er mich meine vorgeschriebene Interaktion mit den Mitgliedern seiner Gruppe absolvieren, während ich durch die Anwesenheit la Gordas oder eines anderen Lehrlings geschützt war.

In meinem Fall war die Begegnung mit Don Juans Kriegern das Endresultat einer langen Entwicklung. In meinen alltäglichen Gesprächen mit Don Juan wurde keiner von ihnen jemals erwähnt. Ich wußte von ihrer Existenz nur durch die Regel, die er mir abschnittweise offenbarte. Später gab er zu, daß sie existierten und daß ich ihnen eines Tages begegnen müsse. Auf diese Begegnung bereitete er mich vor, indem er mir allgemeine Instruktionen und Hinweise gab.

So warnte er mich etwa vor einem geläufigen Mißverständnis, nämlich der Überschätzung der linksseitigen Bewußtheit, das heißt davor, sich durch ihre Klarheit und Kraft blenden zu lassen. Im Zustand der linksseitigen Bewußtheit zu sein, so sagte er, bedeutet nicht, daß man sofort von seiner Torheit befreit wäre – es bedeutet lediglich eine erweiterte Fähigkeit der Wahrnehmung, eine größere Fähigkeit zu verstehen und zu lernen, und vor allem eine größere Fähigkeit zu vergessen.

Als die Zeit herankam, den Kriegern seines Trupps zu begegnen, gab Don Juan mir eine knappe Schilderung der Truppe seines

Wohltäters – wiederum nur als ungefähre Richtschnur zu meinem eigenen Gebrauch. Die Welt seines Wohltäters, so sagte er, mochte einem außenstehenden Beobachter so erscheinen, als bestünde sie aus vier Haushalten. Der erste umfaßte die südlichen Frauen und den Kurier des Nagual; der zweite die östlichen Frauen, den Gelehrten und einen männlichen Kurier; der dritte die nördlichen Frauen, den Mann der Tat und einen weiteren männlichen Kurier; und der vierte die westlichen Frauen, den Mann hinter den Kulissen und einen dritten männlichen Kurier.

Dann wieder schien diese Welt aus Gruppen zu bestehen. Da gab es eine Gruppe von vier grundverschiedenenen älteren Männern, nämlich Don Juans Wohltäter und seine drei männlichen Krieger. Dann gab es eine Gruppe von Männern, die einander sehr ähnlich waren, nämlich die Kuriere. Eine Gruppe, bestehend aus zwei Paaren von anscheinend identischen weiblichen Zwillingen, die zusammenlebten, nämlich die südlichen und die östlichen Frauen. Und zwei weiteren Paaren, anscheinend Schwestern, nämlich die nördlichen und westlichen Frauen.

Doch keine dieser Frauen war mit einer anderen blutsverwandt. Sie sahen sich nur ähnlich, und zwar wegen der ungeheuren persönlichen Kraft, die Don Juans Wohltäter besaß. Don Juan schilderte die südlichen Frauen als zwei Mammuts, schrecklich anzusehen, aber sehr freundlich und warmherzig. Die östlichen Frauen waren sehr schön, frisch und lustig, eine wahre Wonne für Augen und Ohren. Die nördlichen Frauen waren sehr weiblich, eitel, kokett, um ihr Alter besorgt, aber auch furchtbar direkt und ungeduldig. Die westlichen Frauen waren manchmal verrückt, dann wieder waren sie der Inbegriff von Ernsthaftigkeit und Zielstrebigkeit. Sie waren es, die Don Juan am meisten zu schaffen machten, weil er die Tatsache, daß sie so vernünftig, freundlich und hilfsbereit waren, nicht mit der Tatsache vereinbaren konnte, daß sie jeden Augenblick aus der Rolle fallen und wahnsinnig werden konnten.

An die Männer dagegen hatte Don Juan keine besonderen Erinnerungen. Er fand nichts weiter Bemerkenswertes an ihnen. Sie schienen hinter der erschreckend machtvollen Entschlossenheit der Frauen und hinter der überwältigenden Persönlichkeit seines Wohltäters völlig zurückzutreten.

Was Don Juans eigenes Erwachen betraf, so sagte er, daß er, als er in die Welt seines Wohltäters gestoßen wurde, erkennen mußte, wie leicht und bequem es für ihn gewesen war, ohne Selbstbeherrschung durchs Leben zu gehen. Er begriff, daß es sein Irrtum gewesen war zu glauben, seine Ziele wären die einzig lohnenden, die ein Mann haben konnte. Sein Leben lang war er ein armer Hund gewesen, und daher war es sein beherrschender Ehrgeiz, materiellen Besitz zu haben, *jemand* zu sein. Sein Wunsch, vorwärtszukommen, und seine Verzweiflung darüber, keinen Erfolg zu haben, beschäftigten ihn so sehr, daß er keine Zeit fand, nach etwas anderem zu suchen. Mit Freuden hatte er sich seinem Wohltäter angeschlossen, weil er erkannte, daß ihm damit die Chance geboten wurde, etwas aus sich zu machen. Wenn schon nichts anderes, so meinte er, so könnte er lernen, ein Zauberer zu sein. Er begriff aber, daß der Eintritt in die Welt seines Wohltäters für ihn ähnliche Folgen hatte wie einst die spanische Konquista für die Kultur der Indianer. Er zerstörte für ihn alles, aber er zwang ihn auch zu einer erschütternden Selbstprüfung.

Diese Vorbereitung auf die Begegnung mit Don Juans Kriegertrupp löste bei mir seltsamerweise nicht Ehrfurcht oder Angst aus, sondern eine kleinmütige intellektuelle Beschäftigung mit zwei Problemen. Das erste war die Behauptung, daß es auf der Welt nur vier Typen von Männern und vier Typen von Frauen geben sollte. Ich hielt Don Juan entgegen, daß der Spielraum individueller Unterschiede bei den Menschen zu weit für ein so einfaches Schema sei. Er widersprach mir. Er sagte, daß die Regel endgültig sei und daß sie keine unendliche Zahl von Menschentypen zulasse.

Das zweite Problem war der kulturelle Kontext von Don Juans Wissen. Darüber wußte er selbst nichts. Er hielt es für das Produkt einer Art pan-indianischer Kultur. Was den Ursprung dieses Wissens betraf, so vermutete er, daß einst, in der indianischen Welt vor der Konquista, die Beschäftigung mit der zweiten Aufmerksamkeit aus der Übung gekommen sei. Über tausend Jahre lang hatte sie sich ohne Einschränkung entwickelt – bis zu einem Punkt, da sie ihre Kraft verlor. Die Praktiker jener Zeit empfanden möglicherweise nicht die Notwendigkeit irgendwelcher Kontrollen, und so wurde die zweite Aufmerksamkeit nicht stärker, sondern – aufgrund zunehmender Kompliziertheit – schwächer. Dann kamen die spanischen Invasoren und zerstörten mit Hilfe ihrer überlegenen Technik die Welt der Indianer. Don Juan sagte, sein Wohltäter sei davon überzeugt gewesen, daß damals nur eine Handvoll dieser Krieger überlebten und in der Lage waren, ihr Wissen erneut zu sammeln und ihren Weg neu zu bestimmen. Was Don Juan und sein Wohltäter über die zweite Aufmerksamkeit wußten, war nun diese rekonstruierte Version, eine neue Version, die ihre eingebauten Einschränkungen hatte, weil sie unter den härtesten Bedingungen der Unterdrückung entstanden war.

10. Der Kriegertrupp des Nagual

Als Don Juan der Meinung war, daß der rechte Zeitpunkt für meine erste Begegnung mit seinen Kriegern gekommen sei, ließ er mich auf die andere Ebene der Bewußtheit überwechseln. Dann stellte er eindeutig klar, daß er keinen Einfluß darauf hätte, wie sie mich behandeln würden. Er versicherte mir, daß er sie, falls sie beschließen sollten, mich zu schlagen, nicht daran hindern könne. Sie könnten mit mir machen, was sie wollten, außer mich töten. Er betonte immer wieder, daß die Krieger seines Trupps eine perfekte Kopie des Trupps seines Wohltäters seien, nur daß einige der Frauen noch wilder und alle Männer ganz einzigartig und mächtig wären. Darum könnte meine erste Begegnung mit ihnen zu einem brutalen Zusammenstoß geraten.

Ich war einerseits nervös und ängstlich, andererseits aber mehr als neugierig. Meine Gedanken kreisten wie wild um endlose Spekulationen, meist um die Frage, wie diese Leute aussehen mochten.

Don Juan sagte, er habe nun die Wahl, mich ein kompliziertes Ritual einüben und auswendig lernen zu lassen, wie er es hatte tun müssen, oder die Begegnung so beiläufig wie möglich zu gestalten. Er wartete auf ein Omen, das ihm zeigte, für welche der beiden Möglichkeiten er sich entscheiden sollte. Sein Wohltäter hatte es ähnlich gemacht, nur hatte er verlangt, daß Don Juan das Ritual erlerne, bevor das Omen sich einstellte. Als Don Juan ihm dann seinen sexuellen Tagtraum, mit vier Frauen zu schlafen, verriet, deutete sein Wohltäter dies als Omen, er setzte sich über das Ritual hinweg und mußte schließlich wie ein Viehhändler um Don Juans Leben feilschen.

In meinem Fall wünschte Don Juan sich ein Omen, bevor er mich das Ritual lehren wollte. Einmal, als Don Juan und ich durch eine Stadt an der Grenze fuhren, hielt ein Polizist mich an. Er hatte Verdacht geschöpft, als ich, über einen anderen Autofahrer empört, laut auf die Hupe drückte. Der Polizist hielt mich für einen illegal eingereisten Ausländer und wollte sich meine Erklärungen gar nicht anhören. Erst nachdem ich ihm meinen Paß, den er für gefälscht hielt, und noch andere Dokumente gezeigt hatte, ließ er mich weiterfahren. Don Juan hielt diesen Zwischenfall für das Omen, auf das er gewartet hatte. Er hatte die ganze Zeit neben mir auf dem Beifahrersitz gesessen, und der Polizist hatte ihn keines Blickes gewürdigt. Er hatte sich nur auf mich konzentriert. Don Juan deutete das Omen in dem Sinn, daß es zeigte, wie schädlich es für mich sei, die Aufmerksamkeit auf mich zu lenken; daraus folgerte er, daß meine Welt von großer Einfachheit und Selbstverständlichkeit sein müsse – komplizierte Rituale und Pomp entsprächen nicht meinem Charakter. Er räumte aber ein, daß eine gewisse Einhaltung ritueller Formen am Platz sei, wenn ich mit seinen Kriegern Bekanntschaft machte. Ich sollte damit anfangen, daß ich mich ihnen von Süden näherte, denn dies sei die Richtung, in die der ununterbrochene Fluß der Kraft verläuft. Die Lebenskraft fließt uns vom Süden zu, und wenn sie uns verläßt, fließt sie nach Norden. Er sagte, der einzige Zugang zur Welt eines Nagual sei von Süden her, und die Pforte werde von zwei Kriegerinnen gebildet, die mich begrüßen und mich einlassen würden, falls sie dies für gut befänden.

Er brachte mich in eine Stadt in Zentralmexiko, zu einem Haus draußen auf dem Land. Als wir uns diesem zu Fuß aus südlicher Richtung näherten, sah ich zwei kräftige Indianerinnen, die sich im Abstand von vier Fuß gegenüberstanden. Sie waren etwa dreißig oder vierzig Fuß von der Haustür entfernt, an einer Stelle, wo die Erde festgestampft war. Die beiden Frauen waren ungewöhnlich muskulös und wirkten streng. Beide hatten langes jettschwarzes Haar, das in einen einzigen dicken Zopf zusammengefaßt war. Sie sahen wie Schwestern aus. Sie waren ungefähr von gleicher Größe und gleichem Gewicht. Ich schätzte, daß sie etwa 1,55 Meter groß waren und 150 Pfund wogen. Die eine war von sehr dunklem Teint, beinah schwarz, die andere war von viel hellerer Hautfarbe. Gekleidet waren sie wie typische Indianerfrauen aus Zentralmexiko – mit langen weiten Kleidern und handgemachten Sandalen.

Don Juan befahl mir, drei Fuß von ihnen entfernt stehenzubleiben. Er wandte sich der einen Frau zu und hieß mich sie ansehen.

Er sagte, sie heiße Cecilia und sei eine *Träumerin.* Ohne mir Zeit zu einer Bemerkung zu lassen, drehte er sich plötzlich um und befahl mir, die dunkle Frau zu unserer Rechten anzusehen. Er sagte, sie heiße Delia und sei eine *Pirscherin.* Die Frauen nickten mir zu. Sie lächelten nicht, auch machten sie weder Anstalten, mir die Hand zu reichen, noch eine andere Geste des Willkommens.

Don Juan ging zwischen ihnen hindurch, als wären sie die zwei Pfosten einer Tür. Er ging ein paar Schritte weiter und drehte sich um, als warte er darauf, daß die Frauen mich aufforderten hindurchzugehen. Die Frauen starrten mich eine Weile unverwandt an. Dann bat Cecilia mich einzutreten, so als stünde ich vor der Schwelle einer wirklichen Tür.

Don Juan ging vor mir her zum Haus. An der Haustür begegneten wir einem Mann. Er war sehr schlank. Auf den ersten Blick wirkte er sehr jung, aber bei genauerem Hinsehen zeigte es sich, daß er Ende fünfzig sein mochte. Er machte auf mich den Eindruck eines alten Kindes; klein, drahtig, mit stechenden dunklen Augen. Er war wie ein Elfengeist, ein Schatten. Don Juan stellte ihn mir als Emilito vor und sagte, er sei sein Kurier, sein Helfer und Gehilfe, der mich an seiner Stelle willkommen heißen würde.

Ich hatte von Emilito den Eindruck, als sei er tatsächlich am besten geeignet, um jemanden willkommen zu heißen. Sein Lächeln war strahlend. Seine Zähne waren vollkommen ebenmäßig. Er schüttelte mir die Hand, oder vielmehr kreuzte er seine Unterarme und ergriff meine beiden Hände. Er schien Freude zu verströmen; jeder hätte geschworen, daß er begeistert war, mich kennenzulernen. Seine Stimme war sehr sanft und seine Augen funkelten.

Wir traten in ein großes Zimmer. Dort war noch eine Frau. Don Juan sagte, sie heiße Teresa und sei Cecilias und Delias Kurier. Sie war etwa Anfang dreißig; sie sah eindeutig wie die Tochter Cecilias aus; sie war sehr still, aber sehr freundlich. Wir folgten Don Juan zur Rückseite des Hauses, wo sich eine überdachte Veranda befand. Es war ein warmer Tag. Dort setzten wir uns an einen Tisch und unterhielten uns nach einem frugalen Mahl bis nach Mitternacht.

Emilito war der Gastgeber. Er bezauberte und beglückte jedermann mit seinen exotischen Erzählungen. Die Frauen wirkten gelöster. Sie waren großartige Zuhörerinnen für Emilito. Das Lachen der Frauen zu hören war ein köstliches Vergnügen. Sie waren ungemein muskulös, unerschrocken und stark. Irgendwann, als Emilito meinte, daß Cecilia und Delia wie zwei Mütter und Teresa wie eine Tochter zu ihm wären, hoben sie ihn hoch und warfen ihn wie ein Kind in die Luft.

Eine der beiden Frauen, Delia, schien die vernünftigere, realistischere zu sein. Cecilia war vielleicht abgeklärter, schien aber mehr innere Kraft zu haben. Sie machte mir den Eindruck, als wäre sie intoleranter oder ungeduldiger. Bei einigen von Emilitos Geschichten schien sie sich zu langweilen, war aber sichtlich gespannt, als er anfing, seine – wie sie es nannte – »Geschichten von der Ewigkeit« zu erzählen. Er leitete seine Geschichten immer mit dem Satz ein: »Wißt ihr, liebe Freunde, daß . . .?« Die Geschichte, die mich am stärksten beeindruckte, handelte von gewissen Wesen, die, wie er sagte, im Universum existierten und die den Menschen ganz ähnlich wären, ohne Menschen zu sein; Wesen, die ganz besessen von der Bewegung und imstande seien, die leisesten Schwankungen in sich selbst oder in ihrer Umgebung zu entdecken. Diese Geschöpfe seien so sensibel, daß es ein Fluch für sie sei, eine so ausgeprägte Wahrnehmung für Bewegungen zu haben. Es schmerze sie so sehr, daß es ihr sehnlichster Wunsch sei, endlich Ruhe zu finden.

Emilito untermischte seine Geschichten von der Ewigkeit mit den scheußlichsten schmutzigen Witzen. Wegen seines unglaublichen Erzählertalents faßte ich jede seiner Geschichten als eine Metapher auf, als ein Gleichnis, durch das er uns zu belehren suchte.

Don Juan sagte, daß Emilito lediglich von Dingen erzählte, die er auf seinen Reisen durch die Ewigkeit erlebt habe. Es sei die Aufgabe eines Kuriers, wie der Kundschafter eines militärischen Stoßtrupps vor dem Nagual her zu reisen. Emilito sei bis an die Grenzen der zweiten Aufmerksamkeit gelangt, und was er unterwegs gesehen habe, teile er nun den anderen mit.

Meine zweite Begegnung mit Don Juans Kriegern war ebenso sorgsam arrangiert wie die erste. Eines Tages ließ Don Juan mich auf die andere Bewußtheitsebene überwechseln und sagte mir, daß ich eine zweite Verabredung hätte. Er hieß mich nach Zacatecas im Norden Mexikos fahren. Wir trafen am frühen Morgen dort ein. Don Juan sagte, daß wir nur Zwischenrast machen würden, um uns bis zum nächsten Tag zu entspannen, bevor ich bei meiner zweiten förmlichen Zusammenkunft mit den östlichen Frauen und dem Gelehrten-Krieger seines Trupps Bekanntschaft machen sollte. Und dann erklärte er mir eine knifflige Entscheidung, die er getroffen hatte. Er sagte, daß wir dem Süden und dem Kurier am frühen Nachmittag begegnet seien, weil er – durch eine individuelle Auslegung der Regel – herausgefunden hatte, daß diese Stunde die Nacht darstellte. Der Süden sei tatsächlich die Nacht, eine warme, freundliche, anheimelnde Nacht, und eigentlich hätten wir die südlichen Frauen nach Mitternacht besuchen sollen, aber dies wäre für mich unheilvoll gewesen, weil meine allgemeine Richtung auf das Licht, auf den Optimismus ziele – ein Optimismus, der sich harmonisch in das Geheimnis der Dunkelheit einfüge. Und genau dies, so sagte er, hätten wir an jenem Tag getan: wir hatten fröhlich beieinander gesessen und geredet, bis es pechschwarze Nacht war. Ich hatte mich noch gewundert, warum sie nicht ihre Laterne anzündeten.

Der Osten hingegen, so sagte Don Juan, sei der Morgen, das Licht, und wir würden den östlichen Frauen am Morgen des folgenden Tages begegnen.

Vor dem Frühstück gingen wir zur Plaza und setzten uns auf eine Bank. Don Juan sagte mir, ich solle dort sitzen bleiben und auf ihn warten, während er einige Besorgungen machte. Er ging fort, und kurz nachdem er gegangen war, kam eine Frau und setzte sich ans andere Ende der Bank. Ich beachtete sie nicht weiter und begann eine Zeitung zu lesen. Einen Augenblick später gesellte sich eine andere Frau zu ihr. Ich wollte mich auf eine andere Bank setzen, aber mir fiel ein, daß Don Juan ausdrücklich gesagt hatte, ich solle dort sitzen bleiben. Ich wandte den Frauen den Rücken zu und hatte sogar schon vergessen, daß sie überhaupt da waren – denn sie waren so still –, als ein Mann vor mir stehen blieb und sie begrüßte. Aus ihrem Gespräch wurde mir klar, daß die Frauen auf ihn gewartet hatten. Der Mann entschuldigte sich für sein Zuspätkommen. Offenbar wollte er sich hinsetzen. Ich rückte zur Seite, um ihm Platz zu machen. Er dankte mir überschwenglich und entschuldigte sich dafür, daß er mir Unannehmlichkeiten bereite. Er sagte, daß sie sich völlig verloren in dieser Stadt fühlten, weil sie vom Lande wären, und daß sie einmal in Mexico City gewesen und beinah im Verkehr umgekommen seien. Er fragte mich, ob ich in Zacatecas lebe. Ich verneinte und wollte unser Gespräch sogleich beenden, aber sein Lächeln hatte etwas sehr Gewinnendes. Er war ein alter Mann, bemerkenswert fit für sein Alter. Er war kein Indianer. Er schien ein Gentleman-Farmer aus einer ländlichen Kleinstadt zu sein. Er trug einen Anzug und hatte einen Strohhut auf. Seine Gesichtszüge waren sehr fein. Seine Haut war beinah durchsichtig. Er hatte eine hochgewölbte Nase, einen schmalen Mund und einen perfekt gepflegten weißen Bart. Er sah unheimlich gesund aus, und doch wirkte er gebrechlich. Er war von mittlerer Statur und gut gebaut, und doch wirkte er irgendwie schmächtig, beinahe ausgemergelt.

Er stand auf und stellte sich vor. Er sagte mir, er heiße Vicente Medrano und sei nur für diesen einen Tag geschäftlich in der Stadt. Dann wies er auf die zwei Frauen und sagte, es wären seine Schwestern. Die Frauen standen auf und blickten zu uns her. Sie waren sehr schlank und von dunklerem Teint als ihr Bruder. Auch waren sie viel jünger. Die eine hätte seine Tochter sein können. Ich bemerkte, daß ihre Haut anders war als die seine, sie war ausgetrocknet. Die beiden Frauen sahen sehr gut aus. Genau wie der Mann hatten sie sehr feine Gesichtszüge. Ihre Augen waren klar und friedlich. Sie waren etwa 1,55 Meter groß. Sie trugen Kleider von bester Maßarbeit, aber mit ihren Kopftüchern, ihren flachen Schuhen und dunklen Baumwollsocken sahen sie eher aus wie wohlhabende Bäuerinnen. Die ältere schien um die fünfzig Jahre zu sein, die jüngere um die vierzig.

Der Mann stellte mich ihnen vor. Die ältere Frau hieß Carmela, die jüngere Hermelinda. Ich stand auf und schüttelte ihnen kurz die Hand. Ich fragte sie, ob sie Kinder hätten. Diese Frage war für mich immer die sicherste Eröffnung eines Gesprächs. Die Frauen lachten und fuhren sich gleichzeitig mit den Händen über den Bauch, um mir zu zeigen, wie schlank sie waren. Der Mann erklärte mir ruhig, daß sie alte Jungfern seien und er selbst ein alter Junggeselle. In halb scherzendem Ton vertraute er mir an, daß seine Schwestern unglücklicherweise zu männlich seien, daß ihnen die Weiblichkeit fehle, die eine Frau begehrenswert macht, und daß sie daher keine Ehemänner gefunden hatten.

Ich sagte, um so besser für sie, wenn man an die untergeordnete Rolle der Frau in unserer Gesellschaft dächte. Die Frauen widersprachen mir; sie sagten, sie hätten gar nichts dagegen einzuwenden gehabt, Dienerinnen zu sein, wenn sie nur Männer gefunden hätten, die ihrer Herr sein wollten. Die jüngere sagte, das eigentliche Problem sei, daß ihr Vater sie nicht gelehrt habe, sich wie Frauen zu benehmen. Der Mann bemerkte mit einem Seufzer, ihr Vater sei so dominierend, daß er auch ihn daran gehindert habe zu heiraten, indem er es absichtlich unterließ, ihn das Verhalten eines Macho zu lehren. Alle drei seufzten und blickten düster drein. Ich wollte lachen.

Nach langem Schweigen setzten wir uns wieder, und der Mann sagte, daß ich, wenn ich noch ein wenig auf dieser Bank sitzenbliebe, Gelegenheit haben würde, ihren Vater kennenzulernen, der für sein forgeschrittenes Alter noch immer sehr guter Dinge sei. In schüchternem Ton fügte er hinzu, ihr Vater werde sie zum Frühstück ausführen, denn sie selbst hätten nie Geld bei sich. Ihr Vater habe die Hand auf dem Geldbeutel.

Ich war entgeistert. Diese alten Leutchen, die so stark wirkten, waren in Wirklichkeit schwache, abhängige Kinder. Ich sagte ihnen Aufwiedersehen und stand auf, um zu gehen. Der Mann und seine Schwestern beharrten, ich solle bleiben. Sie versicherten mir, daß ihr Vater erfreut wäre, wenn ich mit ihnen zum Frühstück käme. Ich wollte ihren Vater nicht kennenlernen, und doch war ich neugierig. Ich erzählte ihnen, daß auch ich auf jemanden wartete. Plötzlich fingen die Frauen an zu kichern und brachen dann in ein brüllendes Gelächter aus. Auch der Mann lachte hemmungslos heraus. Ich kam mir blöde vor. Ich wollte fort. In diesem Augenblick tauchte Don Juan auf, und ich durchschaute ihr Manöver. Ich fand es nicht sehr spaßig.

Alle standen wir auf. Sie lachten noch immer, während Don Juan mir sagte, daß diese Frauen der Osten seien, daß Carmela die *Pirscherin* und Hermelinda die *Träumerin* sei, daß Vicente der Krieger-Gelehrte und sein ältester Gefährte sei.

Als wir die Plaza verließen, schloß noch ein Mann sich uns an. Ein großer, dunkelhäutiger Indianer, vielleicht etwas über vierzig

Jahre. Er trug Lewis-Jeans und einen Cowboyhut. Er wirkte furchtbar stark und verdrossen. Don Juan stellte mich ihm vor. Er sagte, er heiße Juan Tuma und sei Vicentes Kurier und Forschungsassistent.

Wir gingen zu einem Lokal, ein paar Häuserblocks entfernt. Die Frauen nahmen mich in die Mitte. Carmela sagte, daß sie hoffe, ich sei über ihren Scherz nicht beleidigt, und daß sie die Wahl gehabt hätten, sich einfach mir vorzustellen oder mich ein wenig an der Nase herumzuführen. Was sie dann dazu brachte, mich an der Nase herumzuführen, sei meine ganz überhebliche Haltung gewesen, als ich ihnen den Rücken kehrte und mich auf eine andere Bank setzen wollte. Hermelinda fügte hinzu, daß man ganz demütig sein müsse und nichts zu verteidigen haben dürfe, nicht einmal die eigene Person; daß die eigene Person geschützt, aber nicht verteidigt werden solle; und daß ich, indem ich so arrogant zu ihnen war, mich nicht geschützt, sondern verteidigt hätte. Ich war zum Streiten aufgelegt. Ich war ehrlich empört über ihre Maskerade. Ich begann zu schimpfen, aber bevor ich ihnen meinen Standpunkt erklären konnte, kam Don Juan an meine Seite. Er sagte den beiden Frauen, sie sollten meine streitlustige Laune ignorieren, denn es brauche sehr lange Zeit, um sich von dem Müll zu befreien, den ein leuchtendes Wesen in dieser Welt aufsammelt.

Die Besitzer des Lokals, in das wir gingen, kannten Vicente und hatten für uns ein aufwendiges Frühstück vorbereitet. Sie alle waren bester Laune, aber ich konnte meine Grübeleien nicht verwinden. Dann begann Juan Tuma, von Don Juan aufgefordert, über seine Reisen zu sprechen. Er war ein sachlicher Mann. Ich ließ mich von seinem trockenen Bericht über Tatsachen faszinieren, die mein Begriffsvermögen überstiegen. Am meisten faszinierte mich seine Schilderung gewisser Licht- oder Energiestrahlen, die angeblich kreuz und quer die Erde überzogen. Er sagte, daß diese Strahlen nicht in Bewegung seien, wie alles andere im Universum, sondern ein starres Muster bildeten; ein Muster, das Hunderten von Punkten im leuchtenden Körper entspreche. Hermelinda faßte dies so auf, als befänden alle diese Punkte sich in unserem physischen Körper. Juan Tuma erklärte, da der leuchtende Körper sehr groß sei, befänden manche dieser Punkte sich in Wirklichkeit drei Fuß entfernt vom physischen

Körper selbst. In gewissem Sinn befänden sie sich außerhalb von uns und wären es doch nicht. Sie befänden sich am Rande unserer Leuchtkraft und gehörten daher gleichwohl zum ganzen Körper. Der wichtigste dieser Punkte sei etwa einen Fuß von der Magengrube entfernt, im Vierzig-Grad-Winkel rechts von einer imaginären, direkt von der Körpermitte ausgehenden Linie. Juan Tuma erzählte uns, daß dies ein Zentrum sei, wo sich die zweite Aufmerksamkeit sammle, und daß es möglich sei, sie zu manipulieren, indem man die Luft an dieser Stelle sanft mit den Handflächen streichle. Während ich Juan Tumas Erzählungen lauschte, vergaß ich meinen Ärger.

Bei meiner nächsten Begegnung mit Don Juans Welt lernte ich den Westen kennen. Er ermahnte mich immer wieder, der erste Kontakt mit dem Westen sei ein höchst bedeutsames Ereignis, denn auf diese oder jene Weise entscheide er darüber, was ich anschließend tun sollte. Er machte mich auch darauf aufmerksam, daß es ein anstrengendes Ereignis werden würde, besonders für mich, der ich so steif sei und mich so wichtig nähme. Er sagte, daß man sich dem Westen natürlich in der Abenddämmerung nähern müsse, einer Tageszeit, die schon an sich schwierig genug sei, und daß seine Kriegerinnen des Westens sehr stark, verwegen und regelrecht verrückt seien. Bei dieser Gelegenheit, wenn ich mit dem Westen Bekanntschaft machte, würde ich auch den männlichen Krieger kennenlernen, der der Mann hinter den Kulissen war. Don Juan empfahl mir, äußerste Vorsicht und Geduld walten zu lassen; nicht nur seien die Frauen toll und verrückt, sondern sie und der Mann seien die mächtigsten Krieger, die er kannte. Sie seien, wie er meinte, die höchste Autorität in Dingen der zweiten Aufmerksamkeit.

Eines Tages beschloß er, anscheinend unvermittelt, daß es Zeit sei, sich auf die Reise zu machen, um die westlichen Frauen zu besuchen. Wir fuhren in eine Stadt im Norden Mexikos. Bei Anbruch der Dämmerung hieß Don Juan mich vor einem großen, unbeleuchteten Haus am Rande dieser Stadt anhalten. Wir stiegen aus und gingen zur Haustür. Don Juan klopfte ein paarmal an. Niemand machte auf. Ich hatte das Gefühl, wir wären zur falschen Zeit gekommen. Das Haus schien leer.

Don Juan klopfte weiter, bis er anscheinend müde wurde. Er

bedeutete mir, ich solle weiter klopfen. Er befahl mir, ununterbrochen weiterzumachen, weil die Leute, die in diesem Haus wohnten, schwerhörig seien. Ich fragte ihn, ob es nicht besser wäre, später, am nächsten Tag wiederzukommen. Er befahl mir, weiter an die Tür zu klopfen.

Nach scheinbar endlosem Warten begann die Tür sich langsam zu öffnen. Eine unheimlich wirkende Frau streckte den Kopf heraus und fragte mich, ob ich die Absicht hätte, die Tür einzuschlagen oder die Nachbarn und ihre Hunde aufzuwecken. Don Juan trat vor und wollte etwas sagen. Die Frau kam heraus und schob ihn mit einer kräftigen Bewegung beiseite. Sie fuchtelte mit dem Finger vor meinem Gesicht und schrie, ich benähme mich, als gehörte mir die ganze Welt, als gäbe es außer mir niemanden. Ich protestierte und meinte, ich hätte nur getan, was Don Juan mir aufgetragen hatte. Die Frau fragte immer wieder, ob mir vielleicht aufgetragen worden sei, die Tür einzuschlagen. Don Juan versuchte sich einzumischen, wurde aber wieder beiseite geschoben.

Die Frau sah aus, als sei sie gerade aus dem Bett gestiegen. Sie war ganz in Unordnung. Unser Klopfen hatte sie vermutlich geweckt, und sie hatte wohl rasch ein Kleid aus ihrem Wäschekorb übergestreift. Sie war barfuß. Ihr Haar war ergraut und schrecklich zerzaust. Sie hatte rote Knopfaugen. Sie war eine häßliche Frau, aber irgendwie sehr eindrucksvoll. Sie war ziemlich groß, etwa 1,72 Meter, von dunklem Teint und enorm muskulös; ihre nackten Arme zeigten knotige harte Muskeln. Ich bemerkte, daß sie schön geformte Waden hatte.

Sie maß mich von oben bis unten mit den Augen. Sie war eine große Frau. Sie überragte mich. Sie brüllte, sie habe von mir noch keine Entschuldigung vernommen. Don Juan flüsterte mir zu, ich solle mich laut und deutlich entschuldigen.

Nachdem ich das getan hatte, lächelte die Frau, sie wandte sich Don Juan zu und umarmte ihn, als ob er ein Kind wäre. Sie brummelte, er hätte mich nicht klopfen lassen dürfen, weil mein Schlagen gegen die Tür zu unstet und störend gewesen sei. Sie hielt Don Juan am Arm und führte ihn ins Haus, wobei sie ihm über die hohe Schwelle hinweg half. Sie nannte ihn »mein liebes Alterchen«. Don Juan lachte. Ich fühlte mich abgestoßen, als ich sah, daß er so tat, als wäre er über das absurde Benehmen dieser schrecklichen Frau entzückt. Nachdem sie dem »lieben Alterchen« über die Schwelle geholfen hatte, wandte sie sich nach mir um und machte eine Handbewegung, als wolle sie mich wie einen Hund wegscheuchen. Sie lachte über mein überraschtes Gesicht; ihre Zähne waren groß, ungleichmäßig und verschmutzt. Dann schien sie sich anders zu besinnen und befahl mir einzutreten.

Don Juan ging auf eine Tür zu, die ich am Ende einer dunklen Halle kaum erkennen konnte. Die Frau beschimpfte ihn, er wisse nicht, was er tue. Sie führte uns durch einen weiteren dunklen Flur. Das Haus wirkte riesig, und es gab darin keine einzige Lampe. Die Frau öffnete die Tür zu einem sehr großen Zimmer, beinah leer bis auf zwei alte Lehnsessel in der Mitte, unter der schwächsten Glühbirne, die ich je gesehen hatte. Es war eine altmodische, längliche Birne.

In einem der Sessel saß eine andere Frau. Die erste Frau setzte sich auf eine kleine Strohmatte am Boden und stützte sich mit dem Rücken gegen den anderen Sessel. Sie zog die Schenkel gegen die Brust an und entblößte sich völlig; sie trug keine Unterhosen. Ich starrte sie verblüfft an.

In häßlich barschem Ton fragte die Frau mich, warum ich ihre Vagina anstarre. Ich wußte nicht, was ich antworten sollte, und stritt die Tatsache einfach ab. Sie stand auf und schien im Begriff, mich zu schlagen. Sie verlangte, ich solle sagen, daß ich sie angegafft hatte, weil ich noch nie im Leben eine Vagina gesehen hätte. Ich fühlte mich schuldig. Ich war tief verlegen und ärgerte mich, weil ich mich so blödsinnig hatte ertappen lassen.

Die Frau fragte Don Juan, was für ein Nagual ich eigentlich sei, wenn ich noch nie im Leben eine Vagina gesehen hätte. Dies wiederholte sie immer wieder, in höchster Lautstärke kreischend. Sie rannte im Zimmer umher und blieb dann neben dem Sessel stehen, wo die andere Frau saß. Sie rüttelte sie an den Schultern, zeigte auf mich und sagte, daß ich ein Mann sei, der noch nie im Leben eine Vagina gesehen habe. Sie lachte und verhöhnte mich.

Ich fühlte mich gedemütigt. Ich fand, daß Don Juan etwas unternehmen sollte, um mir diese Demütigungen zu ersparen. Ich erinnerte mich daran, daß er mir gesagt hatte, diese Frauen seien toll und verrückt. Er hatte noch untertrieben; die eine war jedenfalls reif fürs Irrenhaus. Ich blickte Don Juan hilfe- und ratsuchend an. Er schaute weg. Anscheinend war er ebenso in Verlegenheit wie ich, obwohl es mir schien, als hätte ich ein boshaftes Lächeln um seinen Mund spielen sehen, das er rasch zu verbergen suchte, indem er den Kopf abwandte.

Die Frau legte sich auf den Rücken, zog ihren Rock hoch und befahl mir, nach Herzenslust hinzusehen, statt verstohlene Blicke zu werfen. Nach dem Hitzegefühl in meinem Kopf, meinem Hals zu urteilen, mußte ich hochrot im Gesicht sein. Ich war so wütend, daß ich fast die Beherrschung verlor. Ich hatte gute Lust, ihr den Schädel einzuschlagen.

Die Frau, die bis dahin ruhig im Sessel gesessen hatte, stand plötzlich auf, packte die andere an den Haaren und zog sie – anscheinend mühelos – mit einer einzigen Bewegung auf die Füße. Sie starrte mich aus halb geschlossenen Augen an. Sie kam bis auf ein paar Zentimeter an mein Gesicht heran. Sie roch überraschend frisch.

Mit schriller Stimme sagte sie, wir sollten endlich zur Sache kommen. Beide Frauen drangen jetzt unter dem Licht der Glühbirne auf mich ein. Sie sahen einander nicht ähnlich. Die zweite Frau war älter oder wirkte jedenfalls älter. Ich bemerkte, daß ihr Gesicht mit einer dicken Puderschicht bedeckt war, was ihr das Aussehen eines Clowns gab. Ihr Haar war sauber zu einem Knoten zusammengefaßt. Sie wirkte ruhig, bis auf ein dauerndes Zittern ihrer Unterlippe und ihres Kinns.

Beide Frauen waren gleich groß und wirkten gleich kräftig. Sie reckten sich bedrohlich vor mir auf. Lange starrten sie mich an. Don Juan tat nichts, um sie in ihrer erstarrten Haltung zu stören. In der Art, wie sie mich musterten, lag eine unleugbare Ähnlichkeit. Die ältere Frau nickte mit dem Kopf, und Don Juan sagte mir, sie heiße Zuleica und sei eine *Träumerin.* Die Frau, die uns die Tür geöffnet hatte, hieß Zoila, und sie war eine *Pirscherin.*

Zuleica fuhr mich an und fragte mich mit papageienähnlicher Stimme, ob es wahr sei, daß ich noch nie im Leben eine Vagina gesehen hätte. Don Juan konnte sich nicht länger beherrschen und fing an zu lachen. Ich gab ihm mit einer Geste zu verstehen, ich wisse nicht recht, was ich darauf sagen sollte. Er flüsterte mir ins Ohr, es sei besser für mich, wenn ich sagte, daß ich noch keine gesehen hätte, sonst müsse ich darauf gefaßt sein, Zuleica eine Vagina zu beschreiben, denn dies würde sie als nächstes von mir verlangen.

Ich gab also Zuleica die entsprechende Antwort, und sie sagte, ich täte ihr leid. Dann befahl sie Zoila, mir ihre Vagina zu zeigen. Zoila legte sich unter der Glühbirne auf den Rücken und spreizte die Beine.

Don Juan lachte und keuchte. Ich flehte ihn an, mich aus diesem Irrenhaus fortzubringen. Er flüsterte mir wieder ins Ohr, ich solle lieber gut hinschauen und mir den Anschein von Aufmerksamkeit und Interesse geben, denn falls ich es nicht täte, müßten wir bis zum Jüngsten Tag in diesem Haus bleiben.

Nachdem ich also genau und aufmerksam hingeschaut hatte, meinte Zuleica, von nun an dürfte ich mich rühmen, ein Kenner zu sein und Stielaugen zu machen, weil ich noch nie eine hosen stieße, brauchte ich nicht mehr so ungehobelt und gemein zu sein und Stielaugen machen, weil ich noch nie eine Vagina gesehen hätte.

Zuleica führte uns schweigend zum Patio hinaus. Sie flüsterte mir zu, dort sei ein Mann, der mich erwarte. Im Patio herrschte pechschwarze Nacht. Ich konnte kaum die Umrisse der anderen erkennen. Dann sah ich die dunkle Silhouette eines Mannes, der ein paar Fuß von mir entfernt stand. Unwillkürlich fuhr ein Schock durch meinen Körper.

Don Juan sprach mit dem Mann. Mit sehr leiser Stimme sagte er, daß er mich mitgebracht habe, damit ich ihn kennenlerne. Er nannte dem Mann meinen Namen. Nach kurzem Schweigen sagte Don Juan zu mir, der Mann heiße Silvio Manuel, und er sei der Krieger der Dunkelheit und der Führer des Kriegertrupps. Daraufhin sprach Silvio Manuel zu mir. Es schien mir, als müsse er einen Sprachfehler haben. Seine Stimme war gedämpft. Er brachte die Wörter wie leises Husten hervor.

Er befahl mir näherzukommen. Als ich versuchte, mich ihm zu nähern, wich er zurück, als ob er schwebte. Er führte mich in einen noch dunkleren Winkel der Halle. Mir kam es so vor, als ob er lautlos rückwärts ging. Er murmelte etwas, was ich nicht verstand. Ich wollte sprechen, meine Kehle juckte und war wie ausgedörrt. Er wiederholte irgend etwas mehrmals, bis es mir dämmerte, daß er mir befahl, mich auszuziehen. Seine Stimme und die Dunkelheit um ihn her hatte etwas Überwältigendes. Es war mir unmöglich, ihm nicht zu gehorchen. Also zog ich mich aus und stand splitternackt da, zitternd vor Angst und Kälte.

Es war so dunkel, daß ich nicht erkennen konnte, ob Don Juan und die beiden Frauen noch da waren. Ich hörte ein leises gedehntes Zischen. Es kam von einer Stelle, ein paar Fuß von mir entfernt; dann spürte ich einen kühlen Lufthauch. Ich erkannte, daß Silvio Manuel seinen Atem über meinen ganzen Körper hauchte.

Dann forderte er mich auf, mich auf meine Kleider zu setzen und einen hellen Punkt anzusehen, den ich leicht im Dunkel erkennen konnte, ein Punkt, von dem ein schwaches, bernsteinfarbenes Licht auszugehen schien. Ich starrte ihn, wie mir schien, stundenlang an, bis mir irgendwann bewußt wurde, daß dieser helle Punkt Silvio Manuels linkes Auge war. Dann konnte ich auch die Konturen seines ganzen Gesichts und seines Körpers ausmachen. Die Halle war nicht so dunkel, wie sie mir vorgekommen war. Silvio Manuel trat vor und half mir aufzustehen. Daß ich in der Dunkelheit mit solcher Klarheit sehen konnte, entzückte mich. Es machte mir gar nichts aus, daß ich nackt war und daß die zwei Frauen mich beobachteten. Anscheinend konnten auch sie in der Dunkelheit sehen: sie starrten mich an. Ich wollte meine Hose anziehen, aber Zoila riß sie mir aus den Händen.

Die zwei Frauen und Silvio Manuel starrten mich eine Weile an. Dann tauchte Don Juan aus dem Nichts auf und reichte mir meine Schuhe. Zoila führte uns über einen Korridor zu einem offenen, mit Bäumen bepflanzten Patio. Ich konnte die dunkle Silhouette einer Frau erkennen, die in der Mitte des Patio stand. Don Juan sprach. Er murmelte irgend etwas und sagte mir, daß sie eine südliche Frau sei. Sie heiße Marta, und sie sei der Kurier der beiden westlichen Frauen. Marta sagte, sie wolle wetten, daß ich noch niemals nackt einer Dame vorgestellt worden sei; daß die normale Reihenfolge wohl eher sei, sich zuerst vorzustellen und sich dann auszuziehen. Sie lachte laut. Ihr Lachen war so angenehm, so klar und jugendlich, daß es mir einen Schauder durch den Körper jagte; es hallte durch das ganze Haus nach.

Die Dunkelheit und die Stille in diesem Haus steigerten noch den Echo-Effekt. Ich sah mich hilfesuchend nach Don Juan um; er war verschwunden, und Silvio Manuel ebenfalls. Ich war mit den drei Frauen allein. Ich wurde ganz nervös und fragte Marta, ob sie wisse, wo Don Juan sei. Genau in diesem Augenblick packte jemand mich unter den Achselhöhlen. Ich schrie vor Schmerz auf. Ich wußte, daß es Silvio Manuel war. Er hob mich auf, als wäre ich gewichtslos, und schüttelte mir die Schuhe von den Füßen; dann stellte er mich aufrecht in eine flache Wanne mit eiskaltem Wasser, das mir bis zu den Knien reichte.

Lange blieb ich in der Wanne stehen, während sie alle mich musterten. Dann hob Silvio Manuel mich wieder hoch und stellte mich neben meine Schuhe, die irgend jemand ordentlich neben die Wanne gestellt hatte.

Don Juan tauchte wieder aus dem Nichts auf und reichte mir meine Keider. Er flüsterte mir zu, ich solle mich anziehen und nur noch so lange bleiben, wie die Höflichkeit es verlangte. Marta gab mir ein Handtuch, um mich abzutrocknen. Ich sah mich nach den zwei Frauen und nach Silvio Manuel um; sie waren nirgends zu sehen.

Marta, Don Juan und ich standen in der Dunkelheit und sprachen lange miteinander. Sie schienen hauptsächlich mit Don Juan zu sprechen, aber es kam mir so vor, als sei ich ihr eigentlicher Zuhörer. Ich wartete auf Don Juans Zeichen zum Aufbruch. Er aber schien Martas lebhafte Konversation zu genießen. Sie erzählte ihm, daß Zoila und Zuleica an diesem Tag auf dem Gipfel ihrer Verrücktheit gewesen seien. Für mich setzte sie dann noch hinzu, daß die beiden sonst meistens recht vernünftig seien.

Dann erzählte Marta uns in einem Ton, als offenbare sie uns ein Geheimnis, daß Zoilas Haar deswegen so zerzaust aussah, weil mindestens ein Drittel davon Zuleicas Haar sei. Die Sache hatte sich so zugetragen, daß die beiden einander in einer freundschaftlichen Anwandlung beim Frisieren geholfen hatten. Zuleica flocht Zoilas Haar zu einem Zopf, wie sie es schon ungezählte Male getan hatte, nur daß sie diesmal geistesabwesend einen Teil ihrer eigenen Haare mit Zoilas Haaren verflocht. Als sie nun aufstehen wollte, so erzählte Marta, brach eine denkwürdige Rauferei zwischen ihnen aus. Sie wollte ihnen zu Hilfe eilen, aber als sie ins Zimmer kam, hatte Zuleica schon die Oberhand gewonnen, und da sie an diesem Tag klarer bei Sinnen war als

Zoila, hatte sie beschlossen, den in ihren Zopf eingeflochtenen Teil von Zoilas Haaren abzuschneiden. Aber in dem sich entwikkelnden Handgemenge vertat sie sich und schnitt statt dessen ihr eigenes Haar ab.

Don Juan lachte, als ob es die lustigste Geschichte wäre, die er je gehört hatte. Ich hörte die leisen Hustenstöße eines Gelächters, das aus der Dunkelheit am anderen Ende des Patio herüberschallte.

Marta fügte noch hinzu, daß Zuleica sich nun mit einem künstlichen Knoten behelfen müsse, bis sie einmal Gelegenheit hätte, sich die Haare kurz schneiden zu lassen. Ich stimmte in Don Juans Lachen ein, da ich Marta wirklich komisch fand. Die beiden anderen Frauen stießen mich ab, sie bereiteten mir Ekelgefühl. Marta dagegen erschien mir als Muster der Ruhe und stillen Besonnenheit. Ich konnte ihr Gesicht nicht erkennen; ich stellte mir vor, daß sie sehr schön sein mußte. Der Klang ihrer Stimme war berückend.

Sie erkundigte sich sehr höflich bei Don Juan, ob ich Lust hätte, etwas zu essen. Er erwiderte, daß ich mich in Zuleicas und Zoilas Gegenwart nicht wohl fühlte und daß mir wahrscheinlich übel werden würde. Marta beteuerte, daß die zwei Frauen fortgegangen seien. Sie nahm meinen Arm und führte uns über den bisher dunkelsten Flur in eine hell erleuchtete Küche. Der Kontrast war zu stark für meine Augen. Ich blieb in der Tür stehen und versuchte mich an das Licht zu gewöhnen.

Die Küche hatte eine sehr hohe Decke und war recht modern und praktisch eingerichtet. Wir setzten uns in eine Art Eßnische. Marta war jung und kräftig, sie hatte eine gedrungene, sinnlich wirkende Figur, ein rundliches Gesicht und einen kleinen Mund. Ihr jettschwarzes Haar war zu einem Zopf geflochten, den sie um den Kopf geschlungen hatte.

Ich dachte, sie müsse ebenso neugierig sein, mich genauer anzusehen, wie ich neugierig gewesen war, sie zu sehen. Wir setzten uns und aßen und redeten stundenlang. Ich war von ihr fasziniert. Sie war eine ungebildete Frau, aber sie bezauberte mich durch ihr Gespräch. Sie gab uns einen ausführlichen Bericht über die grotesken Dinge, die Zuleica und Zoila anstellten, wenn sie verrückt waren.

Als wir abreisten, gab Don Juan seiner Bewunderung für Marta

Ausdruck. Er sagte, sie sei vielleicht das beste Beispiel dafür, wie Entschlossenheit einen Menschen verändern könne. Ohne alle Vorbildung oder Vorbereitung, abgesehen von ihrer unbeugsamen Absicht, hatte Marta mit Erfolg die schwierigste Aufgabe übernommen, die man sich vorstellen könne, nämlich die Aufgabe, auf Zoila, Zuleica und Silvio Manuel aufzupassen.

Ich fragte Don Juan, warum Silvio Manuel sich mir nicht bei Licht gezeigt hatte; er antwortete, daß Silvio Manuel in der Dunkelheit in seinem Element sei und daß ich noch zahllose Gelegenheiten haben würde, ihn zu sehen. Bei unserer ersten Begegnung sei es allerdings ein zwingendes Gebot gewesen, daß er sich in den Grenzen seiner Macht, nämlich im Dunkel der Nacht hielt. Silvio Manuel und die beiden Frauen lebten zusammen, weil sie ein Team von gewaltigen *Zauberern* seien.

Don Juan empfahl mir, keine voreiligen Schlüsse über die Frauen des Westens zu ziehen. Ich hätte sie nämlich in einem Augenblick kennengelernt, als sie keine Macht über sich selbst hatten, doch ihr Mangel an Selbstbeherrschung träfe nur auf die Oberfläche ihres Verhaltens zu. Sie trügen einen inneren Kern in sich, der unwandelbar sei, und daher seien sie auch zu Zeiten ihrer schlimmsten Verrücktheit in der Lage, über ihren eigenen Irrsinn zu lachen, als wäre es eine von anderen Leuten inszenierte Vorstellung.

Mit Silvio Manuel verhielt es sich anders. Er war nicht im mindesten irre, ja er war so nüchtern, daß er am besten von allen mit den beiden Frauen umgehen konnte, weil die drei extreme Gegensätze bildeten. Don Juan meinte, Silvio Manuel sei schon von Geburt so veranlagt, und jeder in seiner Umgebung erkenne diesen Unterschied an. Sogar sein Wohltäter, der jeden von ihnen streng und unnachsichtig behandelte, habe Silvio Manuel große Aufmerksamkeit zugewandt. Don Juan hatte Jahre gebraucht, bis er den Grund dieser Bevorzugung einsah. Aufgrund einer unerklärlichen Eigenschaft seines Charakters war Silvio Manuel, nachdem er in die linksseitige Bewußtheit eingetreten war, niemals wieder zurückgekehrt. Seine Neigung, in einem Zustand gesteigerter Bewußtheit zu verweilen, gepaart mit der überlegenen Führung seines Wohltäters, erlaubte ihm nicht nur die Einsicht, daß die Regel eine Landkarte ist, und die Erkenntnis, daß es noch eine andere Art Bewußtheit gibt, sondern ermöglichte ihm auch tatsächlich, den Durchlaß in jene Welt einer anderen Bewußtheit zu erreichen. Don Juan sagte, daß Silvio Manuel in höchster Makellosigkeit seine übermäßigen Vorteile ausglich, indem er sie ganz in den Dienst der gemeinsamen Sache stellte. So wurde er zur stillen Kraft hinter Don Juan.

Meine letzte einführende Begegnung mit Don Juans Kriegern galt dem Norden. Don Juan nahm mich in die Stadt Guadalajara mit, wo diese Zusammenkunft stattfinden sollte. Er sagte, daß wir unsere Verabredung um zwölf Uhr mittags einhalten müßten, weil der Norden der Mittag sei. Wir verließen gegen elf Uhr das Hotel und schlenderten sorglos durch die Innenstadt. Er sagte, wir hätten nur eine kurze Strecke vom Zentrum der Stadt zu gehen.

Ich war in meine Gedanken an die bevorstehende Zusammenkunft vertieft, und so stieß ich frontal mit einer Dame zusammen, die aus einem Laden gestürmt kam. Sie trug verschiedene Päckchen, die nach unserem heftigen Zusammenstoß über den Boden verstreut lagen. Ich entschuldigte mich und begann ihr zu helfen, sie aufzusammeln. Don Juan drängte, ich solle mich beeilen, weil wir uns sonst verspäten würden. Die Dame wirkte wie betäubt. Ich hielt sie am Arm. Sie war eine sehr schlanke große Frau, vielleicht an die sechzig, und sehr elegant gekleidet. Sie schien eine Dame von gesellschaftlichem Rang zu sein. Sie hatte ausgesucht gute Manieren und nahm selbst die Schuld an dem Zusammenstoß auf sich. Sie sei so zerstreut gewesen, sagte sie, weil sie ihren Diener nicht finden konnte. Sie fragte mich, ob ich ihr nicht helfen könnte, ihn in der Menge ausfindig zu machen. Ich drehte mich nach Don Juan um; er meinte, nachdem ich sie beinah umgebracht hätte, sei es das mindeste, daß ich ihr ein wenig behilflich wäre. Ich nahm ihre Päckchen auf, und wir gingen in den Laden zurück. Nicht weit entfernt entdeckte ich einen verloren wirkenden Indianer, der dort gänzlich fehl am Platz zu sein schien. Die Dame rief ihn an, und er kam wie ein verlaufenes Hündchen zu ihr gesprungen. Ich meinte, er würde ihr gleich die Hand lecken.

Don Juan wartete draußen vor dem Laden auf uns. Er erklärte der Dame, wir seien in Eile, und nannte ihr dann meinen Namen, als wolle er mich ihr vorstellen. Die Dame lächelte höflich und reichte mir die Hand. Ich dachte bei mir, sie mußte in ihrer Jugend eine hinreißende Frau gewesen sein, denn sie war immer noch sehr schön und anziehend. Don Juan wandte sich zu mir um und sagte unvermittelt, sie heiße Nelida, sie sei der Norden und eine *Träumerin*. Dann schob er mich vor den Diener und sagte, er heiße Genaro Flores, und er sei der Mann der Aktion, der Krieger der Tat in dem Trupp. Ich war sprachlos. Meine Überraschung war total. Alle drei lachten aus vollem Halse. Je größer meine Verlegenheit wurde, desto besser schienen sie sich zu amüsieren.

Don Genaro verschenkte die Päckchen an eine Gruppe Kinder. Er erzählte ihnen, daß seine Dienstherrin, die freundliche Dame, die sich gerade unterhielt, die Sachen als Geschenke für sie eingekauft habe; es sei ihre gute Tat für den Tag. Dann schlenderten wir schweigend einen halben Block weiter. Meine Zunge war wie gelähmt. Plötzlich deutete Nelida auf ein Geschäft und bat uns, einen Moment zu warten, weil sie rasch ein Päckchen Nylonstrümpfe holen wollte, die dort für sie bereitlägen. Sie sah mich lächelnd, mit leuchtenden Augen an und sagte mir, daß sie – Scherz beiseite, Zauberei oder nicht – auf Nylons und Spitzenhöschen nicht verzichten könne. Don Juan und Don Genaro lachten wie zwei Idioten. Ich starrte Nelida an, denn ich wußte mir nichts anderes. Sie hatte etwas durchaus Irdisches an sich, und doch wirkte sie fast ätherisch.

In scherzhaftem Ton sagte sie zu Don Juan, er solle mich festhalten, weil ich jeden Moment in Ohnmacht fallen könne. Dann bat sie Don Genaro höflich, in den Laden zu laufen und die bestellte Ware bei einer bestimmten Verkäuferin abzuholen. Don Genaro schickte sich schon an hineinzugehen, aber im nächsten Augenblick hatte Nelida sich anders besonnen und rief ihn zurück. Er schien sie nicht zu hören und verschwand in dem Geschäft. Sie entschuldigte sich und rannte hinter ihm her.

Don Juan legte mir die Hand auf den Rücken, um mich aus meinem inneren Aufruhr zu befreien. Er sagte, daß ich der anderen nördlichen Frau – sie hieß Florinda – ein andermal allein begegnen würde, denn sie sei meine Verbindung zu einem anderen Kreis, einer anderen Stimmung. Er schilderte mir Florinda als die genaue Kopie von Nelida, oder umgekehrt.

Ich bemerkte, ich fände Nelida so kapriziös und elegant, daß ich mir vorstellen könnte, sie in einer Modezeitschrift abgebildet zu sehen. Die Tatsache, daß sie so schön und so hellhäutig – vielleicht von französischer oder norditalienischer Abstammung – war, hatte mich schockiert. Obgleich auch Vicente kein Indianer war, hatte seine bäuerliche Erscheinung irgendwie meine Überraschung gedämpft. Ich fragte Don Juan, wieso auch Nicht-Indianer zu seiner Welt gehörten. Er sagte, daß die Kraft selbst die Krieger für den Trupp eines Nagual auswähle und daß es unmöglich sei, ihre Absichten zu erkennen.

Wir warteten etwa eine halbe Stunde vor dem Laden. Don Juan schien ungeduldig zu werden und bat mich, hineinzugehen und sie zur Eile zu mahnen. Ich ging hinein. Es war kein großes Geschäft, und es gab auch keine Hintertür, und doch waren die beiden nirgends zu sehen. Ich fragte die Verkäuferinnen, aber sie konnten mir nicht helfen.

Ich stellte Don Juan zur Rede. Ich wollte wissen, was eigentlich los sei. Er sagte, sie hätten sich entweder in Luft aufgelöst, oder sie hätten sich hinausgeschlichen, während er mir den Rücken klopfte.

Ich erklärte ihm wütend, daß die meisten seiner Leute Schelme seien. Er lachte, bis ihm die Tränen über die Wangen liefen. Er sagte, ich sei der ideale gefoppte Narr. Meine Wichtigtuerei mache mich zu einer köstlichen Zielscheibe. Er lachte über meinen Ärger so sehr, daß er sich gegen eine Wand lehnen mußte.

La Gorda berichtete mir von ihrer ersten Begegnung mit den Mitgliedern von Don Juans Trupp. Ihre Version unterschied sich nur im Inhalt von der meinen, in der Form war sie dieselbe. Mit ihr waren die Krieger vielleicht etwas gewalttätiger umgegangen, aber sie hatte es als einen Versuch aufgefaßt, sie aus ihrem Schlaf wachzurütteln, und auch als natürliche Reaktion auf ihren, wie sie meinte, häßlichen Charakter.

Als wir uns über Don Juans Welt Gedanken machten, erkannten wir, daß sie eine Kopie der Welt seines Wohltäters war. Auch hier konnte man sagen, daß sie entweder aus Gruppen oder aus Haushalten bestand. Da gab es eine Gruppe von vier unabhängigen Frauenpaaren, anscheinend Schwestern, die zusammen lebten und arbeiteten; dann eine Gruppe von drei Männern, die in

Don Juans Alter waren und ihm sehr nahestanden; ein Team von zwei etwas jüngeren Männern, die Kuriere Emilito und Juan Tuma; und schließlich ein Team von zwei jüngeren südlichen Frauen, die miteinander verwandt zu sein schienen, Marta und Teresa. Dann wieder schien diese Welt aus vier unabhängigen Haushalten zu bestehen, die weit voneinander entfernt in verschiedenen Teilen Mexikos lebten. Einer bestand aus den zwei westlichen Frauen Zuleica und Zoila, Silvio Manuel und dem Kurier Marta. Ein anderer bestand aus den südlichen Frauen Cecilia und Delia, Don Juans Kurier Emilito und dem Kurier Teresa. Einen weiteren Haushalt bildeten die östlichen Frauen Carmela und Hermelinda, Vicente und der Kurier Juan Tuma; und der letzte bestand aus den nördlichen Frauen Nelida und Florinda und Don Genaro.

Don Juan zufolge war seine Welt nicht von der gleichen Harmonie und Ausgeglichenheit wie die seines Wohltäters. Die einzigen zwei Frauen, die einander ausglichen und ergänzten und die zudem wie identische Zwillinge aussahen, waren die Kriegerinnen des Nordens, Nelida und Florinda. Nelida erzählte mir einmal gesprächsweise, sie seien sich so ähnlich, daß sie sogar die gleiche Blutgruppe hätten.

Eine der angenehmsten Überraschungen unserer Interaktion war für mich die Verwandlung von Zuleica und Zoila, die so abscheulich gewesen waren. Sie erwiesen sich, wie Don Juan schon gesagt hatte, als die vernünftigsten und schönsten Kriegerinnen, die man sich vorstellen kann. Ich wollte meinen Augen nicht trauen, als ich sie wiedersah. Ihr Wahnsinnsanfall war vorüber. Sie sahen aus wie zwei gutgekleidete mexikanische Damen; groß, dunkelhäutig und muskulös, mit strahlenden schwarzen Augen, die wie glänzende schwarze Obsidianperlen aussahen. Sie lachten und scherzten mit mir über die Geschehnisse am ersten Abend unserer Begegnung, als ob nicht sie selbst, sondern jemand anders daran beteiligt gewesen wäre. Ich konnte Don Juans Schwierigkeiten mit den westlichen Kriegerinnen aus dem Trupp seines Wohltäters jetzt gut verstehen. Ich konnte mich einfach nicht damit abfinden, daß Zuleica und Zoila sich manchmal in so abscheuliche, ekelerregende Geschöpfe verwandelten. Oft war ich Zeuge ihrer Verwandlung, und doch konnte ich später nie wieder so hart über sie urteilen, wie ich es bei unserer ersten

Begegnung getan hatte. Ihre Greueltaten bewirkten hauptsächlich, daß ich traurig wurde.

Doch die größte Überraschung war für mich natürlich Silvio Manuel. In der Dunkelheit unserer ersten Begegnung hatte ich ihn mir als eindrucksvollen Mann vorgestellt; als einen imponierenden, überwältigenden Riesen. Er war winzig, aber nicht zartgliedrig. Sein Körper war wie der Körper eines Jockeys, klein, aber vollkommen proportioniert. Er kam mir vor wie ein Kunstturner. Seine Körperbeherrschung war so erstaunlich, daß er sich, wenn er alle Muskeln seines Körpers anspannte, wie eine Kröte beinah bis zu doppeltem Umfang aufblähen konnte. Er gab uns verblüffende Demonstrationen, wie er seine Gelenke luxieren und wieder einrenken konnte – offenbar ohne äußere Zeichen von Schmerz. Wenn ich Silvio Manuel ansah, empfand ich immer eine tiefe, unheimliche Furcht. Für mich war er ein Besucher aus einer anderen Zeit. Er war von blaßdunklem Teint, wie eine Bronzestatue. Seine Gesichtszüge waren scharf; seine Pferdenüstern, seine vollen Lippen und seine weit auseinanderstehenden schrägen Augen ließen ihn wie die stilisierte Gestalt eines Maya-Freskos aussehen. Tagsüber war er freundlich und herzlich. Sobald aber das Zwielicht einsetzte, wurde er unheimlich. Seine Stimme veränderte sich. Er pflegte sich in einen dunklen Winkel zu setzen und sich von der Finsternis verschlucken zu lassen. Die einzige Stelle, die von ihm sichtbar blieb, war sein linkes Auge, das offen blieb und einen seltsamen Schimmer annahm, der irgendwie an Katzenaugen erinnerte.

Ein sekundäres Problem, das durch unsere Interaktion mit Don Juans Kriegern ans Licht kam, war das Thema der *kontrollierten Torheit.* Don Juan gab mir einmal eine knappe Erklärung des Begriffs, als er über die zwei Kategorien sprach, auf die alle weiblichen Krieger sich getreu der Regel verteilen, nämlich die *Träumer* und die *Pirscher.* Er sagte, daß jedes Mitglied seines Trupps das *Träumen* und *Pirschen* als Teil des täglichen Lebens praktiziere, daß aber die Frauen, die den Planeten der Träumer und den Planeten der Pirscher bildeten, die höchsten Autoritäten auf ihrem jeweiligen Tätigkeitsfeld seien.

Die *Pirscher* waren diejenigen, die die Hauptlast der alltäglichen Welt trugen. Sie waren die Geschäftsleute, die mit den Leuten verkehrten. Alles, was die Welt der gewöhnlichen Dinge betrifft, lag in ihren Händen. Die vier *Pirscher* waren Praktiker der *kontrollierten Torheit,* ähnlich wie die *Träumer* Praktiker des Träumens waren. Mit anderen Worten, die *kontrollierte Torheit* ist die Grundlage des *Pirschens,* ähnlich wie die Träume die Grundlage des Träumens sind. Ganz allgemein, so sagte Don Juan, könne man behaupten, daß das *Träumen* die größte Leistung des Kriegers in der zweiten Aufmerksamkeit sei, während das *Pirschen* seine größte Leistung in der ersten Aufmerksamkeit sei.

Ich hatte völlig mißverstanden, was Don Juans Krieger bei unseren ersten Begegnungen mit mir machten. Ich faßte ihre Handlungen als Trickspielereien auf, und dies wäre auch heute noch meine Meinung, wäre da nicht das Konzept der *kontrollierten Torheit* gewesen. Don Juan sagte, daß ihre Taten bei mir meisterhafte Lektionen in der Kunst des *Pirschens* gewesen seien. Die Kunst des Pirschens, so erklärte er mir, sei das, was sein Wohltäter ihn vor allem anderen gelehrt hätte. Um unter den Kriegern seines Wohltäters zu überleben, mußte er rasch lernen, diese Kunst zu beherrschen. In meinem Fall, so sagte er, müsse ich, da ich mich nicht allein mit seinen Kriegern auseinandersetzen konnte, zuerst das *Träumen* lernen. Dann aber, wenn die rechte Zeit gekommen wäre, würde Florinda zur Stelle sein, um mich in die Feinheiten des *Pirschens* einzuführen. Kein anderer könne willkürlich mit mir darüber sprechen, sie könnten mir nur unmittelbare Demonstrationen geben, wie sie es bei unseren ersten Begegnungen getan hatten.

Don Juan erklärte mir in aller Ausführlichkeit, daß Florinda eine der hervorragendsten Praktikerinnen des *Pirschens* sei, weil ihr Wohltäter und seine vier weiblichen Krieger, die Pirscher gewesen waren, sie in allen Feinheiten ihrer Kunst unterwiesen hätten. Florinda war die erste Kriegerin, die in Don Juans Welt gekommen war, und daher sollte sie meine persönliche Führerin sein, nicht nur in der Kunst des Pirschens, sondern auch auf dem Weg in das unergründliche Geheimnis der dritten Aufmerksamkeit – falls ich jemals dorthin gelangen sollte. Doch auf diesen Punkt ging Don Juan niemals näher ein. Er sagte, wir müßten warten, bis ich eines Tages bereit wäre, zuerst Pirschen zu lernen und dann in die dritte Aufmerksamkeit einzutreten.

Don Juan sagte, daß sein Wohltäter bei ihm und seinem Kriegertrupp extra Zeit und Mühe auf sich genommen hätte, um sie all das zu lehren, was mit der Beherrschung der Kunst des *Pirschens* zusammenhing. Er benutzte komplizierte Tricks, um die geeigneten Bedingungen für eine Abstimmung zwischen den Geboten der Regel und dem Verhalten dieser Krieger in der alltäglichen Welt herzustellen, wenn sie mit anderen Menschen interagierten. Diese Art der Interaktion hielt er für das geeignete Mittel, um die Überzeugung zu begründen, daß ein Krieger, der kein Gefühl der eigenen Bedeutung mehr hat, mit der sozialen Umwelt nur im Rahmen der *kontrollierten Torheit* verkehren könne.

Wenn also Don Juans Wohltäter seine listigen Tricks ins Werk setzte, richtete er es so ein, daß die Handlungen der gewöhnlichen Leute und die Handlungen der Krieger gegen die Gebote der Regel verstießen, dann trat er zurück und ließ das natürlich folgende Drama seinen Lauf nehmen. Die Torheit der Leute übernahm meist für eine Weile die Führung und zog die Krieger mit hinein, wie es der natürlichen Ordnung der Dinge zu entsprechen scheint, nur um am Ende durch die umfassenderen Absichten der Regel außer Kraft gesetzt zu werden.

Don Juan erzählte uns, anfangs sei es ihm unangenehm gewesen, welche Kontrolle sein Wohltäter über die Mitspieler ausübte. Er sagte es ihm sogar ins Gesicht. Sein Wohltäter blieb ungerührt. Er behauptete, seine Kontrolle sei lediglich eine Illusion, vom Adler geschaffen. Er sei lediglich ein makelloser Krieger, und seine Taten wären ein bescheidener Versuch, den Adler widerzuspiegeln.

Don Juan sagte, daß die Macht, mit der sein Wohltäter seine Pläne ausführte, von seinem Wissen herrührte, daß der Adler wirklich und endgültig ist, und daß das, was die Leute tun, die reine Torheit ist. Das Zusammenwirken dieser beiden Überzeugungen ließ einst die *kontrollierte Torheit* entstehen, die Don Juans Wohltäter als die einzige Möglichkeit bezeichnete, die Torheit der Menschen und die Endgültigkeit der Gebote des Adlers zu vereinbaren.

11. Die Nagual-Frau

Don Juan erzählte, daß er, als er unter der Obhut der westlichen Frauen gereinigt werden sollte, zugleich auch der Führung jener Frau des Nordens unterstellt wurde, die mit Florinda, dieser großartigen *Pirscherin* vergleichbar war und die ihn die Prinzipien ihrer Kunst lehrte. Sie und sein Wohltäter ermöglichten es ihm erst, sich drei männliche Krieger, den einen Kurier und die vier Pirscherinnen zu gewinnen, die seinen Trupp bilden sollten.

Die acht Seherinnen aus der Gruppe seines Wohltäters hatten unter den Menschen nach den entscheidenden Strukturen der Leuchtkraft Ausschau gehalten, und es war ihnen nicht schwergefallen, die richtigen Typen von männlichen und weiblichen Kriegern für Don Juans Trupp zu finden. Sein Wohltäter aber erlaubte diesen Seherinnen nicht, irgend etwas zu unternehmen, um die Krieger, die sie gefunden hatten, zu versammeln. Es blieb allein Don Juan überlassen, die Prinzipien des *Pirschens* anzuwenden und sie zu gewinnen.

Der erste Krieger, der sich einstellte, war Vicente. Don Juan beherrschte das Pirschen nicht gut genug, um ihn anzuziehen. Sein Wohltäter und die mütterliche Pirscherin mußten die meiste Arbeit leisten. Dann kamen Silvio Manuel, später Don Genaro und schließlich Emilito, der Kurier.

Florinda war der erste weibliche Krieger. Ihr folgten Zoila, dann Delia und dann Carmela. Don Juan sagte, sein Wohltäter habe bei ihnen allen unnachsichtig darauf geachtet, daß sie ausschließlich im Rahmen der *kontrollierten Torheit* mit der Welt verkehrten. Das Ergebnis war ein erstaunliches Team von Praktikern, die sich die verzwicktesten Pläne ausdachten und durchführten.

Nachdem sie alle eine gewisse Fähigkeit in der Kunst des *Pirschens* erlangt hatten, meinte ihr Wohltäter, es sei für Don Juan an der Zeit, die Nagual-Frau zu finden. Getreu seiner Methode, jedem zu helfen, sich selber zu helfen, wartete er ab und führte diese erst in ihre Welt ein, nachdem sie alle nicht nur perfekte *Pirscher* waren, sondern nachdem Don Juan auch gelernt hatte zu *sehen.* Obgleich Don Juan die Zeit, die er mit Warten verloren hatte, ungemein bedauerte, gab er doch zu, daß ihre gemeinsame Anstrengung, die Nagual-Frau zu gewinnen, eine stärkere Bindung zwischen ihnen allen schuf und ihre Entschlossenheit, die Freiheit zu suchen, kräftigte.

Sein Wohltäter entwickelte seinen Plan, die Nagual-Frau in ihren Kreis zu ziehen, indem er urplötzlich ein frommer Katholik wurde. Er verlangte, daß Don Juan – als Erbe seines Wissens – sich wie sein Sohn verhalten und mit ihm in die Kirche gehen sollte. Fast jeden Tag schleppte er ihn in die Messe. Don Juan sagte, daß sein Wohltäter, der sehr charmant und gewandt sein konnte, ihn jedermann in der Kirche als seinen Sohn, einen Knocheneinrenker, vorstellte.

Don Juan, der sich damals als einen unzivilisierten Heiden bezeichnete, fühlte sich gedemütigt, als er sich nun in gesellschaftlichen Situationen bewegte, in denen er sprechen und von sich selbst erzählen mußte. Er beruhigte sich aber bei dem Gedanken, daß sein Wohltäter bei allem, was er tat, ein höheres Motiv hatte. Er versuchte, ihn zu beobachten und daraus auf seine Pläne zu schließen. Die Handlungen seines Wohltäters waren stimmig und schienen wohlüberlegt. Als vorbildlicher Katholik gewann er bald das Vertrauen vieler Gemeindemitglieder, besonders des Priesters, der ihn solcher Wertschätzung würdigte, daß er ihn als seinen Freund und Vertrauten bezeichnete. Don Juan kam zu keinem Schluß. So verfiel er schließlich auf den Gedanken, daß sein Wohltäter sich entweder ernstlich dem Katholizismus zugewandt oder den Verstand verloren habe. Damals wußte er noch nicht, daß ein Krieger unter keinen Umständen seinen Verstand verliert.

Don Juans Bedenken gegen den Kirchgang schwanden allmählich, als sein Wohltäter anfing, ihn den Töchtern der Leute vorzustellen, die er kennengelernt hatte. Das gefiel Don Juan, wenn er sich auch unbehaglich fühlte. Don Juan meinte, sein Wohltäter wolle ihm helfen, sich im Sprechen zu üben. Er war weder gewandt noch charmant, und sein Wohltäter sagte, daß ein Nagual unbedingt beides sein müsse.

Eines Sonntags während der Messe, nach einem Jahr beinahe

täglicher Anwesenheit beim Gottesdienst, fand Don Juan den wahren Grund für seinen Kirchgang heraus. Er kniete neben einem Mädchen namens Olinda, der Tochter eines der Bekannten seines Wohltäters. Er wandte sich zur Seite, um mit ihr Blicke zu wechseln, wie sie es sich nach Monaten täglichen Kontakts angewöhnt hatten. Ihre Augen begegneten sich, und plötzlich *sah* Don Juan sie als leuchtendes Wesen, und dann *sah* er ihr Doppeltsein. Olinda war eine doppelte Frau. Sein Wohltäter hatte es schon die ganze Zeit gewußt, und er hatte den schwierigsten Weg eingeschlagen, um Don Juan mit ihr in Verbindung zu bringen. Don Juan gestand mir, der Augenblick sei für ihn überwältigend gewesen.

Sein Wohltäter wußte, daß Don Juan *gesehen* hatte. Sein Auftrag, die Doppelwesen zusammenzuführen, war erfolgreich und makellos erfüllt. Er stand auf und ließ seine Augen über alle Winkel dieser Kirche gleiten. Ohne einen Blick zurück ging er hinaus. Für ihn gab es dort nichts mehr zu tun.

Als sein Wohltäter mitten in der Messe aus der Kirche ging, so erzählte Don Juan, drehten sich alle Köpfe nach ihm um. Don Juan wollte ihm folgen, aber Olinda griff kühn nach seiner Hand und hielt ihn zurück. Da wußte er, daß die Kraft des *Sehens* nicht nur für ihn allein gewesen war. Irgend etwas hatte sie beide erfaßt. Sie erstarrten. Irgendwann merkte Don Juan, daß nicht nur die Messe zu Ende war, sondern daß sie beide bereits draußen vor der Kirche standen. Sein Wohltäter versuchte Olindas Mutter zu beruhigen, die beleidigt war und sich für die unerwartete und unerhörte Liebesbezeugung der beiden schämte.

Don Juan wußte nicht, was er nun machen sollte. Er wußte, daß es seine Sache war, einen Plan auszudenken. Er hatte die Mittel dazu, aber die Bedeutung des Ereignisses ließ ihn alles Zutrauen zu seinen Fähigkeiten verlieren. Er vergaß auf sein Training als *Pirscher* und verstrickte sich in den intellektuellen Zwiespalt, ob er Olinda als *kontrollierte Torheit* behandeln sollte oder nicht.

Sein Wohltäter sagte, er könne ihm nicht helfen. Es sei lediglich seine Pflicht gewesen, die beiden zusammenzuführen, und damit habe seine Verantwortung geendet. Nun sei es an Don Juan, die notwendigen Schritte zu unternehmen, um sie zu gewinnen. Er schlug vor, Don Juan solle notfalls sogar bereit sein, sie zu heiraten. Erst nachdem sie von sich aus zu ihm gekommen wäre, könne er Don Juan weiterhelfen, indem er direkt als Nagual auf sie einwirke. Don Juan versuchte es mit einer förmlichen Brautwerbung. Er wurde von ihren Eltern nicht gut aufgenommen, die sich einen Mann aus einer anderen sozialen Schicht nicht als Freier für ihre Tochter vorstellen konnten. Olinda war keine Indianerin. Ihre Familie gehörte zur städtischen Mittelschicht, sie besaßen ein kleines Geschäft. Der Vater hatte andere Pläne für seine Tochter. Er drohte sie fortzuschicken, falls Don Juan an seiner Absicht, sie zu heiraten, festhalten sollte.

Don Juan sagte, daß Doppelwesen, besonders Frauen, außerordentlich konservativ, ja sogar ängstlich seien. Olinda machte da keine Ausnahme. Nach ihrer anfänglichen Begeisterung in der Kirche wurde sie von Bedenken und schließlich von Furcht heimgesucht. Ihre eigenen Reaktionen erschreckten sie.

Nun verlangte Don Juans Wohltäter von ihm, daß er sich – als strategisches Manöver – den Anschein gab, als füge er sich seinem Vater, der mit dem Mädchen nicht einverstanden sei, was jedermann, der den Vorfall in der Kirche miterlebt hatte, einleuchten mochte. Die Leute tuschelten, Don Juan habe, indem er sich mit dem Mädchen einließ, seinen Vater so sehr verärgert, daß dieser, der doch ein so frommer Katholik war, nie wieder in die Kirche ging.

Sein Wohltäter sagte zu Don Juan, daß ein Krieger sich nie in die Enge getrieben fühle. Sich in die Enge treiben zu lassen, das bedeute, daß man Charaktereigenschaften hat, die blockiert werden können. Ein Krieger hat nichts auf der Welt außer seiner Makellosigkeit, und Makellosigkeit kann nicht bedroht werden. In einem Kampf um Leben und Tod aber, wie Don Juan ihn nun führen mußte, um die Nagual-Frau zu gewinnen, sollte ein Krieger alle ihm verfügbaren Mittel strategisch einsetzen.

Don Juan verstand die Ratschläge seines Wohltäters als eine Berechtigung, all sein Wissen eines *Pirschers* zu nutzen, um das Mädchen zu gewinnen. Zu diesem Zweck veranlaßte er Silvio Manuel, seine schon in diesem frühen Stadium ungeheuren Zauberkünste einzusetzen, um das Mädchen zu entführen. Silvio Manuel und Genaro, der ein waghalsiger Teufel war, schlichen sich, verkleidet als alte Waschfrauen, in das Haus des Mädchens.

Es war Mittag, und alle im Hause waren emsig damit beschäftigt, die Speisen für eine große Versammlung von Verwandten und Freunden vorzubereiten, die zu Tisch geladen waren. Es sollte ein privates Abschiedsfest für Olinda werden. Silvio Manuel rechnete damit, daß die Leute im Haus, wenn sie zwei fremde Waschfrauen mit Kleiderbündeln kommen sahen, wohl annehmen würden, daß dies mit Olindas Abreise zusammenhing, und keinen Verdacht schöpfen würden. Don Juan hatte Silvio Manuel und Genaro alle nötigen Informationen über den Tageslauf der Mitglieder dieses Hauses gegeben. Er hatte ihnen gesagt, daß die Waschfrauen normalerweise ihre Bündel gewaschener Kleider ins Haus brachten und sie zum Bügeln in einem Lagerraum zurückließen. Silvio Manuel und Genaro, die ein großes Wäschebündel schleppten, gingen direkt in das Zimmer, wo Olinda sich gerade aufhielt.

Don Juan erzählte, daß Silvio Manuel nun vor Olinda hintrat und seine hypnotischen Kräfte einsetzte, um sie in Ohnmacht zu versetzen. Sie steckten sie in einen Sack, dann umwickelten sie den Sack mit Bettlaken und gingen hinaus, wobei sie das mitgebrachte Bündel zurückließen. Unter der Tür stießen sie mit Olindas Vater zusammen. Er schenkte ihnen nicht einmal einen Blick.

Don Juans Wohltäter war sehr empört über ihr Manöver. Er befahl Don Juan, das Mädchen sofort nach Hause zurückzubringen. Er sagte ihm, es sei ein zwingendes Gebot, daß die Doppelfrau aus eigenem freien Willen in das Haus des Wohltäters käme, vielleicht nicht eben mit der Vorstellung, sich ihm anzuschließen, aber doch gewiß auf der Suche nach etwas, das sie interessierte.

Don Juan meinte, nun sei alles verloren. Die Wahrscheinlichkeit, noch einmal unbemerkt in das Haus zu gelangen, war allzu gering. Doch Silvio Manuel fand eine Lösung. Nachdem es nun einmal unmöglich war, sich noch einmal in das Haus des Mädchens zu schleichen, wie der Wohltäter es verlangt hatte, schlug er vor, die vier Frauen aus Don Juans Trupp sollten das Mädchen auf eine einsame Landstraße bringen, wo Don Juan sie retten sollte.

Silvio Manuel verlangte, die Frauen sollten so tun, als seien sie vier Entführer, die jemandem, der sie verfolgte, zu entgehen trachteten. Irgendwo auf der Landstraße sollte der Verfolger sie einholen, und sie sollten den Sack fallen lassen – mit einer gewissen Wucht, damit es überzeugend wirkte. Der Verfolger war natürlich Don Juan, der wunderbarerweise gerade vor dem Haus vorbeigegangen war, als die Frauen mit ihrem Bündel herauskamen.

Silvio Manuel wollte, daß alles wie im wirklichen Leben zuging. Er hieß die Frauen das Mädchen knebeln, das inzwischen wieder erwacht war und in dem Sack kreischte, und dann hieß er sie mit dem Sack meilenweit laufen. Er trug ihnen auf, sich vor ihrem Verfolger zu verstecken. Und schließlich, nach einer wahrhaft kräfteraubenden Schlepperei, hieß er sie den Sack so hinwerfen, daß das Mädchen einen ganz wüsten Kampf zwischen Don Juan und den vier Frauen beobachten konnte. Silvio Manuel sagte den Frauen, dies müsse mit allem Realismus geschehen. Er bewaffnete sie mit Knüppeln und trug ihnen auf, Don Juan überzeugend zu verdreschen, bevor sie sich vertreiben ließen.

Unter den Frauen war Zoila diejenige, die sich am leichtesten von ihrer Hysterie mitreißen ließ; sobald sie nun anfingen, Don Juan mit ihren Knüppeln zu verprügeln, steigerte sie sich in ihre Rolle und lieferte eine grauenhafte Vorstellung – eine Vorstellung, bei der sie so fest auf Don Juan einschlug, daß ihm das Fleisch am Rücken und an den Schultern aufplatzte. Einen Augenblick sah es ganz so aus, als würden die Entführer gewinnen. Silvio Manuel mußte aus seinem Versteck hervortreten, um die Frauen daran zu erinnern, daß das Ganze nur ein listiger Trick war und daß es Zeit sei, wegzulaufen.

So wurde Don Juan Olindas Retter und Beschützer. Er sagte ihr, er könne sie nicht selbst nach Hause bringen, weil er verletzt sei, aber dafür würde sein frommer Vater sie nach Hause begleiten.

Sie half ihm und stützte ihn bis zum Haus seines Wohltäters. Don Juan sagte, er habe es gar nicht nötig gehabt, eine Verletzung vorzutäuschen, denn er blutete stark und schaffte kaum den Weg bis zur Tür. Olinda erzählte dem Wohltäter, was passiert war. Der Wohltäter verspürte ein unwiderstehliches Bedürfnis zu lachen. Er mußte es tarnen, indem er so tat, als weinte er.

Don Juan ließ sich seine Wunden verbinden und ging zu Bett. Olinda fing an ihm zu erklären, warum ihr Vater gegen ihn eingenommen sei, aber sie kam nicht zu Ende. Don Juans Wohltäter kam ins Zimmer und erzählte ihr, er habe, als er ihre Art zu gehen beobachtete, bemerkt, daß die Entführer ihr den Rücken verrenkt hätten, und sie solle ihm erlauben, ihn wieder einzurenken, bevor die Sache kritisch würde.

Olinda zögerte. Don Juans Wohltäter sagte, die Entführer hätten keinen Spaß gemacht, sie hätten beinah seinen Sohn getötet. Diese Bemerkung genügte; sie stellte sich vor den Wohltäter und ließ sich von ihm einen kräftigen Schlag auf das Schulterblatt geben. Es machte ein knackendes Geräusch, und Olinda trat in einen Zustand gesteigerter Bewußtheit ein. Er offenbarte ihr die Regel, und genau wie Don Juan akzeptierte sie sie in vollem Umfang. Da gab es keinen Zweifel, kein Zögern.

Die Nagual-Frau und Don Juan fanden einer in der Gesellschaft des andern Ruhe und Vollkommenheit. Don Juan sagte, das Gefühl, das sie einander entgegenbrachten, habe nichts mit Liebe oder Verlangen zu tun gehabt. Vielmehr hätten sie gemeinsam die körperliche Empfindung gehabt, daß eine unheimliche Schranke zwischen ihnen niedergebrochen war, daß sie nun ein und dasselbe Wesen waren.

Don Juan und seine Nagual-Frau arbeiteten, wie die Regel es vorschreibt, jahrelang zusammen, um die Gruppe der vier Träumerinnen zu finden, Nelida, Zuleica, Cecilia und Hermelinda, und die drei Kuriere, Juan Tuma, Teresa und Marta. Sie zu finden, war für Don Juan abermals eine Gelegenheit, bei der sich der praktische Charakter der Regel erwies: sie alle waren genau so, wie die Regel sagte, daß sie sein würden. Ihr Kommen eröffnete für alle einen neuen Zyklus, auch für Don Juans Wohltäter und seinen Trupp. Für Don Juan und seine Krieger war es der Zyklus des *Träumens*, und für seinen Wohltäter und seinen Trupp bedeutete es eine Phase beispielloser Makellosigkeit in ihren Taten.

Der Wohltäter erklärte Don Juan, daß er, als er selbst ein junger Mann war und erstmals von der Idee der Regel als Weg zur Freiheit erfuhr, starr vor Freude gewesen sei; die Freiheit erschien ihm als eine Wirklichkeit, die gleich um die nächste Straßenecke zu finden war. Als er dann das Wesen der Regel als Landkarte zu begreifen lernte, verdoppelten sich seine Hoffnungen und sein Optimismus noch. Später, als Nüchternheit sein

Leben zu regieren begann, sah er, je älter er wurde, immer weniger Chancen für seinen Erfolg und den Erfolg seines Trupps. Schließlich kam er zu der Überzeugung, daß es, ganz gleich was sie unternahmen, allzu unwahrscheinlich wäre, daß ihre zarte menschliche Bewußtheit jemals frei ihre Schwingen entfalten würde. Er schloß Frieden mit sich und seinem Schicksal und ergab sich in sein Scheitern. In seinem Innersten sagte er dem Adler, daß er froh und stolz darauf sei, seine Bewußtheit genährt zu haben. Der Adler nahm es an.

Don Juan erzählte uns, daß auch alle anderen Mitglieder im Trupp seines Wohltäters von der gleichen Stimmung erfaßt wurden. Die Freiheit, von der die Regel sprach, erschien ihnen als unerreichbar. Sie hatten eine Ahnung von der vernichtenden Kraft erfahren, die der Adler war, und glaubten, daß sie dagegen keine Chance hätten. Gleichwohl waren sie alle ausnahmslos bereit, weiter ein makelloses Leben zu führen, wenn schon aus keinem anderen Grund, als makellos zu sein.

Don Juan sagte, daß sein Wohltäter und sein Trupp am Ende, trotz ihres Gefühls der Unzulänglichkeit, oder vielleicht gerade wegen dieses Gefühls, doch ihre Freiheit fanden. Sie gingen in die dritte Aufmerksamkeit ein, allerdings nicht als Gruppe, sondern einer nach dem anderen. Die Tatsache, daß sie den Durchlaß fanden, war die letzte Bestätigung der in der Regel beschlossenen Wahrheit. Der letzte, der die Welt der alltäglichen Bewußtheit verließ, war sein Wohltäter. Er erfüllte die Regel und nahm Don Juans Nagual-Frau mit sich. Als die beiden sich in totale Bewußtheit auflösten, war es für Don Juan und alle seine Krieger, als explodierten sie im Innern. Anders konnten sie nicht das Gefühl beschreiben, das es für sie bedeutete, alles vergessen zu müssen, was sie von der Welt ihres Wohltäters gesehen hatten.

Der einzige, der nicht vergaß, war Silvio Manuel. Er war es, der Don Juan die harte Aufgabe auferlegte, die Mitglieder ihrer Gruppe wieder zu sammeln, die sich zerstreut hatten. Dann stellte er sie vor die Aufgabe, die Ganzheit ihrer selbst zu finden. Es dauerte Jahre, bis beide Aufgaben erfüllt waren.

Don Juan hatte ausführlich über das Thema des Vergessens gesprochen, aber nur im Zusammenhang damit, wie schwierig es für sie alle gewesen war, wieder zusammenzufinden und ohne ihren Wohltäter ganz von vorn anzufangen. Er sagte uns nie, was es genau bedeutete, zu vergessen oder die Ganzheit des Selbst zu gewinnen. In dieser Hinsicht hielt er sich ganz an die Lehren seines Wohltäters und half uns nur, uns selbst zu helfen.

Zu diesem Zweck trainierte er la Gorda und mich im *Zusammen-Sehen*, und er konnte uns zeigen, daß, obwohl die Menschen einem Seher als leuchtende Eier erscheinen, die Eiform in Wirklichkeit eine äußere Hülle ist, eine Schale der Leuchtkraft, die einen ganz erstaunlichen, eindringlichen und hypnotischen Kern enthält, bestehend aus konzentrischen Kreisen gelblichen Leuchtens, von der Farbe einer Kerzenflamme. Im Verlauf unserer letzten Sitzung ließ er uns Menschen *sehen*, die sich um eine Kirche drängten. Es war später Nachmittag, schon fast dunkel, und doch verströmten die Wesen in ihren starren leuchtenden Hüllen genügend Licht, um alles um sie her kristallklar erscheinen zu lassen. Der Anblick war wundersam.

Don Juan erklärte, daß ihre eiförmigen Schalen, die uns so hell erschienen, in Wirklichkeit dunkel waren. Das Leuchten ging von jenem strahlenden Kern aus. Die Schale dämpfte die Strahlung des Kerns. Don Juan machte uns klar, daß die Schale zerbrochen werden müsse, um das betreffende Wesen zu befreien. Sie muß von innen her zerbrochen werden, und zwar zum richtigen Zeitpunkt, ähnlich wie die Jungen der Eier ausbrütenden Tiere es tun. Wenn es ihnen nicht gelingt, die Schale aufzubrechen, ersticken sie und sterben. Ähnlich wie im Fall der Eier ausbrütenden Tiere, ist es dem Krieger unmöglich, diese Schale aufzubrechen, bevor die Zeit reif ist.

Don Juan sagte uns, daß das Verlieren der menschlichen Form das einzige Mittel sei, um die Schale aufzubrechen; das einzige Mittel, um jenen eindringlich leuchtenden Kern zu befreien – den Kern der Bewußtheit, der die Speise des Adlers ist. Die Schale aufbrechen, bedeutet, sich an das andere Selbst zu erinnern und die Ganzheit des eigenen Selbst zu erreichen.

Don Juan und seine Krieger erreichten tatsächlich die Ganzheit ihrer selbst; folglich blieb ihnen als letzte Aufgabe, ein neues Paar von Doppelwesen zu finden. Don Juan sagte, daß sie zuerst geglaubt hatten, dies sei eine ganz einfache Angelegenheit. Alles andere war ihnen relativ leichtgefallen. Sie hatten keine Ahnung davon, daß die scheinbare Mühelosigkeit ihrer Errungenschaften als Krieger eine Folge der Meisterschaft und persönlichen Kraft ihres Wohltäters war.

Die Suche nach einem neuen Paar von Doppelwesen war fruchtlos. Bei ihren Nachforschungen stießen sie nie auf eine doppelte Frau. Doppelte Männer fanden sie etliche Male, aber diese waren wohlhabend, sie waren geschäftige, tüchtige Leute und so zufrieden mit ihrem Leben, daß es zwecklos gewesen wäre, sie anzusprechen. Sie hatten es nicht nötig, einen Sinn des Lebens zu finden. Sie meinten ihn bereits gefunden zu haben.

Eines Tages, so erzählte Don Juan, sei ihm klargeworden, daß er und die anderen Mitglieder seiner Gruppe alt wurden und anscheinend keine Hoffnung mehr hatten, jemals ihre Aufgabe zu erfüllen. Es war das erstemal, daß Don Juan und seine Kriegergefährten den Stachel der Verzweiflung und Ohnmacht spürten.

Silvio Manuel beharrte darauf, sie sollten sich damit abfinden, makellos zu leben und nicht zu erwarten, jemals ihre Freiheit zu erlangen. Für Don Juan schien es plausibel, daß ihr Entschluß, ohne Erwartungen makellos zu leben, tatsächlich der Schlüssel zu allem anderen war. In dieser Hinsicht, so fand er, folgte er nur den Fußstapfen seines Wohltäters. Er begriff endlich, daß den Krieger an einem bestimmten Punkt seines Weges ein unüberwindlicher Pessimismus befällt. Ein Gefühl, geschlagen zu sein, oder genauer gesagt, ein Gefühl der Unwürdigkeit überkommt ihn beinah unverhofft. Don Juan erzählte, er habe immer über die Zweifel seines Wohltäters gelacht und nie glauben können, daß sein Wohltäter sich ernstlich Sorgen machte. Trotz der Einwände Silvio Manuels hielt Don Juan es stets für eine gigantische List, dazu bestimmt, sie irgend etwas zu lehren.

Da er nicht glauben konnte, daß die Zweifel seines Wohltäters echt waren, konnte er auch nicht glauben, daß der Entschluß seines Wohltäters, ohne jede Hoffnung auf Freiheit makellos zu leben, eine Tatsache war. Als er endlich erkannte, daß sein Wohltäter sich allen Ernstes mit seinem Scheitern abgefunden hatte, dämmerte ihm auch, daß der Entschluß eines Kriegers, trotz allem makellos zu leben, keine Strategie sein kann, die man etwa befolgt, um sich des Erfolgs zu versichern. Don Juan und sein Trupp fanden diese Wahrheit eines Tages bestätigt, als sie einsehen mußten, daß die Widrigkeiten, die sich ihnen in den

Weg stellten, wirklich erstaunlich waren. In solchen Augenblikken, so sagte Don Juan, gewinnt ein lebenslanges Training die Oberhand, und der Krieger tritt in einen Zustand unübertroffener Demut ein; dies ist der Moment, da die wahre Armut seiner menschlichen Mittel nicht mehr zu leugnen ist und dem Krieger nichts anderes übrigbleibt, als zurückzutreten und den Kopf zu senken.

Don Juan konnte sich nicht genug darüber wundern, daß eine solche Erkenntnis in so gefährlicher Zeit keinerlei Wirkung auf die weiblichen Krieger eines Trupps zu haben schien; es war, als ließe die Wirrnis sie ungerührt. Don Juan erzählte uns, er habe bereits an den Frauen aus dem Trupp seines Wohltäters beobachtet, daß sie niemals so besorgt und deprimiert über ihr Schicksal waren wie die Männer. Die Frauen, so schien es, folgten einfach Don Juans Wohltäter und pflichteten ihm bei, ohne irgendwelche emotionalen Anzeichen von Angst und Sorge zu zeigen. Es kam Don Juan so vor, als wären die Frauen wohl beunruhigt, aber gleichgültig dagegen. Geschäftig zu sein, war das einzige, was für sie zählte. Es war, als ob nur die Männer auf die Freiheit gesetzt hätten und nun merkten, daß die Chancen sich verringerten.

In seiner eigenen Gruppe stellte Don Juan fest, daß es sich dort ähnlich verhielt. Die Frauen stimmten ihm bereitwillig zu, als er erkannte, daß seine Mittel unzulänglich waren. Don Juan sagte, daß die Frauen, auch wenn sie nie darüber sprachen, von vornherein nie geglaubt hätten, über irgendwelche Mittel zu verfügen; daher war es für sie ganz unmöglich, nun enttäuscht zu sein oder zu verzagen, als sie nun feststellen mußten, daß sie ohnmächtig waren. Das hatten sie schon lange gewußt.

Don Juan erzählte uns, daß der Adler gerade deshalb zwei Gruppen von weiblichen Kriegern vorschrieb, weil Frauen ein inneres Gleichgewicht haben, das den Männern fehlt. Im entscheidenden Moment sind es die Männer, die hysterisch werden und Selbstmord begehen, wenn sie meinen, daß alles verloren sei; eine Frau mag sich umbringen, weil sie keine Richtung und keinen Sinn erkennt, nicht aber weil ein System versagt, dem sie zufällig angehört.

Nachdem Don Juan und der Trupp seiner Krieger alle Hoffnung aufgegeben hatten – oder, wie Don Juan es ausdrückte, nachdem er und seine männlichen Krieger in der tiefsten Etage gelandet waren, während die Frauen immer noch Wege fanden, um ihnen Mut zu machen –, stieß Don Juan endlich doch noch auf einen doppelten Mann, den er ansprechen konnte. Dieser doppelte Mann war ich. Er sagte, nachdem kein vernünftiger Mensch sich freiwillig auf eine so absurde Sache wie den Kampf um die Freiheit einlassen würde, habe er sich an die Lehren halten und mich nach Art der *Pirscher* hereinziehen müssen, wie er es mit allen Mitgliedern seines Trupps getan hatte. Dazu mußte er mich allein an einen Platz bringen, wo er einen körperlichen Druck auf meinen Körper ausüben konnte. Doch es war notwendig, daß ich von mir aus dorthin ging. Er lockte mich in sein Haus, was sehr leicht ging – denn wie er sagte, sei das Gewinnen des doppelten Mannes nie ein großes Problem. Die Schwierigkeit sei vielmehr, einen zu finden, der bereit ist.

Jener erste Besuch in seinem Haus war, im Licht meiner alltäglichen Bewußtheit betrachtet, eine ereignislose Sitzung. Don Juan war sehr charmant und scherzte mit mir. Er lenkte das Gespräch auf die Müdigkeit, die der Körper nach langen Autofahrten empfindet. Für mich als Studenten der Anthropologie war es eine gänzlich unlogische Unterhaltung. Irgendwann bemerkte er beiläufig, daß mein Rücken nicht in Ordnung sei. Unbefangen legte er mir die Hand auf die Brust und richtete mich aus meiner vornüber gebeugten Haltung auf. Und dann gab er mir einen tüchtigen Schlag auf den Rücken. Er überraschte mich so sehr, daß mir schwarz vor den Augen wurde. Ich hatte das Gefühl, als sei mein Rückgrat gebrochen. Als ich wieder die Augen aufschlug, wußte ich, daß ich anders war. Ich war ein anderer und nicht mehr derselbe, als den ich mich kannte. Wann immer ich ihn von da an besuchte, ließ er mich von meiner rechtsseitigen Bewußtheit zu meiner linken überwechseln und enthüllte mir die Regel.

Beinah gleich nachdem er mich gefunden hatte, traf Don Juan eine doppelte Frau. Er beschloß nun, mich nicht nach einem ähnlichen Plan mit ihr in Verbindung zu bringen, wie sein Wohltäter es bei ihm gemacht hatte, sondern einen listigen Trick vorzubereiten, nicht minder wirksam und schlau als jener seines Wohltäters, und ihn selbst auszuführen. Er nahm die Mühe auf sich, die doppelte Frau anzulocken und zu überzeugen. Denn er glaubte, daß es die Pflicht des Wohltäters sei, beide Doppelwesen zu gewinnen, unmittelbar nachdem sie gefunden waren, und sie dann als Partner in einem unerdenklichen Unternehmen zusammenzuführen.

Eines Tages, so erzählte er uns, als er noch in Arizona lebte, sei er zu einer staatlichen Behörde gegangen, um einen Antrag zu stellen. Die Dame am Schreibtisch, der er das ausgefüllte Formular aushändigen sollte, sagte ihm, er solle es einer anderen Kollegin in der angrenzenden Abteilung bringen. Ohne hinzusehen, deutete sie nach links. Don Juan blickte in die Richtung ihres ausgestreckten Armes und *sah* eine doppelte Frau, die dort an einem Schreibtisch saß. Er brachte ihr seinen Antrag und stellte fest, daß sie noch ein junges Mädchen war. Sie sagte ihm, sie hätte mit diesen Anträgen nichts zu tun. Aber aus Mitleid mit einem armen alten Indianer nahm sie sich die Zeit, ihm in seiner Angelegenheit weiterzuhelfen.

Es fehlten noch einige Dokumente – Dokumente, die Don Juan wohl bei sich trug. Er spielte den völlig Unwissenden und Hilflosen. Er gab zu verstehen, daß die Bürokratie ihm ein völliges Rätsel sei. Don Juan sagte, es sei ihm nicht schwergefallen, ein Bild totaler Verständnislosigkeit abzugeben, dazu habe er sich nur in seinen alten Bewußtheitszustand zurückversetzen müssen. Es lag ihm daran, die Interaktion mit dem jungen Mädchen so lange auszudehnen, wie er nur konnte. Sein Mentor hatte ihm gesagt – und er selbst hatte es bei seiner Suche bestätigt gefunden –, daß doppelte Frauen sehr selten sind. Sein Mentor hatte ihn auch gewarnt, daß sie innere Reserven haben, die sie sehr ungeduldig machen. Don Juan fürchtete, daß sie, wenn er seine Karten nicht richtig ausspielte, fortgehen würde. Er nutzte das Mitleid, das er bei ihr geweckt hatte, um Zeit zu gewinnen. Es gelang ihm, die Übergabe der Dokumente hinauszuzögern, indem er die doppelte Frau mit einer fiktiven Suche nach ihnen beschäftigte. Fast jeden Tag brachte er ihr ein anderes Dokument mit. Sie las es und bedauerte stets, daß es nicht das richtige sei. Das Mädchen zeigte sich von den armseligen Lebensbedingungen des alten Indianers so gerührt, daß sie sogar aus eigener Tasche die Gebühren für einen Notar auslegen wollte, um anstelle der vielen Papiere eine eidesstattliche Erklärung aufsetzen zu lassen.

Dies, so fand Don Juan, war der richtige Zeitpunkt, um die

Dokumente vorzulegen und eine Suche zu beenden, die drei Monate lang gedauert hatte. Inzwischen hatte sie sich an ihn gewöhnt und rechnete schon fast damit, ihn jeden Tag zu sehen. Don Juan kam ein letztes Mal, um ihr zu danken und sich von ihr zu verabschieden. Er erzählte ihr, daß er ihr gerne ein Geschenk mitgebracht hätte, um ihr seine Dankbarkeit zu zeigen, daß er aber nicht einmal Geld genug habe, um sich eine Mahlzeit zu leisten. Sie war von seiner Offenheit gerührt und lud ihn zum Essen ein. Während sie speisten, brachte er die Idee vor, daß ein Geschenk, mit dem jemand seine Dankbarkeit zeigen will, nicht notwendig ein gekaufter Gegenstand zu sein braucht. Es könne auch etwas sein, das nur für die Augen des Empfängers bestimmt ist. Etwas, an das man sich erinnern könne, statt es zu besitzen.

Seine Worte weckten ihr Interesse. Don Juan erinnerte sie daran, wie sie gefühlsmäßig Anteil an den Indianern und ihren armseligen Lebensbedingungen genommen hatte. Er fragte sie, ob sie Lust hätte, die Indianer einmal in einem anderen Licht zu sehen; nicht als arme Hunde, sondern als Künstler. Er sagte ihr, er kenne einen alten Mann, der der letzte eines Geschlechts von Kraft-Tänzern sei. Er versicherte ihr, der Mann würde auf seine Bitte hin für sie tanzen; und außerdem versicherte er ihr, daß sie so etwas noch nie im Leben gesehen hätte und es auch nie wieder sehen würde. Es sei etwas, das nur die Indianer sehen könnten.

Sie war begeistert von der Idee. Sie holte ihn nach dem Dienst ab, und dann fuhren sie in die Berge hinaus, wo der Indianer, wie er ihr sagte, angeblich wohnte. Don Juan brachte sie zu seinem eigenen Haus. Er ließ sie den Wagen in einiger Entfernung parken, dann gingen sie den Rest der Strecke zu Fuß. Bevor sie das Haus erreichten, blieb er stehen und zog mit dem Fuß eine Linie im trockenen Straßenstaub. Diese Linie, so erzählte er ihr, sei eine Grenze, und er überredete sie, diese zu überschreiten.

Die Nagual-Frau selbst erzählte mir, sie sei bis dahin sehr fasziniert von der Möglichkeit gewesen, einen echten indianischen Tänzer zu sehen, aber es habe sie beunruhigt, als der alte Indianer eine Linie im Straßenstaub zog und diese als Grenze bezeichnete, die man nur in einer Richtung überschreiten könne.

Der alte Mann trieb den Vergleich mit einer Grenze sogar noch weiter und sagte ihr, diese Grenze sei für sie ganz allein bestimmt, und einmal darüber hinweg geschritten, gebe es für sie keine Rückkehr mehr.
Die Nagual-Frau, so erzählte sie mir später, zeigte offenbar ein so besorgtes Gesicht, daß der alte Indianer versuchte, sie zu beschwichtigen. Er tätschelte ihr sanft den Arm und garantierte ihr, es werde ihr kein Schaden zustoßen, solange er da sei. Die Grenze, so erklärte er, sei als eine Art symbolische Entlohnung für den Tänzer zu verstehen, denn dieser wolle kein Geld. Das Geld sei durch ein Ritual ersetzt, und das Ritual verlange eben, daß sie von sich aus diese Grenze überschritt.
Der alte Indianer schritt fröhlich über die Linie hinweg und erzählte ihr, er persönlich halte dies alles für schieren Indianer-Blödsinn, doch der Tänzer, der sie vom Innern seines Hauses beobachte, müsse aufgemuntert werden, wenn sie ihn tanzen sehen wolle.
Die Nagual-Frau sagte, sie sei plötzlich so erschrocken, daß sie sich nicht überwinden konnte, die Linie zu überschreiten. Der alte Indianer versuchte sie zu überreden und sagte, das Überschreiten dieser Grenze habe eine wohltätige Wirkung auf den ganzen Körper. Sie zu überschreiten, habe nicht nur bewirkt, daß er sich jünger fühlte, sondern ihn tatsächlich verjüngt, denn solche Kraft habe diese Grenze. Um dies zu demonstrieren, kam er wieder über die Linie zurück, und sofort fielen seine Schultern nach vorn, seine Mundwinkel hingen herab, seine Augen verloren ihren Glanz. Die Nagual-Frau erkannte, daß das erste Überschreiten der Linie ihm tatsächlich eine merkwürdig jugendliche Energie verliehen hatte.
Und Don Juan überschritt die Linie ein drittes Mal. Er holte tief Luft und wölbte seinen Brustkorb. Seine Bewegungen waren kräftig und ungestüm. Die Nagual-Frau erzählte mir später, sie sei einen Augenblick auf den Gedanken verfallen, daß der alte, rücksichtsvolle Indianer, den sie so gern gehabt hatte, sich als alter Lüstling entpuppte, der jung zu sein glaubte. Ihr Wagen stand zu weit entfernt, um hinzurennen. So blieb ihr nichts anderes übrig, als sich selber zu sagen, daß es eine Dummheit sei, sich vor diesem alten Indianer zu fürchten.
Der Alte appellierte noch einmal an ihre Vernunft und an ihren

Sinn für Humor. Mit verschwörerischer Miene und Stimme, als offenbare er ihr ungewollt ein Geheimnis, erzählte er ihr, daß er nur dem Tänzer zuliebe so tat, als wäre er jung, und daß er, wenn sie ihm nicht endlich zu Hilfe käme und die Linie überschritt, jeden Augenblick in Ohnmacht fallen würde, weil es ihn so anstrengte, sich beim Gehen straff zu halten. Er ging ein paarmal über die Linie vor und zurück, um ihr zu zeigen, welche enorme Anstrengung seine Pantomime ihm abverlangte.

Dabei, so erzählte die Nagual-Frau, verrieten seine flehenden Augen die Pein, die sein alter Körper ertragen mußte, wenn er eine jugendliche Haltung nachahmte. Sie überschritt die Linie, um ihm zu helfen und um die Sache hinter sich zu bringen. Sie wollte endlich nach Hause fahren.

Im gleichen Augenblick, als sie die Linie überschritt, machte Don Juan einen gewaltigen Satz und glitt über das Dach des Hauses. Die Nagual-Frau erzählte, er sei wie ein riesiger Bumerang geflogen. Als er neben ihr landete, fiel sie auf den Rücken. Ihre Angst übertraf alles, was sie bisher erlebt hatte, aber dasselbe galt für ihre Begeisterung, ein solches Wunder mit angesehen zu haben. Sie fragte ihn nicht einmal, wie er ein so großartiges Kunststück hatte vollbringen können. Sie wollte zu ihrem Auto rennen und nach Hause fahren.

Der alte Mann half ihr aufstehen und entschuldigte sich dafür, daß er sie überlistet hatte. Er sagte, daß er selbst der Tänzer sei und daß sein Flug über das Haus sein Tanz gewesen sei. Er fragte sie, ob sie auf die Richtung seines Fluges geachtet habe. Die Nagual-Frau ließ die Hand im Gegensinn des Uhrzeigers kreisen, in der Richtung seiner Flugbahn. Der alte Indianer tätschelte ihr väterlich den Kopf und sagte, es sei ein sehr gutes Zeichen, daß sie so gut aufgemerkt hatte. Und er fügte hinzu, daß sie sich bei ihrem Sturz womöglich den Rücken verletzt haben könnte und daß er sie nicht gehen lassen dürfe, ohne sich zu vergewissern, daß ihr nichts fehle. Unbefangen richtete er ihre Schultern gerade und hielt ihr Kinn und ihren Hinterkopf hoch, als wolle er sie anweisen, ihr Rückgrat zu strecken. Dann gab er ihr einen kräftigen Schlag auf die Schulterblätter, der ihr buchstäblich alle Luft aus den Lungen trieb. Sie konnte nicht mehr atmen und wurde ohnmächtig.

Als sie wieder zu sich kam, befand sie sich in seinem Haus. Sie hatte Nasenbluten, ihre Ohren sausten, ihr Atem war beschleunigt, und sie konnte ihren Blick nicht fixieren. Er befahl ihr, jeweils bis acht zu zählen und dann tief durchzuatmen. Je länger sie atmete, desto klarer wurde alles um sie her. Irgendwann, so erzählte sie mir, während sie in tiefen Zügen atmete, glühte das ganze Zimmer auf, und alles strahlte in bernsteinfarbenem Licht. Sie war wie betäubt und konnte nicht mehr tief durchatmen. Sie bemerkte, daß das bernsteinfarbene Licht so dicht war, daß es wie Nebel wirkte. Dann verwandelte der Nebel sich in bernsteinfarbene Spinnenweben. Schließlich löste er sich auf, aber die Welt blieb noch eine ganze Weile einheitlich bernsteinfarben.

Nun begann Don Juan mit ihr ein Gespräch. Er führte sie vor das Haus und zeigte ihr, daß die Welt in zwei Hälften geteilt war. Die linke Seite war klar, aber die rechte Seite war in bernsteinfarbenem Nebel verhangen. Er sagte ihr, daß es eine Anmaßung sei, zu glauben, daß wir die Welt verstehen könnten, oder daß wir uns selbst verstehen könnten. Er sagte ihr, daß das, was sie wahrnahm, ein Rätsel sei, ein Mysterium, das man nur in Demut und Ehrfurcht akzeptieren könne.

Dann offenbarte er ihr die Regel. Ihr Geist war von so intensiver Klarheit, daß sie alles, was er sagte, verstand. Die Regel erschien ihr richtig und in sich selbst evident.

Er erklärte ihr, daß die zwei Seiten eines Menschen völlig geschieden seien, daß es großer Disziplin und Entschlossenheit bedürfe, um dieses Siegel zu brechen und von einer Seite auf die andere zu gelangen. Ein Doppelwesen habe einen großen Vorzug: der Zustand des Doppeltseins erlaube ein relativ leichtes Überwechseln zwischen den Abteilungen der rechten Seite. Der große Nachteil der Doppelwesen sei, daß sie kraft der Tatsache, daß sie zwei Abteilungen haben, seßhaft, konservativ und jedem Wandel abgeneigt seien.

Don Juan erzählte ihr, er habe die Absicht gehabt, sie von ihrer äußersten rechten Abteilung zu ihrer klareren, schärferen linken Abteilung ihrer rechten Seite überwechseln zu lassen, aber statt dessen habe sein Schlag sie aus irgendeiner unerklärlichen Laune des Schicksals quer durch ihre ganze Doppelgestalt sausen lassen, von ihrer alltäglichen äußersten rechten Seite zu ihrer äußersten linken Seite. Viermal hatte er versucht, sie in einen normalen Bewußtheitszustand zurückzuversetzen, aber vergebens. Seine

Schläge halfen ihr allerdings, ihre Wahrnehmung der Nebelwand willentlich an- und abzuschalten. Auch wenn Don Juan es nicht so gemeint hatte, traf es daher zu, daß die Linie im Sand für sie eine Grenze ohne Wiederkehr war. Nachdem sie einmal überschritten war, kehrte sie – genau wie Silvio Manuel – nie wieder zurück.

Als Don Juan die Nagual-Frau und mich einander gegenüberstellte, wußte keiner von uns um die Existenz des anderen, und doch spürten wir augenblicklich, daß wir miteinander vertraut waren. Don Juan wußte aus eigener Erfahrung, daß der Trost, den Doppelwesen einer in der Gesellschaft des anderen empfinden, unbeschreiblich und viel zu kurz ist. Er sagte, wir seien durch Kräfte zusammengeführt worden, die für unsere Vernunft unbegreiflich wären, und das einzige, was wir nicht hätten, sei Zeit. Jede Minute konnte die letzte sein, daher mußte sie im Geist gelebt werden.

Nachdem Don Juan uns zusammengeführt hatte, blieb ihm und seinen Kriegern nur noch, vier weibliche *Pirscher*, drei männliche Krieger und einen männlichen Kurier zu finden, die unseren Trupp bilden sollten. In diesem Sinn fand Don Juan Lydia, Josefina, la Gorda, Rosa, Benigno, Nestor, Pablito und den Kurier Eligio. Jeder von ihnen war eine, wenn auch noch unentfaltete Kopie der Mitglieder von Don Juans eigenem Trupp.

12. Das Nicht-Tun des Silvio Manuel

Don Juan und seine Krieger traten ab, damit es der Nagual-Frau und mir möglich wäre, die Regel zu erfüllen, das heißt, die acht Krieger zu nähren, zu fördern und zur Freiheit zu führen. Alles schien vollkommen, und doch stimmte etwas nicht. Die erste Gruppe von Kriegerinnen, die Don Juan für meinen Trupp gefunden hatte, waren *Träumer*, während sie eigentlich *Pirscher* hätten sein sollen. Er konnte sich diese Anomalie nicht erklären. Er sagte, die Kraft habe diese Frauen auf seinen Weg geführt, und zwar auf eine Art, die es unmöglich machte, sie abzuweisen.

Und da war noch eine weitere auffällige Anomalie, die Don Juan und seinem Trupp noch verwirrender erschien; drei der Frauen und die drei männlichen Krieger waren, trotz Don Juans gigantischer Mühen, unfähig, in einen Zustand gesteigerter Bewußtheit einzutreten. Sie waren erschöpft, unkonzentriert. Sie konnten das Siegel, die Membrane, die die zwei Seiten trennt, nicht aufbrechen. Sie waren schon als Trunkenbolde verschrien, weil sie ohne Muskelkoordination umherstolperten. Der Kurier Eligio und la Gorda waren die einzigen, die ein ungewöhnliches Maß an Bewußtheit erreichten, besonders Eligio, der es jedem von Don Juans eigenen Leuten gleichtat.

Die drei Mädchen taten sich zusammen und bildeten eine untrennbare Einheit. Dasselbe taten die drei Männer. Daß sie Dreiergruppen bildeten, während die Regel doch vier vorschrieb, war ein unheilvolles Zeichen. Die Dreizahl ist ein Symbol der Dynamik, des Wandels, der Bewegung, und vor allem ein Symbol der Neubelebung.

Die Regel konnte nicht mehr als Landkarte dienen. Und doch war es unvorstellbar, daß ein Irrtum vorlag. Don Juan und seine Krieger behaupteten, die Kraft mache keine Fehler. Sie vertieften sich beim *Träumen* und *Sehen* in dieses Problem. Sie fragten sich, ob sie vielleicht voreilig gewesen waren und nicht *gesehen* hatten, daß die drei Frauen und die drei Männer ungeeignet waren.

Don Juan vertraute mir an, daß sich das Problem für ihn auf zwei Ebenen darstellte. Da war einmal das praktische Problem unserer Anwesenheit unter ihnen, und zum anderen die Frage nach der Geltung der Regel. Ihr Wohltäter hatte ihnen die Gewißheit vermittelt, daß die Regel alles umfaßte, was einem Krieger zustoßen könnte; aber er hatte sie nicht auf den möglichen Fall vorbereitet, daß die Regel nicht anwendbar wäre.

La Gorda erzählte mir, daß die Frauen aus dem Trupp des Nagual Juan Matus niemals irgendwelche Schwierigkeiten mit mir gehabt hätten; nur die Männer waren problematisch. Die Frauen glaubten, sie würden früher oder später den Befehl des Adlers herausfinden, und dann würden sie den Grund erkennen, warum wir da waren. Ich hatte beobachtet, daß die Frauen sich von diesem emotionalen Durcheinander fernhielten; es schien, als beträfe dessen Ausgang sie überhaupt nicht. Ohne vernünftige Begründung schienen sie zu wissen, daß auch mein Fall irgendwie in der Regel beschlossen war. Immerhin war ich ihnen tatsächlich zu Hilfe gekommen, indem ich meine Rolle akzeptierte. Dank der Nagual-Frau und mir hatten Don Juan und sein Trupp ihren Zyklus vollendet und waren beinah frei.

Die Antwort wurde ihnen schließlich durch Silvio Manuel zuteil. Sein *Sehen* offenbarte, daß die drei Schwesterchen und die Genaros mitnichten ungeeignet waren; vielmehr war ich nicht der richtige Nagual für sie. Ich war unfähig, sie zu führen, weil ich eine unvermutete Struktur aufwies, die morphologisch nicht jener entsprach, die ein Nagual der Regel zufolge haben sollte; eine Struktur, die Don Juan als Seher übersehen hatte. Mein leuchtender Körper wirkte so, als hätte er vier Abteilungen, während er in Wirklichkeit nur drei hatte. Für einen, wie sie es nannten, »dreizackigen Nagual« gab es eine andere Regel. Ich unterstand dieser anderen Regel. Silvio Manuel sagte, ich sei wie ein Vogel, ausgebrütet durch die Wärme und Zuwendung einer anderen Vogelart. Gleichwohl waren sie alle bereit, mir zu helfen, wie ich ja auch bereit war, ihnen zu helfen, aber ich gehörte nicht zu ihnen.

Don Juan fühlte sich für mich verantwortlich, weil er mich in ihre Mitte gebracht hatte. Meine Anwesenheit bei ihnen zwang seinen ganzen Trupp zu äußerster Anstrengung, um zweierlei zu finden: eine stimmige Erklärung dafür, wie ich unter sie geraten war, und eine Antwort auf die Frage, was nun zu tun sei.

Silvio Manuel fand rasch die Möglichkeit, mich aus ihrer Mitte zu entfernen. Er übernahm die Aufgabe, den Plan auszuführen, aber da er nicht die Geduld oder die Energie hatte, sich mit mir auseinanderzusetzen, beauftragte er Don Juan, dies an seiner Stelle zu tun. Silvio Manuels Ziel war, mich auf einen Augenblick vorzubereiten, da ein Kurier, der die für einen dreizackigen Nagual gültige Regel vertrat, sich bei mir einfände. Er sagte, es sei nicht seine Aufgabe, diesen Teil der Regel zu offenbaren. Ich müsse auf den richtigen Zeitpunkt warten, wie ja auch die anderen warten mußten.

Aber da war noch ein anderes Problem, das noch mehr Verwirrung stiftete. Es ging dabei um la Gorda, und auf lange Sicht auch um mich. La Gorda war als Frau des Südens in meinen Trupp aufgenommen worden. Don Juan und die anderen Seher seines Trupps hatten dies bestätigt. Sie schien zur gleichen Kategorie zu gehören wie Cecilia, Delia und die beiden weiblichen Kuriere. Und es bestand eine unleugbare Ähnlichkeit zwischen la Gorda und diesen Frauen. Dann aber verlor la Gorda ihr ganzes Übergewicht und magerte auf die Hälfte ihres früheren Umfangs ab. Diese Veränderung war so radikal und tiefgreifend, daß sie eine andere wurde.

Lange blieb sie unbemerkt, einfach weil die anderen so stark mit meinen Problemen beschäftigt waren, daß sie ihr keine Beachtung schenkten. Ihre Veränderung war aber so gründlich, daß sie schließlich auf sie aufmerksam werden mußten, und da *sahen* sie, daß sie gar keine südliche Frau war. Ihre Körperfülle hatte das *Sehen* irregeleitet. Jetzt erinnerten sie sich auch, daß la Gorda vom ersten Augenblick an, als sie in ihre Mitte kam, sich nicht mit Cecilia, Delia und den anderen südlichen Frauen verstanden hatte. Andererseits war sie ganz bezaubert von Nelida und Florinda, in deren Gesellschaft sie sich wohl fühlte, einfach weil sie immer schon wie sie gewesen war. Dies aber bedeutete, daß es in meinem Trupp zwei nördliche *Träumerinnen* gab, la Gorda und Rosa – eine krasse Abweichung von der Regel.

Don Juan und seine Krieger waren mehr als bestürzt. Sie faßten das ganze Geschehen als Omen auf, als Zeichen dafür, daß die Dinge eine unvorhersehbare Wendung genommen hatten. Da sie sich nicht mit dem Gedanken abfinden mochten, daß ihnen bei der Beurteilung von la Gordas »wahrer Natur« ein menschlicher Irrtum unterlaufen war, nahmen sie an, daß ein höherer Befehl sie zu diesem Fehler veranlaßt hatte – aus einem schwer erkennbaren, aber realen Grund.

Sie grübelten über der Frage, was nun geschehen solle, aber noch bevor einer von ihnen eine Antwort fand, bot sich ihnen eine mögliche Lösung. Eine echte Frau des Südens, Dona Soledad, betrat den Schauplatz mit solcher Macht, daß es ihnen unmöglich war, sie abzulehnen. Sie entsprach der Regel. Sie war eine *Pirscherin.*

Ihre Anwesenheit lenkte uns eine Weile von unseren Schwierigkeiten ab. Einige Zeit schien es, als würde sie uns auf eine andere Ebene ziehen. Sie bewirkte eine starke Unruhe. Florinda nahm sie unter ihre Fittiche, um sie das *Pirschen* zu lehren. Doch was immer sie für Dona Soledad tun mochte, und was immer diese erreichen mochte, es genügte nicht, um einen seltsamen Energieverlust auszugleichen, den ich verspürte, eine Lustlosigkeit, die immer noch zuzunehmen schien.

Nun sagte Silvio Manuel, er habe im *Träumen* einen Generalstabsplan empfangen. Er war begeistert und machte sich gleich daran, die Einzelheiten mit Don Juan und den anderen Kriegern zu diskutieren. Die Nagual-Frau durfte an ihren Diskussionen teilnehmen, ich aber nicht. Dies brachte mich auf den Verdacht, sie wollten mich nicht erfahren lassen, was Silvio Manuel über mich herausgefunden hatte.

Ich hielt jedem von ihnen meinen Verdacht vor. Alle lachten mich aus, nur die Nagual-Frau nicht, die mir sagte, daß ich recht hätte. Silvio Manuels *Träumen* habe den Grund für meine Anwesenheit unter ihnen offenbart, aber ich müsse mich mit meinem Schicksal abfinden, und dies sei, die Art meiner Aufgabe nicht zu kennen, bis ich bereit für sie wäre.

Es lag eine solche Endgültigkeit in ihrer Stimme, daß ich alles, was sie sagte, ohne weitere Fragen akzeptierte. Ich glaube, falls Don Juan oder Silvio Manuel mir dasselbe gesagt hätten, dann hätte ich mich nicht so leicht damit abgefunden. Sie sagte auch noch, sie sei mit Don Juan und den anderen nicht einverstanden –

sie meinte, ich sollte über den ungefähren Zweck ihres Tuns unterrichtet werden, und sei es lediglich, um unnötige Reibungen und Auflehnung zu vermeiden.
Silvio Manuel beabsichtigte, mich auf meine Aufgabe vorzubereiten, indem er mich direkt in die zweite Aufmerksamkeit versetzte. Er plante eine Reihe kühner Taten, die meine Bewußtheit anfachen sollten.
In Gegenwart aller anderen sagte er mir, daß er nun meine Führung übernehmen und mich in seinen Bereich der Kraft, die Nacht, bringen werde. Er gab mir die Erklärung, im *Träumen* seien ihm eine Reihe von Taten des *Nicht-Tuns* gezeigt worden. Sie waren bestimmt für ein Team, bestehend aus la Gorda und mir als den Ausführenden und der Nagual-Frau als Kontrolleur.
Silvio Manuel hatte hohen Respekt vor der Nagual-Frau und sprach nur voller Bewunderung von ihr. Er sagte, sie sei eine Klasse für sich. Sie könne es mit ihm und jedem anderen Krieger seines Trupps aufnehmen. Sie sei zwar unerfahren, doch könne sie ihre Aufmerksamkeit manipulieren, wie sie es brauche. Er gestand mir, daß ihr überragendes Können ihm ebenso rätselhaft sei wie meine Anwesenheit unter ihnen und daß ihre Zielstrebigkeit und Überzeugung so scharf ausgeprägt seien, daß ich kein ebenbürtiger Partner für sie sein könne. Er bat sogar la Gorda, mir besondere Unterstützung zu geben, damit ich den Kontakt mit der Nagual-Frau aushielt.
Für unser erstes *Nicht-Tun* baute Silvio Manuel einen hölzernen Verschlag, groß genug, um la Gorda und mich aufzunehmen, wenn wir mit angezogenen Knien Rücken an Rücken saßen. Der Verschlag hatte einen Deckel aus Latten, damit die Luft zirkulieren konnte. La Gorda und ich mußten hineinkriechen und dort in völliger Dunkelheit und totalem Schweigen sitzenbleiben, ohne einzuschlafen. Anfangs ließ er uns nur für kurze Zeitspannen in den Kasten steigen. Dann verlängerte er die Zeitspannen in dem Maß, wie der Vorgang uns vertraut wurde, bis wir die ganze Nacht darin verbringen konnten, ohne uns zu bewegen oder einzuschlummern.
Die Nagual-Frau blieb bei uns, um sicherzustellen, daß wir nicht aus Müdigkeit die Ebene der Bewußtheit wechselten. Denn wie Silvio Manuel sagte, haben wir unter Streßbedingungen die

natürliche Neigung, aus dem Zustand gesteigerter Bewußtheit in unseren normalen Bewußtheitszustand zu wechseln, und umgekehrt.

Jedesmal, wenn wir dieses *Nicht-Tun* ausübten, hatte es auf uns die allgemeine Wirkung, daß wir eine beispiellose Ausgeruhtheit empfanden, die mir völlig widersinnig erschien, da wir bei unseren langen Nachtwachen niemals einschliefen. Ich führte dieses Ruhegefühl auf die Tatsache zurück, daß wir uns in einem Zustand gesteigerter Bewußtheit befanden; Silvio Manuel sagte aber, das eine habe nichts mit dem andern zu tun, und das Gefühl des Ausgeruhtseins sei bedingt durch das Sitzen mit angezogenen Knien.

Das zweite *Nicht-Tun* bestand darin, daß wir uns – ähnlich wie zusammengerollte Hunde – in Embryostellung auf den Boden legten, und zwar auf die linke Seite, mit der Stirn auf den verschränkten Armen. Silvio Manuel verlangte, wir sollten die Augen so lange wie möglich geschlossen halten und sie erst dann öffnen, wenn wir unsere Lage wechselten, um uns auf die rechte Seite zu legen. Der Hauptzweck dieser Maßnahme, so sagte er uns, bestand darin, unseren Gehörssinn von unserem Gesichtssinn zu trennen. Wie schon zuvor verlängerte er allmählich die Zeitspannen, bis wir die ganze Nacht in lauschender Wachsamkeit verbringen konnten.

Nun war Silvio Manuel bereit, uns auf ein anderes Betätigungsfeld zu führen. Mit den ersten beiden Taten des *Nicht-Tuns*, so erklärte er, hätten wir eine gewisse Wahrnehmungsbarriere durchbrochen, während wir festen Bodenkontakt hatten. Dies erklärte er uns mit Hilfe einer Analogie; er verglich die Menschen mit Bäumen. Wir sind wie bewegliche Bäume. Irgendwie sind wir im Boden verwurzelt, unsere Wurzeln sind transportabel, aber dies befreit uns nicht vom Boden. Um ein Gleichgewicht herzustellen, so sagte er, müßten wir noch das dritte Nicht-Tun ausführen, während wir in der Luft hingen. Falls es uns gelänge, unsere *Absicht* zu steuern, während wir in einem Ledergurt an einem Baum hingen, dann würden wir mit unserer Absicht ein Dreieck bilden – ein Dreieck, dessen Basis sich am Boden und dessen Scheitelpunkt sich in der Luft befand. Silvio Manuel meinte, wir hätten durch die ersten beiden Taten des *Nicht-Tuns* unsere Aufmerksamkeit in so hohem Maß versammelt, daß wir in

der Lage wären, dieses dritte *Nicht-Tun* gleich von Anfang an perfekt auszuführen.
Eines Abends hängte er la Gorda und mich an zwei verschiedenen Gurtgeschirren auf, die wie Kinderschaukeln aussahen. Er setzte uns hinein und zog uns mit einem Flaschenzug bis zu den obersten festen Ästen eines großen Baumes hinauf. Er verlangte, wir sollten auf die Bewußtheit des Baumes achtgeben, der, wie er sagte, uns Zeichen geben würde, da wir seine Gäste wären. Die Nagual-Frau hieß er unten auf der Erde stehenbleiben, um die ganze Nacht hindurch von Zeit zu Zeit unsere Namen zu rufen.
All die vielen Male, die wir dieses *Nicht-Tun* ausführten, erlebten wir, wenn wir in dem Baum hingen, eine grandiose Flut physischer Sensationen, etwa wie leichte elektrische Stromimpulse. Bei den ersten drei oder vier Versuchen war es, als protestiere der Baum gegen unser Eindringen; danach waren die Impulse Zeichen von Friede und Ausgeglichenheit. Silvio Manuel sagte uns, daß die Bewußtheit des Baumes ihre Nahrung aus den Tiefen der Erde hole, während die Bewußtheit beweglicher Geschöpfe sie von der Oberfläche bezieht. Bei einem Baum gebe es keinen Sinn für Zank und Streit, während die beweglichen Geschöpfe bis zum Rande davon erfüllt seien.
Er behauptete, daß die Wahrnehmung einen gründlichen Schock erleidet, wenn wir in der Dunkelheit in einen Zustand der Stille versetzt werden. Unser Gehör übernimmt dann die Führung, und nun lassen sich Signale von allen lebenden und existierenden Wesen um uns her vernehmen – nicht nur mit unserem Gehör, sondern mit einer Kombination von Gehörs- und Gesichtssinn, und zwar in dieser Reihenfolge. In der Dunkelheit, so sagte er, werden die Augen, besonders wenn man in der Schwebe hängt, zu Gehilfen des Ohres.
Er hatte völlig recht, zumindest bei la Gorda und mir. Durch die Übung des dritten *Nicht-Tun* eröffnete Silvio Manuel uns eine neue Dimension, was das Wahrnehmen der uns umgebenden Welt betraf.
Dann sagte er la Gorda und mir, daß die nächste Reihe von Taten des *Nicht-Tuns* wesentlich anders geartet und komplexer sein würde als die erste Reihe. Bei diesen dreien ging es darum, daß wir mit der anderen Welt umzugehen lernten. Um die Wirkung

dieser Taten des *Nicht-Tuns* zu verstärken, war es notwendig, den Zeitpunkt der Aktion ins Zwielicht des Abends oder der frühen Dämmerung zu verlegen. Das erste *Nicht-Tun* dieser zweiten Reihe, so sagte er, bestünde aus zwei Phasen; in der ersten müßten wir uns in unseren schärfsten Zustand gesteigerter Bewußtheit versetzen, um die Nebelwand zu entdecken. War dies geschehen, dann bestand die zweite Phase darin, das Kreisen dieser Wand anzuhalten, um in die Welt zwischen den parallelen Linien vorzudringen.

Er warnte uns vorab, er habe vor, uns direkt ohne intellektuelle Vorbereitung in die zweite Aufmerksamkeit zu versetzen. Er wollte, daß wir die Feinheiten lernten, ohne rational zu verstehen, was wir taten. Er behauptete, daß ein magisches Reh oder ein magischer Kojote mit der zweiten Aufmerksamkeit umgehen könne, ohne selbst Intellekt zu haben. Durch die erzwungene Übung der Ausflüge hinter die Nebelwand würden wir früher oder später eine dauerhafte Änderung unseres ganzen Seins erfahren – eine Änderung, die uns befähigen würde, die Welt hinter den parallelen Linien als real zu akzeptieren, weil sie Bestandteil der gesamten Welt sei, ähnlich wie unser leuchtender Körper Bestandteil unseres gesamten Seins ist.

Silvio Manuel sagte auch, daß er la Gorda und mich auf die Probe stellen wollte, ob es uns eines Tages möglich sein werde, den anderen Lehrlingen zu helfen, indem wir sie in die andere Welt geleiteten – in welchem Fall sie den Nagual Juan Matus und seinen Trupp auf ihrer endgültigen Reise begleiten könnten. Er meinte, nachdem die Nagual-Frau diese Welt zusammen mit dem Nagual Juan Matus und seinen Kriegern verlassen müsse, müßten die Lehrlinge ihr folgen, weil sie, nachdem ein Nagual-Mann fehlte, der einzige Führer wäre. Er versicherte uns, daß die Nagual-Frau mit uns rechnete und daß dies der einzige Grund sei, warum sie unsere Arbeit kontrollierte.

Silvio Manuel ließ la Gorda und mich hinter seinem Haus auf dem Boden sitzen, an der Stelle, wo wir auch all die anderen Taten des *Nicht-Tuns* ausgeführt hatten. Wir brauchten nicht Don Juans Hilfe, um in unseren schärfsten Wahrnehmungszustand einzutreten. Beinah unmittelbar *sah* ich die Nebelwand. La Gorda ging es ebenso; aber wie sehr wir uns auch bemühten, wir konnten ihr

Kreisen nicht anhalten. Immer wenn ich meinen Kopf bewegte, bewegte die Wand sich mit ihm.
Die Nagual-Frau konnte die Wand anhalten und aus eigener Kraft hindurchgehen, aber trotz all ihrer Anstrengungen gelang es ihr nicht, uns beide mitzunehmen. Schließlich mußten Don Juan und Silvio Manuel die Wand für uns anhalten. Sie stießen uns körperlich durch sie hindurch. Beim Eintreten in diese Nebelwand hatte ich ein Gefühl, als würde mein Körper wie ein Seil aufgespleißt.
Auf der anderen Seite fand sich jene schreckliche wüste Ebene mit den kleinen runden Sanddünen. Überall hingen niedrige gelbe Wolken, aber es gab keinen Himmel, keinen Horizont; blaßgelbe Nebelbänke behinderten die Sicht. Das Gehen fiel mir sehr schwer. Es schien mir, als sei der Luftdruck viel höher, als mein Körper es gewöhnt war. La Gorda und ich streiften ziellos umher, doch die Nagual-Frau schien zu wissen, wohin sie ging. Je weiter wir uns von der Wand entfernten, desto dunkler wurde es, und desto schwieriger wurde die Fortbewegung. La Gorda und ich konnten nicht mehr aufrecht gehen. Wir mußten kriechen. Ich verlor alle Kraft, und la Gorda erging es ähnlich. Die Nagual-Frau mußte uns zu der Wand zurück und aus ihr hinaus schleppen. Wir wiederholten diese Reise ungezählte Male. Anfangs halfen Don Juan und Silvio Manuel uns, die Nebelwand anzuhalten, aber dann konnten la Gorda und ich es fast so gut wie die Nagual-Frau. Wir lernten auch, das Kreisen der Wand anzuhalten. Es kam uns ganz von selbst. In meinem Fall erkannte ich irgendwann, daß meine *Absicht* das entscheidende war – ein besonderer Aspekt meiner *Absicht*, denn es handelte sich nicht um meinen Willen, wie er mir vertraut ist. Es war ein intensives Verlangen, das sich um meine Körpermitte konzentrierte. Es war eine seltsame Nervosität, die mich schaudern ließ, und dann verwandelte es sich in eine Kraft, die nicht eigentlich die Wand anhielt, sondern einen Teil meines Körpers unwillkürlich sich um 90 Grad nach rechts drehen ließ. Die Folge war, daß ich einen Moment lang zwei Ansichten von der Welt hatte. Ich erblickte die Welt als durch die Nebelwand zweigeteilt, und gleichzeitig starrte ich direkt auf eine Mauer gelblicher Dämpfe. Das letztere Bild gewann das Übergewicht, und irgend etwas riß mich in den Nebel hinein und hindurch.

Und noch etwas lernten wir, nämlich jenen Ort als real zu betrachten. Unsere Reisen gewannen für uns die Faktizität eines Ausflugs in die Berge oder einer Seereise in einem Segelboot. Die wüste Ebene mit den Sanddünen ähnlichen Hügeln war für uns so real wie jeder andere Teil der Welt.

La Gorda und ich hatten den ganz rationalen Eindruck, daß wir drei eine Ewigkeit in der Welt zwischen den parallelen Linien verbrachten, und doch vermochten wir uns nicht daran zu erinnern, was dort eigentlich vor sich ging. Wir erinnerten uns nur an die schrecklichen Augenblicke, wenn wir sie wieder verließen, um in die alltägliche Welt zurückzukehren. Es war immer ein Augenblick höchster Angst und Unsicherheit.

Don Juan und alle seine Krieger verfolgten unsere Bemühungen mit großer Anteilnahme, doch der einzige, der seltsamerweise bei allen unseren Aktivitäten fehlte, war Eligio. Obwohl er selbst ein unübertroffener Krieger war, vergleichbar mit den Kriegern aus Don Juans eigenem Trupp, beteiligte er sich nie an unserem Kampf und half uns auch in keiner Weise. Aber niemand erklärte uns warum.

La Gorda erklärte, daß es Eligio gelungen sei, sich an Emilito zu heften und so den Nagual Juan Matus zu steuern. Für ihn bestand unser Problem nicht, denn er konnte im Handumdrehen in die zweite Aufmerksamkeit überwechseln. Die Reise in das Reich der zweiten Aufmerksamkeit fiel ihm so leicht wie ein Fingerschnalzen.

La Gorda erinnerte mich an einen bestimmten Tag, als Eligios ungewöhnliche Begabung es ihm ermöglichte, herauszufinden, daß ich nicht der richtige Mann für sie sei, und dies lange bevor ein anderer die Wahrheit ahnte.

Ich saß damals auf der hinteren Veranda von Vicentes Haus im Norden Mexikos, als plötzlich Emilito und Eligio eintrafen. Wir alle betrachteten es als selbstverständlich, daß Emilito immer wieder für lange Zeitspannen verschwinden mußte. Wenn er dann wieder auftauchte, nahm jedermann es als ebenso selbstverständlich hin, daß er von einer Reise zurückkehrte. Niemand stellte ihm irgendwelche Fragen. Was er gefunden hatte, erzählte er zuerst Don Juan und dann jedem, der seinen Bericht hören wollte.

An jenem Tag war es, als wären Emilito und Eligio gerade durch die Hintertür ins Haus gekommen. Emilito war überschwenglich wie immer. Eligio war wie üblich still und melancholisch. Immer wenn die beiden zusammen waren, schien es mir, als ob Emilitos strahlende Persönlichkeit Eligio erdrückte und ihn noch melancholischer machte.

Emilito ging ins Haus, um nach Don Juan zu sehen, und Eligio kam zu mir heraus. Er lächelte und setzte sich neben mich. Er legte mir den Arm um die Schulter und brachte seinen Mund ganz nah an mein Ohr, um mir zuzuflüstern, daß er das Siegel der parallelen Linien aufgebrochen habe und in einen Zustand eingehen könne, den Emilito die Herrlichkeit nannte.

Eligio fuhr fort und erklärte mir gewisse Dinge über die Herrlichkeit, die ich nicht begreifen konnte. Es war, als könne mein Denken sich nur auf die äußeren Umstände dieses Ereignisses konzentrieren. Nachdem Eligio es mir erklärt hatte, nahm er mich an der Hand und führte mich in die Mitte des Patio, wo ich stehenbleiben und mit leicht angehobenem Kinn zum Himmel aufblicken sollte. Er stellte sich rechts neben mich und nahm die gleiche Haltung ein. Er befahl mir, loszulassen und mich rückwärts fallen zu lassen – gezogen von der Schwere meines Hinterkopfes. Irgend etwas packte mich von hinten und zog mich hinab. Hinter mir war ein Abgrund. Ich fiel hinein. Und plötzlich befand ich mich auf der wüsten Ebene mit den dünenartigen Hügeln.

Eligio forderte mich auf, ihm zu folgen. Er sagte, der Rand der Herrlichkeit liege jenseits der Hügel. Ich begleitete ihn, bis er nicht mehr weiter konnte. Er lief ganz mühelos vor mir her, als ob er aus Luft wäre. Auf dem Gipfel eines großen Hügels blieb er stehen und wies hinüber. Er lief zu mir zurück und bat mich, auf diesen Hügel hinaufzukriechen, der, wie er mir sagte, der Rand der Herrlichkeit sei. Er war nur etwa hundert Fuß von mir entfernt, aber ich konnte mich keinen Zentimeter mehr weiterbewegen.

Er versuchte mich den Hügel hinanzuschleppen; er konnte mich nicht von der Stelle bewegen. Mein Gewicht schien um das Hundertfache vermehrt. Schließlich mußte Eligio Don Juan und seinen Trupp anrufen. Cecilia hob mich auf ihre Schultern und trug mich hinaus.

La Gorda fügte noch hinzu, Emilito habe Eligio diese Idee

eingegeben. Emilito befolgte dabei genau die Regel. Mein Kurier war in die Herrlichkeit gereist. Es war ein zwingendes Gebot, daß er sie mir zeigte.

Ich erinnerte mich noch an den Eifer in Eligios Gesicht und die Inbrunst, mit der er mich drängte, noch eine letzte Anstrengung zu machen, um die Herrlichkeit zu schauen. Ich erinnerte mich auch an seine Trauer und Enttäuschung, als es mir nicht gelang. Er sprach nie wieder mit mir.

La Gorda und ich waren von unseren Reisen hinter die Nebelwand so in Anspruch genommen, daß wir ganz vergessen hatten, daß uns nun das nächste *Nicht-Tun* jener Reihe bevorstand. Dieses konnte, wie Silvio Manuel uns sagte, verheerende Wirkung haben, und es bestand darin, zusammen mit den Schwesterchen und den drei Genaros die parallelen Linien zu überschreiten, direkt zum Eingang in die Welt der totalen Bewußtheit. Dona Soledad blieb ausgeschlossen, weil seine Taten des *Nicht-Tuns* nur für *Träumer* bestimmt waren und sie eine *Pirscherin* war.

Silvio Manuel fügte hinzu, er erwarte von uns, daß wir uns mit der dritten Aufmerksamkeit vertraut machten, indem wir uns immer wieder dem Anblick des Adlers aussetzten. Er bereitete uns auf den Schock vor; er erklärte uns, daß die Reise eines Kriegers zu den wüsten Sanddünen ein vorbereitender Schritt für das eigentliche Überschreiten der Grenzen sei. Hinter die Nebelwand vorzudringen, während man sich im Zustand gesteigerter Bewußtheit befindet oder während man das *Träumen* tut, erfordere nur einen sehr kleinen Teil unserer totalen Bewußtheit, während der körperliche Übertritt in die andere Welt den Einsatz unseres ganzen Seins verlange.

Silvio Manuel war auf die Idee gekommen, eine wirkliche Brücke als Symbol des Übergangs zu benutzen; er behauptete, daß die Brücke zu einem Platz der Kraft hinführe und daß solche Plätze der Kraft Spalten, Durchlässe in die andere Welt seien. Er meinte nun, la Gorda und ich hätten vielleicht schon genügend Stärke gewonnen, um den Anblick des Adlers zu ertragen.

Nun verkündete er, es sei meine persönliche Pflicht, die drei Frauen und die drei Männer zusammenzurufen und ihnen zu helfen, sich in ihren schärfsten Bewußtheitszustand zu versetzen. Dies sei das mindeste, was ich für sie tun könne, nachdem ich

vielleicht daran mitgewirkt hatte, ihre Chancen der Freiheit zu zerstören.
Als Zeitpunkt unserer Aktion wählte er die Stunde kurz vor Anbruch der Morgendämmerung, das Zwielicht des frühen Tages. Pflichtgetreu versuchte ich, ihnen beim Überwechseln in die andere Aufmerksamkeit zu helfen, wie Don Juan es bei mir gemacht hatte. Da ich aber keine Ahnung hatte, wie ich ihre Körper manipulieren, noch was ich überhaupt mit ihnen machen sollte, endete es damit, daß ich sie auf den Rücken prügelte. Nach mehreren trostlosen Versuchen mußte Don Juan zuletzt selbst eingreifen. Er machte sie so bereit, wie sie nur sein konnten, und vertraute sie mir an, damit ich sie wie eine Herde Rindvieh über die Brücke trieb. Meine Aufgabe war, sie einen nach dem anderen über die Brücke zu führen. Der Platz der Kraft lag am südlichen Ende der Brücke, was ein sehr günstiges Omen war. Silvio Manuel hatte vor, als erster hinüberzugehen, dann zu warten, bis ich sie bei ihm ablieferte, und uns dann als Gruppe in das Unbekannte zu geleiten.
Silvio Manuel ging hinüber, gefolgt von Eligio, der mich keines Blickes würdigte. Ich hielt die sechs Lehrlinge als fest geschlossene Gruppe am Nordende der Brücke beisammen. Sie waren verängstigt; sie rissen sich von mir los und liefen in verschiedene Richtungen davon. Die drei Frauen konnte ich nacheinander einfangen und sie bei Silvio Manuel abliefern. Er hielt sie am Eingang zum Spalt zwischen den Welten fest. Die drei Männer waren zu schnell für mich. Ich war zu erschöpft, um ihnen nachzulaufen.
Ich spähte über die Brücke zu Don Juan hinüber und hoffte auf seine Anleitung. Er und der Rest seines Trupps und die Nagual-Frau standen dicht gedrängt und sahen zu mir herüber. Sie hatten mich mit Gebärden angefeuert, hinter den Frauen und den Männern herzulaufen, und über meine stümperhaften Bemühungen gelacht. Don Juan bedeutete mir mit einem Kopfnicken, die drei Männer zu vergessen und mit la Gorda über die Brücke zu Silvio Manuel zu gehen.
Wir gingen hinüber. Silvio Manuel und Eligio, so schien es, hielten die Seiten eines senkrechten, etwa mannshohen Schlitzes fest. Die Frauen rannten herbei und versteckten sich hinter la Gorda. Silvio Manuel forderte uns auf, durch die Öffnung zu

treten. Ich gehorchte ihm. Die Frauen nicht. Hinter jenem Eingang war nichts. Und doch war er bis zum Rand erfüllt von etwas, das nichts war. Meine Augen waren offen; alle meine Sinne waren wach. Ich strengte mich an, nach vorne zu sehen. Aber da gab es nichts vor mir. Oder, falls es da etwas gab, konnte ich es nicht erfassen. Meine Sinne gehorchten nicht jener Arbeitsteilung, die ich als sinnvoll zu betrachten gelernt hatte. Alles stürzte gleichzeitig auf mich ein, oder besser gesagt, das Nichts stürzte auf mich ein, wie ich es niemals vorher oder nachher erlebt hatte. Ich hatte das Gefühl, als würde mein Körper entzweigerissen. Eine Kraft aus meinem Innern drängte hinaus. Ich zerbarst, und nicht nur bildlich gesprochen. Auf einmal spürte ich eine menschliche Hand, die mich fortriß, bevor ich mich auflöste.

Die Nagual=Frau war herbeigeeilt und hatte mich gerettet. Eligio hatte sich nicht von der Stelle rühren können, weil er den Spalt offenhielt, und Silvio Manuel mußte die vier Frauen an den Haaren festhalten, zwei an jeder Hand, um sie hineinzuschleudern.

Das ganze Ereignis, so nehme ich an, mochte etwa eine Viertelstunde andauern, aber in dieser ganzen Zeit fiel mir niemals ein, mir Gedanken wegen der anderen Leute bei der Brücke zu machen. Irgendwie schien die Zeit stillzustehen, ähnlich wie sie wieder stillstand, als wir dann auf unserem Weg nach Mexico City an dieser Brücke vorbeikamen.

Obwohl der Versuch gescheitert zu sein schien, behauptete Silvio Manuel, daß er ein voller Erfolg war. Die Frauen hatten tatsächlich die Öffnung gesehen – und durch sie hindurch in die andere Welt. Und was ich dort erlebt hatte, war ein echtes Gefühl des Todes.

»Am Tod gibt es nichts Schreckliches oder Friedvolles«, sagte er. »Denn der wahre Schrecken beginnt beim Sterben. Mit jener unberechenbaren Gewalt, die du dort drinnen spürtest, wird der Adler jedes Flämmchen der Bewußtheit, das du jemals hattest, aus dir herauspressen.«

Silvio Manuel bereitete nun la Gorda und mich auf einen neuen Versuch vor. Solche Plätze der Kraft, so erklärte er, seien in Wirklichkeit Löcher in einer Art Baldachin, der die Welt davor bewahre, ihre Form zu verlieren. Man könne einen Platz der

Kraft nutzen, wenn man in der zweiten Aufmerksamkeit genügend Stärke angesammelt habe. Um die Gegenwart des Adlers zu ertragen, so sagte er, komme es einzig auf die Stärke der eigenen *Absicht* an. Ohne *Absicht* gebe es nichts. Da ich als einziger in die andere Welt eingetreten sei, so sagte er mir, habe mich meine Unfähigkeit, meine *Absicht* zu verändern, beinah getötet. Er war aber zuversichtlich, daß es durch angestrengte Übung uns allen gelingen werde, unsere *Absicht* zu erweitern. Allerdings konnte er nicht erklären, was *Absicht* eigentlich sei. Im Scherz meinte er, nur der Nagual Juan Matus könne dies erklären, aber der sei leider nicht da.

Unglücklicherweise kam es aber nicht zu einem erneuten Versuch, denn mir ging die Energie aus. Es war ein rascher, verheerender Verlust an Lebenskraft. Ich war auf einmal so schwach, daß ich in Silvio Manuels Haus ohnmächtig wurde.

Ich fragte la Gorda, ob sie wisse, was dann noch geschah. Ich selbst hatte keine Ahnung. La Gorda sagte, Silvio Manuel habe ihnen allen erzählt, daß der Adler mich aus ihrer Gruppe entfernt habe und daß ich mich dann endlich bereit gefunden hätte, mich von ihnen vorbereiten zu lassen und mein vorgezeichnetes Schicksal auf mich zu nehmen. Silvio Manuels Plan sah vor, mich in bewußtlosem Zustand in die Welt zwischen den parallelen Linien zu bringen und es dieser Welt zu überlassen, alle übriggebliebene und nutzlose Energie aus meinem Körper zu ziehen. Seine Idee erschien allen seinen Gefährten vernünftig, denn die Regel besagt, daß man nur mit Hilfe der Bewußtheit dort eintreten könne. Ohne Bewußtheit einzutreten, führe zum Tod, denn ohne Bewußtheit werde die Lebenskraft durch den physischen Druck jener Welt erschöpft.

La Gorda erzählte weiter, daß sie selbst nicht mit mir zusammen dorthin gebracht worden sei. Aber der Nagual Juan Matus habe ihr gesagt, sobald ich von aller Lebenskraft entleert, also praktisch tot wäre, müßten sie alle der Reihe nach neue Energie in meinen Körper hauchen. In jener Welt könne jeder, der noch Lebenskraft habe, diese einem anderen geben, indem er ihn anhaucht. Sie hauchten also ihren Atem an all die Stellen meines Körpers, wo es eine Möglichkeit gab, ihn zu speichern. Silvio Manuel hauchte als erster, dann die Nagual-Frau. Den Rest von mir bildeten alle Mitglieder aus dem Trupp des Nagual Juan Matus.

Nachdem sie mir ihre Energie eingehaucht hatten, brachte die Nagual-Frau mich aus dem Nebel heraus und in Silvio Manuels Haus. Sie legte mich mit dem Kopf nach Südosten auf den Boden. La Gorda sagte, ich hätte ausgesehen wie tot. Sie selbst und die Genaros und die drei Schwesterchen waren dabei. Die Nagual-Frau erklärte ihr, daß ich krank sei, daß ich aber eines Tages wiederkommen und ihnen helfen würde, ihre Freiheit zu finden, weil ich selbst vorher nicht die Freiheit erlangen könne. Dann gab Silvio Manuel mir seinen Atem und rief mich ins Leben zurück. Dies war auch der Grund, warum sie und die Schwesterchen sich daran erinnerten, daß er mein Meister sei. Er trug mich zum Bett und ließ mich ausschlafen, als ob nichts geschehen wäre. Als ich erwachte, reiste ich ab – und kehrte nie wieder zurück. Und dann vergaß la Gorda alles, weil niemand sie je wieder in die linke Seite hinüberstieß. Sie ließ sich in der Stadt nieder, wo ich sie später zusammen mit den anderen antraf. Dort hatte der Nagual Juan Matus zwei getrennte Haushalte begründet: Genaro kümmerte sich um die Männer, der Nagual nahm die Frauen in seine Obhut.

Als ich damals einschlief, hatte ich mich niedergeschlagen und schwach gefühlt. Als ich dann erwachte, fühlte ich mich ganz bei Kräften, überschwenglich, von einer ungewöhnlichen und mir unbekannten Energie erfüllt. Mein Wohlbefinden wurde nur dadurch geschmälert, daß Don Juan mir sagte, ich müsse la Gorda verlassen und mich allein um die Vervollkommnung meiner Aufmerksamkeit bemühen, bis ich vielleicht eines Tages wiederkommen könne, um ihr zu helfen. Er sagte mir auch, ich solle nicht verzagen oder mich entmutigen lassen, denn der Träger der Regel würde sich schließlich doch noch einstellen, um mir meine wahre Aufgabe zu enthüllen.

Danach sah ich Don Juan lange nicht mehr. Als ich zurückkehrte, ließ er mich immer wieder von der rechten zur linken Seite der Bewußtheit überwechseln, und zwar um zweierlei zu erreichen: erstens, damit ich meine Beziehung mit seinen Kriegern und der Nagual-Frau fortsetzen konnte, und zweitens, damit er mich der unmittelbaren Obhut Zuleicas anvertrauen konnte, mit der ich die restlichen Jahre meiner Verbindung mit Don Juan in dauernder Interaktion stand.

Don Juan sagte mir, er habe mich deshalb in die Obhut Zuleicas geben müssen, weil Silvio Manuels Unterweisung zwei verschiedene Arten der Unterweisung für mich vorsah: eine für die rechte Seite und eine für die linke. Die Unterweisung für die rechte Seite betraf den Zustand normaler Bewußtheit, und dabei ging es darum, mich zu der rationalen Überzeugung zu führen, daß in den Menschen noch eine andere Art der Bewußtheit verborgen liegt. Für diese linksseitige Unterweisung war Don Juan verantwortlich. Die Unterweisung der linken Seite war Zuleica übertragen worden; sie betraf den Zustand gesteigerter Bewußtheit, und dabei ging es ausschließlich um die Handhabung der zweiten Aufmerksamkeit. Also verbrachte ich, jedesmal wenn ich nach Mexiko fuhr, die Hälfte meiner Zeit mit Zuleica und die andere Hälfte mit Don Juan.

13. Die Feinheiten der Kunst des »Träumens«

Don Juan eröffnete die Aufgabe, mich in die zweite Aufmerksamkeit zu geleiten, indem er mir sagte, daß ich bereits große Erfahrung darin hätte, in sie einzutreten. Silvio Manuel habe mich nämlich direkt zum Eingang geführt. Der Fehler sei nur gewesen, daß mir nicht die richtigen Begründungen mitgeteilt wurden. Männliche Krieger müssen nämlich ernsthafte Gründe erfahren, bevor sie sicher in das Unbekannte vordringen können. Weibliche Krieger haben dies nicht nötig, und sie können ohne Zögern voranschreiten, vorausgesetzt, daß sie völliges Vertrauen zu demjenigen haben, der sie geleitet.

Er sagte mir, ich müsse zuerst einmal die Feinheiten der Kunst des *Träumens* lernen. Dann gab er mich in Zuleicas Obhut und Kontrolle. Er ermahnte mich, makellos zu sein und peinlich genau zu üben, was er mich gelehrt hatte, vor allem aber in allen meinen Handlungen vorsichtig und besonnen zu sein, damit ich nicht vergeblich meine Lebenskraft erschöpfe. Er sagte, die unerläßliche Voraussetzung für den Eintritt in jede der drei Formen der Aufmerksamkeit sei der Besitz dieser Lebenskraft, denn ohne sie hätten die Krieger kein Ziel und keinen Sinn. Auch beim Sterben, so erklärte er, tritt unsere Bewußtheit in die dritte Aufmerksamkeit ein; aber nur für einen Augenblick, als Reinigung, kurz bevor der Adler sie verschlingt.

La Gorda sagte, der Nagual Juan Matus habe jeden der Lehrlinge das *Träumen* erlernen lassen. Sie glaubte, daß die anderen zur gleichen Zeit wie ich vor diese Aufgabe gestellt worden waren. Auch ihre Unterweisung war aufgeteilt in jene der rechten und der linken Seite. Der Nagual und Genaro, so sagte sie, überwachten die Unterweisung für den normalen Bewußtheitszustand. Als sie meinten, daß die Lehrlinge bereit wären, ließ der Nagual sie in einen Zustand gesteigerter Bewußtheit überwechseln und überließ sie ihren jeweiligen Gegenspielern. Vicente lehrte Nestor, Silvio Manuel lehrte Benigno, Genaro lehrte Pablito. Lydia wurde von Hermelinda unterwiesen, und Rosa von Nelida. Und la Gorda fügte noch hinzu, daß sie selbst und Josefina der Obhut Zuleicas anvertraut wurden, um zusammen die schwierigsten Fragen des *Träumens* zu erlernen, damit sie mir eines Tages zu Hilfe kommen könnten.

Außerdem war la Gorda von sich aus zu dem Schluß gelangt, daß die Männer Florinda anvertraut wurden, um bei ihr das Pirschen zu lernen. Der Beweis dafür waren die tiefgreifenden Veränderungen ihres Verhaltens. La Gorda selbst behauptete, sie habe, schon bevor sie sich an etwas erinnern konnte, gewußt, daß sie in den Prinzipien des Pirschens unterwiesen wurde, allerdings auf recht oberflächliche Weise; man hatte sie nicht üben lassen, während die Männer praktische Kenntnisse lernten und Aufgaben erhielten. Der Beweis war ihre Verhaltensänderung. Sie wurden fröhlich und umgänglich. Sie freuten sich ihres Lebens, während la Gorda und die anderen Frauen aufgrund ihres *Träumens* immer schwermütiger und depressiver wurden.

La Gorda glaubte, die Männer würden sich nicht an ihre Unterweisung erinnern können, falls ich sie bäte, mir ihr Wissen über das Pirschen zu verraten, weil sie es damals praktizierten, ohne zu wissen, was sie taten. Ihr Training zeigte sich aber in ihrem Umgang mit den Menschen. Sie waren vollendete Künstler darin, sich die Menschen gefügig zu machen. Durch ihre Übung im *Pirschen* hatten die Männer sogar die *kontrollierte Torheit* erlernt. Zum Beispiel taten sie so, als ob Soledad Pablitos Mutter wäre. Jeder außenstehende Betrachter mochte glauben, sie wären Mutter und Sohn, die sich zankten, während sie in Wirklichkeit nur eine Rolle spielten. Sie überzeugten jeden. Manchmal gab Pablito eine so vollendete Vorstellung, daß er sogar sich selbst überzeugte.

La Gorda gestand mir, daß sie alle mehr als verwundert über mein Verhalten waren. Sie wußten nicht recht, ob ich verrückt oder selber ein Meister der *kontrollierten Torheit* sei. Ich gab mir äußerlich ganz den Anschein, als glaubte ich an ihr Theater. Soledad sagte ihnen, sie sollten sich nicht von mir täuschen lassen, ich sei tatsächlich verrückt. Anscheinend hätte ich alles unter Kontrolle, aber ich sei so völlig verwirrt, daß ich nicht wie ein Nagual handeln könne. Sie gab jeder der Frauen den Auftrag, mir einen tödlichen Schlag zu versetzen. Sie sagte ihnen, daß ich dies selbst einmal, als ich noch im Besitz meiner Fähigkeiten war, so verlangt hätte.

La Gorda sagte, sie habe etliche Jahre gebraucht, um unter Zuleicas Führung das *Träumen* zu lernen. Als der Nagual Juan Matus meinte, daß sie genügend Erfahrung habe, führte er sie schließlich ihrer eigentlichen Gegenspielerin, Nelida, zu. Nelida war es, die ihr zeigte, wie sie sich in der Welt verhalten müsse. Sie erzog sie nicht nur dazu, sich in westlicher Kleidung wohl zu fühlen, sondern vermittelte ihr auch einen guten Geschmack. Als sie daher in Oaxaca ihre städtischen Kleider anlegte und mich mit ihrem Charme und ihrer Ausgeglichenheit verblüffte, hatte sie bereits einige Erfahrung mit solchen Verwandlungen.

Zuleica als meine Führerin in die zweite Aufmerksamkeit war sehr erfolgreich. Sie bestand darauf, daß unsere Interaktionen nur in der Nacht und nur bei völliger Dunkelheit stattfanden. Für mich war Zuleica nur eine Stimme im Dunkel, eine Stimme, die jeden Kontakt, den wir hatten, damit eröffnete, daß sie mir sagte, ich solle meine Aufmerksamkeit auf ihre Worte, und auf nichts anderes konzentrieren. Ihre Stimme war die Frauenstimme, die la Gorda beim *Träumen* zu hören gemeint hatte.

Wenn das *Träumen* in geschlossenen Räumen stattfindet, so sagte Zuleica mir, dann ist es am besten, man tut es in völliger Dunkelheit, während man auf einem schmalen Bett liegt oder aufrecht sitzt oder, besser noch, während man in einem sargähnlichen Kasten sitzt. Das *Träumen* im Freien, so meinte sie, sollte man im Schutz einer Höhle tun, im Sande eines Wasserloches oder an einen Fels in den Bergen gelehnt; niemals auf dem flachen Boden eines Tales oder an Flüssen, Seen oder am Meer, weil Bodenflächen, wie auch das Wasser, Gegensätze zur zweiten Aufmerksamkeit bilden.

Jede meiner Sitzungen war reich an geheimnisvollen Nebenbedeutungen. So erklärte sie mir, daß der sicherste Weg, um direkt zur zweiten Aufmerksamkeit zu finden, über rituelle Handlungen, monotone Gesänge und komplizierte, repetitive Bewegungen führe.

Bei ihrer Unterweisung ging es nicht um die Grundlagen des Träumens, die uns bereits von Don Juan beigebracht worden waren. Sie ging davon aus, daß jeder, der zu ihr kam, bereits zu *träumen* verstand, und daher behandelte sie ausschließlich die esoterischen Dinge der linksseitigen Bewußtheit.

Der Unterricht bei Zuleica begann eines Tages, als Don Juan mich zu ihrem Haus mitnahm. Wir trafen am Spätnachmittag dort ein. Die Wohnung schien verlassen. Als wir aber näherkamen, stand die Haustür offen. Ich erwartete, daß Zoila oder Marta sich zeigen würden, aber niemand stand im Eingang. Ich hatte das Gefühl, daß derjenige, der uns die Tür geöffnet hatte, uns rasch aus dem Weg gehen wollte. Don Juan führte mich in den Patio und ließ mich auf einer Kiste niedersitzen, auf der ein Kissen lag und die somit als Bank diente. Die Sitzfläche auf der Kiste war uneben und hart und sehr unbequem. Ich schob meine Hand unter das dünne Polster und fand darunter scharfkantige Steine. Don Juan sagte, daß meine Situation eine Ausnahme sei, weil ich die Feinheiten des Träumens in aller Eile lernen müsse. Wenn ich also auf einer harten Oberfläche saß, so sei dies ein Hilfsmittel, das meinen Körper davon abhalten sollte zu meinen, er befinde sich in einer normalen Situation. Gerade kurz bevor wir das Haus erreichten, hatte Don Juan mich auf die andere Ebene der Bewußtheit überwechseln lassen. In diesem Zustand, so sagte er, müsse Zuleicas Unterweisung stattfinden, damit sie das Tempo erreiche, das bei mir nötig sei. Er ermahnte mich, allen Widerstand aufzugeben und Zuleica wie selbstverständlich zu vertrauen. Dann befahl er mir, meinen Blick mit aller Konzentration, die ich aufbringen konnte, zu schärfen und mir alle Einzelheiten des Patio, die in meinem Gesichtsfeld lagen, einzuprägen. Dabei müsse ich mir, so betonte er, die Einzelheiten ebenso wie das Gefühl einprägen, dort zu sitzen. Er wiederholte seine Anweisungen, um sicherzugehen, daß ich ihn verstanden hatte. Dann ging er fort.

Rasch wurde es völlig dunkel, und ich begann auf meinem Sitz hin und her zu rutschen. Ich hatte nicht genügend Zeit gehabt, um mich auf die Einzelheiten des Patio zu konzentrieren, wie ich es gern getan hätte. Knapp hinter mir hörte ich ein raschelndes Geräusch, und dann schreckte mich Zuleicas Stimme auf. Eindringlich flüsternd befahl sie mir, aufzustehen und ihr zu folgen. Ich gehorchte automatisch. Ich konnte ihr Gesicht nicht sehen, sie war nur ein dunkler Umriß, der zwei Schritt vor mir ging. Sie führte mich zu einer Nische am dunkelsten Saal des Hauses. Obgleich meine Augen sich an die Dunkelheit gewöhnt hatten, konnte ich nichts sehen. Ich stolperte über irgend etwas, und sie befahl mir, mich in eine schmale Kiste zu setzen und meinen Rücken gegen ein – wie es mir schien – hartes Polster zu stützen.

Als nächstes spürte ich, daß sie sich ein paar Schritt hinter mir aufgestellt hatte, was mich sehr verblüffte, denn ich glaubte, mein Rücken sei nur einige Zentimeter von der Mauer entfernt. So sprach sie von hinten auf mich ein und befahl mir mit leiser Stimme, meine Aufmerksamkeit auf ihre Worte zu konzentrieren und alle ablenkenden äußeren Reize auszuschalten. Sie befahl mir, die Augen offen zu halten und meinen Blick auf eine Stelle in Augenhöhe direkt vor mir zu fixieren, der aus der Dunkelheit in einem leuchtenden, angenehmen Orangerot auftauchen würde.

Zuleica sprach sehr leise, mit gleichmäßiger Betonung. Ich hörte jedes Wort, das sie sagte. Die Dunkelheit um mich her schien jeden ablenkenden äußeren Reiz wirksam zu unterdrücken. Ich hörte Zuleicas Worte wie in einem Vakuum. Und dann erkannte ich, daß die Stille in diesem Saal der Stille in mir selbst entsprach.

Zuleica erklärte, ein Träumer müsse von einem farbigen Punkt ausgehen. Starkes Licht oder unmäßige Dunkelheit seien für den Träumer beim ersten Anlauf nutzlos. Farben wie Purpur oder Hellgrün oder sattes Gelb dagegen seien erstaunlich gute Ausgangspunkte. Sie selbst aber bevorzuge Orangerot, denn sie habe die Erfahrung gemacht, daß diese Farbe ihr das stärkste Ruhegefühl schenkte. Sie versicherte mir, wenn es mir erst gelungen sei, in die orangerote Farbe einzutreten, dann würde ich meine zweite Aufmerksamkeit für immer gesammelt haben – vorausgesetzt, daß ich mir die Reihenfolge der körperlichen Empfindungen bewußt machen könne.

Ich brauchte mehrere Sitzungen mit Zuleicas Stimme, um mit meinem Körper zu erkennen, was sie von mir zu tun verlangte. Daß ich mich in einem Zustand gesteigerter Bewußtheit befand, war insofern von Vorteil, als ich meinen Übergang vom Zustand der Wachsamkeit in einen Zustand des *Träumens* verfolgen konnte. Unter normalen Bedingungen ist dieser Übergang verwischt, aber unter diesen besonderen Umständen spürte ich tatsächlich im Verlauf einer Sitzung, wie meine zweite Aufmerksamkeit die Kontrolle übernahm. Der erste Schritt war eine ungewöhnliche Atembeschwerde. Ich hatte keine Schwierigkeit beim Ein- oder Ausatmen; ich hatte keine Atemnot, vielmehr wechselte mein Atem ganz plötzlich den Rhythmus. Mein Zwerchfell zog sich zusammen und zwang meinen Bauch zu raschem Vor- und Zurückschnellen. Die Folge waren die raschesten, kürzesten Atemzüge, die ich jemals gemacht habe. Ich atmete mit dem unteren Teil meiner Lunge und spürte einen starken Druck auf meine Eingeweide. Ich versuchte – erfolglos – die Krämpfe in meinem Zwerchfell zu unterdrücken. Je mehr ich es versuchte, desto schmerzhafter wurde es.

Zuleica befahl mir, ich solle meinen Körper tun lassen, was für ihn notwendig sei, und keinen Versuch machen, ihn zu lenken oder zu kontrollieren. Ich wollte ihr gehorchen, aber ich wußte nicht wie. Die Krämpfe, die zehn bis fünfzehn Minuten andauern mochten, verschwanden so plötzlich, wie sie gekommen waren, und darauf folgte ein anderes, seltsames und erschreckendes Gefühl. Ich empfand es zuerst als ganz eigenartiges Jucken, als ein körperliches Gefühl, das weder angenehm noch unangenehm war; es war so etwas wie ein nervöses Zittern. Es wurde immer heftiger, so sehr, daß ich meine Aufmerksamkeit darauf konzentrieren mußte, um festzustellen, an welcher Stelle meines Körpers dies geschah. Ich staunte über die Erkenntnis, daß es nicht irgendwo in meinem physischen Leib, sondern außerhalb stattfand, und ich es dennoch spüren konnte.

Ich mißachtete Zuleicas Anweisung, in einen Farbfleck einzugehen, der sich direkt vor mir in Augenhöhe bildete, und widmete mich ganz der Erforschung dieses merkwürdigen Gefühls außerhalb meines Körpers. Vielleicht hatte Zuleica *gesehen*, was mit mir vorging, denn plötzlich begann sie mir zu erklären, daß die zweite Aufmerksamkeit zu leuchtenden Körpern gehöre, ähnlich wie die erste Aufmerksamkeit zum physischen Leib. Der Punkt, wo, wie sie sagte, sich die zweite Aufmerksamkeit sammelte, befand sich genau an der Stelle, die Juan Tuma mir bei unserer ersten Begegnung beschrieben hatte, ungefähr eineinhalb Fuß vor der Körpermitte, zwischen Magengrube und Nabel, einen halben Fuß nach rechts.

Zuleica befahl mir, diesen Punkt zu massieren, ihn zu manipulieren, indem ich die Finger meiner beiden Hände an dieser Stelle bewegte, als wolle ich Harfe spielen. Sie versicherte mir, ich würde früher oder später das Gefühl bekommen, als bewegten meine Finger sich durch etwas, das von ähnlicher Konsistenz wie Wasser sei, und schließlich würde ich meine leuchtende Schale fühlen.

Zuleica warnte mich, sie würde mir, falls ich meine Finger nicht mehr bewegte, einen Schlag auf den Kopf geben. Je länger ich diese wogende Bewegung ausführte, desto näher fühlte ich das Jucken. Schließlich war es nur noch etwa fünfzehn Zentimeter von meinem Körper entfernt. Es war, als sei irgend etwas in mir zusammengeschrumpft. Ich glaubte sogar eine Vertiefung zu spüren. Dann hatte ich eine andere, unheimliche Empfindung. Ich schlief ein, und doch blieb ich bei Bewußtsein. In meinen Ohren war ein Summen, das mich an den Klang eines Bullenheulers erinnerte; dann spürte ich, wie eine Gewalt mich, ohne mich zu wecken, auf meine linke Seite rollte. Ich wurde fest eingerollt, etwa wie eine Zigarre, und in die juckende Vertiefung gestopft. Dort blieb meine Bewußtheit in der Schwebe, unfähig aufzuwachen, aber so fest um sich selbst aufgerollt, daß ich auch nicht einschlafen konnte.

Ich hörte Zuleicas Stimme, die mir befahl mich umzusehen. Ich konnte nicht die Augen öffnen, aber mein Tastsinn sagte mir, daß ich in einem Wassergraben auf dem Rücken lag. Ich fühlte mich behaglich und sicher. Mein Körper hatte eine solche Festigkeit, daß ich nie wieder aufstehen wollte. Zuleicas Stimme befahl mir, aufzustehen und die Augen zu öffnen. Ich konnte nicht. Sie sagte, ich müsse meine Bewegung einfach wollen, das Aufstehen sei jetzt nicht länger eine Sache der Muskelkontraktion.

Ich dachte, sie ärgere sich über meine Langsamkeit. Dann wurde mir klar, daß ich bei vollem Bewußtsein war, vielleicht bewußter, als ich es je in meinem ganzen Leben gewesen war. Ich konnte rational denken, und doch schien ich tief zu schlafen. Ich dachte daran, daß Zuleica mich möglicherweise in eine tiefe Hypnose versetzt hatte. Der Gedanke beunruhigte mich einen Moment, dann war es mir egal. Ich überließ mich ganz dem Gefühl, in der Schwebe zu sein, frei zu fliegen.

Ich hörte nicht mehr, was sie sagte. Entweder hatte sie zu sprechen aufgehört, oder ich hatte den Klang ihrer Stimme verdrängt. Ich wollte diesen sicheren Hafen nie mehr verlassen. Noch nie hatte ich mich so friedlich und vollkommen gefühlt. Ich lag da, nicht bereit aufzustehen oder irgend etwas zu verhindern. Ich spürte den Rhythmus meines Atems. Plötzlich erwachte ich.

Bei meiner nächsten Sitzung mit Zuleica sagte sie, daß es mir gelungen sei, ganz von selbst eine Delle in meine leuchtende Schale zu drücken; eine solche Vertiefung bringe einen entfernten Punkt in meiner leuchtenden Schale näher an meinen physischen Leib heran und daher der Beherrschung näher. Sie beteuerte immer wieder, daß es leichter sei, ins Träumen einzutreten, wenn der Körper erst einmal gelernt habe, eine solche Delle zu machen. Dies konnte ich bestätigen. Ich hatte einen seltsamen Impuls gelernt, eine Empfindung, die mein Körper sofort zu wiederholen gelernt hatte. Es war eine Mischung aus Gefühlen der Leichtigkeit, der Sicherheit, des Schlafens, des Schwebens, ohne irgendwelche taktilen Empfindungen und doch war ich gleichzeitig hell wach, aller Dinge um mich her bewußt.

La Gorda sagte, der Nagual Juan Matus habe sich jahrelang bemüht, bei ihr, bei den drei Schwesterchen und bei den Genaros eine solche Delle zu schaffen und sie auf diese Weise für immer zu befähigen, ihre zweite Aufmerksamkeit zu sammeln. Diese Delle, so hatte er ihr erzählt, entsteht beim Träumer, wenn erforderlich, im Bruchteil eines Augenblicks, und dann schnellt die leuchtende Schale in ihre ursprüngliche Form zurück. Doch im Fall der Lehrlinge – und zwar weil sie keinen Nagual-Führer hatten – wurde die Vertiefung von außen her geschaffen und war ein dauerndes Merkmal ihres leuchtenden Körpers, was eine große Hilfe, aber auch ein Hindernis war. Sie machte sie alle verletzlich und für Stimmungen anfällig.

Jetzt erinnerte ich mich auch, daß ich einmal eine Vertiefung in den leuchtenden Schalen von Lydia und Rosa *gesehen* hatte. Ich glaubte, die Delle befinde sich außen in der Höhe ihres rechten Oberschenkels oder vielleicht genau an der Kante des Hüftknochens. La Gorda erklärte, daß ich ihnen einen Tritt in die Vertiefung ihrer zweiten Aufmerksamkeit versetzt und dabei fast getötet hätte.

La Gorda erzählte, daß sie und Josefina mehrere Monate lang in Zuleicas Haus gelebt hatten. Der Nagual Juan Matus hatte sie eines Tages, nachdem er sie auf die andere Ebene der Bewußtheit hatte überwechseln lassen, dorthin gebracht. Er verriet ihnen nicht, was sie dort tun sollten, noch was sie zu erwarten hätten; er ließ sie einfach im Hausflur allein und ging fort. Sie blieben dort sitzen, bis es dunkel wurde. Dann kam Zuleica zu ihnen. Sie sahen sie niemals, sie hörten nur ihre Stimme, als ob sie von einem Punkt an der Wand zu ihnen spräche.

Zuleica verlangte sehr viel von ihnen, und zwar von dem Augenblick an, als sie die Verantwortung für sie übernahm. Sie ließ sie auf der Stelle sich auskleiden und befahl ihnen, in dicke, flauschige Baumwollsäcke zu kriechen – poncho-ähnliche Gewänder, die auf dem Boden lagen. Diese bedeckten sie vom Hals bis zu den Zehenspitzen. Dann befahl sie ihnen, sich Rücken an Rücken auf eine Matte zu setzen, und zwar in der gleichen Nische, in der ich gewesen war. Sie stellte ihnen die Aufgabe, in die Dunkelheit zu starren, bis dort eine gewisse Färbung sichtbar wurde. Nach vielen Sitzungen begannen sie tatsächlich Farben in der Dunkelheit zu sehen; und nun ließ Zuleica sie nebeneinander sitzen und die gleiche Stelle anstarren.

La Gorda sagte, daß Josefina sehr schnell lernte und eines Nachts mit einem dramatischen Effekt in den orangeroten Fleck einging, indem sie mit ihrem Körper aus dem Poncho schlüpfte. La Gorda kam es so vor, als habe entweder Josefina nach dem Farbfleck gegriffen oder dieser nach ihr. Das Ergebnis war, daß Josefina mit einem Mal aus dem Poncho verschwunden war. Von nun an trennte Zuleica sie, und la Gorda begann ihr langsames, einsames Lernen.

Bei la Gordas Bericht erinnerte ich mich, daß Zuleica auch mich in ein flauschiges Gewand hatte schlüpfen lassen. Die Befehle, mit denen sie mich aufforderte hineinzukriechen, verrieten mir auch den Grund, warum es benutzt wurde. Sie wies mich nämlich an, ich solle seine Flauschigkeit auf meiner Haut, besonders auf der Haut an meinen Waden fühlen. Sie wiederholte immer und immer wieder, daß die Menschen ein vorzügliches Wahrnehmungszentrum an der Außenseite der Waden hätten und daß das Spektrum unserer Wahrnehmung in rational nicht mehr faßbarer Weise erweitert werden könnte, wenn es gelänge, diese Stelle zu entspannen oder zu besänftigen. Das Gewand war sehr weich und warm und löste in meinen Beinen ein ganz außerordentliches Gefühl des Wohlbehagens und der Entspannung aus. Die Nerven in meinen Waden wurden stark stimuliert.

La Gorda berichtete von dem gleichen Gefühl körperlichen Wohlbehagens. Sie behauptete sogar, daß es die Kraft dieses Ponchos gewesen sei, die sie den orangeroten Farbfleck finden ließ. So beeindruckt war sie von diesem Gewand, daß sie sich – nach dem Muster des Originals – ein eigenes nähte, das aber nicht die gleiche Wirkung hatte, wiewohl es ihr ebenfalls Trost und Wohlbehagen vermittelte. Sie erzählte, daß sie und Josefina schließlich all ihre freie Zeit in diesen Ponchos verbrachten, die sie sich genäht hatten.

Auch Lydia und Rosa waren in dieses Gewand gesteckt worden, aber sie waren niemals besonders glücklich damit. Auch ich nicht.

Warum Josefina und la Gorda das Gewand so liebten, erklärte diese als direkte Folge der Tatsache, daß sie ihre *Traumfarbe* hatten finden dürfen, während sie darin steckten. Der Grund für meine eigene Gleichgültigkeit, so sagte sie, sei die Tatsache, daß ich überhaupt nicht in die farbige Fläche eintrat, daß die Färbung vielmehr zu mir kam. Sie hatte recht. Denn außer Zuleicas Stimme hatte es noch etwas anderes gegeben, das über den Ausgang dieser Vorbereitungszeit entschied. Allem Anschein nach führte Zuleica mich durch die gleichen Phasen, durch die sie la Gorda und Josefina geleitet hatte. Ich hatte viele Sitzungen hindurch in die Dunkelheit gestarrt und war bereit gewesen, den Farbfleck zu schauen. Ja, ich hatte sogar dessen ganze Metamorphose von leerer Dunkelheit bis hin zu einem präzise abgegrenzten Flecken intensiver Helligkeit miterlebt, und dann war ich von dem äußerlichen Jucken abgelenkt worden, auf das ich meine Aufmerksamkeit konzentrierte, bis ich schließlich in einen Zustand *ruhiger Wachsamkeit* eintrat. Und erst dann tauchte ich in eine orangerote Färbung ein.

Nachdem ich gelernt hatte, zwischen Schlafen und Wachen in der Schwebe zu bleiben, minderte Zuleica offenbar ihr Tempo. Ich mußte sogar erleben, daß sie es gar nicht eilig hatte, mich aus diesem Zustand herauszuholen. Sie ließ mich einfach darin, ohne sich einzumischen, und befragte mich nie danach, vielleicht weil ihre Stimme nur zum Befehlen, und nicht zum Fragenstellen geeignet war. Wir sprachen eigentlich nie miteinander, wenigstens nicht auf die Art, wie ich mit Don Juan zu sprechen pflegte.

Einmal, während ich mich in diesem Zustand der *ruhigen Wachsamkeit* befand, wurde mir klar, daß es für mich keinen Sinn hatte, darin zu verweilen – denn seine Beschränktheit war offenkundig, mochte er noch so angenehm sein. Daraufhin spürte ich ein Beben in meinem Körper und öffnete die Augen, oder besser gesagt, meine Augen öffneten sich von selbst. Zuleica starrte mich an. Ich war einen Moment sehr verwirrt. Ich dachte, ich sei erwacht; und Zuleica in Fleisch und Blut vor mir zu sehen, hatte ich nicht erwartet. Ich hatte mich daran gewöhnt, nur ihre Stimme zu hören. Auch war ich überrascht, daß es nicht mehr Nacht war. Ich drehte mich um. Wir waren nicht in Zuleicas Haus. Und nun kam mir die Erkenntnis, daß ich *träumte*, und ich erwachte.

Von nun an konzentrierte sich Zuleica auf einen anderen Aspekt ihrer Unterweisung. Sie lehrte mich die Fortbewegung. Sie begann ihren Unterricht damit, daß sie mir befahl, meine Bewußtheit in die Mitte meines Körpers zu verlagern. Bei mir ist die Körpermitte unter dem unteren Rand des Nabels. Sie befahl mir, mit dieser Stelle den Boden zu fegen, das heißt, eine schaukelnde Bewegung mit meinem Bauch auszuführen, als ob ein Besen daran befestigt wäre. In zahllosen Sitzungen bemühte ich mich zu tun, was ihre Stimme mich zu tun drängte. Sie erlaubte mir nicht, in den Zustand *ruhiger Wachsamkeit* einzutreten. Es war ihre Absicht, mich dahin zu bringen, daß ich die Wahrnehmung, als fege ich mit meiner Körpermitte den Boden, hervorrufen konnte, während ich mich im Wachzustand befand. Auf der linken Seite der Bewußtheit zu sein, so sagte sie, sei vorteilhaft genug, um bei dieser Übung gut abzuschneiden.

Eines Tages gelang es mir dann, und zwar ohne für mich einsichtigen Grund, ein vages Gefühl in der Magengegend zu empfinden. Es war nichts Bestimmtes, und als ich meine Aufmerksamkeit darauf richtete, erkannte ich, daß es ein prickelndes Gefühl in meiner Leibeshöhle war, nicht direkt im Magen, sondern etwas höher. Je genauer ich es untersuchte, desto mehr Einzelheiten bemerkte ich. Die Unbestimmtheit dieses Gefühls verwandelte sich bald in eine Gewißheit. Und es gab, was die Nervosität oder das prickelnde Gefühl betraf, einen seltsamen Zusammenhang zwischen meinem Solarplexus und meiner rechten Wade.

Als diese Empfindung akuter wurde, zog ich unwillkürlich meinen rechten Schenkel gegen die Brust. Auf diese Weise lagen die beiden Punkte so nah beieinander, wie meine Anatomie es erlaubte. Einen Augenblick zitterte ich vor übermäßiger Nervosität, und dann spürte ich ganz deutlich, daß ich mit meiner Körpermitte den Boden fegte; es war eine taktile Empfindung, die sich immer wieder einstellte – jedesmal wenn ich in sitzender Haltung meinen Körper schaukelte.
Bei meiner nächsten Sitzung gestattete Zuleica mir, in einen Zustand der ruhigen Wachsamkeit einzutreten. Diesmal aber war dieser Zustand ganz anders als zuvor. Anscheinend gab es in mir so etwas wie eine Kontrolle, die mich daran hinderte, ihn frei zu genießen, wie ich es früher getan hatte; eine Kontrolle, die mich auch veranlaßte, mich auf die Schritte zu konzentrieren, die ich unternommen hatte, um in diesen Zustand einzutreten. Zuerst bemerkte ich das Jucken an der Stelle der zweiten Aufmerksamkeit auf meiner leuchtenden Schale. Ich massierte diese Stelle, indem ich dort meine Finger bewegte, als ob ich Harfe spielte, und die Stelle sank gegen meinen Magen ein. Ich spürte sie beinah auf der Haut. Dann spürte ich ein Prickeln an der Außenseite meiner rechten Wade. Es war eine Mischung aus Lust und Schmerz. Diese Empfindung breitete sich auf mein ganzes Bein aus und dann auf den unteren Teil meines Rückens. Ich spürte, daß meine Arschbacken zitterten. Mein ganzer Körper wurde von einem nervösen Beben erfaßt. Mir war, als hinge mein Körper kopfüber in einem Netz gefangen. Meine Stirn und meine Zehen schienen sich zu berühren. Ich hatte anscheinend die Form eines geschlossenen U. Dann hatte ich das Gefühl, als würde ich auseinandergefaltet und in ein Laken gewickelt. Und zwar waren es meine nervösen Zuckungen, die bewirkten, daß das Laken sich – mit mir in der Mitte – von selbst aufrollte. Als das Aufrollen beendet war, konnte ich meinen Körper nicht mehr spüren. Ich war nur noch amorphe Bewußtheit, ein in sich selbst eingewickeltes nervöses Zucken. Diese Bewußtheit fand endlich in einer Falte, in einer Vertiefung in sich selbst Ruhe.
Jetzt verstand ich die Unmöglichkeit, zu schildern, was beim Träumen stattfindet. Zuleica sagte, daß dabei die links- und rechtsseitige Bewußtheit zusammen aufgewickelt werden. Die beiden kommen dann in einem einzigen Bündel in der Delle zur

Ruhe, im vertieften Mittelpunkt der zweiten Aufmerksamkeit. Um zu *träumen*, muß man den leuchtenden Körper und den physischen Körper manipulieren. Zuerst muß der Sammelpunkt für die zweite Aufmerksamkeit zugänglich gemacht werden, indem ein anderer ihn von außen eindrückt, oder der *Träumer* ihn von innen ansaugt. Zweitens müssen – um die zweite Aufmerksamkeit zu lösen – die in der Körpermitte und in den Waden, besonders in der rechten Wade lokalisierten Zentren des physischen Leibes stimuliert und so eng wie möglich zusammengebracht werden, daß sie sich zu vereinigen scheinen. Sodann stellt sich das Gefühl ein, zu einem Bündel aufgerollt zu sein, und die zweite Aufmerksamkeit übernimmt automatisch die Führung.

Diese Erklärung, die Zuleica mir in Form von Befehlen gab, war die triftigste Möglichkeit, den Vorgang zu beschreiben, denn keine der mit dem Träumen verbundenen sensorischen Empfindungen gehört normalerweise zum Repertoire unserer Sinne. Alle waren sie sehr verwunderlich für mich. Das Gefühl eines Juckreizes außerhalb von mir war immerhin lokalisiert, und daher war das Erschrecken meines Körpers, als ich es spürte, nur gering. Das Gefühl hingegen, an mir selbst aufgerollt zu werden, war bei weitem das beunruhigendste. Es war mit Empfindungen verbunden, die meinen Körper in einen Schockzustand versetzten. So war ich auch davon überzeugt, daß meine Zehen irgendwann meine Stirn berührten – eine Haltung, die ich normalerweise nicht einnehmen kann. Und doch wußte ich ohne jeden Zweifel, daß ich mich in einem Netz befand und kopfüber in Birnenform hing, wobei meine Zehen direkt vor meiner Stirn waren. In der physischen Wirklichkeit aber saß ich am Boden, und meine Schenkel waren gegen den Brustkorb angezogen.

Zuleica sagte ferner, daß das Gefühl, wie eine Zigarre gerollt und in die Delle der zweiten Aufmerksamkeit verstaut zu werden, durch die Tatsache bedingt war, daß meine linke und meine rechte Bewußtheit in eins verschmolzen, wobei die Reihenfolge der Dominanz vertauscht wurde und die linke Seite Vorrang gewann. Zuleica forderte mich auf, nur ja recht aufzupassen und mir auch die Umkehrung nicht entgehen zu lassen – einen Vorgang, bei der die beiden Seiten der Aufmerksamkeit wieder ihre normalen Plätze einnehmen und die rechte Seite die Zügel führt.

Es gelang mir nie, die damit verbundenen Gefühle zu registrieren, aber Zuleicas Anweisung beherrschte mich so stark, daß ich in meinem Bemühen, nur ja alles zu beobachten, in eine tödliche Unschlüssigkeit geriet. Sie mußte ihre Anweisung zurücknehmen und befahl mir, meine Nachforschungen aufzugeben, weil ich anderes zu tun hätte.

Vor allem, so sagte Zuleica, sollte ich meine Fähigkeit, mich aus eigenem Willen zu bewegen, vervollkommnen. Sie begann ihre Unterweisung damit, daß sie mich immer wieder aufforderte, meine Augen zu öffnen, während ich in einem Zustand ruhiger Wachsamkeit war. Dies verlangte von mir eine große Anstrengung. Einmal öffneten meine Augen sich ganz plötzlich, und ich sah Zuleica über mir aufragen. Ich lag am Boden, aber ich konnte nicht feststellen, wo. Das Licht war sehr hell, als läge ich direkt unter einer starken elektrischen Lampe. Aber es fiel kein direktes Licht in meine Augen. Mühelos konnte ich Zuleica sehen.

Sie befahl mir aufzustehen, indem ich meine Bewegung wollte. Sie sagte, ich müsse mich mit meiner Körpermitte abstoßen, denn ich hätte an dieser Stelle drei dicke Tentakeln, die ich als Krücken benutzen könne, um meinen ganzen Körper hochzustemmen.

Ich gab mir alle erdenkliche Mühe, um aufzustehen. Es gelang mir nicht. Ich hatte ein Gefühl von Verzweiflung und körperlicher Angst, das mich an Alpträume erinnerte, die ich als Kind gehabt hatte, und in denen ich nicht aufwachen konnte und dennoch voll wach war und verzweifelt zu schreien versuchte.

Endlich sprach Zuleica zu mir. Sie sagte, ich müsse eine bestimmte Reihenfolge einhalten und es sei überflüssig, ja regelrecht dumm von mir, wenn ich mich ärgerte und aufregte, als hätte ich es mit der alltäglichen Welt zu tun. Ärger sei nur in der ersten Aufmerksamkeit angebracht; die zweite sei die Ruhe selbst. Sie verlangte, ich solle noch einmal die Empfindung wiederholen, die ich hatte, als ich mit meiner Körpermitte den Boden zu kehren meinte. Ich glaubte, daß ich, um es zu wiederholen, aufrecht sitzen müsse. Ohne viel Überlegung setzte ich mich auf und nahm die gleiche Haltung ein, in der ich gesessen hatte, als mein Körper zum erstenmal diese Empfindung hervorbrachte. Irgend etwas in mir schaukelte, und plötzlich stand ich aufrecht. Ich konnte nicht feststellen, was ich getan hatte, um diese Bewegung auszuführen. Ich glaubte, daß ich, wenn ich noch einmal von vorn anfing, die Reihenfolge erfassen könnte. Kaum hatte ich diesen Gedanken gedacht, fand ich mich wieder am Boden liegen. Beim erneuten Aufstehen erkannte ich, daß hierzu gar keine Vorkehrungen nötig waren und daß ich, wenn ich mich bewegen wollte, lediglich meine Bewegung ganz tief in meinem Innern beabsichtigen mußte. Mit anderen Worten, ich mußte total davon überzeugt sein, daß ich mich bewegen wollte, oder vielleicht genauer gesagt, ich mußte überzeugt davon sein, daß ich mich bewegen mußte.

Nachdem ich dieses Prinzip begriffen hatte, ließ Zuleica mich jede nur denkbare Art der willentlichen Bewegung üben. Je mehr ich übte, desto deutlicher erkannte ich, daß das *Träumen* ein ganz rationaler Zustand war. Zuleica erklärte es mir. Beim *Träumen*, so sagte sie, wird die rechte Seite, die rationale Bewußtheit, in die linksseitige Bewußtheit eingewickelt, was dem Träumer ein Gefühl der Nüchternheit und Rationalität vermittelt; die Rationalität aber darf nur von geringem Einfluß sein, und sie darf nur als hemmender Mechanismus benutzt werden, um den *Träumer* vor Exzessen und manischen Unternehmungen zu schützen.

Der nächste Schritt war, daß ich lernte, meinen *Traumkörper* zu steuern. Zuleica hatte mir schon bei unserer ersten Begegnung die Aufgabe gestellt, den Patio anzustarren, während ich auf der Kiste saß. Also beschäftigte ich mich inbrünstig – manchmal stundenlang – damit, ihn anzustarren. Ich war immer allein in Zuleicas Haus. Es schien, als ob an den Tagen, wenn ich dort war, alle anderen ausgegangen waren oder sich versteckten. Die Stille und die Einsamkeit hatten eine günstige Wirkung auf mich, und ich konnte mir die Einzelheiten dieses Patio einprägen.

Sodann stellte Zuleica mir die Aufgabe, im Zustand *ruhiger Wachsamkeit* die Augen zu öffnen, um den Patio zu sehen. Ich benötigte viele Sitzungen, bis ich dies schaffte. Am Anfang war es meist so, daß ich meine Augen aufschlug und Zuleica sah, woraufhin sie mich mit einer ruckhaften Körperbewegung wie einen Ball in den Zustand *ruhiger Wachsamkeit* zurückprallen ließ. Einmal, als ich wieder auf diese Weise zurückprallte, spürte ich ein heftiges Zittern: irgend etwas, das in meinen Füßen saß, rappelte bis in meinen Brustkorb hinauf, und ich hustete es heraus; die Kulisse dieses nächtlichen Patio kam aus mir heraus, als ob meine Bronchien sie ausgeschieden hätte. Irgendwie glich das Ganze dem Brüllen eines wilden Tieres.

Dann hörte ich Zuleicas Stimme, die als schwaches Murmeln an mein Ohr drang. Ich verstand nicht, was sie sagte. Ich konnte nur ungefähr feststellen, daß ich auf der Kiste saß. Ich wollte aufstehen, aber ich spürte, daß mein Körper nicht fest war. Es war, als ob ein Wind mich davonwehte. Dann hörte ich ganz deutlich Zuleicas Stimme, die mir befahl, mich nicht zu bewegen. Ich versuchte reglos zu verharren, aber irgendeine Macht zog mich fort, und ich erwachte im Erker des Hauses. Vor mir stand Silvio Manuel.

Nach jeder solchen *Traum*-Sitzung in Zuleicas Haus erwartete Don Juan mich im stockfinsteren Flur. Dann pflegte er mich hinauszugeleiten und mich die Ebene der Bewußtheit wechseln zu lassen. Diesmal war Silvio Manuel bei ihm. Ohne ein Wort mit mir zu sprechen, steckte er mich in einen Sitzgurt und zog mich zum Firstbalken hinauf. Dort ließ er mich bis zum folgenden Mittag hängen, und dann kam Don Juan und ließ mich hinab. Er erklärte mir, daß es den Körper einstimme, wenn man eine Weile in der Luft schwebe, ohne den Boden zu berühren, und daß dies sehr wichtig sei, bevor man sich auf eine gefährliche Unternehmung einlasse, wie ich sie vorhätte.

Ich benötigte noch viele *Traum*-Sitzungen, bis ich endlich lernte, meine Augen zu öffnen und entweder Zuleica oder den finsteren Patio zu sehen. Jetzt erkannte ich auch, daß sie selbst die ganze Zeit *geträumt* hatte. Sie war nie in ihrer Person hinter mir im Erker am Flur gewesen. Ich hatte ganz recht gehabt in jener ersten Nacht, als ich mit dem Rücken knapp vor der Wand zu sitzen glaubte. Zuleica war lediglich eine Stimme aus dem *Träumen*.

Bei einer der *Traum*-Sitzungen, als ich vorsätzlich meine Augen öffnete, um Zuleica zu sehen, stellte ich erschrocken fest, daß auch la Gorda und Josefina sich neben Zuleica über mich beugten. Damit begann der letzte Teil ihres Unterrichts. Zuleica lehrte uns drei, mit ihr zu reisen. Sie sagte, daß unsere erste Aufmerksamkeit an die Emanationen der Erde gebunden sei, während unsere zweite Aufmerksamkeit an den Emanationen des Kosmos hänge. Damit wollte sie sagen, daß ein *Träumer* definitionsgemäß die Grenzen der alltäglichen Angelegenheiten hinter sich gelassen hat. Als Reisende im Träumen blieb Zuleica also bei la Gorda, Josefina und mir eine letzte Aufgabe, nämlich unsere zweite Aufmerksamkeit so einzustimmen, daß wir ihr auf ihren Reisen ins Unbekannte folgen konnten.

In einer Reihe von Sitzungen sagte mir Zuleicas Stimme, daß ihre »Besessenheit« mich zu einem Rendezvous führen werde, daß die Besessenheit des *Träumers* diesem in Dingen der zweiten Aufmerksamkeit als Führer diene und daß die ihre auf einen wirklichen Ort jenseits dieser Erde fixiert sei. Von dort werde sie mich rufen, und ich müsse ihre Stimme als Seil benutzen, um mich daran zu ihr hin zu ziehen.

Zwei Sitzungen lang geschah nichts; Zuleicas Stimme wurde, während sie sprach, immer schwächer. Und ich fürchtete schon, daß ich ihr nicht würde folgen können. Sie hatte mir nicht gesagt, was ich tun sollte. Auch hatte ich ein ungewöhnliches Gefühl der Schwere. Es gelang mir nicht, eine fesselnde Kraft zu überwinden, die mich umgab und daran hinderte, aus dem Zustand *ruhiger Wachsamkeit* hinauszutreten.

Im Verlauf der dritten Sitzung öffnete ich plötzlich meine Augen, ohne daß ich es auch nur versucht hatte. Zuleica, la Gorda und Josefina starrten mich an. Ich stand bei ihnen. Sofort begriff ich, daß wir uns an einem mir völlig unbekannten Ort befanden. Das auffälligste Merkmal dort war das strahlend helle indirekte Licht. Die ganze Szene war wie in ein starkes Neonlicht getaucht. Zuleica lächelte, als wolle sie uns auffordern, uns umzusehen. La Gorda und Josefina waren auf der Hut, genau wie ich. Sie warfen Zuleica und mir verstohlene Blicke zu. Zuleica bedeutete uns, wir sollten umhergehen. Wir befanden uns im Freien, wir standen in der Mitte eines grell leuchtenden Kreises. Der Boden bestand offenbar aus hartem dunklen Gestein, aber er reflektierte viel von dem blendenden weißen Licht, das von oben kam. Das Seltsame war nun, daß ich, wohl wissend, daß das Licht zu stark für meine Augen war, überhaupt keinen Schmerz verspürte, als ich aufblickte und die Quelle dieses Lichts entdeckte. Es war die Sonne. Ich starrte direkt in die Sonne, die – möglicherweise aufgrund der Tatsache, daß ich träumte – intensiv weiß war.

Auch la Gorda und Josefina starrten in die Sonne, anscheinend ohne schädliche Wirkung. Plötzlich bekam ich Angst. Das Licht war mir fremd. Es war ein erbarmungsloses Licht; es schien uns zu attackieren, es schickte einen Wind aus, den ich spüren konnte, und doch empfand ich keine Hitze. Ich glaubte, daß es schädlich sei. Josefina und ich schmiegten uns wie verängstigte Kinder an Zuleica. Sie hielt uns umfangen, und dann verblaßte das grell weiße Licht allmählich, bis es ganz verschwand. An seine Stelle trat ein mildes, sehr tröstliches gelbes Licht.

Jetzt wurde mir bewußt, daß wir nicht in dieser Welt waren. Der Boden hatte die Farbe von nasser Terrakotta. Es gab keine Berge, aber die Stelle, wo wir standen, war auch nicht flach. Der Boden war ausgedörrt und von Spalten durchzogen. Er sah aus wie ein aufgewühltes trockenes Meer von Terrakotta. Ich sah es von allen Seiten, ganz als befände ich mich mitten auf dem Ozean. Ich blickte auf; der Himmel hatte seinen betäubenden Glanz verloren. Er war dunkel, aber nicht blau. Ein heller, weißglühender Stern strahlte über dem Horizont. Jetzt dämmerte mir, daß wir uns in einer Welt mit zwei Sonnen, zwei Himmelskörpern befanden. Der eine war riesig, er war gerade hinter dem Horizont verschwunden; der andere war kleiner und vielleicht weiter weg.

Ich wollte Fragen stellen, wollte umherlaufen und nach irgendwelchen Gegenständen Ausschau halten. Zuleica bedeutete uns, wir sollten uns entspannen und geduldig warten. Aber irgend etwas schien uns anzuziehen. Plötzlich waren la Gorda und Josefina fort. Und ich erwachte.

Von da an ging ich nie wieder in Zuleicas Haus. Don Juan ließ mich bei sich zu Hause, oder wo immer wir uns befanden, die Ebene der Bewußtheit wechseln, und ich ging ins *Träumen* ein. Zuleica, la Gorda und Josefina erwarteten mich jedesmal. Wir kehrten immer wieder an diesen gleichen, außerirdischen Schauplatz zurück, bis wir gründlich damit vertraut waren. Sooft wir konnten, übersprangen wir die Zeit des grellen Leuchtens, die Tageszeit, und reisten in der Nacht dorthin, gerade rechtzeitig, um über dem Horizont einen kolossalen Himmelskörper aufgehen zu sehen; manchmal war er so groß, daß er, wenn er über dem Horizont aufging, mindestens die Hälfte des 180-Grad-Winkels vor uns einnahm. Der Himmelskörper war wunderschön, und sein Aufgehen über dem Horizont war so atemberau-

bend, daß ich eine Ewigkeit hätte bleiben wollen, nur um diesen Augenblick zu erleben.
Wenn der Himmelskörper den Zenit erreichte, verdeckte er beinah das ganze Firmament. Jedesmal legten wir uns dann auf den Rücken und starrten hinauf. Er hatte regelmäßige Strukturen, die zu unterscheiden Zuleica uns gelehrt hatte. Ich erkannte, daß es kein Stern war. Das Licht wurde reflektiert. Es war offenbar ein dunkler Himmelskörper, denn das Licht war im Verhältnis zu seiner Größe recht milde. Auf der safrangelben Oberfläche waren riesige, unveränderliche braune Flecke zu sehen.
So nahm Zuleica uns systematisch auf ihre Reisen mit, die mit Worten nicht zu beschreiben sind. Wie la Gorda mir erzählte, nahm Zuleica Josefina noch weiter und tiefer in das Unbekannte mit, denn Josefina war, wie Zuleica selbst, ein bißchen verrückt; keine von beiden besaß jenen rationalen Kern, der einem Träumer Nüchternheit verleiht; daher kannten sie keine Grenzen und interessierten sich nicht dafür, rationale Ursachen oder Gründe für die Dinge zu finden.
Das einzige, was Zuleica mir über unsere Reisen erzählte und was sich wie eine Erklärung anhörte, war, daß die Fähigkeit der *Träumer*, sich auf ihre zweite Aufmerksamkeit zu konzentrieren, diese zu lebenden Katapulten macht. Je stärker und makelloser die *Träumer*, desto weiter können sie ihre zweite Aufmerksamkeit in das Unbekannte hinausprojizieren, und desto länger dauert ihre *Traum*-Projektion an.
Don Juan sagte, daß meine Reisen mit Zuleica keine Illusion seien und daß alles, was ich mit ihr zusammen getan hatte, ein Schritt zur Beherrschung der zweiten Aufmerksamkeit sei; mit anderen Worten, Zuleica lehrte mich die Wahrnehmungsbedingungen jenes anderen Reiches. Was diese Reisen aber genau waren, konnte er mir nicht erklären. Oder er wollte sich auf keine Erklärung festlegen. Er meinte, wenn er versuchte, die Wahrnehmungsbedingungen der zweiten Aufmerksamkeit mit den Wahrnehmungsbedingungen der ersten zu erklären, würde er sich nur hoffnungslos in Wörter verstricken. Er wollte, daß ich meine eigenen Schlüsse zog, und je mehr ich über die ganze Sache nachdachte, desto klarer wurde mir, daß seine Zurückhaltung einen funktionalen Zweck hatte.

Unter Zuleicas Führung, durch ihre Belehrung über die zweite Aufmerksamkeit, machte ich tatsächlich Bekanntschaft mit Mysterien, die ganz sicher den Rahmen meiner Vernunft überstiegen, aber dennoch im Bereich der Möglichkeiten meiner ganzen Bewußtheit lagen. Ich lernte, in etwas Unbegreifliches zu reisen, und hatte schließlich – wie Emilito und Juan Tuma – meine eigenen Geschichten von der Ewigkeit.

14. Florinda

Nachdem Zuleica uns in den Feinheiten der Kunst des *Träumens* unterwiesen hatte, darin stimmten la Gorda und ich völlig überein, akzeptierten wir als unleugbare Tatsache, daß die Regel eine Landkarte ist, daß in uns noch eine andere Bewußtheit verborgen liegt und daß es möglich ist, in diese Bewußtheit einzutreten. Don Juan hatte vollbracht, was die Regel vorschrieb.

Und die Regel bestimmte als nächsten Schritt, daß ich Florinda kennenlernte, die einzige unter seinen Kriegern, der ich noch nicht begegnet war. Don Juan sagte, ich müsse allein zu ihr gehen, denn was zwischen Florinda und mir ablaufen würde, ginge die anderen nichts an. Er sagte, daß Florinda meine persönliche Führerin sei, ganz als ob ich ein Nagual wie er selbst wäre. Eine ähnliche Beziehung hatte er einst mit jener Kriegerin aus dem Trupp seines Wohltäters gehabt, die mit Florinda vergleichbar war.

Eines Tages verließ Don Juan mich vor Nelidas Haustür. Er sagte, ich solle hineingehen, denn drinnen erwarte mich Florinda.

»Es ist mir eine Ehre, Sie kennenzulernen«, sagte ich zu der Frau, die mir auf dem Flur entgegentrat.

»Ich bin Florinda«, sagte sie.

Wir sahen uns schweigend an. Ich war von Ehrfurcht ergriffen. Meine Bewußtheit war so scharf wie nur je. Nie wieder habe ich ein vergleichbares Gefühl erlebt.

»Das ist ein schöner Name«, konnte ich gerade noch sagen, aber ich meinte mehr als dies.

Die weiche, gedehnte Aussprache der Vokale im Spanischen ließ den Namen flüssig und wohltönend klingen; besonders das »i« nach dem »r«. Es war kein seltener Name, nur hatte ich bis zu diesem Tag noch keine Frau getroffen, die so sehr das Wesen dieses Namens ausgedrückt hätte. Die Frau, die vor mir stand, paßte so gut zu dem Namen, als wäre er eigens für sie erfunden worden – oder vielleicht hatte sie auch ihren Charakter nach ihm geformt.

Äußerlich sah sie Nelida ganz ähnlich, nur daß sie mehr Selbstvertrauen und Stärke zu haben schien. Sie war ziemlich groß und schlank. Sie hatte den olivebraunen Teint der Mittelmeervölker. Spanisch, oder vielleicht französisch. Sie war alt, und doch war sie nicht schwach, ja kaum gealtert. Ihr Körper wirkte geschmeidig und mager. Lange Beine, eckige Gesichtszüge, ein kleiner Mund, eine wunderbar gemeißelte Nase, schwarze Augen und in Zöpfen geflochtenes weißes Haar. Keine hängenden Wangen, keine schlaffe Haut im Gesicht und am Hals. Sie war alt auf eine Weise, als ob sie auf alt zurechtgemacht wäre.

Wenn ich mich rückblickend an meine erste Begegnung mit ihr erinnere, dann fällt mir etwas ein, das an sich mit der Sache nichts zu tun hat, aber doch gut dazu paßt. Ich hatte nämlich einmal in einer Zeitschrift ein zwanzig Jahre altes Foto von einer damals jungen Hollywoodschauspielerin abgebildet gesehen, die so zurechtgemacht war, daß sie zwanzig Jahre älter wirkte, um die Rolle einer alternden Frau spielen zu können. Daneben war ein neueres Foto der gleichen Schauspielerin abgedruckt, wie sie nach zwanzig wirklichen, schweren Lebensjahren aussah. Florinda glich – für mein subjektives Urteil – dem ersten Bild der Filmschauspielerin, einem jungen Mädchen, auf alt geschminkt.

»Was haben wir denn da?« sagte sie und kniff mich. »Siehst ja nicht besonders aus. Weich. Sicherlich verwöhnt bis ins Mark.«

Ihre Offenheit erinnerte mich an Don Juan, auch das innere Leben ihrer Augen. Wenn ich auf mein Leben mit Don Juan zurückblickte, fiel mir auf, daß seine Augen immer gelassen blickten. Nie zeigten sie Erregung. Nicht daß Don Juan schön anzusehen gewesen wäre. Ich habe prächtige Augen gesehen, aber nie fand ich, daß sie etwas aussagten. Florindas Augen und auch Don Juans Augen machten mir den Eindruck, als hätten sie alles gesehen, was es zu sehen gibt; sie waren ruhig, aber nicht sanft. Die Erregung hatte sich nach innen zurückgezogen und hatte sich in etwas verwandelt, das ich nur als inneres Leben beschreiben kann.

Florinda führte mich durch das Wohnzimmer auf einen überdachten Patio hinaus. Wir setzten uns auf bequeme Polstersessel. Ihre Augen schienen etwas in meinem Gesicht zu suchen.
»Weißt du, wer ich bin und was ich für dich tun soll?« fragte sie.
Ich sagte, ich wisse über sie und ihre Beziehung zu mir nur so viel, wie Don Juan mir angedeutet hatte. Bei meinem Versuch, meine Stellung zu erklären, nannte ich sie einmal Dona Florinda.
»Sag nicht Dona Florinda zu mir«, sagte sie mit einer kindlichen Geste der Verlegenheit. »Ich bin noch nicht so alt, und auch nicht so respektabel.«
Ich fragte sie, wie ich sie denn ansprechen solle.
»Einfach Florinda. Das genügt«, sagte sie. »Was mich betrifft, so kann ich dir gleich sagen, daß ich eine Kriegerin bin, die die Geheimnisse des *Pirschens* kennt. Und im Hinblick auf das, was ich für dich sein soll, kann ich dir sagen, daß ich dich die ersten sieben Prinzipien des *Pirschens*, die ersten Prinzipien der Regel für *Pirscher* und die ersten drei Manöver des *Pirschens* lehren werde.«
Und sie fügte noch hinzu, daß es für jeden Krieger ganz normal sei, zu vergessen, was sich ereignet, wenn die Interaktion auf der linken Seite stattfindet, und daß ich Jahre brauchen würde, bis ich begreifen könne, was sie mich lehren werde. Die Unterweisung durch sie, so meinte sie, sei lediglich der Anfang, und eines Tages würde sie mich den Rest lehren, dann aber unter anderen Vorzeichen.
Ich fragte sie, ob sie etwas dagegen hätte, daß ich ihr Fragen stellte.
»Tu was du magst«, sagte sie. »Alles, was ich von dir verlange, ist deine Verpflichtung, zu üben. Immerhin weißt du ja ungefähr, worüber wir sprechen werden. Deine Schwächen sind, daß du kein Selbstvertrauen hast und daß du nicht bereit bist, dein Wissen als Kraft zu gebrauchen. Der Nagual als Mann hat dich hypnotisiert. Du kannst nicht selbständig handeln. Davon kann nur eine Frau dich befreien.
Zum Auftakt will ich dir die Geschichte meines Lebens erzählen, und dabei werden dir manche Dinge klarwerden. Ich werde sie dir in kleinen Portionen erzählen müssen, also wirst du recht oft herkommen müssen.«

Ihre sichtliche Bereitschaft, mir etwas über ihr Leben zu erzählen, verblüffte mich, denn dies stand im Widerspruch zur Abneigung aller anderen, irgendwelche persönlichen Dinge mitzuteilen. Nach all den Jahren zusammen mit Don Juans Kriegern hatte ich mich so an deren zurückhaltende Art gewöhnt, daß mir nun Florindas Absicht, freiwillig über ihr Leben zu sprechen, etwas komisch vorkam. Ich war augenblicklich auf der Hut.

»Entschuldige bitte«, sagte ich. »Wolltest du damit sagen, daß du mir etwas aus deinem Privatleben erzählen wirst?«

»Warum nicht?« fragte sie.

Als Antwort erklärte ich ihr ausführlich, was Don Juan mir über die hemmende Macht der persönlichen Geschichte gesagt hatte, und über die Notwendigkeit des Kriegers, sie auszulöschen. Um mich noch deutlicher auszudrücken, sagte ich ihr, daß er mir verboten habe, jemals über mein Leben zu sprechen.

Sie lachte mit einer hohen Falsettstimme. Sie schien sich zu amüsieren.

»Das gilt nur für Männer«, sagte sie. »Das *Nicht-Tun* deines persönlichen Lebens ist, daß du endlose Geschichten erzählst, aber keine einzige über dein wirkliches Selbst. Siehst du, ein Mann zu sein heißt, daß du eine solide Geschichte hinter dir hast. Du hast Familie, Freunde, Bekannte, und jeder hat eine bestimmte Vorstellung von dir. Ein Mann zu sein bedeutet, daß du verantwortlich bist. Du kannst nicht so leicht verschwinden. Dich auslöschen, das würde dich viel Arbeit kosten.

Bei mir liegen die Dinge anders. Ich bin eine Frau, und das gibt mir einen herrlichen Vorteil. Ich bin nicht verantwortlich. Weißt du denn nicht, daß Frauen nicht verantwortlich sind?«

»Ich weiß nicht, was du unter verantwortlich verstehst«, sagte ich.

»Ich meine, daß eine Frau leicht verschwinden kann«, erwiderte sie. »Eine Frau kann zumindest heiraten. Eine Frau gehört zu ihrem Mann. In einer Familie mit vielen Kindern werden die Töchter leicht übergangen. Niemand rechnet mit ihnen, und es wäre möglich, daß einige von ihnen spurlos verschwinden. Ihr Verschwinden wird leicht verwunden.

Ein Sohn dagegen ist jemand, auf den man baut. Für einen Sohn ist es nicht so einfach, hinauszuschlüpfen und zu verschwinden. Und selbst wenn er es täte, hinterläßt er eine Spur. Ein Sohn fühlt sich schuldig dafür, daß er verschwindet. Eine Tochter nicht.

Als der Nagual dich lehrte, deinen Mund zu halten und nichts über deine Lebensgeschichte zu erzählen, wollte er dir helfen, dein Gefühl zu überwinden, als hättest du deinen Freunden und deiner Familie unrecht getan, die so oder so mit dir rechneten.

Nach einem lebenslangen Kampf mag es einem männlichen Krieger wohl gelingen, sich selbst auszulöschen, aber dieser Kampf fordert von dem Mann seinen Tribut. Er wird verschwiegen und ist immer vor sich selbst auf der Hut. Eine Frau braucht sich nicht so hart zu beschränken. Eine Frau ist immer bereit, sich in Luft aufzulösen. Ja, das wird sogar von ihr erwartet.

Als Frau bin ich nicht zur Verschwiegenheit verpflichtet. Ich pfeife darauf. Verschwiegenheit ist der Preis, den ihr Männer bezahlen müßt, damit ihr wichtige Rollen in der Gesellschaft spielen könnt. Der Kampf ist nur etwas für die Männer, weil sie es verabscheuen, sich auszulöschen, und immer wieder Möglichkeiten finden, sich irgendwie, irgendwo vorzudrängen. Sieh dich an, zum Beispiel; du rennst herum und hältst Vorträge.«

Florinda machte mich eigenartig nervös. In ihrer Gegenwart fühlte ich mich seltsam befangen. Ich kann ohne weiteres zugeben, daß auch Don Juan und Silvio Manuel mich einschüchtern konnten, aber das war ein anderes Gefühl. Vor ihnen hatte ich tatsächlich Angst, besonders vor Silvio Manuel. Er erschreckte mich, und doch hatte ich gelernt, mit meinem Schrecken zu leben. Florinda machte mir keine Angst. Meine Nervosität kam eher daher, daß ihr *savoir faire* mich störte und bedrohte.

Sie starrte mich nicht an, wie Don Juan oder Silvio Manuel es zu tun pflegten. Diese beiden fixierten mich immer mit ihren Blicken, bis ich mit einer Geste der Unterwerfung mein Gesicht abwandte. Florinda warf mir nur kurze Blicke zu. Ihre Augen wanderten dauernd hierhin und dorthin. Sie schien nicht nur meine Augen, sondern auch jeden Zentimeter meines Gesichts und meines Körpers zu prüfen. Während sie sprach, glitten ihre Blicke rasch von meinem Gesicht zu meinen Händen oder zu ihren Füßen oder zum Dach hinauf.

»Ich mache dich verlegen, nicht wahr?« fragte sie.

Ihre Frage überraschte mich. Ich mußte lachen. Ihr Ton war alles andere als bedrohlich.

»Das tust du«, sagte ich.
»Ach, das ist ganz einfach«, fuhr sie fort. »Du bist es gewöhnt, ein Mann zu sein. Eine Frau ist für dich etwas, das zu deinem Vorteil da ist. Eine Frau ist für dich doof. Und die Tatsache, daß du ein Mann und zudem der Nagual bist, macht die Sache noch komplizierter.«
Ich sah mich gezwungen, mich zu verteidigen. Ich fand, daß sie eine recht überhebliche Dame sei, und das wollte ich ihr sagen. Ich setzte zu einer schwungvollen Rede an, die aber sofort versiegte, als ich ihr Gelächter hörte. Es war ein fröhliches, jugendliches Lachen. Don Juan und Don Genaro lachten immer über mich, und ihr Lachen war ebenfalls jugendlich, aber Florindas Lachen hatte eine andere Schwingung. Es lag keine Eile in ihrem Lachen, kein Nachdruck.
»Ich glaube, wir gehen lieber hinein«, sagte sie. »Es darf keine Ablenkungen geben. Der Nagual Juan Matus hat dich ja schon mitgenommen und dir die Welt gezeigt; das war wichtig für das, was er dir zu sagen hatte. Ich habe andere Dinge zu erzählen, die einen anderen Schauplatz erfordern.«
Wir setzten uns auf ein Ledersofa in einem Anbau neben dem Patio. Dort, im geschlossenen Raum, fühlte ich mich wohler. Sie begann gleich mit der Geschichte ihres Lebens.
Sie sagte, sie sei in einer ziemlich großen mexikanischen Stadt geboren, als Kind einer wohlhabenden Familie. Da sie das einzige Kind war, verwöhnten ihre Eltern sie vom Augenblick ihrer Geburt an. Ohne eine Spur von falscher Bescheidenheit gestand mir Florinda, daß sie sich immer bewußt gewesen war, schön zu sein. Die Schönheit, so sagte sie, sei ein Dämon, der Junge heckt und sich vermehrt, sobald er Bewunderung erfährt. Sie sagte, sie könne ohne Zweifel behaupten, daß dieser Dämon am schwersten zu überwinden sei, und ich brauchte mich nur unter den Schönen im Lande umzusehen, um die erbärmlichsten Geschöpfe zu sehen.
Ich wollte ihr nicht widersprechen, und doch hatte ich den starken Wunsch, ihr zu sagen, daß sie irgendwie zu dogmatisch sei. Anscheinend hatte sie mein Gefühl gespürt, denn sie blinzelte mir zu.
»Sie sind erbärmlich, das kannst du mir glauben«, fuhr sie fort. »Stell sie mal auf die Probe. Weigere dich, ihren Glauben zu

stützen, daß sie schön und daher wichtig sind. Dann wirst du sehen, was ich meine.«
Sie sagte, daß sie schwerlich ihre Eltern oder sich selbst für ihren Hochmut verantwortlich machen könne. Ihre ganze Umgebung habe sich seit ihrer Kindheit verschworen, ihr das Gefühl zu vermitteln, als sei sie wichtig und einzigartig.
»Als ich fünfzehn war«, fuhr sie fort, »hielt ich mich für die Größte, die je auf dieser Welt gewandelt ist. Alle sagten es mir, besonders die Männer.«
Sie gestand, daß sie während ihrer ganzen Jugend die Aufmerksamkeiten und Lobhudeleien Dutzender von Bewunderern genossen habe. Mit achtzehn wählte sie mit Bedacht den bestmöglichen Gatten aus einer Reihe von nicht weniger als sieben ernsthaften Bewerbern aus. Sie heiratete Celestino, einen wohlhabenden Mann, der fünfzehn Jahre älter war als sie.
Florinda schilderte ihre Ehe als einen Himmel auf Erden. Zu ihrem eigenen großen Freundeskreis gewann sie noch Celestinos Freunde hinzu. Das Ergebnis war ein ewiger Feiertag.
Ihre Seligkeit dauerte aber nur sechs Monate, die fast wie im Flug vergingen. All das fand ein ganz plötzliches, brutales Ende, als sie sich eine geheimnisvolle entstellende Krankheit zuzog. Ihr linker Fuß, der Knöchel und die Wade begannen anzuschwellen. Die Form ihres schönen Beins war zerstört; die Schwellung war so stark, daß das Hautgewebe Blasen bildete und platzte. Ihr ganzer Unterschenkel vom Knie abwärts war von Schorf und einem stinkenden Sekret überzogen. Die Haut verhärtete sich. Die Krankheit wurde als Elephantiasis diagnostiziert. Die Bemühungen der Ärzte, die Krankheit zu heilen, waren ungeschickt und schmerzhaft; schließlich kam sie zu dem Schluß, daß es nur in Europa Kliniken gebe, die fortschrittlich genug waren, um eine Heilung zu ermöglichen.
Binnen drei Monaten hatte Florindas Paradies sich in eine Hölle auf Erden verwandelt. Verzweifelt und unter echten Qualen wollte sie lieber sterben als so weiterzuleben. Ihr Leiden war so erbärmlich, daß eines Tages ein Dienstmädchen, das es nicht länger mit ansehen konnte, ihr eingestand, daß sie von der früheren Geliebten Celestinos beauftragt worden sei, eine gewisse Tinktur in ihr Essen zu mischen; ein Gift, das von Zauberern hergestellt worden sei. Als Wiedergutmachung versprach das

Dienstmädchen, sie zu einer Heilerin zu bringen, einer Frau, die angeblich die einzige war, die etwas gegen dieses Gift vermochte.

Florinda kicherte beim Gedanken an ihren damaligen Zwiespalt. Sie war als fromme Katholikin erzogen. Sie glaubte nicht an Hexerei oder indianische Zauberheiler. Aber ihr Leiden war so schlimm und ihr Zustand so bedenklich, daß sie bereit war, alles zu versuchen. Celestino war entschieden dagegen. Er wollte das Dienstmädchen der Polizei übergeben. Florinda legte ein Wort für sie ein, weniger aus Mitleid als aus Angst, sie könnte allein die Heilerin nicht finden.

Plötzlich stand Florinda auf. Sie sagte mir, ich müsse gehen. Sie nahm meinen Arm und führte mich zur Tür, als wäre ich ihr ältester und bester Freund. Sie erklärte mir, ich sei erschöpft, denn in der linksseitigen Bewußtheit zu sein, das sei ein besonderer und vergänglicher Zustand, von dem man nur sparsam Gebrauch machen dürfe. Ganz gewiß sei es kein Zustand der Kraft. Der Beweis dafür war, daß ich einmal beinah gestorben wäre, als Silvio Manuel versuchte, meine zweite Aufmerksamkeit zu sammeln, indem er mich zwang, mich kühn in sie hineinzustürzen. Sie sagte, es sei ganz ausgeschlossen, daß wir einem anderen oder uns selbst befehlen könnten, Wissen zu sammeln. Vielmehr sei es eine langwierige Sache; denn zur rechten Zeit und unter den richtigen Bedingungen der Makellosigkeit sammle der Körper sein Wissen ohne die Mitwirkung des Willens.

Wir blieben eine Weile vor der Haustür stehen und tauschten Freundlichkeiten und Belanglosigkeiten aus. Plötzlich sagte sie, der Nagual Juan Matus habe mich an jenem Tag zu ihr gebracht, weil er wisse, daß seine Zeit auf Erden bald abgelaufen sei. Die beiden Arten der Unterweisung, die ich nach Silvio Manuels klugem Plan erhalten hatte, seien schon abgeschlossen. Offen sei lediglich noch das, was sie mir zu sagen habe. Sie betonte, daß es sich bei ihr nicht um einen eigentlichen Unterricht handle, sondern darum, eine Verbindung zwischen mir und ihr herzustellen.

Als Don Juan mich das nächste Mal zu Florinda brachte, kurz bevor er mich vor ihrer Tür verließ, wiederholte er, was sie mir schon gesagt hatte, nämlich daß es für ihn und seinen Trupp an der Zeit sei, in die dritte Aufmerksamkeit einzugehen. Bevor ich ihm Fragen stellen konnte, schob er mich ins Haus. Der Stoß, den er mir versetzte, beförderte mich nicht nur ins Haus, sondern auch in meinen schärfsten Bewußtheitszustand. Ich *sah* die Nebelwand.

Florinda stand auf dem Flur, als hätte sie darauf gewartet, daß Don Juan mich hineinstieß. Sie hielt meinen Arm und führte mich schweigend ins Wohnzimmer. Wir setzten uns. Ich wollte eine Unterhaltung beginnen, aber ich konnte nicht sprechen. Sie erklärte mir, daß der Stoß eines makellosen Kriegers, wie der Nagual Juan Matus einer war, ein Überwechseln in einen anderen Bereich der Bewußtheit auslösen könne. Mein Fehler sei gewesen, so sagte sie, daß ich die ganze Zeit die Verfahrensweisen für so entscheidend gehalten hatte. Das Verfahren, einen Krieger in einen anderen Bewußtseinszustand zu stoßen, läßt sich nur anwenden, wenn die beiden Beteiligten, besonders derjenige, der den Stoß gibt, makellos und von persönlicher Kraft durchdrungen sind.

Die Tatsache, daß ich die Nebelwand *gesehen* hatte, machte mich körperlich ganz nervös. Mein Körper zitterte unkontrollierbar. Florinda sagte, mein Körper zittere deshalb, weil er gelernt habe, nach Aktivität zu dürsten, wenn er in diesem Bewußtheitszustand sei. Ebenso gut könne mein Körper aber lernen, seine schärfste Bewußtheit auf das zu konzentrieren, was gesprochen würde, statt auf das, was getan würde.

Und dann sagte sie mir, daß es eine Sache der Zweckmäßigkeit sei, sich in die Bewußtheit der linken Seite zu versetzen. Indem der Nagual Juan Matus mich in einen Zustand gesteigerter Bewußtheit versetzte und mir nur in diesem Zustand die Interaktion mit seinen Kriegern erlaubte, sorgte er dafür, daß ich festen Grund unter den Füßen hatte. Dabei, so meinte Florinda, hielt er sich an eine Strategie, die darin besteht, einen kleinen Teil des anderen Selbst zu entwickeln, indem man diesen wohlüberlegt mit Erinnerungen an Interaktionen füllt. Diese Erinnerungen werden dann vergessen, nur um eines Tages wieder an die Oberfläche zu kommen und uns als rationale Außenposten zu dienen, von denen wir in die unermeßliche Weite des anderen Selbst aufbrechen.

Weil ich so nervös war, schlug sie vor, ich solle mich beruhigen, während sie mit der Geschichte ihres Lebens fortfahren wolle, die, wie sie erklärte, nicht eigentlich die Geschichte ihres Lebens als Frau in dieser Welt sei, sondern die Geschichte, wie einer weichlichen Frau geholfen wurde, eine Kriegerin zu werden. Sie sagte, nachdem sie einmal entschlossen war, die Heilerin aufzusuchen, habe nichts sie zurückhalten können. Zusammen mit dem Dienstmädchen und vier Männern, die sie auf einer Bahre trugen, begab sie sich auf eine zweitägige Reise, die den Verlauf ihres Lebens änderte. Es gab keine Straßen. Das Gelände war bergig, und die Männer mußten sie die meiste Zeit auf dem Rücken tragen.

In der Abenddämmerung erreichten sie das Haus der Heilerin. Die Wohnung war hell erleuchtet, und es waren viele Menschen da. Ein alter Mann, so erzählte Florinda, sagte ihr, daß die Heilerin für einen Tag fortgegangen sei, um eine Patientin zu behandeln. Der Mann schien recht gut über die Tätigkeit der Heilerin Bescheid zu wissen, und Florinda fand die Unterhaltung mit ihm angenehm. Er war sehr fürsorglich, und er vertraute ihr an, daß er selbst ein Patient sei. Seine Krankheit schilderte er als einen unheilbaren Zustand, der ihn blind für die Welt machte. Bis spät in die Nacht schwatzten sie freundschaftlich miteinander. Der alte Mann war so hilfsbereit, daß er Florinda sogar sein Bett zur Verfügung stellte, damit sie sich ausruhen und abwarten konnte, bis die Heilerin am nächsten Tag zurückkehrte.

Am andern Morgen, so erzählte Florinda, erwachte sie plötzlich von einem stechenden Schmerz in ihrem Bein. Eine Frau bewegte ihr Bein hin und her und drückte es mit einem glänzenden Stück Holz.

»Die Heilerin war eine sehr hübsche Frau«, fuhr Florinda fort. »Sie warf einen Blick auf mein Bein und schüttelte den Kopf. ›Ich weiß, wer dir das angetan hat‹, sagte sie. ›Er muß eine ordentliche Belohnung erhalten haben, oder er hat dich für einen wertlosen Menschen gehalten. Was glaubst du wohl, war es?‹«

Florinda lachte. Sie sagte, damals habe sie geglaubt, die Heilerin sei entweder verrückt oder unverschämt. Sie konnte sich nicht vorstellen, daß überhaupt irgend jemand auf der Welt sie für einen wertlosen Menschen hielt. Obwohl sie quälende Schmerzen litt, machte sie der Frau mit vielen Worten klar, daß sie eine reiche und wertvolle Persönlichkeit sei und sich von niemand zum Narren halten lasse.

Daraufhin, so erinnerte sich Florinda, änderte die Heilerin sofort ihre Haltung ihr gegenüber. Es schien, als habe sie es mit der Angst bekommen. Sie sprach sie respektvoll mit ›Missi‹ an, sie stand von ihrem Stuhl auf und befahl allen anderen, aus dem Zimmer zu gehen. Als sie allein waren, hockte die Heilerin sich auf Florindas Brust und drückte ihren Kopf nach hinten über die Bettkante. Florinda sagte, sie habe versucht sich zu wehren. Sie dachte, die Frau wolle sie töten. Sie versuchte zu schreien, um ihre Diener herbeizurufen, aber die Heilerin zog ihr rasch eine Decke über den Kopf und hielt ihr die Nase zu. Florinda schnappte nach Luft und mußte mit offenem Mund atmen. Je stärker die Heilerin Florindas Brust drückte und je fester sie ihre Nase zuhielt, desto weiter riß Florinda den Mund auf. Als sie erkannte, was die Heilerin eigentlich machte, hatte sie bereits den ekelhaften Inhalt einer großen Flasche geschluckt, die die Heilerin ihr in den offenen Mund gesteckt hatte. Florinda bemerkte dazu, die Heilerin habe sie so schlau überlistet, daß sie nicht einmal würgen mußte, und dies trotz der Tatsache, daß ihr Kopf über die Bettkante hing.

»Ich trank so viel von dieser Flüssigkeit, daß mir übel wurde«, fuhr Florinda fort. »Sie ließ mich aufrecht sitzen und blickte mir ohne zu blinzeln in die Augen. Ich wollte mir den Finger in den Hals schieben, um mich zu übergeben. Sie ohrfeigte mich, bis meine Lippen bluteten. Eine Indianerin ohrfeigte mich! Schlug mir die Lippen blutig! Weder mein Vater noch meine Mutter hatten jemals Hand an mich gelegt. Ich war so überrascht, daß ich die Übelkeit in meinem Magen vergaß.

Dann rief sie meine Männer und befahl ihnen, mich nach Hause zu bringen. Sie beugte ich vor und brachte ihren Mund so nah an mein Ohr, daß niemand sie hören konnte. ›Wenn du nicht in neun Tagen wiederkommst, du Arschloch‹, flüsterte sie, ›wirst du anschwellen wie eine Kröte und dir bei Gott wünschen, du wärest tot.‹«

Florinda erzählte, daß die Flüssigkeit ihr den Schlund und die Stimmbänder verätzt hatte. Sie konnte kein Wort herausbringen. Dies aber war ihre geringste Sorge. Denn als sie zu Hause ankam, erwartete Celestino sie in einem Zustand der Raserei. Da sie selbst nicht sprechen konnte, war es Florinda möglich, ihn zu beobachten. Sie bemerkte, daß sein Zorn nicht etwa aus Besorgnis um ihre Gesundheit entsprang, sondern nur aus der Sorge um seine Stellung als Mann von Reichtum und sozialem Status. Er konnte es nicht ertragen, daß seine einflußreichen Freunde mit ansahen, wie er bei indianischen Zauberheilern Zuflucht nahm. Er tobte und schrie, er werde sich bei der Militärkommandantur beschweren, er werde die Heilerin von den Soldaten ergreifen und in die Stadt bringen lassen, damit sie eine Tracht Prügel bekäme und ins Gefängnis gesteckt würde. Dies waren keine leeren Drohungen; tatsächlich überredete er einen Kommandeur, eine Patrouille nach der Heilerin auszuschicken. Die Soldaten kamen einige Tage später zurück und brachten die Nachricht, daß die Frau geflohen sei.

Florinda ließ sich von ihrem Dienstmädchen trösten, die ihr versicherte, daß die Heilerin sie erwarten werde, wenn sie nur wiederkommen wolle. Obgleich ihr Schlund noch immer so entzündet war, daß sie keine feste Nahrung zu sich nehmen und kaum Flüssigkeiten schlucken konnte, wollte Florinda kaum den Tag erwarten, an dem sie die Heilerin wiedersehen sollte. Die Medizin hatte die Schmerzen in ihrem Bein gelindert.

Als sie Celestino ihre Absicht mitteilte, wurde er so wütend, daß er ein paar Gehilfen zusammenholte, um selber dem Unfug ein Ende zu bereiten. Er und drei seiner Freunde ritten zu Pferde vor ihr her.

Als Florinda das Haus der Heilerin erreichte, so erzählte sie, hatte sie eigentlich erwartet, diese tot zu finden; statt dessen traf sie Celestino allein sitzend an. Er hatte seine Männer nach drei verschiedenen Orten in der Nachbarschaft geschickt, mit dem Befehl, die Heilerin nötigenfalls mit Gewalt herbeizuschaffen. Florinda entdeckte den gleichen alten Mann, den sie schon das letztemal kennengelernt hatte; er versuchte ihren Gatten zu beruhigen und versicherte ihm, daß ganz bestimmt einer seiner Männer bald mit der Frau zurückkommen werde.

Kaum hatte Florinda sich auf ein Feldbett auf der vorderen Veranda glegt, trat die Heilerin aus dem Haus. Sie fing an Celestino zu beleidigen, sie belegte ihn mit Schimpfnamen und brüllte ihm Obszönitäten ins Gesicht, bis er so wütend wurde, daß er aufsprang, und sie zu schlagen versuchte. Der alte Mann fiel ihm in den Arm und bat ihn, sie nicht zu schlagen. Er flehte ihn auf den Knien an und wies darauf hin, daß sie doch eine alte Frau sei. Celestino blieb ungerührt. Er sagte, er werde sie ungeachtet ihres Alters auspeitschen. Er trat vor, um sie zu packen, aber er erstarrte mitten in der Bewegung. Sechs schrecklich aussehende Männer kamen, ihre Macheten schwingend, hinter den Büschen hervor. Florinda sagte, daß Celestino sich vor Angst nicht rühren konnte. Er war aschfahl im Gesicht. Die Heilerin trat auf ihn zu und sagte, er werde sich entweder demütig von ihr den Hintern auspeitschen lassen, oder ihre Helfer würden ihn in Stücke hacken. Er, dieser stolze Mann, bückte sich demütig, um sich auspeitschen zu lassen. Die Heilerin hatte in wenigen Augenblicken einen hilflosen Mann aus ihm gemacht. Sie lachte ihm ins Gesicht. Sie wußte, daß er verspielt hatte, und sie ließ ihn fallen. Er war ihr in die Falle gegangen, der sorglose Narr, trunken von seinen übertriebenen Selbstwertvorstellungen.

Florinda sah mich an und lächelte. Sie schwieg eine Weile.

»Das erste Prinzip der Kunst des *Pirschens* ist, daß der Krieger selbst sein Schlachtfeld wählt«, sagte sie. Ein Krieger zieht nie in die Schlacht, ohne zu wissen, wie das Gelände beschaffen ist. Die Heilerin hatte mir – durch ihren Kampf mit Celestino – das erste Prinzip des *Pirschens* gezeigt.

Dann kam sie zu der Stelle herüber, wo ich lag. Ich weinte. Es war das einzige, was ich tun konnte. Sie schien besorgt. Sie zog mir die Decke über die Schultern, sie lächelte und blinzelte mir zu.

›Der Handel gilt noch immer, du Arschloch‹, sagte sie. ›Komm wieder, sobald du kannst, falls du am Leben bleiben willst. Aber bring mir nicht deinen Herrn mit, du kleine Nutte. Komm nur mit denen, die unbedingt nötig sind.‹«

Florinda ließ ihre Augen eine Weile auf mir ruhen. Aus ihrem Schweigen schloß ich, daß sie meine Meinung hören wollte.

»Alles Unnötige beiseite lassen, das ist das zweite Prinzip der Kunst des *Pirschens*«, sagte sie, ohne mir Zeit zu lassen, etwas zu sagen.

Ihre Erzählung hatte mich so gefesselt, daß ich gar nicht bemerkt hatte, daß – oder wann – die Nebelwand verschwunden war. Ich erkannte lediglich, daß sie nicht mehr da war. Florinda erhob sich aus ihrem Sessel und führte mich zur Tür. Dort standen wir eine Weile, wie wir es auch bei unserer ersten Begegnung getan hatten.

Florinda sagte, Celestinos Zorn habe der Heilerin die Möglichkeit gegeben, ihrem – Florindas – Körper, und nicht ihrem Verstand, die ersten drei Gebote der Regel für *Pirscher* vorzuführen. Obwohl ihre Gedanken ausschließlich um sie selbst kreisten, denn für sie gab es nichts anderes als ihren physischen Schmerz und die Angst, ihre Schönheit einzubüßen, hatte ihr Körper doch zur Kenntnis genommen, was geschehen war, und bedurfte später nur einer Erinnerung, um alles richtig zusammenzufügen.

»Der Krieger kann die Welt nicht als Ruhekissen benutzen, darum braucht er die Regel«, fuhr sie fort. »Aber die Regel für *Pirscher* gilt für jeden.

Celestinos Arroganz war sein Niedergang, und zugleich der Anfang meiner Belehrung und Befreiung. Seine Überheblichkeit, die auch die meine war, zwang uns zu glauben, daß wir praktisch über allen anderen stünden. Die Heilerin reduzierte uns auf das, was wir wirklich sind – ein Nichts.

Das erste Gebot der Regel besagt, daß alles, was uns umgibt, ein unergründliches Geheimnis ist.

Das zweite Gebot der Regel besagt, daß wir versuchen müssen, diese Geheimnisse zu enträtseln, doch ohne die Hoffnung, daß es uns je gelingen wird.

Das dritte besagt, daß ein Krieger, der sich der ihm unergründlichen Geheimnisse bewußt ist und sich auch seiner Pflicht bewußt ist, wenigstens zu versuchen, diese zu enträtseln, seinen rechtmäßigen Platz unter diesen Geheimnissen einnimmt und sich selbst als ein solches betrachtet. Folglich ist das Mysterium für den Krieger ohne Ende, ganz gleich, ob dieses Sein das Sein eines Kiesels, einer Ameise oder des eigenen Selbst ist. Dies ist die Demut eines Kriegers. Man ist allem anderen gleichgestellt.«

Es entstand ein langes, eindringliches Schweigen. Florinda lächelte und spielte mit der Spitze ihres langen Zopfes. Sie sagte, es sei diesmal genug für mich.

Als ich zum drittenmal Florinda besuchte, verließ Don Juan mich nicht an der Tür, sondern ging mit mir hinein. Alle Mitglieder seines Trupps waren im Haus versammelt, und sie begrüßten mich, als ob ich von einer weiten Reise zurückgekehrt wäre. Es war ein köstlicher Augenblick; es vereinigte Florinda in meinem Fühlen mit den anderen, denn es war das erste Mal, daß sie in meiner Gegenwart mit ihnen zusammen war.

Das nächste Mal, als ich zu Florindas Haus ging, stieß Don Juan mich unverhofft hinein, wie er es schon vorher getan hatte. Ich empfand einen ungeheuren Schock. Florinda erwartete mich auf dem Flur. Ich war augenblicklich in den Zustand eingetreten, in dem die Nebelwand sichtbar ist.

»Ich habe dir erzählt, wie die Prinzipien der Kunst des *Pirschens* mir gezeigt wurden«, sagte sie, kaum daß wir uns in ihrem Wohnzimmer auf das Sofa gesetzt hatten. »Jetzt mußt du dasselbe für mich tun. Wie war es, als der Nagual Juan Matus sie dir zeigte?«

Ich sagte ihr, daß ich mich nicht so ohne weiteres daran erinnern könne. Ich mußte darüber nachdenken, und ich konnte nicht denken. Mein Körper hatte Angst.

»Mach die Dinge nicht so kompliziert«, sagte sie in befehlerischem Ton. »Bemühe dich, einfach zu sein. Wende alle Konzentration auf, deren du fähig bist, um zu beschließen, ob du in die Schlacht ziehen willst oder nicht, denn jede Schlacht ist ein Kampf ums Leben. Dies ist das dritte Prinzip der Kunst des *Pirschens*. Ein Krieger muß willig und bereit sein, hier und jetzt sein letztes Gefecht auszukämpfen. Aber nicht irgendwie, Hals über Kopf.«

Ich konnte einfach nicht meine Gedanken ordnen. Ich streckte meine Beine aus und legte mich auf das Sofa. Ich atmete tief durch, um meine Körpermitte zu entspannen, die fest verknotet schien.

»Gut«, sagte Florinda. »Ich sehe, du wendest das vierte Prinzip der Kunst des *Pirschens* an. Entspanne dich, laß locker, fürchte nichts. Nur dann wird die Kraft, die uns leitet, den Weg ebnen und uns helfen. Nur dann.«

Ich versuchte mich daran zu erinnern, wie Don Juan mir die Prinzipien der Kunst des *Pirschens* gezeigt hatte. Aus irgendeinem unerklärlichen Grund wollte mein Denken sich nicht auf meine früheren Erlebnisse einstellen. Don Juan war eine so vage Erinnerung. Ich stand auf und sah mich um.

Das Zimmer, in dem ich mich befand, war erlesen eingerichtet. Der Fußboden bestand aus großen, lederfarbenen Fliesen. Er war mit bestem handwerklichen Geschick verlegt. Nun wollte ich mir die Möbel genauer ansehen. Ich trat vor einen schönen dunkelbraunen Tisch. Florinda sprang auf mich zu und schüttelte mich heftig.

»Du hast das fünfte Prinzip der Kunst des *Pirschens* richtig angewandt«, sagte sie. »Du darfst jetzt nicht abschweifen.«
»Wie lautet das fünfte Prinzip?« fragte ich.
»Wenn der Krieger auf Widrigkeiten stößt, mit denen er nicht umzugehen weiß, zieht er sich für eine Weile zurück«, sagte sie. »Er läßt seine Gedanken umherschweifen. Er beschäftigt sich eine Weile mit etwas anderem. Alles ist dazu geeignet.
Genau dies hast du eben getan. Aber jetzt, wo du das geschafft hast, mußt du auch das sechste Prinzip anwenden: Der Krieger verdichtet die Zeit; dabei zählt sogar ein Augenblick. In einem Kampf ums Leben ist eine Sekunde eine Ewigkeit; eine Ewigkeit, die das Ergebnis entscheiden kann. Der Krieger hat vor, zu siegen, darum rafft er die Zeit. Der Krieger vergeudet keinen Augenblick.«
Auf einmal stürzte eine Flut von Erinnerungen auf mein Bewußtsein ein. Aufgeregt erzählte ich Florinda, daß ich mich ganz gewiß daran erinnern könne, wie Don Juan mich zum ersten Mal mit diesen Prinzipien vertraut machte. Florinda legte den Finger an die Lippen und gebot mir zu schweigen. Sie sagte, es sei ihr lediglich darum gegangen, mir diese Prinzipien vorzuführen, aber sie wolle nicht, daß ich ihr jene Erlebnisse erzähle.
Und Florinda fuhr mit ihrer Geschichte fort. Als nun die Heilerin ihr auftrug, ohne Celestino wiederzukommen, so erzählte sie, gab diese ihr ein Gebräu zu trinken, das ihren Schmerz augenblicklich linderte. Und sie flüsterte ihr ins Ohr, daß sie – Florinda – ganz allein eine gewichtige Entscheidung treffen müsse; sie solle ihren Geist beruhigen und an etwas anderes denken, aber sobald sie ihre Entscheidung gefällt hätte, dürfe sie keinen Augenblick mehr verschwenden.
Zu Hause bei Celestino verkündete sie ihren Wunsch, wieder die Heilerin aufzusuchen. Celestino hielt jeden Einwand für zwecklos, denn ihre Überzeugung war unerschütterlich.
»Gleich danach suchte ich wieder die Heilerin auf«, fuhr Florinda fort. »Diesmal ritten wir zu Pferde. Ich nahm nur meine vertrautesten Diener mit, das Mädchen, das mir das Gift gegeben hatte, und einen Mann, der die Pferde versorgte. Der Weg über die Berge war beschwerlich; die Pferde waren nervös – wegen dem Gestank meines Beins –, aber irgendwie schafften wir es. Ohne es zu wissen, hatte ich das dritte Prinzip der Kunst des *Pirschens*

angewandt. Ich hatte mein Leben, oder was davon übrig war, aufs Spiel gesetzt. Ich war willig und bereit zu sterben. Dies war für mich keine gar so große Entscheidung, denn ich lag ohnehin im Sterben. Es ist eine bekannte Tatsache, daß man, wenn man – wie ich – halb tot ist, nicht vor Schmerzen, sondern wegen eines großen Kummers, die Neigung hat, so faul und schwach zu werden, daß einem keinerlei Anstrengung mehr möglich ist.

Ich blieb sechs Tage im Haus der Heilerin. Schon am zweiten Tag fühlte ich mich besser. Die Schwellung ging zurück. Das Nässen am Bein hatte aufgehört. Der Schmerz war fort. Ich war nur noch ein wenig schwach und wacklig in den Knien, wenn ich zu gehen versuchte.

Am sechsten Tag holte die Heilerin mich in ihr Zimmer. Sie war sehr behutsam mit mir, sie bezeugte mir alle Aufmerksamkeit, sie ließ mich auf ihrem Bett niedersitzen und gab mir Kaffee. Sie setzte sich vor meine Füße auf den Boden und sah mich an. Ich kann mich noch genau an ihre Worte erinnern. ›Du bist sehr, sehr krank, und nur ich kann dich heilen‹, sagte sie. ›Wenn ich es nicht tu, wirst du eines unvorstellbaren Todes sterben. Und eine Idiotin, die du bist, wirst du es bis zum bitteren Ende aushalten. Andererseits könnte ich dich an einem Tag heilen, aber ich will nicht. Du wirst weiter zu mir kommen müssen, bis du verstanden hast, was ich dir zeigen will. Erst dann werde ich dich völlig heilen; sonst wirst du, eine Idiotin, die du bist, nie wiederkommen.‹«

Und dann, so sagte Florinda, erklärte die Heilerin ihr mit viel Geduld die komplizierten Gründe für ihre Entscheidung, ihr zu helfen. Sie verstand kein Wort davon. Die Erklärungen brachten sie mehr denn je zu der Überzeugung, daß die Heilerin ein bißchen krank im Kopf sei.

Als die Heilerin erkannte, daß sie sich Florinda nicht verständlich machen konnte, wurde sie noch ernster und ließ Florinda – wie ein kleines Kind – ein ums andere Mal wiederholen, daß ihr Leben ohne die Hilfe der Heilerin zu Ende sei und daß es der Heilerin freistünde, die Kur abzubrechen und sie hoffnungslos sterben zu lassen. Als Florinda sie schließlich anbettelte, sie möge die Heilung doch vollenden und sie nach Hause, zu ihrer Familie schicken, verlor die Frau die Geduld mit ihr. Sie packte eine Flasche, in der sie die Medizin aufbewahrte, schmetterte sie auf den Boden und sagte zu Florinda, daß sie mit ihr fertig sei.

Daraufhin, so erzählte Florinda, weinte sie die einzigen echten Tränen ihres Lebens. Sie sagte der Heilerin, sie wolle doch nichts anderes als geheilt werden, und sie sei bereit, dafür jeden Preis zu zahlen. Die Frau sagte, daß es für eine Bezahlung in Geldeswert zu spät sei und daß sie nicht Florindas Geld, sondern ihre Aufmerksamkeit forderte.
Florinda gestand mir, sie habe im Lauf ihres Lebens gelernt, alles zu bekommen, was sie begehrte. Sie verstand sich auf Beharrlichkeit, und nun wandte sie ein, daß doch wohl Tausende von Patienten, halb tot wie sie selbst, zu der Heilerin gekommen wären und daß diese ihr Geld angenommen hatte. Warum also war es in ihrem Fall anders? Die Antwort der Heilerin, die für Florinda keinerlei Erklärung war, lautete, daß sie als Seherin Florindas leuchtenden Körper gesehen habe und daß sie und die Heilerin genau gleich seien. Florinda meinte, die Frau müsse wohl verrückt sein, wenn sie nicht erkannte, daß ein weltenweiter Unterschied zwischen ihnen bestand. Die Heilerin war eine grobschlächtige Indianerin, ungebildet und primitiv, während Florinda reich und schön und weiß war.
Florinda fragte die Frau, was sie mit ihr vorhätte. Die Heilerin sagte, sie habe den Auftrag, sie zu heilen und sie dann etwas sehr Wichtiges zu lehren. Florinda wollte wissen, wer sie denn beauftragt habe. Die Frau erwiderte, es sei der Adler – eine Antwort, die Florinda endgültig davon überzeugte, daß die Frau völlig verrückt sein müsse. Und doch sah Florinda keine andere Möglichkeit, als den Forderungen der Frau zu gehorchen. Sie sagte ihr, sie sei willens, alles zu tun.
Sofort änderte sich die feindselige Haltung der Frau. Sie gab Florinda eine Arznei mit auf den Weg und sagte ihr, sie solle so bald wie möglich wiederkommen.
»Wie du selber weißt«, fuhr Florinda fort, »muß ein Lehrer den Schüler tricksen. Sie trickste mich mit der Heilung. Sie hatte recht. Ich war so eine Idiotin, daß ich, falls sie mich sofort geheilt hätte, wieder mein törichtes Leben aufgenommen hätte, als ob mit mir nichts geschehen wäre. Tun wir das nicht alle?«
Schon die folgende Woche kam Florinda wieder. Bei der Ankunft wurde sie von dem alten Mann begrüßt, den sie schon früher kennengelernt hatte. Er sprach mit ihr, als ob sie die besten Freunde wären. Er sagte, die Heilerin sei vor ein paar Tagen

fortgegangen und würde noch einige Tage fortbleiben; sie habe ihm aber eine Medizin für Florinda anvertraut, für den Fall, daß sie auftauchte. In sehr freundlichem, aber befehlendem Ton sagte er Florinda, die Abwesenheit der Heilerin lasse ihr nun zwei Möglichkeiten: sie könne nach Hause zurückkehren, aufgrund der anstrengenden Reise wahrscheinlich in schlechterer körperlicher Verfassung als vorher; oder sie könne die wohlerwogenen Anweisungen der Heilerin befolgen. Er fügte noch an, daß sie sich, falls sie zu bleiben und sofort mit der Behandlung anzufangen beschloß, in drei bis vier Monaten wie neugeboren fühlen würde. Es gebe allerdings eine Bedingung: falls sie zu bleiben beschloß, müsse sie acht Tage hintereinander im Haus der Heilerin bleiben, und unbedingt müsse sie ihre Diener nach Hause schicken.

Da gab es nicht viel zu entscheiden, meinte Florinda; sie mußte bleiben. Sofort gab der alte Mann ihr das Gebräu, das die Heilerin offenbar für sie dagelassen hatte. Er saß fast den ganzen Abend bei ihr. Er beruhigte sie, und sein unbeschwertes Geplauder beflügelte Florindas Optimismus und Selbstvertrauen.

Ihre beiden Diener brachen am nächsten Morgen nach dem Frühstück auf. Florinda hatte überhaupt keine Angst. Sie vertraute dem alten Mann ohne weiteres. Er sagte ihr, er müsse, nach den Anweisungen der Heilerin, für ihre Behandlung einen Kasten bauen. Er setzte sie auf einen Stuhl, der im Mittelpunkt einer kreisrunden, völlig vegetationslosen Fläche stand. Während sie dort saß, stellte der Alte sie drei jungen Männern vor, die, wie er sagte, seine Gehilfen waren. Zwei waren Indianer, einer ein Weißer.

Binnen weniger als einer Stunde bauten die vier Männer einen Verschlag um den Stuhl, auf dem Florinda saß. Als sie damit fertig waren, hockte Florinda behaglich in einem Kasten, der oben einen Lattenrost hatte, durch den genügend Luft hereinkam. Die eine Seitenfläche hing an Scharnieren und diente als Tür.

Der alte Mann öffnete die Tür und half Florinda hinaus. Er brachte sie ins Haus und bat sie, ihm bei der Zubereitung ihrer Medizin behilflich zu sein, damit sie bereit wäre, wenn die Heilerin zurückkehrte.

Florinda war fasziniert von der Art, wie er arbeitete. Er bereitete einen Trank aus Pflanzen, die einen stechenden Duft hatten, und stellte einen Eimer mit einer heißen Flüssigkeit bereit. Er schlug vor, sie solle zur Linderung ihren Fuß in den Eimer tauchen und, falls sie Lust hätte, das von ihm hergestellte Gebräu trinken, bevor es seine Wirkung verlor. Florinda gehorchte ihm, ohne zu fragen. Sie spürte eine erstaunliche Linderung.

Dann wies der alte Mann ihr ein eigenes Zimmer zu und trug den jungen Männern auf, den Bretterverschlag hereinzuholen. Er sagte ihr, daß es Tage dauern könne, bevor die Heilerin auftauchte; in der Zwischenzeit müsse sie geflissentlich alle Anweisungen befolgen, die sie ihr hinterlassen hatte. Sie war einverstanden, und er holte eine Liste verschiedener Aufgaben hervor. Dazu gehörten weite Fußwanderungen, auf denen sie die für ihren Trank benötigten Heilpflanzen sammeln sollte, und ihre Mithilfe bei dessen Zubereitung.

Florinda erzählte, daß sie dort zwölf statt acht Tage verbrachte, weil ihre Diener sich aufgrund sintflutartiger Regenfälle verspäteten. Erst am zehnten Tage entdeckte sie, daß die Heilerin gar nicht fortgegangen war und daß in Wirklichkeit der alte Mann der wahre Heiler war.

Florinda lachte, als sie mir ihr Erschrecken schilderte. Der Alte hatte sie durch einen Trick dazu gebracht, an ihrer Heilung selbst mitzuwirken. Außerdem hatte er sie – unter dem Vorwand, daß die Heilerin es so verlangte – jeden Tag wenigstens sechs Stunden in den Verschlag gesteckt, damit sie eine bestimmte Aufgabe verrichte, die er das »Rekapitulieren« nannte.

An dieser Stelle ihres Berichts musterte Florinda mich aufmerksam und fand, daß ich genug hätte und daß es Zeit für mich wäre, aufzubrechen.

Bei unserer nächsten Begegnung erklärte sie, daß der alte Mann ihr Wohltäter und sie selbst die erste Pirscherin gewesen sei, den die Frauen aus dem Trupp ihres Wohltäters für den Nagual Juan Matus gefunden hatten. Aber von alledem wußte sie damals nichts. Zwar hatte ihr Wohltäter sie die Bewußtheitsebene wechseln lassen und ihr dies auch gesagt, aber es nützte nichts. Sie war dazu erzogen, schön zu sein, und dies hatte einen so undurchdringlichen Schild um sie her geschaffen, daß sie unempfänglich gegen die Veränderung war.

Ihr Wohltäter kam zu dem Schluß, daß sie Zeit brauche. Er ersann einen Plan, um Celestino auf Florindas Schlachtfeld zu ziehen. Er ließ sie an Celestinos Charakter Dinge sehen, die sie selbst wohl erkannt hatte, ohne aber den Mut zu haben, sich dies einzugestehen. Celestino verband mit allem, was er hatte, ein starkes Besitzgefühl; sein Reichtum und Florinda gehörten zu seinen kostbarsten Besitztümern. Er hatte seine Empörung über die Demütigung, die er von der Heilerin erfahren hatte, herunterschlucken müssen, weil die Heilerin ohnehin minderwertig war und weil Florinda sich tatsächlich erholte. Er wartete auf seine Chance, wartete den Augenblick ab, da die Heilung abgeschlossen wäre, um dann Rache zu nehmen.

Florinda erzählte, daß ihr Wohltäter ihr gesagt habe, es sei Gefahr, daß die Heilung zu rasch vonstatten gehen und Celestino beschließen könnte – denn er war es, der alle Entscheidungen in der Familie traf –, daß es für Florinda nicht mehr nötig sei, die Heilerin zu besuchen. Dann gab ihr Wohltäter ihr eine Arznei, die sie auf ihr anderes Bein auftragen sollte. Die Salbe war furchtbar ätzend und bewirkte auf der Haut eine Reizung, die aussah, als breite die Krankheit sich aus. Ihr Wohltäter empfahl ihr, die Salbe immer dann zu benutzen, wenn sie ihn wieder besuchen wolle, auch wenn sie keine Behandlung brauchte.

Florinda sagte, es habe ein Jahr gedauert, bis sie geheilt war. In dieser Zeit machte ihr Wohltäter sie mit der Regel bekannt und drillte sie wie einen Soldaten in der Kunst des *Pirschens*. Er ließ sie die Prinzipien des *Pirschens* auf ihre alltäglichen Verrichtungen anwenden: Kleinigkeiten am Anfang, bis hin zu den wichtigen Fragen ihres Lebens.

Im Verlauf dieses Jahres stellte ihr Wohltäter sie auch dem Nagual Juan Matus vor, den sie als einen sehr klugen und nachdenklichen, zugleich aber als den unbeherrschtesten und schrecklichsten jungen Mann bezeichnete, den sie je getroffen habe. Sie sagte, es sei der Nagual Juan Matus gewesen, der ihr half, sich Celestino zu entziehen. Er und Silvio Manuel schmuggelten sie durch die Straßensperren von Polizei und Militär aus der Stadt. Celestino hatte bei Gericht Klage wegen böswilligen Verlassens erhoben, und da er ein einflußreicher Mann war, konnte er alle seine Mittel einsetzen, um sie daran zu hindern, ihn zu verlassen.

Aufgrund dieser Dinge mußte ihr Wohltäter in eine andere Gegend Mexikos umziehen, und sie mußte sich jahrelang in seinem Haus versteckt halten; diese Situation kam Florinda ganz gelegen, denn sie mußte die Aufgabe des Rekapitulierens vollbringen, und dafür brauchte sie absolute Ruhe und Einsamkeit.

Eine Rekapitulation, so erklärte sie mir, sei die Potenz der *Pirscher*, ähnlich wie der *Traum*körper die Potenz der *Träumer* sei. Sie bestehe darin, daß man sein Leben bis in die unbedeutendsten Einzelheiten erinnere. Also hatte ihr Wohltäter ihr jenen Bretterverschlag als Werkzeug und als Symbol geschenkt. Er war ein Werkzeug, das es ihr erlaubte, Konzentration zu lernen, denn sie mußte jahrelang darin sitzen, bis ihr ganzes Leben an ihren Augen vorbeigezogen war. Und er war ein Symbol für die engen Grenzen unserer Person. Ihr Wohltäter sagte ihr, daß sie, wenn sie einmal mit ihrer Rekapitulation fertig wäre, den Kasten zerstören werde, um damit symbolisch auszudrücken, daß sie nicht mehr an die Begrenzung ihrer Person gebunden sei.

Die *Pirscher*, so sagte sie, benutzen solche Kästen oder Erdsärge, in denen sie sich abschließen, während sie jeden Augenblick ihres Lebens nicht nur erinnern, sondern eigentlich wiedererleben. Der Grund, warum *Pirscher* ihr Leben so gründlich rekapitulieren müssen, liegt in der Natur der Gabe, die der Adler dem Menschen schenkt. Er ist nämlich bereit, anstelle der eigentlichen Bewußtheit einen Ersatz zu akzeptieren, falls dieser Ersatz eine vollkommene Kopie der Bewußtheit ist. Nachdem aber Bewußtheit die Nahrung des Adlers sei, so erklärte Florinda, könne der Adler mit einer vollständigen Rekapitulation anstelle des Bewußtseins zufriedengestellt werden.

Florinda nannte mir die Grundelemente einer solchen Rekapitulation. Die erste Stufe, so sagte sie, besteht in einer kurzen Bestandsaufnahme aller Ereignisse aus unserem Leben, die einer einsichtigen Prüfung zugänglich sind.

Das zweite Stadium ist eine detailliertere Bestandsaufnahme, die systematisch an irgendeinem Punkt einsetzt, z. B. in dem Augenblick, wenn der *Pirscher* sich in den Kasten setzt, die theoretisch aber auch mit dem Augenblick der Geburt beginnen könnte.

Eine vollständige Rekapitulation, so versicherte sie mir, könne den Krieger sogar noch mehr verändern, als die totale Kontrolle des *Traum*körpers es vermag. In dieser Hinsicht führen *Träumen* und *Pirschen* zum gleichen Ziel, zum Eintreten in die dritte Aufmerksamkeit. Es sei aber für den Krieger wichtig, beide zu kennen und sich darin zu üben. Bei einer Frau, so sagte sie, müßten jeweils verschiedene Strukturen im *Traum*körper vorliegen, um die eine oder die andere Kunst zu beherrschen. Männer hingegen könnten beides mit einer gewissen Leichtigkeit, und doch könnten sie nie jenen Grad der Vollendung erlangen, mit der die Frauen die eine oder die andere Kunst meistern.

Das Entscheidende am Rekapitulieren, so erklärte Florinda, sei das Atmen. Für sie war der Atem etwas Magisches, denn sie sah darin eine lebenspendende Funktion. Sie sagte, das Erinnern sei ganz leicht, wenn man das Feld der den Körper umgebenden Reize verkleinere. Dies sei auch der Grund für jenen Kasten. Der Atem begünstige dann ein immer tieferes Erinnern. Theoretisch müssen die Pirscher sich an jedes Gefühl erinnern, das sie je in ihrem Leben hatten, und dieser Prozeß beginnt mit einem Atemzug. Florinda ermahnte mich aber, daß die Dinge, die sie mich lehrte, nur Vorübungen seien und daß sie mich später, unter anderen Bedingungen, die Feinheiten der Kunst lehren werde.

Florinda sagte, ihr Wohltäter habe ihr aufgetragen, eine Liste der wiederzuerlebenden Ereignisse anzulegen. Er sagte ihr, der Vorgang müsse mit einem ersten Atemzug beginnen. Der *Pirscher* beginnt dabei mit dem Kinn auf der rechten Schulter und atmet langsam ein, während er den Kopf um 180 Grad auf die andere Seite dreht. Der Atemzug endet über der linken Schulter. Sobald das Einatmen beendet ist, fällt der Kopf in eine entspannte Haltung zurück. Beim Ausatmen blickt er gerade nach vorn. Dann nimmt der *Pirscher* sich das Ereignis vor, das am Anfang seiner Liste steht, und verweilt dabei, bis alle darin investierten Gefühle nacherlebt sind. Während der *Pirscher* sich an die Gefühle erinnert, die er einst in das Ereignis, in das er sich erinnert, investierte, atmet er langsam ein und bewegt den Kopf von der rechten Schulter zur linken. Der Zweck dieses Atmens ist die Wiederherstellung der Energie. Florinda behauptete, daß der leuchtende Körper dauernd spinnenwebartige Fäden hervorbringt, die, von jederlei Emotionen angetrieben, aus der leuchtenden Masse hinausprojiziert werden. Daher ist jede Situation der menschlichen Interaktion – oder jede Situation, bei der Gefühle beteiligt sind – eine potentielle Schwächung des leuchtenden Körpers. Indem die *Pirscher* von rechts nach links einatmen, während sie sich an ein Gefühl erinnern, nehmen sie – durch die Magie des Atmens – die Fäden wieder auf, die sie einst zurückgelassen haben. Der unmittelbar anschließende Atemzug ist ein Ausatmen, das von links nach rechts erfolgt. Mit diesem stoßen die *Pirscher* die Fäden aus, die andere, an dem erinnerten Ereignis beteiligte leuchtende Körper in ihnen zurückgelassen haben.

Sie sagte, daß dies die obligatorischen Vorübungen seien, die alle Mitglieder ihres Trupps als Einführung in die anspruchsvolleren Übungen der Kunst hatten durchlaufen müssen. Solange der *Pirscher* nicht diese Vorübungen absolviert, um die Fäden, die er in der Welt hinterließ, zurückzuholen und besonders, um jene auszustoßen, die andere in ihm hinterließen, gibt es für ihn keine Möglichkeit, die *kontrollierte Torheit* zu meistern, weil nämlich jene fremden Fäden die Grundlage unserer grenzenlosen Bereitschaft zur Überheblichkeit sind. Um *kontrollierte Torheit* zu praktizieren, muß man, da es nicht zulässig ist, andere Menschen verspotten, zu strafen oder sich ihnen überlegen zu fühlen, die Fähigkeit haben, über sich selbst zu lachen. Eine der Folgen einer detaillierten Rekapitulation, so sagte Florinda, sei das aufrichtige Lachen, das uns angesichts der langweiligen Wiederholung unserer Selbstwertschätzung ankommt und das den Kern aller menschlichen Interaktion bildet.

Florinda betonte, daß die Regel das *Pirschen* und das *Träumen* als Künste definiert. Sie sind also etwas, das man ausübt. Und sie sagte, daß es die lebenspendende Natur des Atems sei, die ihm seine reinigende Kraft verleiht. Diese Eigenschaft aber macht das Rekapitulieren zu einer praktischen Angelegenheit.

Bei unserer nächsten Zusammenkunft faßte Florinda ihre, wie sie sagte, in letzter Sekunde erteilten Anweisungen zusammen. Sie sagte, nachdem der Nagual Juan Matus und sein Kriegertrupp zu dem Urteil gelangt seien, daß ich mich nicht mit der Welt des alltäglichen Lebens zu befassen brauchte, hätten sie beschlossen, mich lieber das *Träumen* statt das *Pirschen* zu lehren. Dieses Urteil, so erklärte sie, war inzwischen radikal abgeändert worden, und die Krieger sahen sich nun in einer mißlichen Lage; sie hatten keine Zeit mehr, mich das *Pirschen* zu lehren. Florinda mußte am Rande der dritten Aufmerksamkeit zurückbleiben, um ihre Aufgabe zu einem späteren Zeitpunkt, wenn ich bereit dafür wäre, zu beenden. Andererseits wäre sie, sollte ich mit ihnen zusammen diese Welt verlassen, von dieser Pflicht befreit.

Florinda sagte, ihr Wohltäter habe die drei Grundtechniken des *Pirschens* – den dunklen Kasten, die Liste der zu rekapitulierenden Ereignisse und Technik des Atmens – für die allerwichtigsten Aufgaben angesehen, die ein Krieger erfüllen könne. Ihr Wohltäter war der Meinung, daß eine gründliche Rekapitulation das gründlichste Mittel sei, um die menschliche Form zu verlieren. Daher falle es den *Pirschern* nach der Rekapitulation ihres Lebens leichter, sich alles *Nicht-Tun* des Selbst zunutze zu machen, wie etwa das Auslöschen der persönlichen Geschichte, das Verlieren der eigenen Wichtigkeit, das Unterbrechen der Routinegewohnheiten usw. Florinda sagte, ihr Wohltäter sei für sie alle ein Beispiel dafür gewesen, was er sagte; und zwar dadurch, daß er zuerst aufgrund seiner Prämissen handelte, und ihnen dann die Begründungen eines Kriegers für seine Handlungen gab. In Florindas Fall hatte er, ein Meister in der Kunst des *Pirschens*, die List ihrer Krankheit und Heilung angewendet, die nicht nur dem Weg des Kriegers entsprach, sondern auch eine meisterhafte Einführung in die sieben Grundprinzipien der Kunst des *Pirschens* war. Zuerst zog er Florinda auf sein eigenes Schlachtfeld, wo sie ihm ausgeliefert war. Dann zwang er sie, das Unwesentliche abzuwerfen; er lehrte sie, ihr Leben mit einer Entscheidung aufs Spiel zu setzen; er lehrte sie, sich zu entspannen; um ihr zu helfen, ihre Kräfte neu zu gruppieren, vermittelte er ihr eine andere, neue Stimmung des Optimismus und des Selbstvertrauens; er lehrte sie, die Zeit zu verdichten; und schließlich zeigte er ihr, daß ein *Pirscher* sich nie in den Vordergrund stellt.

Das letztere Prinzip beeindruckte Florinda am stärksten. In ihren Augen war darin alles zusammengefaßt, was sie mich mit ihren Instruktionen in letzter Sekunde lehren wollte.

»Mein Wohltäter war der Chef«, sagte Florinda. »Und doch hätte niemand, der ihn sah, es geglaubt. Er stellte immer eine seiner Kriegerinnen in den Vordergrund, während er selbst sich unbeschwert unter die Patienten mischte, so tat, als wäre er einer von ihnen oder den alten Narren spielte, der dauernd mit einem selbstgemachten Besen das Laub aufkehrte.«

Florinda erklärte, daß man, um das siebente Prinzip der Kunst des *Pirschens* anzuwenden, die übrigen sechs angewendet haben müsse. Also schaute ihr Wohltäter immer hinter den Kulissen zu. Aufgrund dessen war er auch immer in der Lage, Konflikte zu vermeiden und abzuwehren. Wenn es Streit gab, richtete sich die Empörung niemals gegen ihn, sondern gegen seinen Vorposten, die betreffende Kriegerin.

»Ich hoffe, du hast jetzt erkannt«, fuhr sie fort, »daß nur ein Meister*pirscher* ein Meister der *kontrollierten Torheit* sein kann. *Kontrollierte Torheit* bedeutet nicht, daß man die Menschen hinters Licht führt. Es bedeutet, so erklärte es mein Wohltäter, daß der Krieger die sieben Grundprinzipien der Kunst des *Pirschens* anwendet – bei allem, was er tut, von den banalsten Handlungen bis hin zu Fragen auf Leben und Tod.

Die Anwendung dieser Prinzipien führt noch zu drei weiteren Ergebnissen. Das erste ist, daß der Pirscher lernt, sich niemals ernst zu nehmen; er lernt, über sich selbst zu lachen. Wenn er nicht fürchtet, ein Narr zu sein, kann er jeden zum Narren halten. Das zweite ist, daß der *Pirscher* lernt, endlose Geduld zu haben. Der *Pirscher* ist nie in Eile; er hetzt sich nie. Und das dritte ist, daß der *Pirscher* eine unbegrenzte Fähigkeit zur Improvisation lernt.

Florinda stand auf. Wir hatten wie immer in ihrem Wohnzimmer gesessen. Ich nahm unwillkürlich an, daß unser Gespräch beendet sei. Doch sie sagte, daß es noch ein Thema gebe, das ich kennenlernen müsse, bevor wir Lebewohl sagten. Sie führte mich in einen anderen Patio, der zum Haus gehörte. In diesem Teil des Hauses war ich noch nie gewesen. Sie rief leise einen Namen, und aus einem Nebenzimmer trat eine Frau hervor. Zuerst erkannte ich sie nicht. Die Frau rief meinen Namen, und dann erkannte ich, daß es Doña Soledad war. Sie hatte sich erstaunlich verändert. Sie war jünger und viel kraftvoller.

Florinda sagte, daß Soledad fünf Jahre lang in einem Rekapitulationskasten gesessen und daß der Adler ihre Rekapitulation anstelle ihres Bewußtseins angenommen und sie freigesetzt habe. Doña Soledad bestätigte es mit einem Kopfnicken. Unvermittelt beendete Florinda unsere Zusammenkunft und sagte, es sei für mich Zeit zu gehen, weil ich keine Energie mehr hätte.

Danach ging ich noch viele Male in Florindas Haus. Ich sah sie jedesmal, aber nur für kurze Augenblicke. Sie sagte mir, sie habe beschlossen, mich nicht mehr zu unterweisen, weil es vorteilhafter für mich sei, mich nur mit Doña Soledad auseinanderzusetzen.

Doña Soledad und ich trafen uns etliche Male, aber was bei unseren Begegnungen stattfand, ist für mich völlig unbegreiflich. Jedesmal, wenn wir zusammenkamen, ließ sie mich vor der Tür ihres Zimmers niedersitzen und nach Osten blicken. Sie setzte sich zu meiner Rechten, wobei sie mich berührte; dann hielten wir das Kreisen der Nebelwand an, und danach saßen wir mit dem Gesicht nach Süden und blickten in ihr Zimmer.

Das Kreisen der Wand anzuhalten, hatte ich bereits mit la Gorda gelernt; nun kam es mir so vor, als wolle Doña Soledad mir helfen, einen anderen Aspekt dieser Wahrnehmungsfähigkeit zu erkennen. Mit la Gorda zusammen hatte ich ganz richtig herausgefunden, daß nur ein Teil von uns die Wand anhielt. Es war, als ob ich mich plötzlich in zwei teilte. Ein Teil meines gesamten Selbst blickte geradeaus nach vorne und *sah* eine unbewegliche Mauer zu meiner Rechten; während ein anderer, größerer Teil meiner selbst sich um 90 Grad nach rechts gedreht hatte und die Mauer anstarrte.

Jedesmal wenn Doña Soledad und ich die Mauer anhielten, beschränkten wir uns darauf, sie anzustarren; nie betraten wir das Gebiet zwischen den parallelen Linien, wie die Nagual-Frau, la Gorda und ich es viele Male getan hatten. Doña Soledad ließ mich jedesmal in den Nebel starren, als ob der Nebel eine spiegelnde Glasscheibe wäre. Dann erlebte ich die allererstaunlichste Spaltung. Es war, als raste ich mit halsbrecherischer Geschwindigkeit dahin. Ich sah, wie sich im Nebel Teile einer Landschaft formten, und plötzlich befand ich mich in einer anderen physischen Realität. Es war eine bergige Gegend, zerklüftet und ungastlich. Doña Soledad fand sich dort immer in Gesellschaft einer lieblichen Frau, die schallend über mich lachte.

Meine Unfähigkeit, mich zu erinnern, was wir danach taten, war für mich noch schmerzlicher als meine Unfähigkeit, mich zu erinnern, was die Nagual-Frau, la Gorda und ich in dem Gebiet zwischen den parallelen Linien taten. Mir schien es, als beträten

Doña Soledad und ich eine andere Ebene der Bewußtheit, die mir unbekannt war. Ich befand mich bereits, wie ich meinte, in meinem schärfsten Bewußtseinszustand, und doch gab es noch einen schärferen. Dieser Aspekt der zweiten Aufmerksamkeit, den Doña Soledad mir offenbar zeigen wollte, war noch komplexer und unzugänglicher als alles andere, was ich bis dahin erlebt hatte. Das einzige, woran ich mich erinnern konnte, war ein Gefühl, als hätte ich mich sehr viel bewegt, eine körperliche Empfindung, wie etwa, wenn man meilenweit marschiert oder auf wilden Bergpfaden gewandert ist. Auch hatte ich die klare körperliche Gewißheit – wiewohl ich nicht ergründen konnte, warum –, daß Doña Soledad, die Frau und ich Worte, Gedanken und Gefühle miteinander austauschten; aber diese konnte ich nicht festhalten.

Nach jeder Begegnung mit Doña Soledad schickte Florinda mich sogleich fort. Doña Soledad gab mir nur wenig verbalen *Feedback*. Es kam mir so vor, als habe ihr Dasein in diesem gesteigerten Bewußtheitszustand eine so nachhaltige Wirkung auf sie, daß sie kaum sprechen konnte. Es gab nämlich außer der lieblichen Frau noch etwas, das wir in dieser zerklüfteten Landschaft sahen, oder etwas, das wir miteinander taten und das uns den Atem raubte. Sie konnte sich an nichts erinnern, so sehr sie sich auch bemühte.

Ich bat Florinda, mir das Wesen meiner Reisen mit Doña Soledad zu erklären. Sie sagte, daß es ein Teil ihrer in letzter Sekunde gegebenen Anweisungen gewesen sei, mich in der Weise, wie Pirscher es tun, in die zweite Aufmerksamkeit eintreten zu lassen, und daß Doña Soledad besser befähigt sei als sie selbst, mich in die Sphäre der Pirscher einzuführen.

Bei der Begegnung, die unsere letzte sein sollte, erwartete Florinda mich auf dem Flur, wie sie dies am Anfang unseres Unterrichts zu tun pflegte. Sie nahm meinen Arm und führte mich ins Wohnzimmer. Wir setzten uns. Sie ermahnte mich, ich solle jetzt noch nicht versuchen, meine Reisen mit Doña Soledad zu verstehen. Sie erklärte mir, daß *Pirscher* sich in der Art, wie sie die Welt um sie her benutzten, ganz wesentlich von den *Träumern* unterschieden und daß Doña Soledad nichts anderes versucht habe, als mir zu helfen, meinen Kopf umzudrehen.

Als Don Juan mir dieses Konzept – den Kopf eines Kriegers in eine neue Richtung drehen – erläuterte, hatte ich es als eine Metapher verstanden, die einen Wandel der Einstellung bezeichnete. Florinda sagte nun, daß diese Bezeichnung zwar richtig, allerdings keine Metapher sei. Es sei wahr, daß die *Pirscher* ihren Kopf umdrehen; aber sie tun es nicht, um in eine neue Richtung zu blicken, sondern um die Zeit auf andere Weise zu betrachten. Die *Pirscher* sehen die kommende Zeit. Normalerweise sehen wir die Zeit, wie sie hinter uns zurückweicht. Nur die *Pirscher* können dies umkehren und die Zeit betrachten, wie sie auf sie zukommt.

Den Kopf umzudrehen, so erklärte Florinda, bedeute nicht, daß man in die Zukunft blickt, sondern daß man die Zeit als etwas Konkretes, wiewohl Unbegreifliches sieht. Es sei daher überflüssig, wenn ich mir auszudenken versuchte, was Doña Soledad und ich wohl gemacht hatten. All dies aber würde mir wohl verständlich, wenn ich erst die Ganzheit meines Selbst erkennen und dann auch die notwendige Energie haben würde, um dieses Mysterium zu entdecken.

Im Ton eines Menschen, der gute Noten erteilt, erklärte Florinda mir, daß Doña Soledad eine hervorragende *Pirscherin* sei; sie bezeichnete sie als die größte von allen. Sie sagte, Doña Soledad könne jedesmal die parallelen Linien überqueren. Außerdem sei noch keinem der Krieger aus Don Juan Matus' Trupp gelungen, was ihr gelungen war: Doña Soledad hatte, kraft ihrer makellosen *Pirsch*techniken, ihr Parallel-Wesen gefunden.

Florinda erklärte, was immer ich mit dem Nagual Juan Matus oder mit Silvio Manuel oder Genaro oder Zuleica erlebt hätte, seien nur winzige Ausschnitte der zweiten Aufmerksamkeit gewesen. Was nun Doña Soledad mich erleben ließ, sei nur ein weiterer winziger, aber anderer Ausschnitt.

Doña Soledad hatte mich nicht nur die herankommende Zeit sehen lassen, sondern sie hatte mich auch zu ihrem Parallel-Wesen mitgenommen. Florinda beschrieb das Parallel-Wesen als ein Gegengewicht, das alle lebenden Geschöpfe aufgrund der Tatsache haben, daß sie leuchtende Wesen und von unerklärlicher Energie erfüllt sind. Ein Parallel-Wesen einer Person ist eine andere Person gleichen Geschlechts, die eng und unlösbar mit der ersten verbunden ist. Sie koexistieren miteinander in der Welt. Die beiden Parallel-Wesen sind wie die zwei Enden ein und desselben Stabes.

Nun ist es Kriegern beinah unmöglich, ihr Parallel-Wesen zu

finden, weil es im Leben eines Kriegers zu viele ablenkende Faktoren, zu viele andere Prioritäten gibt. Doch wem es gelinge, so sagte sie, diese große Tat zu vollbringen, der werde in seinem Parallel-Wesen – ähnlich wie Doña Soledad – eine unerschöpfliche Quelle der Jugend und Energie finden.

Florinda stand unvermittelt auf und führte mich in Doña Soledads Zimmer. Vielleicht weil ich wußte, daß es unsere letzte Begegnung sein sollte, befiel mich eine seltsame Furcht. Doña Soledad lächelte mir zu, als ich ihr erzählte, was Florinda mir gerade gesagt hatte. Mit der Demut einer echten Kriegerin, so schien es mir, sagte sie, daß sie mich überhaupt nichts gelehrt habe, daß sie lediglich bestrebt gewesen sei, mir ihr Parallel-Wesen zu zeigen, denn dorthin würde sie sich zurückziehen, wenn der Nagual Juan Matus und seine Krieger einmal die Welt verließen. Es sei aber noch etwas anderes geschehen, das ihr Verständnis übersteige. Florinda, so sagte sie, habe ihr erklärt, daß wir gegenseitig unsere Energie hochtransformiert hätten und daß dies uns die herannahende Zeit sehen ließ, allerdings nicht in kleinen Portionen, wie Florinda es von uns erwartet hätte, sondern in unbegreiflich großen Happen, wie es meinem unbeherrschten Charakter entspreche.

Das Ergebnis unserer letzten Zusammenkunft war noch verblüffender. Doña Soledad, ihr Parallel-Wesen und ich blieben eine – wie mir schien – außerordentlich lange Zeit zusammen. Ich sah jeden einzelnen Zug im Gesicht des Parallel-Wesens. Ich glaubte, sie versuchte mir zu sagen, wer sie sei. Auch schien sie zu wissen, daß dies unsere letzte Begegnung war. In ihren Augen lag ein so überwältigender Ausdruck der Zerbrechlichkeit. Dann wehte eine wind-ähnliche Kraft uns davon – in etwas hinein, das für mich unverständlich war.

Plötzlich half Florinda mir aufzustehen. Sie hielt mich am Arm und führte mich zur Tür. Doña Soledad kam mit uns. Florinda sagte, daß es mir schwerfallen würde, mich an all das zu erinnnern, was geschehen war, weil ich mich in meiner Rationalität gehenließ – ein Zustand, der nur noch schlimmer werden könne, da wir uns nun trennen müßten und mir niemand mehr helfen würde, die Bewußtheitsebene zu wechseln. Eines Tages, so fügte sie hinzu, würden Doña Soledad und ich uns wieder in der alltäglichen Welt begegnen.

Jetzt erst wandte ich mich an Doña Soledad und bat sie, mir meinen Hang zum Michgehenlassen auszutreiben; falls es ihr nicht gelänge, so sagte ich, solle sie mich töten. Ich wollte nicht mehr in der Dürftigkeit meiner Rationalität leben.

»Es ist falsch, so etwas zu sagen«, sagte Florinda. »Wir sind Krieger, und Krieger haben nur eines im Sinn – ihre Freiheit. Zu sterben und vom Adler gefressen zu werden, das ist keine Herausforderung. Doch dem Adler zu entgehen und frei zu sein, das ist die äußerste Kühnheit.«

15. Die gefiederte Schlange

Nachdem Don Juan und sein Kriegertrupp jedes der Ziele, die die Regel vorschrieb, erreicht hatten, waren sie bereit für ihre letzte Aufgabe, nämlich die Welt des alltäglichen Lebens zu verlassen. Und la Gorda, den anderen Lehrlingen und mir blieb nur noch übrig, dies mitzuerleben. Es gab nur noch ein ungelöstes Problem: Was sollte mit den Lehrlingen geschehen? Don Juan sagte, daß die Entscheidung seines Wohltäters, viele Jahre zu warten, bevor er einen Trupp von Kriegern für ihn versammelte, eine kluge Entscheidung gewesen sei und zu positiven Ergebnissen geführt habe, während seine eigene Entscheidung, mich so rasch mit der Nagual-Frau und meiner Gruppe zusammenzuführen, beinah tödlich für uns ausgegangen wäre.
Ich verstand, daß er dies nicht als Ausdruck des Bedauerns sagte, sondern als eine Bejahung der Freiheit des Kriegers, zu wählen und seine Wahl zu akzeptieren. Dann sagte er noch, daß er ernstlich erwogen habe, dem Beispiel seines Wohltäters zu folgen, und daß er, wenn er es nur getan hätte, bald dahintergekommen wäre, daß ich kein Nagual sei wie er; dann aber hätte er darüber hinaus niemanden zu gewinnen versucht. Nun aber seien Lydia, Rosa, Benigno, Nestor und Pablito ernstlich gehandikapt; la Gorda und Josefina brauchten noch Zeit, um sich zu vervollkommnen; nur Soledad und Eligio seien gerettet, denn sie seien möglicherweise perfekter als die Krieger seines eigenen Trupps. Diesen neun Menschen, so fügte Don Juan hinzu, bleibe es nun überlassen, sich mit ihren nachteiligen oder vorteilhaften Bedingungen abzufinden und ohne Bedauern oder Verzweiflung oder gegenseitiges Schulterklopfen ihren Fluch oder Segen in eine lebendige Herausforderung zu verwandeln.
Don Juan betonte aber, daß mit uns nicht alles schiefgegangen sei – die kleine Rolle, die wir unter seinen Kriegern gespielt hatten, sei ein vollendeter Triumph gewesen, insofern jeder einzelne aus meinem Trupp – ausgenommen ich selbst – der Regel entsprach.

Ich konnte dem nur beipflichten. Die Nagual-Frau vor allem entsprach in jeder Hinsicht den Geboten der Regel. Sie hatte ein sicheres Auftreten und Selbstbeherrschung; sie war eine kämpferische Natur, und doch gänzlich unbefangen. Anscheinend ohne Vorbereitung ging sie auf all die begabten Krieger Don Juans ein und leitete sie, auch wenn sie mehr als doppelt so alt waren wie sie. Diese Männer und Frauen konnten bestätigen, daß sie eine getreue Kopie jener anderen Nagual-Frau sei, die sie gekannt hatten. Sie spiegelte vollkommen jede der Kriegerinnen, und folglich konnte sie auch die fünf Frauen widerspiegeln, die Don Juan für meinen Trupp gefunden hatte, denn sie waren die Kopien der älteren. Lydia war wie Hermelinda, Josefina war wie Zuleica, Rosa und la Gorda waren wie Nelida, und Soledad war wie Delia.

Auch die Männer waren Kopien der Krieger Don Juans; Nestor war eine Kopie von Vicente, Pablito von Genaro, Benigno von Silvio Manuel, und Eligio war wie Juan Tuma. Aus der Regel sprach tatsächlich die Stimme einer überwältigenden Macht, die diese Menschen zu einem homogenen Ganzen zusammengeschweißt hatte. Nur durch ein seltsam widriges Schicksal waren sie nun gestrandet, ohne den Führer, der für sie den Durchlaß in die andere Bewußtheit finden sollten.

Don Juan sagte, daß alle Mitglieder meines Trupps nun allein in jene andere Bewußtheit eingehen müßten und daß er nicht wisse, wie ihre Chancen stünden, denn dies sei von jedem einzelnen abhängig. Er hatte ihnen allen makellos geholfen; seine Seele war daher frei von Kummer und Sorgen, und sein Denken war frei von müßigen Spekulationen. Jetzt blieb ihm nur noch, uns ganz praktisch zu zeigen, was es bedeutete, über die parallelen Linien in die Ganzheit des eigenen Selbst einzugehen.

Don Juan sagte mir, ich könnte bestenfalls nur einem der Lehrlinge helfen, und er habe la Gorda ausgesucht – wegen ihrer Tapferkeit, und weil ich schon mit ihr vertraut sei. Für die anderen, so sagte er, hätte ich keine Energie mehr übrig, und zwar aufgrund der Tatsache, daß ich andere Pflichten zu erfüllen, andere Taten zu vollbringen hätte, die meiner wahren Aufgabe entsprächen. Don Juan erklärte mir, daß jeder seiner eigenen Krieger um diese Aufgabe wisse, sie mir aber nicht offenbart habe, weil ich erst beweisen müsse, daß ich ihrer würdig sei. Die

Tatsache, daß sie nun am Ende ihres Weges angelangt waren, und die Tatsache, daß ich getreulich meine Anweisungen befolgt hatte, gebot nun, daß diese Offenbarung stattfinde, wenn auch nur teilweise.

Als für Don Juan die Zeit des Aufbruchs gekommen war, ließ er mich dies wissen, während ich mich in einem Zustand normaler Bewußtheit befand. Ich konnte den Sinn seiner Worte nicht erfassen. Bis ganz zum Schluß versuchte Don Juan mich zu bewegen, meine beiden Bewußtheitszustände zu vereinigen. Alles wäre so einfach gewesen, wenn ich nur zu dieser Fusion fähig gewesen wäre. Da ich es nicht war, und da seine Offenbarung mich nur rational berührte, ließ er mich die Bewußtheitsebene wechseln, damit es mir möglich wäre, das Ereignis in seiner umfassenderen Bedeutung zu ermessen. Er machte mich wiederholt darauf aufmerksam, daß es nur insofern vorteilhafter sei, im Zustand der linksseitigen Bewußtheit zu sein, als unser Erfassen der Dinge sich beschleunige. Es sei von Nachteil, weil es uns erlaube, uns mit unvorstellbarer Klarheit jeweils auf nur eine Sache zu konzentrieren; dies mache uns abhängig und verletzlich. Während wir uns in der Bewußtheit der linken Seite befinden, können wir nicht uns selbst gehören, und wir müssen von Kriegern gestützt werden, die die Ganzheit ihrer selbst erreicht haben und wissen, wie sie sich in einem solchen Zustand zu verhalten haben.

La Gorda erzählte, daß der Nagual Juan Matus und Genaro eines Tages alle Lehrlinge in ihrem Haus versammelten. Der Nagual ließ sie in die linksseitige Bewußtheit überwechseln und sagte ihnen, daß seine Zeit auf Erden zu Ende sei.

Zuerst wollte la Gorda ihm nicht glauben. Sie meinte, er wolle sie alle aufrütteln, damit sie wie Krieger handelten. Dann aber erkannten sie in seinen Augen ein Leuchten, wie sie es noch nie vorher gesehen hatten.

Nachdem er sie alle in die andere Bewußtheit versetzt hatte, sprach er mit jedem einzelnen von ihnen und gab ihnen noch einmal ein Resümee seiner Lehren, wie um alle die Konzepte und Methoden aufzufrischen, mit denen er sie vertraut gemacht hatte. Bei mir machte er es genauso. Unsere Verabredung fand statt, einen Tag bevor ich ihn zum letzten Mal sehen sollte. In meinem Fall gab er mir dieses Resümee in beiden Bewußtheitszuständen. Ja, er ließ mich sogar mehrmals hin und wieder her wechseln, wie um sicherzustellen, daß ich in beiden Zuständen alles erfaßt hatte.

Anfangs war ich unfähig gewesen, mich zu erinnern, was nach diesem Resümee geschehen war. Eines Tages endlich gelang es la Gorda, die Schranken meiner Erinnerung zu durchbrechen. Sie sagte mir, sie sei in meinem Geist, so als könne sie in mir lesen. Was mein Gedächtnis blockiere, so meinte sie, sei meine Angst, mich an meinen Schmerz zu erinnern. Und was in jener Nacht, bevor sie fortgingen, in Silvio Manuels Haus geschah, sei unauflösbar mit meiner Angst verbunden. Sie sagte, sie habe das klarste Gefühl, daß ich Angst hätte, aber sie kenne nicht den Grund warum. Auch sie könne sich nicht genau erinnern, was in diesem Haus stattgefunden hatte, besonders in dem Zimmer, in dem wir saßen.

Noch während la Gorda sprach, war mir, als stürze ich in einen Abgrund. Ich erkannte, daß irgend etwas in mir versuchte, eine Verbindung zwischen zwei separaten Ereignissen herzustellen, die ich in meinen beiden Bewußtheitszuständen erlebt hatte. Auf meiner linken Seite hatte ich die verschlossenen Erinnerungen an Don Juan und seinen Kriegertrupp an ihrem letzten Tag auf Erden, auf meiner rechten Seite hatte ich die Erinnerung, an diesem Tag in einen Abgrund gesprungen zu sein. Als ich versuchte, meine beiden Seiten zu vereinen, erlebte ich ein totales Gefühl physischer Spaltung. Meine Knie gaben nach, und ich fiel auf den Boden.

Als ich la Gorda mein Erlebnis und meine Deutung desselben erzählte, meinte sie, daß das, was in meiner rechtsseitigen Bewußtheit aufgestiegen war, zweifellos die gleiche Erinnerung sein mußte, die ihr gekommen war, während ich sprach. Sie hatte sich gerade daran erinnert, daß wir noch einen Versuch machten, mit dem Nagual Juan Matus und seinem Trupp die parallelen Linien zu überschreiten. Sie sagte, wir beiden hätten zusammen mit den übrigen Lehrlingen noch einmal versucht, die Brücke zu überschreiten.

Ich konnte mich nicht auf diese Erinnerung einstellen. Anscheinend gab es eine hemmende Kraft, die mich hinderte, meine damit verbundenen Gedanken und Gefühle zu ordnen. La Gorda sagte, daß Silvio Manuel dem Nagual Juan Matus aufgetragen habe, mich und alle Lehrlinge auf diese Überschreitung vorzubereiten. Er wollte mich nicht in der Welt zurücklassen, weil er meinte, ich hätte keine Chance, meine Aufgabe zu erfüllen. Der Nagual war darin anderer Meinung, aber er führte die Vorbereitungen durch, gleichgültig wie er darüber dachte.

La Gorda sagte mir, sie habe sich daran erinnert, wie ich mit dem Auto zu ihrem Haus gekommen sei, um sie und die anderen Lehrlinge zu Silvio Manuels Haus zu bringen. Dort blieben sie, während ich zum Nagual Juan Matus und zu Don Genaro zurückfuhr, um mich auf die Überschreitung vorzubereiten.

Ich konnte mich überhaupt nicht daran erinnern. Sie verlangte, ich solle mich ihrer, da wir so eng miteinander verbunden seien, als Führerin bedienen. Sie versicherte mir, ich könne ihre Gedanken lesen und darin etwas finden, das meine vollständige Erinnerung wecken würde.

Meine Gedanken waren in wildem Aufruhr. Ein Angstgefühl hinderte mich sogar daran, mich auf das zu konzentrieren, was la Gorda sagte. Sie redete weiter und schilderte mir, was sie von unserem zweiten Versuch, jene Brücke zu überschreiten, in der Erinnerung behalten hatte. Sie sagte, Silvio Manuel habe ihnen eine flammende Rede gehalten und ihnen gesagt, daß sie nun genügend Übung hätten, um noch einmal eine Überschreitung zu versuchen; um ganz in das andere Selbst einzugehen, brauchten sie nur die *Absicht* ihrer ersten Aufmerksamkeit aufzugeben. Wenn sie erst einmal in der Bewußtheit des anderen Selbst wären, dann würde die Kraft des Nagual Juan Matus und seines Trupps sie aufheben und sie mit größter Leichtigkeit in die dritte Aufmerksamkeit versetzen – was aber nicht geschehen konnte, solange sie in ihrem normalen Bewußtheitszustand waren.

Irgendwann hörte ich la Gorda nicht mehr zu. Der Klang ihrer Stimme war tatsächlich wie ein Vehikel für mich. Plötzlich tauchte in meinem Geist die Erinnerung an das ganze Ereignis auf. Ich schwankte unter der Wucht des Erinnerns. La Gorda hörte auf zu sprechen, und als ich ihr meine Erinnerung schilderte, erinnerte auch sie sich an alles. So hatten wir die letzten Bruchstücke unserer separaten Erinnerungen an unsere zwei Bewußheitszustände zusammengefügt.

Ich erinnerte mich daran, daß Don Juan und Don Genaro mich auf die Überschreitung vorbereiteten, während ich mich im normalen Bewußtheitszustand befand. Auf rationaler Ebene dachte ich, sie bereiteten mich auf den Sprung in einen Abgrund vor.

La Gorda erinnerte sich, daß Silvio Manuel sie, um sie auf die Überschreitung vorzubereiten, in Ledergurten an den Dachbalken hochgezogen hatte. Eine solche Vorrichtung gab es in jedem Zimmer seines Hauses. Daran hingen die Lehrlinge fast den ganzen Tag.

La Gorda stellte fest, daß es eine gute Sache sei, so ein Geschirr im Zimmer zu haben. Die Genaros waren zufällig, ohne recht zu wissen, was sie taten, auf so etwas wie die Erinnerung an diese Geschirre gestoßen, an denen sie aufgehängt worden waren, und hatten so ihr Spiel erfunden. Es war ein Spiel, das die heilende und reinigende Wirkung des Schwebens über dem Boden mit der Möglichkeit kombinierte, jene Konzentration zu üben, die man braucht, um von der rechtsseitigen zur linksseitigen Bewußtheit überzuwechseln. So war ihr Spiel tatsächlich ein Mittel, das ihnen half, sich zu erinnern.

La Gorda sagte, nachdem sie und alle Lehrlinge den ganzen Tag in der Luft gehangen hatten, habe Silvio Manuel sie in der Abenddämmerung heruntergelassen. Sie gingen mit ihm zur Brücke und warteten dort mit den übrigen Mitgliedern des Trupps, bis der Nagual Juan Matus und Genaro mit mir herbeikamen. Mich vorzubereiten, so erklärte ihnen der Nagual Juan Matus, habe länger gedauert, als er erwartet hatte.

Ich erinnerte mich daran, daß Don Juan und seine Krieger über die Brücke gingen, bevor wir es taten. Doña Soledad und Eligio gingen automatisch mit ihnen. Die Nagual-Frau ging als letzte hinüber. Auf der anderen Seite der Brücke gab Silvio Manuel uns ein Zeichen, wir sollten vorangehen. Ohne uns abzusprechen, gingen wir alle zugleich los. Mitten auf der Brücke schienen Lydia, Rosa und Pablito unfähig, noch einen weiteren Schritt zu tun. Benigno und Nestor gingen beinahe bis ans Ende und blieben dann stehen. Nur la Gorda, Josefina und ich kamen dort an, wo Don Juan und die anderen standen.

Und dann geschah etwas, ganz ähnlich dem Geschehnis, als wir zum ersten Mal versuchten, hindurchzugehen. Silvio Manuel und Eligio hielten eine – wie es mir schien – wirkliche Spalte auf. Ich hatte genügend Energie, um meine Aufmerksamkeit darauf zu konzentrieren. Es war keine Öffnung in dem Hügel, der sich am Ende der Brücke erhob, auch war es keine Öffnung in der Nebelwand, wenngleich ich einen nebelähnlichen Dampf um die

Spalte herum feststellen konnte. Es war eine dunkle, geheimnisvolle Öffnung, abgehoben von allem anderen; sie war mannshoch, aber eng. Don Genaro nannte sie scherzend die »kosmische Vagina« – eine Bemerkung, die seine Gefährten zu brüllendem Gelächter hinriß. La Gorda und Josefina hielten sich an mir fest, und wir traten ein.

Sofort hatte ich das Gefühl, als würde ich erdrückt. Die gleiche unberechenbare Macht, die mich beim ersten Mal beinahe hatte zerbersten lassen, erfaßte mich jetzt wieder. Ich spürte, wie la Gorda und Josefina mit mir verschmolzen. Ich war irgendwie breiter als sie, und die Macht drückte mich platt gegen sie.

Als nächstes wußte ich nur, daß ich am Boden lag, und la Gorda und Josefina auf mir. Silvio Manuel half uns aufzustehen. Er sagte mir, es werde uns für diesmal unmöglich sein, sie auf ihrer Reise zu begleiten, doch später vielleicht, wenn wir uns zur Vollständigkeit bekehrt hätten, würde der Adler uns hindurchlassen.

Während wir zu Silvio Manuels Haus zurückgingen, sagte er mir mit beinah flüsternder Stimme, daß mein Weg und ihr Weg in dieser Nacht auseinanderführen würden. Er sagte, daß unsere Wege sich nie wieder kreuzen würden, und daß ich allein sei. Er ermahnte mich, genügsam zu sein und alle meine Energie zu nutzen, ohne ein Stückchen davon zu verschwenden. Er versicherte mir, daß ich, falls ich ohne übermäßige Entleerung die Ganzheit meines Selbst erreichte, die Energie haben würde, meine Aufgabe zu erfüllen. Falls ich mich aber übermäßig entleerte, bevor ich meine menschliche Form verloren hätte, sei es um mich geschehen.

Ich fragte ihn, ob es eine Möglichkeit gebe, solche Entleerung zu vermeiden. Er schüttelte den Kopf. Er sagte, es gebe wohl einen Weg, aber nicht für mich. Denn ob es gelänge oder nicht, sei nicht eine Frage meines Willens. Dann offenbarte er mir meine Aufgabe. Doch er sagte mir nicht, wie ich sie ausführen sollte. Eines Tages, so sagte er, werde der Adler jemanden auf meinen Weg stellen, der mir sagen würde, wie ich es machen solle. Und frei würde ich erst sein, nachdem dieses mir gelungen wäre.

Als wir zum Haus kamen, versammelten wir uns alle im großen Zimmer. Don Juan saß in der Mitte des Zimmers, mit dem Gesicht nach Südosten. Die acht weiblichen Krieger umringten ihn. Sie saßen in Paaren an den vier Kardinalpunkten und blickten ebenfalls nach Südosten. Dann bildeten die drei männlichen Krieger außerhalb des Kreises ein Dreieck – mit Silvio Manuel am Scheitelpunkt, der nach Südosten wies. Die zwei weiblichen Kuriere flankierten ihn, und die zwei männlichen Kuriere saßen vor ihm, fast an der Wand.

Die Nagual-Frau hieß die männlichen Lehrlinge sich gegen die östliche Wand zu setzen. Die Frauen ließ sie an der westlichen Wand sitzen. Dann führte sie mich zu einem Platz direkt hinter Don Juan. Dort setzten wir uns nebeneinander.

Wir blieben nur für einen – wie mir schien – kurzen Augenblick sitzen, und doch spürte ich einen Ansturm ungewöhnlicher Energie in meinem Körper. Ich glaubte, wir hätten uns hingesetzt und wären gleich wieder aufgestanden. Als ich die Nagual-Frau fragte, warum wir so rasch aufstanden, erwiderte sie, daß wir viele Stunden dort gesessen hätten und daß ich mich eines Tages, bevor ich in die dritte Aufmerksamkeit einginge, an alles wieder erinnern würde.

La Gorda hingegen erzählte mir, sie habe nicht nur das Gefühl gehabt, daß wir nur einen Augenblick in diesem Raum saßen, sondern es sei ihr auch nicht gesagt worden, daß es sich etwa anders verhielte. Hinterher hatte der Nagual Juan Matus ihr lediglich gesagt, daß sie verpflichtet sei, den anderen Lehrlingen, besonders aber Josefina zu helfen und daß eines Tages ich zurückkehren würde, um ihr den letzten Stoß zu geben, den sie brauchte, um ganz in das andere Selbst hinüberzugehen. Sie war an mich und Josefina gebunden. Bei unserem *Zusammen-Träumen* unter Zuleicas Aufsicht hatten wir riesige Teile unserer Leuchtkraft ausgetauscht. Dies war auch der Grund, warum wir gemeinsam dem Druck des anderen Selbst standhalten konnten, als wir in Fleisch und Blut darein eintraten. Der Nagual sagte ihr auch, daß nur die Kraft der Krieger seines Trupps die Überschreitung damals so leicht gemacht hatte und daß sie, wenn sie einmal allein hinübergehen müsse, darauf gefaßt sein solle, es im Träumen zu tun.

Nachdem wir aufgestanden waren, kam Florinda zu mir herüber. Sie nahm meinen Arm und ging mit mir im Zimmer umher, während Don Juan und seine Krieger mit den Lehrlingen sprachen. Sie sagte, ich solle mich nicht durch die Ereignisse dieser Nacht an der Brücke irremachen lassen. Ich dürfe nicht glauben, wie der Nagual Juan Matus es einmal geglaubt hatte, daß es einen realen, physischen Durchlaß in das andere Selbst gäbe. Die Spalte, die ich gesehen hatte, sei lediglich ein Gebilde ihrer *Absicht,* die durch das Zusammenwirken von des Naguals Juan Matus besessenem Glauben an den Durchlaß mit Silvio Manuels bizarrem Humor Gestalt angenommen habe; das Zusammenwirken der beiden habe die kosmische Vagina hervorgebracht. Aber Florinda meinte, daß der Durchlaß von einem Selbst zum anderen keine physische Realität habe. In der kosmischen Vagina drücke sich die Kraft der beiden Männer aus, das »Rad der Zeit« zu bewegen.

Wenn Florinda und ihre Gefährten von Zeit sprachen, meinten sie nicht das, was sich mit dem Gang eines Uhrwerks messen läßt. Zeit ist vielmehr das Wesen der Aufmerksamkeit; die Emanationen des Adlers bestehen aus Zeit; und im eigentlichsten Sinn macht man, wenn man in irgendeinen Aspekt des anderen Selbst eintritt, Bekanntschaft mit der Zeit.

Florinda versicherte mir, daß die Krieger in jener Nacht, als wir in geometrischer Formation saßen, ihre letzte Chance gehabt hätten, mir und den Lehrlingen zu helfen, damit wir das Rad der Zeit sähen. Das Rad der Zeit, so sagte sie, sei so etwas wie ein Zustand gesteigerter Bewußtheit, der zum anderen Selbst gehöre, ähnlich wie die linksseitige Bewußheit zum Selbst des Alltagslebens gehöre, und es lasse sich physikalisch als ein Tunnel von unendlicher Länge und Breite beschreiben; ein Tunnel mit spiegelnden Rillen; jede Rille ist unendlich, und es gibt davon unendlich viele. Alle lebenden Wesen müssen, so will es die Lebenskraft, zwanghaft in eine dieser Rillen starren. In diese Rille zu starren, bedeutet, von ihr gefangen zu sein, sie zu leben.

Was die Krieger als den *Willen* bezeichneten, so versicherte sie, gehöre dem Rad der Zeit an. Es sei so etwas wie eine Ranke oder ein ungeheures Tentakel, das wir alle besitzen. Sie sagte, es sei das höchste Ziel der Krieger, zu lernen, wie man dieses Tentakel auf das Rad der Zeit richtet, um es kreisen zu lassen. Krieger, denen es gelungen sei, das Rad der Zeit kreisen zu lassen, könnten in jede der Rillen starren und aus ihr herausziehen, was immer sie wollten – wie etwa die kosmische Vagina. Wenn man aber zwanghaft in einer Zeit-Rille gefangen sei, dann bedeute dies, daß man die Bilder dieser Rille nur im Zurückweichen

wahrnimmt. Von der bannenden Kraft dieser Furchen frei zu sein, bedeute hingegen, daß man in beide Richtungen blicken kann und die Bilder zurückweichen oder herannahen sieht.
Florinda unterbrach sich und umarmte mich. Sie flüsterte mir ins Ohr, daß sie eines Tages, wenn ich die Ganzheit meines Selbst gewonnen hätte, wiederkehren würde, um ihre Unterweisungen abzuschließen.
Don Juan rief alle anderen zu mir heran. Sie umringten mich. Don Juan sprach als erster. Er sagte, ich könnte nicht mit ihnen auf die Reise gehen, denn es sei unmöglich, daß ich mich meiner Aufgabe entziehe. Unter diesen Umständen konnten sie mir nur noch alles Gute wünschen. Denn Krieger, so fügte er hinzu, haben kein eigenes Leben. Von dem Augenblick an, da sie das Wesen der Bewußtheit verstehen, hören sie auf, Personen zu sein, und die menschliche Kondition ist nicht mehr ihr Teil. Ich aber, so sagte er, hätte meine Pflicht als Krieger, und daneben sei nichts von Bedeutung, denn ich würde zurückbleiben, um eine höchst ungewisse Aufgabe zu erfüllen. Nachdem ich mein Leben bereits dahingegeben hätte, bleibe ihnen nichts mehr zu sagen, außer, ich solle mein Bestes tun. Und ich könne ihnen nichts anderes sagen, außer, daß ich verstanden und mein Schicksal akzeptiert hätte.
Als nächster kam Vicente zu mir. Er sprach sehr leise. Er sagte, es sei die Herausforderung eines Kriegers, ein sehr empfindliches Gleichgewicht der positiven und negativen Kräfte zu erreichen. Diese Herausforderung bedeute nicht, daß ein Krieger danach streben sollte, alles unter Kontrolle zu haben, sondern, daß ein Krieger danach streben sollte, jeder vorstellbaren Situation – den erwarteten wie den unerwarteten – mit gleicher Tüchtigkeit zu begegnen. Wenn man nur unter vollkommenen Bedingungen vollkommen sei, dann sei man ein Papierkrieger. Meine Herausforderung sei, zurückbleiben zu müssen; die ihre sei, vorwärts in das Unbekannte zu schreiten. Beide Herausforderungen seien verzehrend. Für den Krieger komme die Erregung, auf der Stelle zu verweilen, der Erregung der Reise gleich. Beide seien ein und dasselbe, weil beide die Erfüllung einer heiligen Hoffnung bedeuteten.
Als nächster kam Silvio Manuel zu mir; ihm ging es mehr um praktische Dinge. Er vertraute mir eine Formel an, einen Zau-

berspruch für Gelegenheiten, da meine Aufgabe größer als meine Kraft wäre; es war die Beschwörungsformel, die mir in den Sinn kam, als ich mich zum erstenmal an die Nagual-Frau erinnerte.

Ich bin bereits der Kraft anheimgegeben, die mein Schicksal regiert.
Und ich klammere mich an nichts, daher will ich nichts verteidigen.
Ich habe keine Gedanken, daher will ich sehen.
Ich fürchte nichts, daher will ich mich meiner erinnern.
Losgelöst und mit Leichtigkeit,
Will ich an dem Adler vorbeischnellen, um frei zu sein.

Ya me dí poder que a mi destino rige.
No me agarro ya de nada, para así no tener nada que defender.
No tengo pensamientos, para así poder ver.
No temo ya a nada, para así poder acordarme de mí.
Sereno y desprendido,
me dejará el águila pasar a la libertad.

Dann sagte er mir, er wolle mir ein praktisches Manöver der zweiten Aufmerksamkeit offenbaren, und sogleich verwandelte er sich in ein leuchtendes Ei. Er kehrte in seine normale Gestalt zurück und wiederholte diese Verwandlung noch drei oder vier Male. Ich verstand ganz genau, was er machte. Er brauchte es mir nicht zu erklären, doch ich konnte nicht sagen, was ich wußte.
Silvio Manuel lächelte, er schien mein Problem zu erkennen. Er sagte, es brauche gewaltige Kraft, um die *Absicht* des alltäglichen Lebens aufzugeben. Das Geheimnis, das er mir gerade offenbart hatte, war, wie man das Aufgeben dieser *Absicht* beschleunigen konnte. Um zu tun, was er getan hatte, mußte man seine Aufmerksamkeit auf die leuchtende Schale heften.
Er verwandelte sich noch einmal in ein leuchtendes Ei, und da wurde mir etwas klar, was ich schon die ganze Zeit gewußt hatte. Silvio Manuels Augen verdrehten sich einen Moment und richteten sich auf den Punkt der zweiten Aufmerksamkeit. Den Kopf hielt er aufgerichtet, als blicke er gerade vor sich hin, nur seine Augen blickten schräg nach unten. Ein Krieger, so sagte er, müsse die *Absicht* beschwören. Das Geheimnis sei der Blick. Die Augen rufen die *Absicht* herbei.

An diesem Punkt wurde ich ganz euphorisch. Endlich gelang es mir, an etwas zu denken, was ich wußte, ohne es wirklich zu wissen. Der Grund, warum das *Sehen* ein visueller Vorgang zu sein scheint, liegt darin, daß wir die Augen brauchen, um die *Absicht* anzuvisieren. Don Juan und die Krieger seines Trupps verstanden es, ihre Augen zu benutzen, um einen anderen Aspekt der *Absicht* zu erhaschen, und diesen Akt nannten sie Sehen. Was Silvio Manuel mir gerade gezeigt hatte, war die eigentliche Funktion der Augen, nämlich die *Absicht* einzufangen.

Nun benutzte ich ganz bewußt meine Augen, um meine *Absicht* zu beschwören. Ich visierte den Punkt der zweiten Aufmerksamkeit an. Auf einmal waren Don Juan, seine Krieger, Doña Soledad und Eligio leuchtende Eier, nicht aber la Gorda, die drei Schwesterchen und die Genaros. Ich ließ weiter meine Augen zwischen den Lichtklumpen und den Menschen hin und her wandern, bis ich ein Knacken im Halsansatz hörte und alle im Raum leuchtende Eier waren. Eine Weile glaubte ich sie nicht unterscheiden zu können, aber dann schienen meine Augen sich anzupassen, und ich sah zwei Aspekte der *Absicht* vor mir, zwei Bilder gleichzeitig. Ich sah ihre physischen Leiber und auch ihre Leuchtkraft. Die beiden Bilder waren nicht überlagert, sondern getrennt, und doch konnte ich nicht herausfinden, wie dies geschah. Ich hatte eindeutig zwei Gesichtsfelder, das *Sehen* hatte gewiß mit meinen Augen zu tun, und doch geschah es unabhängig von ihnen. Wenn ich meine Augen schloß, konnte ich noch immer die leuchtenden Eier *sehen,* nicht aber ihre physischen Leiber.

Für einen Moment hatte ich die ganz klare Empfindung, als wisse ich meine Aufmerksamkeit auf meine Leuchtkraft zu verschieben. Ich wußte auch, daß ich, um zur Ebene des Physischen zurückzukehren, lediglich meine Augen auf meinen Körper richten mußte.

Als nächster kam Don Genaro zu mir und sagte, der Nagual Juan Matus habe mir als Abschiedsgabe die Pflicht geschenkt, Vicente habe mir die Herausforderung geschenkt, Silvio Manuel habe mir die Magie geschenkt, und er wolle mir den Humor schenken. Er musterte mich von oben bis unten und meinte, ich sei der traurigste Nagual, den er je gesehen habe. Er betrachtete die Lehrlinge und fand, daß uns nicht anderes übrigblieb, außer optimistisch zu bleiben und die Dinge von der positiven Seite zu betrachten. Er erzählte uns einen Witz über ein Mädchen vom Lande, das von einem Großstadt-Stenz verführt und entehrt worden war. Als sie dann am Hochzeitstag erfuhr, daß der Bräutigam das Weite gesucht hatte, hielt sie sich an dem nüchternen Gedanken aufrecht, daß immerhin nicht alles verloren war: die Jungfernschaft hatte sie eingebüßt, aber sie hatte noch nicht das Ferkel für den Hochzeitsschmaus geschlachtet.

Don Juan sagte uns, das einzige, was uns über unsere Situation, die der Situation der entehrten Braut glich, hinweghelfen könnte, sei, unser Ferkel – was immer es sein mochte – festzuhalten und uns schief und krumm zu lachen. Nur durch das Lachen könnten wir unsere Situation verändern.

Er forderte uns mit entsprechenden Kopf- und Handgebärden auf, ihm ein herzliches Haha! zu schenken. Der Anblick der Lehrlinge, wie sie zu lachen versuchten, war so lächerlich wie mein eigener Versuch. Plötzlich aber lachte ich, zusammen mit Don Juan und seinen Kriegern.

Don Genaro, der immer darüber gewitzelt hatte, daß ich ein Dichter sei, bat mich, ein Gedicht vorzulesen. Er meinte, er wolle seine Empfindungen und Empfehlungen in jenes Gedicht zusammenfassen, das Leben, Tod und Lachen feiert. Er meinte einen Abschnitt aus José Gorostizas Gedicht »Tod ohne Ende«.

Die Nagual-Frau reichte mir das Buch, und ich las jenen Abschnitt, den Don Juan und Don Genaro immer so geliebt hatten.

O welch blinde Freude
Welch Hunger, aufzubrauchen
die Luft, die wir atmen,
den Mund, das Auge, die Hand.
Welch beißender Reiz
restlos uns zu verausgaben
in einem einzigen Gelächter.
O dieser freche, beleidigende Tod,
der uns ermordet aus weiter Ferne
über der Lust, die wir am Sterben finden
für eine Tasse Tee . . .
für eine schwache Liebkosung.

Die Umstände, unter denen wir das Gedicht vernahmen, waren überwältigend. Ich empfand einen Schauder. Emilito und der

Kurier Juan Tuma kamen zu mir. Sie sagten kein Wort. Ihre Augen glänzten wie schwarzer Marmor. All ihr Fühlen schien in ihren Augen konzentriert. Der Kurier Juan Tuma sagte mit sehr weicher Stimme, er habe mich einmal in seinem Haus in die Mysterien des Meskalito eingeführt, und dies sei nur ein Vorspiel zu einer anderen Station im Rad der Zeit gewesen, da er mich einst in das letzte Mysterium einführen werde.

Emilito sagte – und seine Stimme war wie das Echo des Kuriers Juan Tuma – , daß sie beide darauf vertrauten, ich würde meine Aufgabe erfüllen. Sie würden warten, denn eines Tages würde ich zu ihnen stoßen. Der Kurier Juan Tuma fügte noch hinzu, der Adler habe mich mit dem Trupp des Nagual Juan Matus als meiner Rettungsmannschaft zusammengeführt. Sie umarmten mich noch einmal und flüsterten wie mit einer Stimme, ich solle auf mich selbst vertrauen.

Nach den Kurieren kamen die Kriegerinnen zu mir. Jede umarmte mich und flüsterte mir einen guten Wunsch ins Ohr – sie wünschten mir Fülle und Erfüllung.

Als letzte kam die Nagual-Frau zu mir. Sie setzte sich und nahm mich auf den Schoß, als ob ich ein Kind wäre. Sie verströmte Liebe und Reinheit. Ich war atemlos. Wir standen auf und gingen im Zimmer umher. Wir gingen umher und überdachten unser Schicksal. Unergründliche Kräfte hatten uns bis zu diesem Augenblick der Wende geführt. Meine Ehrfurcht war unermeßlich – und auch meine Traurigkeit.

Dann offenbarte sie mir einen Teil der Regel, der sich auf den dreizackigen Nagual bezieht. Sie war in einem Zustand höchster Erregung, und doch war sie ruhig. Ihre Vernunft war unübertroffen, und doch war sie frei von Vernünftelei. Ihr letzter Tag auf Erden überwältigte sie. Ihre Stimmung griff auf mich über. Es war, als sei mir die Endgültigkeit unserer Situation bis zu diesem Augenblick nicht klar gewesen. Der Umstand, daß ich mich auf meiner linken Seite befand, hatte zur Folge, daß die unmittelbare Gegenwart Vorrang gewann, was es mir praktisch unmöglich machte, über diesen Augenblick hinauszudenken. Doch die Wirkung ihrer Stimmung erfaßte einen großen Teil meiner rechtsseitigen Bewußtheit und deren Fähigkeit, bevorstehende Gefühle vorweg zu ahnen. Es war mir klar, daß ich sie nie wiedersehen würde. Das war unerträglich!

Don Juan hatte mir gesagt, daß es auf der linken Seite keine Tränen gebe, daß ein Krieger nicht mehr weinen könne und daß der einzige, ihm mögliche Ausdruck von Schmerz ein Schauder sei, der direkt aus der Tiefe des Universums stamme. Es ist, als ob der Schmerz eine der Emanationen des Adlers wäre. Das Schaudern ist unendlich. Während die Nagual-Frau mit mir sprach und mich festhielt, empfand ich diesen Schauder.

Sie legte ihre Arme um meinen Hals und drückte ihren Kopf gegen meinen. Es war mir, als wolle sie mich wie ein Stück Linnen auswringen. Ich spürte, wie etwas aus meinem Körper kam – oder aus ihrem Körper in meinen. Mein Schmerz war so heftig, und dieses Etwas überflutete mich so rasch, daß ich rasend wurde. Ich fiel auf den Boden, während die Nagual-Frau mich noch immer umarmte. Wie im Traum dachte ich, daß ich im Fallen gegen ihre Stirn gestoßen sei. Ihr Gesicht und meines waren blutüberströmt. Blut sammelte sich in ihren Augen.

Don Juan und Don Genaro hoben mich rasch auf. Sie hielten mich fest. Ich hatte unkontrollierbare Krämpfe, wie epileptische Anfälle. Die weiblichen Krieger umringten die Nagual-Frau; dann standen sie auf einmal in der Mitte des Zimmers in einer Reihe. Die Männer traten zu ihnen. Einen Augenblick war da eine unleugbare Kette der Energie, die sie verband. Die Reihe bewegte sich wie eine Parade an mir vorbei. Jeder trat einen Moment auf mich zu und blieb vor mir stehen, ohne aber die Reihe zu unterbrechen. Es war, als stünden sie auf einem Förderband, das sie voranbewegte, aber einen jeden von ihnen vor mir zum Stehen brachte. Zuerst zogen die männlichen Kuriere vorbei, dann die weiblichen Kuriere, dann die männlichen Krieger, dann die Träumerinnen, die Pirscherinnen und schließlich die Nagual-Frau. Sie zogen an mir vorüber und blieben für ein paar Sekunden in voller Sicht, lange genug, um Lebewohl zu sagen, und dann verschwanden sie in die Schwärze der geheimnisvollen Spalte, die sich im Raum aufgetan hatte.

Don Juan preßte meinen Rücken und linderte meinen unerträglichen Schmerz ein wenig. Er sagte, daß er meinen Schmerz verstehen könne und daß die Verbundenheit des Nagual-Mannes mit der Nagual-Frau nicht mit Worten zu beschreiben sei. Sie sei eine Folge der Emanationen des Adlers; wenn diese beiden Menschen einmal zusammengeführt und dann wieder getrennt werden, dann gebe es keine Möglichkeit, die entstehende Leere aufzufüllen, weil es keine soziale Leere sei, sondern eine Bewegung jener Emanationen.

Und dann sagte Don Juan mir, er werde mich auf meine äußerste rechte Seite überwechseln lassen. Er sagte, dies sei ein barmherziges, wenn auch nur zeitweiliges Manöver; es werde mir für den Augenblick erlauben, zu vergessen, aber es werde mich nicht trösten, wenn ich mich einmal wieder erinnern sollte.

Don Juan sagte mir auch, daß der Akt des Erinnerns durchaus unbegreiflich sei. In Wirklichkeit sei es ein Akt des Erinnerns an sich selbst, der nicht bei der Erinnerung an die Interaktionen ende, wie die Krieger sie auf der linken Seite ihrer Bewußtheit durchlaufen, sondern weiterführe, bis hin zum Erfassen jeder Erinnerung, die der leuchtende Körper vom Augenblick der Geburt an gespeichert hat. Die systematische Interaktion, wie Krieger sie in Zuständen gesteigerter Bewußtheit pflegen, ist nur ein Mittel, um das andere Selbst anzulocken, sich in Form von Erinnerungen zu offenbaren. Dieser Akt des Erinnerns, wiewohl anscheinend nur eine Sache von Kriegern, ist aber etwas, das im Bereich eines jeden Menschen liegt; jeder von uns kann, mit unvorstellbaren Ergebnissen, direkt auf die Erinnerungen unserer Leuchtkraft zurückgreifen.

Und dann sagte Don Juan, sie würden bei Einbruch der Dämmerung fortgehen. Das einzige, was sie noch für mich tun müßten, wäre, eine Öffnung, eine Unterbrechung im Kontinuum meiner Zeit zu schaffen. Sie wollten mich in einen Abgrund springen lassen, um auf diese Weise die Emanationen des Adlers zu unterbrechen, die für mein Gefühl, ein ganzes und kontinuierliches Wesen zu sein, verantwortlich sei. Diesen Sprung sollte ich tun, während ich im Zustand normaler Bewußtheit wäre; dem lag die Idee zugrunde, daß meine zweite Aufmerksamkeit die Führung übernehmen, und ich, statt in der Tiefe des Abgrunds zu sterben, ganz und gar in das andere Selbst eingehen würde. Don Juan sagte, ich würde schließlich, wenn meine Energie erschöpft wäre, aus dem anderen Selbst wieder hervorgehen; ich würde aber nicht an dem Berggipfel herauskommen, von dem ich abspringen sollte. Er sah voraus, daß ich am Platz meiner Vorliebe auftauchen würde, wo immer es sein mochte. Und dies wäre die Unterbrechung im Kontinuum meiner Zeit.

Dann stieß er mich vollständig aus meiner linksseitigen Bewußtheit hinaus. Und ich vergaß meinen Schmerz, mein Ziel, meine Aufgabe.

An diesem Nachmittag, bei Anbruch der Dämmerung, sprangen Pablito, Nestor und ich tatsächlich von einer Klippe hinab. Der Schlag des Nagual war so genau und so barmherzig gewesen, daß von dem gewichtigen Ereignis ihres Abschieds nichts über die Grenzen jenes anderen gewichtigen Ereignisses, daß wir in den sicheren Tod sprangen und nicht starben, hinausdrang. So furchteinflößend dieses Ereignis war, so verblaßte es doch im Vergleich mit dem, was in einem anderen Reich geschah.
Don Juan ließ mich genau in dem Augenblick springen, als er und alle seine Krieger ihre Bewußtheit entfacht hatten. Ich hatte wie im Traum die Vision einer Reihe von Menschen, die mich anblickten. Danach erklärte ich mir dies rational als eine unter einer langen Folge von Visionen und Halluzinationen, die ich beim Springen gehabt hatte. Dies war die dürftige Interpretation meiner rechtsseitigen Bewußtheit, die von der Erhabenheit des Augenblicks überwältigt war.
Auf meiner linken Seite hingegen erkannte ich, daß ich in das andere Selbst eingetreten war. Dieser Eintritt hatte nichts mit meiner Rationalität zu tun. Die Krieger aus Don Juans Trupp hatten mich für einen ewigen Augenblick aufgefangen, bevor sie in das totale Licht verschwanden, bevor der Adler sie passieren ließ. Ich wußte, daß sie sich in einem Reich der Emanationen des Adlers befanden, das mir nicht mehr erfaßbar war. Sie warteten auf Don Juan und Don Genaro. Ich sah, wie Don Juan sich an die Spitze stellte. Dann waren sie nur noch eine Reihe herrlicher Lichter am Himmel. Irgend etwas, es mochte ein Wind sein, ließ die Lichterkette sich winden, sich zusammenziehen und strecken. Am einen Ende, wo Don Juan sich befand, war ein starkes Leuchten. Ich dachte an die gefiederte Schlange der toltekischen Sage, und dann waren die Lichter verschwunden.